高等学校新文科教材

数字化管理系列

数字营销

董晓松　王静　朱強 / 编著

DIGITAL MARKETING

中国人民大学出版社
· 北京 ·

前言

全球商业版图被二进制重新编码，以5G、人工智能、区块链、元宇宙为代表的新一代数字技术正以前所未有的速度和广度重塑全球商业生态，一场迅捷而又深刻的认知革命正在发生。“加快发展数字经济，促进数字经济和实体经济深度融合”是党的二十大提出的战略部署，是构建新发展格局、推动高质量发展的重要路径。2023年，中国数字经济规模达53.9万亿元，占GDP比重约42.8%，社交网络、直播电商、智能服务等新兴模式成为我国经济增长的新引擎。

在这场深刻的变革中，传统营销理论面临根本性挑战。单向传播的广告模式被用户共创内容取代，粗放式流量争夺转向精准化数据运营，区域性市场壁垒被跨境数字平台瓦解。面对这一变局，企业亟须构建以数据为核、技术为翼、生态为基的新型营销体系，而学术界亦需突破传统范式，探索数字时代的营销规律与创新路径。

数字营销的本质在于通过数据驱动、技术赋能和生态协同，实现顾客价值的深度挖掘与高效传递。从大数据画像揭示消费者隐性需求，到AI算法实时优化广告投放；从虚拟主播在直播间重构人货场关系，到数字孪生技术模拟全渠道消费场景——数字技术不仅颠覆了传统营销的渠道、策略与工具，更催生了以用户为中心的全新商业逻辑。然而，机遇与挑战并存。数据隐私保护与商业化利用的边界该如何界定？算法推荐引发的“信息茧房”如何突破？元宇宙营销中虚拟资产的法律归属与伦理风险如何应对？这些问题的复杂性远超单纯技术范畴，需要跨学科的理论支撑与多方协同的治理框架。

本书立足数字营销领域的前沿探索与实践洞察，系统梳理全球数字营销的理论体系与创新实践。以“理论—分析—情景—管理”为逻辑主线，构建四大模块的认知框架，从底层逻辑解构到实战工具拆解，从技术场景演化到战略机制建构，形成贯穿数字营销全链路的系统性知识图谱。本书在理论维度创新性提出数字企业、数字顾客、数字产品的相关理论，解构数字情境下的价值交换本质；分析维度涵盖DeepSeek等大数据工具，深入剖析顾客价值导向的数字营销工具的综合应用；情景维度通过凡客诚品、可口可乐等中外案例的立体解析，揭示 Web1.0 至元宇宙各技术阶段的演化规律；管理维度则聚焦顾客全生命周期管理、数字化品牌资产运营和数字营销生态体系管理等战略命题，特别针对虚拟数字人治理等前沿议题提出系统性解决方案。

作为数字经济时代的营销行动指南，本书呈现出三重独特价值：为学术研究提供融合营销学、传播学、计算机科学、经济学的数字化理论框架；为行业实践构建“策略设计—过程控制—效果评估”的数字化闭环体系；为政策制定贡献兼顾创新发展与风险防范的数字化治理范式。在数字技术与实体经济深度融合的进程中，数字营销已超越单纯的商业竞争工具属性，正演变为推动社会价值共创的生态连接器。本书的出版恰逢其时，既是对中国数字经济理论创新的有益探索，又为数字化转型浪潮中的从业者提供认知罗盘与实践图谱。期待这场始于数字空间的思想碰撞，能够激发出更多促进经济高质量发展的现实回响。

本书的撰写始于 2023 年，历时两年终告完成。本书参考了大量国内外文献，以数字经济高速迭代为背景，在整合经典数字营销框架的基础上，创新性构建了“理论、分析、情景、管理”四位一体的结构体系。这种分层递进的结构设计，既符合数字营销人才的成长规律，也回应了产业数字化转型的迫切需求。本书主要面向工商管理、市场营销、电子商务等管理学相关专业的高校学生，以及其他专业对数字营销知识有需要的学生，同时为银行、零售等行业的数字化运营人员提供方法论支持。随着数字技术的不断成熟，我们始终秉持“理论为基、实战为魂”的创作理念，试图在动态变化的数字营销生态中，为读者构建一套兼具学术深度与操作价值的知识体系。

在撰写过程中，董晓松、王静、朱強三位老师负责全书的筹划、撰写和组织工作。此外，蒋冰羽参与撰写第 1 章与第 2 章，李嘉翔参与撰写第 6 章与第 7 章，邱昱正参与撰写第 8 章与第 9 章。在此向所有参与写作工作的老师表示衷心的感谢！

由于水平有限，本书仍有诸多不足之处，恳请各位读者批评指正。

目录

// 第1章 //

绪　论

学习目标

1. 了解数字浪潮的发展现状，掌握数字浪潮对经济、社会的影响。
2. 掌握数字营销的含义、特点和重要性。
3. 理解数字营销在企业实践中的应用。
4. 了解数字营销的发展历程和未来发展趋势。

第1节　数字浪潮与数字营销

2019中国国际数字经济博览会于2019年10月11日在河北省石家庄市开幕，国家主席习近平致贺信，指出："当今世界，科技革命和产业变革日新月异，数字经济蓬勃发展，深刻改变着人类生产生活方式，对各国经济社会发展、全球治理体系、人类文明进程影响深远。"数字经济推动经济社会发展的作用日益显露，智能化、数字化的迅猛发展标志着数字时代的到来（汪旭晖，2020）。数字浪潮是指由大数据、云计算、人工智能（AI）等新一代信息技术迅猛发展所驱动的一种全球性变革趋势，这是一场数字技术深刻影响经济社会发展的技术革命。在数字浪潮的背景下，数字营销应运而生并逐渐发展起来。数字营销是指用数字化赋能营销，借助信息、数字技术的综合应用，制定营销策略，实现企业营销目标的一种技术推动的营销方式。营销正逐步实现从产品导向（1.0）、消费者导向（2.0）、共创性导向（3.0）到数字化、数据化导向（4.0）的转型（朱逸和赵楠，2021）。

一、数字浪潮

数字浪潮的兴起标志着社会正逐步从工业化时代迈向数字化、智能化时代。在这个过程中，数据成为新的生产要素和核心资源，推动着经济社会的快速发展。然而，数字浪潮的兴起也带来了一系列挑战和问题。数据安全、隐私保护、数字鸿沟等问题日益凸显，需要政府、企业和社会各界共同努力加以解决。此外，随着数字技术的不断发展，如何确保技术的公平性和普惠性，避免技术垄断和滥用，也是我们需要深入思考和探讨的问题。数字浪潮是一场不可逆转的全球性变革趋势，它正在深刻改变我们的生产生活方式和经济社会结构。我们需要积极拥抱数字浪潮，把握机遇，应对挑战，共同推动人类社会向更加美好的未来迈进。

（一）数字浪潮的发展现状

当前，数字浪潮呈现出蓬勃发展的态势，它正以前所未有的速度和广度影响着全球的经济、社会及文化。在全球数字化和信息化的浪潮中，数字经济作为核心驱动力，成为推动经济社会发展的关键力量。

随着互联网的普及和移动设备的广泛应用，数字浪潮逐步影响人们的日常生活。人们的行为、偏好、需求等信息被大量收集和分析，为精准营销、个性化服务、智能决策等提供了有力支持。同时，数字浪潮也促进了传统产业的转型升级。通过运用数字技术，企业可以优化生产流程、提高生产效率、降低运营成本，实现智能化、绿色化、服务化转型。此外，数字浪潮还催生了众多新兴产业和业态，如电子商务、在线教育、远程医疗、数字金融等，为经济增长注入了新的活力。数字技术的快速发展，尤其是大数据、云计算、人工智能、物联网等领域的突破，为数字浪潮的深入推进提供了强有力的支撑。这些技术不仅推动了信息产业的转型升级，也促进了传统产业与数字技术的深度融合，为产业升级和创新发展注入了新的活力。

从经济层面看，数字经济在全球范围内持续快速增长，成为推动经济增长的重要引擎。中国已成为数字经济大国，数字经济规模持续扩大，对GDP的贡献率显著提升。数字经济的蓬勃发展不仅催生了众多新兴产业和业态，也促进了传统产业的数字化转型，提高了生产效率和产品质量，增强了企业的核心竞争力。

在社会层面，随着移动互联网的普及和智能终端的广泛应用，人们的生活方式发生了巨大变化。线上购物、在线教育、远程办公等新型生活方式逐渐成为主流，为人们提供了更加便捷、高效、个性化的服务体验。同时，数字技术的应用也使得公共服务更加透明、便捷和高效，提升了社会治理的现代化水平。

此外，数字浪潮还推动全球范围内的技术创新和合作。世界各国都在不断加强在数字经济领域的研发投入和合作交流，共同推动数字技术的创新和应用。然而，随着数字技术的普及和发展，数字鸿沟问题也日益受到关注。各国政府和社会各界正在积极采取措施，努力缩小数字鸿沟，推动数字技术的普惠发展。

综上所述，数字技术的广泛应用激发了数字浪潮向前发展的潜力，带动数字浪潮渗透到经济社会的方方面面。

（二）数字浪潮的影响

1. 经济领域：催生数字经济，成为推动经济发展的重要引擎

数字经济不仅促进了传统产业的转型升级，还孕育了众多新兴产业和商业模式。这些新兴业态的崛起，不仅为消费者提供了更加便利的服务体验，也为创业者和小微企业提供了广阔的发展空间。同时，数字技术的应用还推动了生产方式的智能化、绿色化和

服务化转型，提高了生产效率，降低了生产成本和能耗，促进了经济社会的可持续发展。随着互联网技术的不断成熟，电子商务已经成为人们购物的主要方式之一。淘宝、京东、拼多多等电商平台，让消费者可以随时随地浏览并购买全球商品。这种购物方式不仅打破了地域限制，丰富了商品选择，还通过大数据分析和个性化推荐算法，为消费者提供更加精准的商品推荐，提升了购物体验。此外，电子商务的发展也带动了物流、支付等相关产业的繁荣，促进了经济的增长。

2. 社会领域：打破时间、空间限制，改变治理方式和生活方式

数字技术的应用使得公共服务更加便捷和高效，如智慧城市的建设、数字政务的推广等，都极大地提升了社会治理的现代化水平。通过大数据、云计算、物联网等技术的应用，城市管理者可以更加高效地管理城市资源，提升公共服务水平。随着移动互联网和智能终端的普及，人们可以随时随地获取信息、交流思想、完成工作和学习任务。这种灵活性和便捷性极大地提高了人们的生活质量和工作效率。例如，在数字浪潮的推动下，远程办公逐渐成为可能并日益普及。借助互联网和通信技术，员工可以在家中或其他远程地点完成工作任务，无需每日通勤至办公室。这不仅提高了工作效率和灵活性，也减少了通勤时间和成本，提升了员工的生活质量。Zoom、腾讯会议等视频会议软件的应用，使得远程会议和协作变得更加便捷和高效。

3. 文化领域：推动文化传承与交流的变革，促进文化传播与互动

数字技术有力地打破了地域和时间的限制，使文化产品的传播和交流更加便捷，促进了文化的多样性和包容性。人们可以通过互联网轻松获取全球各地的文化信息，了解不同国家和地区的文化特色和历史传承。同时，数字技术也为文化创意产业提供了新的发展机遇和空间，为文化产业的繁荣和发展注入了新的动力。数字技术的应用使得文化资源的保护和传播方式发生了革命性变化。数字博物馆通过数字化手段，将珍贵的文物、艺术品等文化资源进行数字化处理，并在线上展示给公众。例如，故宫博物院推出的"数字故宫"项目，通过虚拟现实技术，让观众在家中就能身临其境地游览故宫，感受中华文化的博大精深。这种数字化的方式不仅拓宽了文化传播的渠道，还提升了公众对文化遗产的保护意识。

4. 技术领域：引领技术创新，成为推动技术发展的核心动力

数字浪潮不仅加速了传统技术的迭代升级，还催生了众多新兴技术和应用，如人工智能、大数据、云计算、物联网、区块链等。这些新技术的涌现，不仅为技术开发者提供了更加广阔的创新空间，也为各行各业带来了前所未有的变革机遇。在技术创新方面，数字浪潮推动了算法、芯片、操作系统等基础技术的快速发展。这些基础技术的突破，为人工智能、大数据等前沿技术的应用提供了坚实的支撑。同时，数字浪潮还促进了虚拟现实、增强现实等新型交互技术的研发，为用户带来了沉浸式的体验。在应用拓展方面，数字浪潮推动了新技术在各行各业的广泛应用。例如，在智能制造领域，物联网和人工智能技术的应用实现了生产过程的智能化和自动化，提高了生产效率和产品质量。在智慧城市建设中，大数据和云计算技术的应用提升了城市管理的智能化水平，为居民提供了更加便捷、高效的公共服务。此外，数字浪潮还促进了技术生态的构建和完善。新技术的发展需要良好的生态环境支持，包括技术标准、法律法规、人才培养等方面的配套措施。数字浪潮推动了这些配套措施的完善，为新技术的发展提供了有力的保障。

二、数字营销

作为数字时代的重要营销方式，数字营销不仅涵盖了在线的互联网营销技术，如大数据和人工智能驱动的 MarTech 营销技术，还延伸到了电视广告、短信和广播等非互联网的数字渠道。随着技术的不断进步和市场的不断变化，数字营销也在不断发展和演进。从最初的展示类横幅广告、弹出广告，到如今的社交媒体营销、内容营销、程序化广告等，数字营销的形式和手段日益丰富。同时，随着人工智能、大数据等技术的广泛应用，数字营销将更加智能化、精准化和个性化，为企业创造更大的商业价值和社会价值。

数字营销以其独特的魅力和无限的潜力，正在深刻改变着企业的营销方式和市场格局。它不仅能够帮助企业跨越地域限制，实现品牌的国际化传播，更能够显著降低营销成本，提高营销效率，使企业在激烈的市场竞争中占据有利地位。同时，数字营销使得企业与消费者之间的互动交流得到了全方位升级，沟通变得更加顺畅、高效，形成了强大的品牌效应，为企业创造了更多的商业契机，极大拓展了其增长空间。此外，数字营销还推动了企业的数字化转型和创新，为企业的发展注入了新的活力和动力。数字营销的具体功能如下。

1. 跨越地域限制，实现品牌国际化

通过社交媒体、搜索引擎、电子邮件等数字渠道，企业可以将品牌信息、产品信息和服务信息传递给目标受众，实现市场的快速拓展和品牌的国际化传播。这种跨越地域的营销方式不仅降低了传统营销中的物流成本和时间成本，还为企业带来了更多的商业机会和增长潜力。

2. 降低营销成本，提高营销效率

数字营销能够实现精准营销，提高营销效果和投资回报率。通过大数据分析和人工智能技术，企业可以深入了解消费者的需求和偏好，从而制定更加精准的营销策略和广告投放计划。这种精准营销方式不仅降低了广告的浪费和无效投入，还提高了广告的点击率和转化率，为企业带来了更好的营销效果和更低的营销成本。

3. 增加客户互动，形成品牌效应

数字营销增强了企业与消费者之间的互动和沟通。社交媒体、在线社区等平台为企业提供了与消费者实时交流的机会，企业可以及时了解消费者的反馈和需求，优化产品和服务。同时，消费者也可以通过这些平台分享自己的购物体验和感受，形成口碑传播效应，进一步提升品牌知名度和美誉度。数字营销不仅是企业获取新客户的重要手段，也是维护老客户、提升客户忠诚度的有效工具。通过数据分析、个性化推荐和定制化服务，企业可以更好地了解客户需求和偏好，提供个性化的产品和服务，增强客户的满意度和忠诚度。通过多渠道的传播和互动，数字营销能够快速提升企业的品牌知名度和影响力。通过社交媒体平台的内容营销、关键意见领袖（KOL）合作和话题营销等手段，企业可以打造独特的品牌形象和口碑，吸引更多潜在消费者的关注和认同。

4. 推动企业创新，促进企业转型

数字营销还推动了企业数字化转型和创新。在数字营销的过程中，企业需要不断学习和掌握新技术、新工具和新方法，以适应市场变化和消费者需求的变化。这种持续的学习和创新不仅提升了企业的竞争力和适应能力，还助力企业挖掘出更多的商业机会和发展空间。

微案例1-1

数字营销领域的创新和跨越

在数字时代，各大品牌纷纷探索创新的数字营销策略，以精准触达消费者并提升品牌影响力。麦当劳、小红书、玛特宇宙和腾讯作为数字营销领域的佼佼者，各自展现了独特的营销智慧和成果，共同绘制了一幅数字营销的新画卷。

麦当劳通过布局全域营销场景，成功实现了从潜在客户到品牌自有用户的转化。麦当劳利用大数据分析，精准定位目标消费群体，并在社交媒体、移动应用和线下门店等多个渠道展开营销活动。这种全域营销策略不仅提升了新品的推广效果，还进一步巩固了麦当劳的市场地位，展现了数字营销在品牌突围中的巨大潜力。

小红书作为国内种草营销的佼佼者，通过其独特的“1+3”产品矩阵，为商家提供高质量种草和高效转化的解决方案。小红书的种草数据与各平台转化数据打通，让品牌商家的转化能力得到度量与优化，提升了经营效率。这种基于内容的营销策略，不仅强化了用户心智占领，还实现了品牌与效果的双重目标，为数字营销注入了新的活力。

玛特宇宙在国内率先具备Web3.0品牌构建能力的元宇宙数实融合服务商中脱颖而出。其为多个品牌提供了定制化元宇宙营销解决方案，通过与某益生菌品牌的合作，实现了线上销售的重大突破，创造了显著的商业价值。玛特宇宙的元宇宙营销服务不仅提升了品牌曝光度和用户参与度，还展现了数字营销在元宇宙领域的无限可能。

腾讯作为头部媒体平台，充分利用其丰富的媒体资源和强大的传播能力，基于体育大IP进行全内容形式营销。在2024年夏季奥运会期间，腾讯为品牌主提供了全方位的体育营销解决方案，通过体育赛事的直播、转播、短视频、图文等多种形式的内容输出，帮助品牌主触达更广泛的受众群体，提升了品牌知名度和美誉度。腾讯的实践再次证明了合理运用数字营销能够为企业在市场中占据竞争优势，实现可持续发展。

从麦当劳的全域营销到小红书的种草营销，再到玛特宇宙的元宇宙营销和腾讯的体育大IP营销，这些案例共同展示了数字营销在不同领域和场景下的广泛应用和创新实践。它们不仅推动了品牌的快速发展，还为整个数字营销行业树立了新的标杆和典范，引领着数字营销迈向新的纪元。

第2节 数字营销的发展历程

数字营销作为现代市场营销的重要分支，其发展历程充满了探索、创新与变革。从最初的初探网络、基础构建，到如今的智能化、数据化与全渠道融合，数字营销经历了从无到有、从小到大的华丽蜕变。随着技术的不断进步和市场的日益成熟，我们有理由相信，数字营销的未来更加光明，将为企业带来前所未有的商业机遇和市场价值。本节将详细描绘数字营销的这一壮丽征程，从起步阶段到转型阶段，每一步都凝聚着技术的飞跃、市场的需求和企业的智慧。

一、起步阶段：初探网络与基础构建

从互联网技术背景来看，起步阶段正值互联网技术的爆炸式增长期。这一时期，不仅宽带网络开始普及，使得网络传输速度大幅提升，而且 Web2.0 的概念也开始兴起，强调用户参与和互动。这些技术变革为数字营销提供了更为丰富和生动的展示平台，使得广告主能够更加精准地触达目标用户，并与之进行互动。同时，随着网络技术的不断进步，网络安全和隐私保护也成了这一时期的重要议题，为数字营销的健康发展提供了保障。

在主要营销模式上，起步阶段除了传统的线上广告外，还涌现出了一系列创新的营销手段。例如，电子邮件营销作为一种低成本、高效率的营销方式，开始受到广告主的青睐。通过向用户发送定制化的邮件内容，广告主能够精准地传递产品信息或促销信息，并引导用户进行购买。此外，随着社交媒体平台的兴起，社交媒体营销也开始崭露头角。广告主通过在社交媒体上发布有趣、有吸引力的内容，与用户进行互动和沟通，从而提升了品牌的知名度和美誉度。

在媒体形态上，起步阶段主要以文字链、搜索广告、社交媒体广告以及展示广告为主。这些媒体形态通过简洁明了的文字或图片，向用户传递清晰的产品信息或品牌形象。同时，网络技术持续迭代更新，一些新型的媒体形态也开始出现，如在线视频广告、音频广告等。这些新型媒体形态通过更加生动、直观的方式展示广告内容，成功吸引了用户的注意力，并提高了广告的转化率。

在营销渠道上，除了门户网站这一传统阵地外，搜索引擎也开始成为数字营销的重要渠道。随着搜索引擎技术的不断进步和用户搜索行为的日益成熟，搜索引擎优化（SEO）和搜索引擎营销（SEM）开始受到广告主的重视。通过优化网站内容、结构和关键词等方式，广告主可以提高网站在搜索结果中的排名，从而吸引更多的潜在客户。同时，随着移动互联网的快速发展，移动搜索开始成为数字营销的重要领域之一。此外，在起步阶段，一些新兴的数字营销平台开始崭露头角。例如，在线广告交易平台、数据分析平台等开始为广告主提供更加精准和高效的营销服务。这些平台通过收集和分析用户数据，为广告主提供宝贵的决策依据，并帮助他们不断优化营销策略，提高营销效果。

综上所述，数字营销的起步阶段是一个充满创新和变革的时期。在这一时期，互联网技术的快速发展为数字营销提供了广阔的空间和无限的可能。这一阶段的实践表明，技术驱动的渠道扩展与用户行为数据的原始积累，共同构成了数字营销从传统广告向数字化转型的关键跳板。

二、发展阶段：技术革新与渠道拓展

在数字营销的发展阶段，互联网技术经历了前所未有的革新，推动数字营销向更深层次、更广泛领域的发展。这一时期，移动互联网的兴起、大数据技术的初步应用以及社交媒体的蓬勃发展，共同塑造了数字营销的新格局。

2009 年至 2014 年间，移动互联网技术迎来了爆发式增长。智能手机的普及使得用户可以随时随地接入互联网，这极大地拓宽了数字营销的受众范围。同时，移动互联网的快速发展也催生了大量新的应用和服务，如移动社交、移动支付、移动购物等，为数字营销提供了更多的应用场景和营销手段。此外，大数据技术的初步应用开始显现出其巨大潜力。通过收集和分析用户数据，广告主能够更精准地了解用户需求和偏好，从而制定更为有效的营销策略。

在这一阶段，数字营销的模式变得更加多元化和精细化。除了传统的展示广告、搜索广告和社交媒体广告外，移动广告、视频广告、原生广告等新型广告形式开始崭露头角。这些新型广告形式不仅提高了广告的创意性和互动性，还通过精准投放和个性化推荐，有效提升了广告的转化率和用户满意度。同时，内容营销、社交媒体营销等营销手段也开始受到广告主的重视，通过提供有价值的内容和服务，广告主能够与用户建立更为紧密的联系和信任关系。

在媒体形态上，涌现出了一批新型的数字媒体平台。这些平台不仅提供了丰富的信息和服务，还通过算法和个性化推荐技术，为用户提供了更为个性化的内容和服务体验。例如，短视频平台、新闻聚合平台、社交媒体平台等开始成为数字营销的重要阵地。这些平台通过其庞大的用户基础和强大的内容分发能力，为广告主提供了更为广阔和高效的营销渠道。

在营销渠道上，除了传统的门户网站和搜索引擎外，移动应用市场和社交媒体平台也开始成为数字营销的重要渠道。移动应用市场通过提供丰富的移动应用和游戏，为广告主提供了展示品牌和产品的新平台。而社交媒体平台则通过其强大的用户黏性和社交属性，为广告主提供了与用户进行深度互动和沟通的机会。此外，随着大数据技术的不断发展和应用，广告主开始利用数据分析和用户画像技术来优化营销策略和提高营销效果。

综上所述，数字营销的发展阶段是一个技术革新与渠道拓展的时期。在这一时期，移动互联网的兴起、大数据技术的初步应用以及社交媒体的蓬勃发展共同推动了数字营销向更深层次、更广泛领域的发展。广告主需在移动流量红利窗口期加速全渠道触点布局，通过用户行为数据与消费场景的深度耦合，实现从短期流量收割到长期用户价值运营的范式升级。

三、升级阶段：技术融合与创新驱动

在数字营销的升级阶段，技术融合与创新成为推动行业发展的核心动力。这一时期，5G 技术的初步探索、人工智能技术的快速发展以及大数据技术的深度应用，共同塑造了数字营销的新生态。这些技术的融合与创新不仅提升了数字营销的效率和效果，还推动了营销模式的深刻变革。

2015 年至 2018 年，5G 技术的初步探索为数字营销带来了前所未有的速度和带宽。虽然 5G 技术的全面商用尚未实现，但其对数字营销的影响已经开始显现。更快的网络速度使得高清视频、实时互动等新型营销手段成为可能，极大地提升了用户体验和营销效果。同时，人工智能技术的快速发展也为数字营销提供了更为智能和高效的解决方案。通过机器学习、自然语言处理等技术，广告主能够更精准地分析用户数据、预测用户行为，并据此制定更为个性化的营销策略。此外，大数据技术的深度应用也使得广告主能够更全面地了解用户需求和偏好，从而优化广告投放和营销策略。

在升级阶段，数字营销的模式进一步向智能化、个性化方向发展。程序化广告、智能推荐系统、聊天机器人等新型营销手段纷纷崭露头角。程序化广告通过自动化和智能化的广告投放方式，提高了广告的投放效率和转化率。智能推荐系统通过算法和数据分析，为用户提供了更为个性化的内容和服务推荐。聊天机器人则通过自然语言处理技术，为用户提供了更为便捷和高效的客户服务体验。

在营销渠道上，除了传统的门户网站、搜索引擎和社交媒体平台外，还涌现出了一批新型的数字营销渠道。这些渠道包括移动应用内广告、短视频广告、直播营销等。移动应用内广告通过在应用内嵌入广告位或利用算法进行个性化推荐，为广告主提供更为精准和高效的营销机会。短视频广告和直播营销则通过短视频和直播的形式，为用户提供更为生动和直观的产品展示和体验机会。这些新型营销渠道不仅拓宽了数字营销的受众范围，还通过创意性和互动性强的广告形式，有效提升了广告的转化率和用户的满意度。

综上所述，数字营销的升级阶段是一个技术融合与创新驱动的时期。在这一时期，5G 技术的初步探索、人工智能技术的快速发展以及大数据技术的深度应用共同推动了数字营销向智能化、个性化方向发展。广告主需以“技术基建＋数据资产”双轮驱动，通过人机协同运营模式升级与全域数据资产的深度挖掘，在超个性化体验交付与商业效率跃升间建立可持续的价值闭环。

四、转型阶段：数智化与全渠道融合

在数字营销的转型阶段，智能化、数据化与全渠道融合成为推动行业发展的三大核心趋势。这一时期，人工智能技术的广泛应用、大数据技术的深度挖掘以及多渠道整合营销策略的实施，共同塑造了数字营销的新未来。这些趋势不仅提升了数字营销的效率和效果，还推动了营销模式的深刻变革，使数字营销更加精准、高效和人性化。

自 2019 年以来，人工智能技术已经广泛应用于数字营销的各个领域。从智能推荐系统、聊天机器人到自动化广告投放，人工智能技术的运用使得数字营销变得更加智能化和自动化。同时，大数据技术的深度挖掘也为数字营销提供了更为全面和深入的用户洞察，以制定更为个性化的营销策略。此外，随着 5G 技术的全面商用，网络速度和带宽的提升为高清视频、实时互动等新型营销手段提供了更为广阔的空间，进一步推动了数字营销的变革。

在转型阶段，数字营销的模式进一步向智能化、个性化方向发展。智能营销、数据驱动营销、全渠道营销等新型营销模式开始出现。智能营销通过利用人工智能技术，实现广告的自动化投放和个性化推荐，提高了广告的投放效率和转化率。数据驱动营销通过大数据技术的深度挖掘，为用户提供更为精准和个性化的产品和服务推荐。全渠道营销则通过整合线上线下多个渠道，实现营销信息的无缝衔接和统一传递，提高了营销的覆盖面和影响力。

在营销渠道上，转型阶段实现了线上线下多个渠道的深度融合。广告主不再局限于传统的门户网站、搜索引擎和社交媒体平台，而是将线上线下的多个渠道进行整合，实现营销信息的无缝衔接和统一传递。这种全渠道营销策略不仅拓宽了数字营销的受众范围，还通过多渠道协同作战，提高了营销的覆盖面和影响力。

综上所述，数字营销的转型阶段是一个数智化与全渠道融合的时期。在这一时期，人工智能技术的广泛应用、大数据技术的深度挖掘以及多渠道整合营销策略的实施，共同推动着数字营销向更加精准、高效和人性化的方向发展。

微案例 1－2

阿里巴巴的数字实践之路

阿里巴巴集团控股有限公司经营多项业务，包括淘宝网、天猫、阿里云等，形成了庞大的商业生态系统。阿里巴巴的数字实践发展可以分为四个阶段。第一阶段，从 2009 年到 2012 年，是阿里巴巴电商业务的爆发期。在这个阶段，阿里巴巴涌现出淘宝、1688 等多个知名业务团队，每项业务都基于数据驱动。然而，随着业务的增长，数据延迟和成本问题日益凸显，促使阿里巴巴开始自研数据平台。第二阶段，从 2012 年到 2015 年，阿里巴巴电商业务继续飞速发展，但数据孤岛现象开始显现。为了统一管理数据、保证数据安全，阿里巴巴开始着手建设统一的数据平台，这也标志着阿里巴巴数据中台的起点。第三阶段，从 2015 年到 2018 年，阿里巴巴数据中台方法论开始确立，拉开了数据中台建设的大幕。在这个阶段，阿里巴巴构建了符合数据处理技术（DT）时代的更灵活的“大中台，小前台”组织机制和业务机制，并通过 DataWorks 等平台实现了大规模协同数据开发与治理。第四阶段，从 2018 年之后，阿里巴巴数据平台系统已相当成熟，数据中台服务业务实现正循环。在这个阶段，阿里巴巴全面实现云原生化，数据中台覆盖所有业务部门，并实现了实时运营决策。同时，短视频、直播等新业务继续涌现，为阿里巴巴带来了新的增长点。阿里巴巴的数字实践发展是一个不断探索和创新的过程。通过构建统一的数据平台、完善数据中台方法论、实现云原生化等措施，阿里巴巴成功地将数据转化为业务价值，推动了公司的持续发展。

第 3 节　数字营销的未来发展趋势

当今企业面临着复杂多变的市场环境。市场需求的多样性使得企业需要不断调整和优化产品或服务，以满足不同消费者的个性化需求；消费者行为的快速变化要求企业密切关注市场动态，灵活应对市场变化；竞争格局的复杂多变促使企业不断提升自身竞争力，寻求差异化发展；技术趋势的迅猛发展为企业提供了创新发展的机遇，但同时也可能带来技术更新换代的压力。因此，企业必须具备敏锐的市场洞察力、快速的决策能力、灵活的经营策略和持续的创新精神，以应对各种不确定性和挑战，抓住市场机遇，实现可持续发展。随着数字技术的不断精进，数字营销的广泛拓展与应用已成为势不可挡的趋势，抓住数字营销的新机遇是促进企业发展、实现企业创新的利剑。

一、新技术

在数字营销的未来发展趋势中，各种新技术与应用正以前所未有的速度推动着行业的变革与发展。这些新技术不仅重塑了数字营销的面貌，还极大地提升了营销的效率与效果，为品牌带来了全新的增长机遇。新技术与应用在数字营销的未来发展趋势中扮演着至关重要的角色。随着这些技术的不断发展和完善，数字营销的未来将充满无限可能。

（一）人工智能技术

人工智能（AI）技术正以其独特的优势和广泛的应用前景，成为引领数字营销变革的重要力量。AI 作为计算机科学的一个前沿领域，旨在模拟、延伸和扩展人类智能，涵盖了机器学习、深度学习、神经网络、计算机视觉、自然语言处理等多个关键技术。这些技术不仅推动了科技的进步，也为数字营销带来了前所未有的机遇和挑战。它不仅提高了营销的精准度和效率，还优化了客户服务体验，增强了企业的市场竞争力。随着 AI 技术的不断发展和完善，未来数字营销将更加智能化、个性化和高效化。企业应积极拥抱这一趋势，加强 AI 技术的研发和应用，以在激烈的市场竞争中保持领先地位并实现可持续发展。

在营销领域，AI 技术的应用已经取得了显著的成果。通过大数据分析和机器学习技术，AI 能够深入挖掘用户的行为数据、兴趣偏好等信息，形成精准的用户画像。这些画像不仅有助于企业识别目标人群，还能提供个性化的服务和产品推荐，从而提高用户的消费意愿和满意度。

在广告投放方面，AI 技术也发挥了重要作用。AI 能够根据用户画像和实时数据，实现精准的广告投放，提高广告的点击率和转化率。据统计，采用 AI 精准投放的广告，点击率平均提高 30%，转化率提高 20%左右。此外，AI 还能根据市场趋势和消费者需求的变化，预测未来的广告投放策略，帮助企业提前布局市场，抢占先机。

在客户服务方面，AI 技术同样展现出了强大的能力。通过智能语音识别、自然语言处理等技术，企业可以搭建智能客服机器人，为用户提供 24 小时在线客户服务。这些智能客服机器人能够迅速响应用户的问题和需求，提供准确、及时的信息和帮助，从而提高用户满意度和忠诚度。

除了上述应用外，AI 技术还在社交媒体营销、短视频内容创作等方面发挥着重要作用。在社交媒体上，AI 能够根据用户的兴趣和偏好，推荐相关的内容和话题，提高用户的参与度和互动性。同时，AI 还能帮助品牌分析社交媒体上的用户反馈和口碑，为品牌提供有价值的参考和建议。在短视频领域，AI 技术能够辅助创作者进行内容创作和编辑，提高短视频的质量和吸引力。

（二）虚拟现实技术

虚拟现实（VR）技术作为数字营销未来发展趋势中的一项重要新技术，正在以其独特的沉浸式和交互性体验，引领着数字营销领域的创新潮流。VR 技术通过构建高度仿真的虚拟环境，使用户能够身临其境地体验虚拟世界，这种前所未有的体验方式正在深刻改变着数字营销的面貌。

在数字营销中，VR 技术的应用前景极为广阔。一方面，它可以为用户提供沉浸式的商品体验，如虚拟试衣间、虚拟家居展示等，让用户能够在虚拟环境中亲身感受商品的质感和效果，从而提高购买欲望和满意度。另一方面，VR 技术还可以帮助企业构建虚拟的品牌世界，通过虚拟现实的平台展示企业文化、历史、价值观等，让用户更加深入地了解品牌，提升品牌认知度和忠诚度。

除此之外，VR 技术在数字营销中还存在多种可能的使用场景。例如，企业可以利用 VR 技术制作虚拟的驾驶、飞行等模拟器，让消费者在虚拟环境中体验真实的驾驶、飞行等场景，从而更加深入地了解产品或服务。这种体验式的营销方式不仅能够吸引消费者的注意力，还能够传递更多的品牌或产品信息，提高营销效果。另外，VR 技术还可以用于虚拟旅行、虚拟教育等领域，通过构建虚拟的旅行场景或教育环境，为用户提供更加丰富、多元的体验。

在数字营销的未来趋势中，虚拟现实技术的重要性将日益凸显。随着技术的不断进步和成本的逐步降低，VR 技术将更加贴近人们的日常生活，成为推动数字经济发展的重要力量。企业可以充分利用虚拟现实技术的优势，进一步创新数字营销方式，提升品牌影响力，增强用户黏性，推动销售增长。同时，用户也可以通过 VR 技术获得更加真实、生动的体验，享受更加便捷、高效的数字营销服务。

（三）增强现实技术

增强现实（AR）技术通过实时计算摄影机影像的位置及角度，并叠加相应的图像、视频、音频或其他感官信息，为用户带来一种前所未有的沉浸式体验。这种技术不仅极大地丰富了营销内容的表现形式，还显著提升了用户的参与度和互动性，为数字营销开辟了新的可能。

在数字营销中，AR 技术的应用场景广泛且富有创意。企业可以利用 AR 技术设计互动式的广告，让消费者通过手机或 AR 眼镜等设备扫描特定图像后，即可看到虚拟的产品展示、使用教程或品牌故事。这种生动的展示方式不仅能够成功抓住消费者的注意力，还能激发他们对产品的兴趣和购买欲望。例如，在汽车行业，消费者可以通过 AR 技术在家中虚拟试驾汽车，感受汽车的操控性能和内饰设计；在美妆行业，消费者可以使用 AR 技术试妆，无需实际涂抹即可预览不同妆容的效果。

此外，AR 技术还可以用于构建虚拟的购物环境，让消费者在虚拟空间中自由浏览商品、比较不同款式和颜色，甚至进行虚拟试穿或试用。这种虚拟的购物体验不仅能够提升消费者的购物乐趣，还能降低退货率，提高销售效率。同时，AR 技术还可以用于制作虚拟的营销活动，如虚拟的寻宝游戏、虚拟的演唱会等，通过有趣的互动和奖励机制，吸引用户参与并分享到社交媒体上，从而扩大品牌的影响力。

在数字营销的未来趋势中，AR 技术无疑将发挥越来越重要的作用。鉴于技术持续升级，成本也在稳步下行，AR 技术将更加广泛地应用于数字营销领域，为品牌与消费者之间创造更多元化的互动机会。企业可以充分利用 AR 技术的优势，创新数字营销方式，提升品牌认知度和用户黏性，推动销售增长。同时，用户也可以通过 AR 技术获得更加丰富、生动、个性化的数字营销体验，享受更加便捷、高效的购物和服务。

（四）区块链技术

区块链技术作为数字营销领域一股不可忽视的力量，正以其独特的去中心化、不可篡改和高度透明的特性，引领着数字营销的新一轮变革。这一技术通过构建分布式账本，确保了数据的完整性和安全性，在品牌与消费者之间建立起更加可信和透明的互动机制。

区块链技术在数字营销中的应用不仅提升了品牌的信任度和认知度，还通过实现自动化的营销流程以及创造全新的营销模式和商业机会等，为数字营销带来了深远的影响和变革。随着技术的不断发展和完善，未来区块链技术将在数字营销领域发挥更加重要的作用，推动营销方式的持续创新和升级。

在数字营销中，通过区块链技术，品牌可以创建数字藏品。这些数字藏品是对应特定作品、艺术品或实体商品的唯一数字凭证。它们不仅具有独特的品牌价值和意义，还能在保护数字版权的基础上，实现真实可信的数字化发行、购买、收藏和使用。这种创新的方式不仅提升了品牌的知名度和认知度，还通过增加消费者的参与感和归属感，增强了品牌与消费者之间的情感联系。

此外，区块链技术还通过提高供应链的透明度和商品真伪的验证能力，为品牌提供了更加可靠的营销支持。例如，一些品牌利用区块链技术追踪商品的来源和真实性，确保消费者能够购买到真正的高品质商品。这种技术的应用不仅显著提高了消费者对商品真实性的信任，还减少了假冒伪劣商品的流通，为品牌赢得了良好的口碑和声誉。

区块链技术还通过智能合约实现了自动化的营销流程。智能合约是一种基于区块链技术的自动化合约，能够在满足特定条件时自动执行合约条款。例如，品牌可以设定特定的营销目标和奖励机制，一旦消费者达到这些目标，智能合约就会自动执行奖励发放。这种方式不仅提高了营销活动的效率和准确性，还降低了人为干预和作弊的风险。

更重要的是，区块链技术为数字营销带来了全新的营销模式和商业机会。通过利用区块链技术，品牌可以创建独特的数字资产，如代币化奖励和忠诚度计划等。这些数字资产不仅可以作为激励消费者参与营销活动的手段，还可以作为品牌与消费者之间互动和交流的媒介。此外，区块链技术还为影响者营销开辟了新的机会，通过利用智能合约，品牌可以简化与影响者合作的过程，确保公平的补偿和透明的活动绩效跟踪。

（五）5G 与物联网技术

5G 与物联网技术的飞速普及与发展，正深刻地改变数字营销的面貌，为品牌与消费者之间搭建起更加紧密、高效和智能的互动桥梁。

5G 技术作为第五代移动通信技术的代表，以其超高速率、超大连接数、超低时延的特性，为数字营销提供了前所未有的数据传输能力和响应速度。这使得品牌能够实时收集和分析消费者数据，精准洞察消费者需求，从而制定出更加个性化、高效的营销策略。5G 技术还极大地提升了在线视频、直播等富媒体内容的传输质量，为消费者带来更加流畅、沉浸式的观看体验，进一步增强了品牌与消费者之间的情感连接。

物联网技术则是通过将各种智能设备、传感器和物体连接到互联网上，实现了物理世界与数字世界的深度融合。在数字营销领域，物联网技术的应用使得品牌能够实时监控和分析消费者的行为模式、生活习惯以及产品使用情况，从而提供更加精准和贴心的服务。例如，智能家居设备可以收集消费者的生活习惯数据，为品牌提供宝贵的消费者洞察；智能穿戴设备则可以监测消费者的健康状况和运动数据，为健康和运动品牌提供个性化的产品推荐和服务。此外，物联网技术还推动了智能广告牌、智能货架等新型广告媒介的发展，使得品牌能够根据不同场景和消费者需求，实时调整广告内容和投放策略，实现更加精准和高效的营销效果。

5G与物联网技术的普及与发展，不仅为品牌提供了更加丰富的数据资源和更加智能的营销工具，还推动了数字营销向更加个性化、实时化和场景化的方向发展。这些技术使得品牌能够更加精准地理解消费者需求，提供更加贴心和个性化的服务，从而增强消费者对品牌的忠诚度和黏性。同时，这些技术也为品牌创造了更多的营销机会和商业模式，如基于位置的服务、智能推荐系统等，为数字营销带来了更加广阔的发展前景和无限的创新空间。

随着5G与物联网技术的不断成熟和普及，未来数字营销将呈现出更加智能化、个性化和高效化的特点，使品牌与消费者之间建立更加紧密和深入的联系。

二、新模式

（一）深度本地化和定制化

在数字营销的未来发展中，深度本地化和定制化营销将日益成为品牌竞争的关键策略。这一趋势体现了品牌对全球多元化市场的深刻理解与精准应对，以及对消费者个性化需求的敏锐洞察与满足。

深度本地化营销强调的是品牌在不同市场和文化背景下的深度融入与适应。随着全球化的深入发展，不同国家和地区的市场环境、消费习惯和文化背景千差万别。品牌若要在这些市场中取得成功，就必须深入了解并尊重当地的文化特色和消费者偏好，通过定制化的产品和服务来满足消费者的独特需求。这要求品牌不仅要在产品或服务的设计上融入当地元素，还要在营销策略、传播渠道和沟通方式上实现本地化，以建立与消费者的深厚情感连接。

定制化营销进一步推动了品牌与消费者之间的个性化互动。在数字时代，消费者的需求变得更加多样化和个性化，他们渴望获得量身定制的产品和服务体验。品牌通过收集和分析消费者的数据，包括他们的购买历史、浏览行为、社交互动等，可以构建出更加精准的消费者画像。基于这些画像，品牌能够提供更加个性化的推荐和服务，如定制化产品、专属优惠、个性化内容等，从而提升消费者的满意度和忠诚度。

深度本地化和定制化营销的融合，为品牌在全球市场中赢得了更广泛的认可和更高的市场份额。它不仅帮助品牌更好地理解和满足消费者的需求，还增强了品牌的差异化和竞争力。随着技术的不断进步和消费者需求的持续变化，深度本地化和定制化营销将成为数字营销领域的重要趋势，引领品牌走向更加智能化、个性化和体验化的未来。

（二）精准数据驱动

在数字营销的未来发展中，数据驱动的精准营销扮演着至关重要的角色。这一趋势强调数据在营销决策中的核心地位，通过深度挖掘和分析消费者数据，企业能够更精准地理解消费者需求，预测市场趋势，并据此制定个性化的营销策略。

数据驱动的精准营销依赖于大数据、人工智能等先进技术的支持。通过收集来自各种渠道的数据，包括消费者行为、交易记录、社交媒体互动等，企业可以构建出详尽的消费者画像。这些画像不仅揭示了消费者的基本属性和偏好，还深入洞察了他们的购买决策过程和潜在需求。基于这些数据，企业能够实施更为精准的营销策略。例如，通过个性化推荐系统，企业可以向消费者推送符合其兴趣和需求的产品或服务信息，从而提高营销信息的相关性和吸引力。此外，数据驱动的精准营销还能够帮助企业优化广告投放策略，实现精准投放和高效转化。

随着技术的不断进步，数据驱动的精准营销将呈现出更加智能化和自动化的趋势。人工智能算法将进一步提升数据分析的准确性和效率，使企业能够更快速地响应市场变化，调整营销策略。同时，自动化工具将简化许多重复性的工作，使营销人员能够更专注于策略的制定和优化。

综上所述，数据驱动的精准营销是数字营销未来发展的重要方向。通过充分利用数据资源和技术手段，企业不仅能够提升营销效果和客户满意度，还能够在激烈的市场竞争中占据优势地位。随着技术的不断演进和消费者需求的不断变化，数据驱动的精准营销将不断创新和完善，为企业带来更多的商业机会和价值。

（三）多渠道融合与媒介类型跨越

在数字营销的未来发展趋势中，多渠道融合与媒介类型跨越已成为不可忽视的重要方向。这一趋势意味着品牌将不再局限于单一的营销渠道或媒介类型，而是通过整合线上线下资源，跨越传统与数字媒体的界限，构建一个全方位、立体化的营销网络。

具体而言，多渠道融合要求企业在营销策略上实现全面覆盖，不仅要利用传统的电视、广播、报纸等媒体，还要深度布局互联网、移动互联网、社交媒体等新兴渠道。这种融合不仅体现在渠道的多样性上，更在于各渠道之间的无缝衔接和协同效应。企业需要通过技术创新和数据分析，实现不同渠道之间的信息共享和流量互导，提升整体营销效果。

与此同时，媒介类型跨越也是数字营销未来发展的重要趋势之一。随着科技的不断发展，新的媒介形式层出不穷，如 VR、AR、短视频、直播等。这些新兴媒介不仅为品牌提供了更丰富的表达方式和互动体验，也带来了全新的营销机遇。品牌需要紧跟媒介发展趋势，不断创新营销方式，利用新兴媒介的独特优势，打造更具吸引力和感染力的营销内容。

多渠道融合与媒介类型跨越将推动数字营销向更加智能化、个性化和体验化的方向发展。通过智能算法和数据分析技术，品牌可以更精准地识别目标受众，提供更具个性化的营销信息和服务。并且，随着新兴媒介的广泛应用和用户体验的不断提升，品牌将创造更加丰富的营销场景和互动体验，增强消费者的参与感。

综上所述，多渠道融合与媒介类型跨越是数字营销未来发展的必然趋势。品牌需要紧跟时代步伐，不断创新营销方式和策略，以适应不断变化的市场环境和消费者需求。

通过整合线上线下资源、跨越传统与数字媒体的界限、利用新兴媒介的独特优势等手段，品牌将能够在激烈的市场竞争中脱颖而出，赢得更多的市场份额和消费者信赖。

（四）内容营销深化与社交媒体融合

在数字营销的未来发展趋势中，内容营销深化与社交媒体融合的进程正以前所未有的速度推进，这一趋势标志着数字营销策略的深刻变革与升级。内容营销作为连接品牌与消费者的桥梁，其重要性日益凸显，而社交媒体作为内容传播的主要阵地，亦备受重视，两者之间的深度融合已成为不可逆转的趋势。

内容营销深化意味着品牌将更加注重内容的创新、质量与个性化。在信息爆炸的时代，消费者对于千篇一律、缺乏创意的营销内容已逐渐失去兴趣。因此，品牌需要不断挖掘和创造有价值、有吸引力的内容，以满足消费者的多元化需求。这包括深度长文、图文结合、短视频、直播等多种形式的内容创作。通过提供高质量的内容，品牌不仅能够吸引消费者的关注，还能够建立与消费者之间的情感连接，提升品牌忠诚度。

与此同时，社交媒体作为内容传播的重要渠道，其影响力日益扩大。随着社交媒体平台的不断发展和用户数量的持续增长，品牌越来越重视在社交媒体上的内容营销。社交媒体融合不仅要求品牌将内容投放到各大社交媒体平台，还需要根据各平台的特性和用户习惯进行精准投放和定制化内容创作。通过社交媒体平台的数据分析工具，品牌可以深入了解消费者的兴趣偏好、行为模式等信息，从而制定更加精准的营销策略。

内容营销深化与社交媒体融合的趋势还体现在品牌与消费者之间的互动方式上。传统的营销方式往往以品牌为中心，通过单向传播的方式向消费者传递信息。在社交媒体时代，品牌与消费者之间的互动变得更加频繁和紧密。品牌可以通过社交媒体平台与消费者进行实时互动，了解他们的需求和反馈，及时调整营销策略和内容创作方向。同时，消费者也可以通过社交媒体平台分享自己的使用体验、评价和建议，为品牌提供宝贵的市场情报和口碑传播。

内容营销深化与社交媒体融合是数字营销未来发展的重要趋势之一。这一趋势将推动品牌更加注重内容的创新与质量提升，加强在社交媒体平台上的内容营销投入和精准投放能力。同时，品牌与消费者之间的互动方式也将发生深刻变革，从单向传播向双向互动转变，这将为品牌带来更多的市场机遇和商业价值。

（五）全域营销和元宇宙出现

全域营销的理念为企业提供了更为全面的营销解决方案。全域营销（holistic marketing），也称全渠道营销（omnichannel marketing），是一种高度整合的营销策略，旨在通过数字化系统实现线上与线下渠道的有机数据融合，并基于用户数据统一识别目标受众，进行精准且一致的品牌互动与商业触达。这种营销方式强调整体性和协同性，将产品设计、定价、渠道选择、广告宣传、销售促进、客户服务等多个方面紧密结合，形成一个统一的、无缝衔接的营销体系，以实现最终的营销目标。全域营销强调跨渠道、跨平台的整合营销，通过整合线上线下资源、优化营销流程、提升营销效率，实现品牌、效果、销售等多方面的目标。这种整合营销不仅有助于企业打破传统营销渠道的壁垒，实现营销资源的优化配置；还有助于企业构建全方位、多层次的营销体系，提升品牌影响力和市场竞争力。在全域营销的推动下，企业将能够更好地适应市场变化、满足消费者需求、实现可持续发展。

元宇宙的数字营销理念是基于数字技术，通过构建虚拟世界来实现产品推广和品牌营销的一种创新方式。这种理念的核心在于利用元宇宙的沉浸式、互动性和创新性特点，为消费者提供全新的营销体验，进而提升品牌知名度和吸引力。元宇宙营销通过 VR 和 AR 技术，为消费者创造出身临其境的体验。这种体验能够长时间吸引消费者的注意力，使其更深入地了解产品特性，感受品牌魅力。例如，汽车品牌可以在元宇宙中构建虚拟城市，让消费者自由驾驶汽车，体验驾驶乐趣和车辆性能，从而增强对品牌的认同感和购买意愿。与传统营销方式不同，元宇宙营销强调消费者的主动参与。在元宇宙中，消费者可以自由探索、试用产品，与品牌进行互动。这种互动性不仅提高了消费者的参与感，还使得品牌能够更精准地了解消费者需求，进而优化产品和服务。同时，通过社交媒体、在线论坛等渠道，消费者之间也可以相互交流和分享体验，形成口碑传播效应。

三、新环境

在探讨数字营销的未来发展趋势时，我们不得不深入分析其所面临的新环境，这一环境涵盖政治、经济和社会三大维度，每一个维度都蕴含着复杂多变的因素，对数字营销行业的发展有着深远影响。政治环境的演变，特别是全球及特定国家的政策法规、国际关系以及数据安全和隐私保护等方面的变化，为数字营销企业设定了更加严格的合规框架，同时也带来了前所未有的市场机遇。经济环境的波动，包括全球经济状况、市场需求、消费者行为以及企业投资策略的调整，促使数字营销行业不断创新和优化，以适应日益激烈的市场竞争。社会环境的发展，则是由科技进步、社交媒体兴起、个性化需求增加、文化趋势变迁以及合规性和社会责任感提升等多元因素共同驱动，为数字营销提供了丰富的创意空间和深刻的消费者洞察。

（一）政治环境

全球及特定国家的政策法规、国际关系以及数据安全和隐私保护等因素都将对数字营销行业产生重要影响。因此，数字营销企业需要密切关注政治环境的变化，加强合规意识，提高应对风险和挑战的能力，以在激烈的市场竞争中立于不败之地。

从全球视角来看，数字营销行业正面临着日益严格的监管环境。各国政府为了保护消费者权益、维护市场秩序以及促进公平竞争，纷纷出台了一系列相关法律法规。这些法律法规不仅规范了数字营销活动的行为准则，还加强了对广告内容、数据隐私、知识产权等方面的保护。例如，我国针对互联网广告出台了《互联网广告管理办法》。相关法律法规的实施，为数字营销行业的健康发展提供了有力的法律保障，将推动数字营销行业向更加规范化、透明化的方向发展。

在我国，数字营销行业的政治环境同样复杂多变。我国政府高度重视数字经济的发展，并将其作为推动经济转型升级的重要引擎。为了促进数字营销行业的健康发展，中国政府不仅加大了对数字技术的研发投入，还积极推动数字营销与传统产业的深度融合。同时，我国政府也加强了对数字营销行业的监管力度，通过制定和实施一系列政策法规，规范了市场秩序，提高了行业的整体竞争力。

值得注意的是，国际政治环境的变化也对数字营销行业产生了重要影响。随着全球化的深入发展，各国之间的经济联系日益紧密，数字营销行业也呈现出跨国界、跨文化的特点。然而，国际贸易摩擦、地缘政治冲突等因素可能导致数字营销行业的国际环境复杂多变。因此，数字营销企业需要密切关注国际政治动态，及时调整市场策略，以应对可能的风险和挑战。

此外，政治环境对数字营销行业的影响还体现在数据安全和隐私保护方面。随着大数据、人工智能等技术的广泛应用，数字营销行业对数据的依赖程度越来越高。但与此同时，数据泄露、隐私侵犯等问题也日益凸显。为了保护消费者权益和维护市场秩序，各国政府纷纷加强了对数据安全和隐私保护的监管力度。数字营销企业需要加强数据安全管理，提高数据保护意识，以确保用户数据和隐私的安全。

（二）经济环境

全球经济状况、市场变化、消费者行为以及企业投资策略等因素相互交织，共同影响着数字营销行业的发展方向和速度。数字营销企业需要时刻维持对市场动态的高度敏锐感知，不断创新和优化营销策略，以适应不断变化的市场需求和消费者行为。

随着全球经济的逐步复苏，消费者信心指数在经历了之前的波动后开始回升，但增速相对平缓。这种经济环境促使企业在营销投入上更加审慎，更加注重投资回报率（ROI）的评估。在这样的背景下，数字营销因其精准投放、效果可追踪、成本相对较低等优势，成为越来越多企业的首选营销策略。

市场变化方面，数字化转型已成为各行各业的发展趋势，企业纷纷通过线上渠道拓展市场，这进一步推动了数字营销需求的增长。同时，新兴市场如东南亚、非洲等地的经济发展迅速，为数字营销提供了新的增长点。这些地区的互联网用户数量不断增加，对数字化产品和服务的需求日益旺盛，为数字营销企业提供了广阔的市场空间。

消费者行为的变化也对数字营销产生了重要影响。随着消费者越来越依赖互联网和社交媒体获取信息、进行购物和娱乐，他们的消费习惯和购买决策过程也发生了显著变化。他们更加注重个性化、便捷性和互动性，这促使数字营销企业不断创新，提供更加精准、有趣和有价值的营销内容和服务。

此外，企业投资策略也在发生转变。在经济不确定性增加的情况下，企业不再仅仅关注短期的销售业绩，而是更加注重长期效益和品牌价值的提升。因此，企业在数字营销上的投入更加注重品牌建设、用户关系管理和内容营销等，以建立更加稳固的客户关系和品牌忠诚度。

（三）社会环境

科技的进步、社交媒体和短视频平台的兴起、消费者对个性化和定制化营销的需求、文化趋势的变化，以及合规性和社会责任感的提升等因素相互交织，共同推动着数字营销行业的创新和发展。在这样的环境下，数字营销企业需要保持敏锐的市场洞察力，不断创新和优化营销策略，以适应不断变化的市场需求和消费者行为。

首先，随着科技的飞速进步，尤其是互联网、大数据、人工智能和物联网等技术的普及，消费者的数字化生活已经成为常态。他们越来越多地通过智能手机、平板电脑和其他智能设备来获取信息、进行社交互动和购物。这种高度数字化的生活方式不仅改变了消费者的消费习惯，也推动了数字营销行业的创新和发展。企业可以通过分析消费者的在线行为、兴趣爱好和购买历史等信息，进行精准营销，提高广告的投放效果和转化率。

其次，社交媒体和短视频平台的兴起为数字营销提供了新的渠道和机会。这些平台具有用户基数大、互动性强、传播速度快等特点，使得品牌可以通过发布有趣、有吸引力的内容来吸引和留住消费者。同时，这些平台也为品牌提供了与消费者进行直接沟通和互动的机会，有助于建立更加紧密和长期的客户关系。

再者，消费者对个性化和定制化营销的需求日益增加。在信息时代，消费者更加注重个人体验和情感共鸣，他们希望品牌能够提供符合自己需求和喜好的产品和服务。因此，数字营销企业需要不断创新和优化营销策略，通过个性化推荐、定制化内容等手段来满足消费者的个性化需求，提高他们的满意度和忠诚度。

从次，文化趋势也对数字营销产生了重要影响。随着全球化的深入发展，不同文化之间的交流和融合越来越频繁，消费者对多元文化的接受度和包容度也在不断提高。这为数字营销企业提供了更广阔的市场空间和创意灵感。他们可以通过融合不同文化元素、打造具有文化内涵的营销内容来吸引更多消费者的关注和喜爱。

最后，社会环境的变化也推动了数字营销行业的合规性和社会责任感的提升。随着消费者对隐私保护和数据安全的关注度不断提高，数字营销企业需要加强合规意识，确保在收集、使用和存储消费者数据时遵守相关法律法规和道德规范。同时，企业也需要积极履行社会责任，通过参与公益事业、推动可持续发展等方式来回馈社会，提升品牌形象和声誉。

四、新需求

在深入剖析数字营销的未来发展趋势时，一系列新的需求正以前所未有的速度改变行业的面貌，这些需求不仅是对当前营销实践的挑战，更是引领数字营销迈向更高层次、更广阔领域的关键驱动力。个性化营销、对便捷性和实时性的追求、品牌故事与情感连接的深化，以及可持续发展的重视，正成为塑造数字营销新生态的四大支柱。这些新需求不仅深刻反映了消费者对于个性化、高效、情感共鸣和环保责任的强烈渴望，也体现了企业在数字化转型过程中，对于创新营销策略、提升用户体验、强化品牌忠诚度以及履行社会责任的不懈追求。通过精准捕捉并满足这些新需求，企业不仅能够在激烈的市场竞争中脱颖而出，更能够构建起与消费者之间更为紧密、持久的联系，共同推动数字营销行业向更加个性化、智能化、情感化和可持续的方向发展。

（一）个性化和定制化

营销个性化是数字营销未来发展趋势中的重要组成部分。它基于大数据和人工智能技术，通过精准画像和智能推荐，为消费者提供个性化的产品和服务。这种营销方式不仅提高了营销的精准度和效果，也提升了消费者的参与感和满意度。在未来的发展中，个性化营销将继续发挥重要作用，推动数字营销行业的创新和升级。

在个性化营销的背景下，数字营销企业能够充分利用消费者数据，包括浏览历史、购买记录、兴趣爱好等，通过深度学习和算法模型，对消费者进行精准画像。这种画像有助于企业了解消费者的基本特征，洞察其潜在需求和偏好。基于此，企业可以制定个性化的营销策略，为消费者推送符合其兴趣和需求的广告、产品或服务。

个性化营销的实现，离不开大数据技术的支持。通过收集和分析海量数据，企业能够发现消费者行为的规律和趋势，从而预测其未来的需求。同时，人工智能技术也在个性化营销中发挥着重要作用。例如，智能推荐系统可以根据消费者的历史行为和偏好，实时推荐可能感兴趣的内容或产品。这种实时的、动态的推荐方式，极大地提高了营销的精准度和效果。

此外，个性化营销还强调与消费者的互动和沟通。通过社交媒体、电子邮件、短信等渠道，企业可以与消费者建立直接的联系，了解其反馈和需求，进而调整营销策略。这种双向的互动方式，不仅提升了消费者的参与感和满意度，也为企业提供了宝贵的市场洞察和反馈。

在个性化营销的实践中，企业需要注重保护消费者的隐私和数据安全。在收集和使用消费者数据时，必须遵守相关法律法规和道德规范，确保数据的合法性和合规性。同时，企业还需要建立完善的数据安全机制，防止数据泄露和滥用。

（二）便捷性和实时性

便捷性方面，随着移动互联网的普及和智能设备的广泛应用，消费者已经习惯了随时随地获取信息、进行购物和支付的生活方式。因此，数字营销企业需要提供能够在任何时间、任何地点便捷触达消费者的服务。这包括优化移动端用户体验，确保网站和应用程序在各种设备上的兼容性和流畅性，以及提供多种支付方式和灵活的配送选项等。通过这些措施，企业可以降低消费者的购物门槛，提高购物效率和满意度，从而提升品牌忠诚度和市场竞争力。

实时性方面，消费者对于信息的即时性和准确性有着越来越高的要求。他们希望能够在第一时间获取最新的产品信息、促销活动和优惠折扣等。因此，数字营销企业需要运用实时数据分析技术，对消费者行为和市场动态进行快速响应和调整。例如，通过实时监测和分析社交媒体上的用户评论和反馈，企业可以及时发现潜在的问题和机会，并采取相应的措施进行改进和优化。同时，企业还可以利用实时推荐系统，根据消费者的实时需求和偏好，为其推送个性化的产品和服务。这种实时的、动态的营销方式，不仅可以提高营销效果，还可以增强消费者的参与感和互动性。

便捷性和实时性的结合，为数字营销企业提供了更加全面和高效的营销手段。通过满足消费者的即时需求和提供便捷的服务，企业可以保持与消费者之间的联系和信任关系。这种关系不仅有助于提升品牌形象和知名度，还可以为企业带来更多的商业机会和增长潜力。在未来的发展中，便捷性和实时性将持续成为数字营销领域的重要趋势，推动行业不断向前发展。

（三）故事性和情感化

在未来的数字营销中，品牌故事与情感连接将继续发挥重要作用。随着消费者对于品牌认知和情感共鸣的追求不断提升，企业需要更加注重品牌故事的创作和传播，着力建立与消费者的情感连接。通过不断创新和优化营销策略，企业可以在激烈的市场竞争中脱颖而出，建立起与消费者之间的紧密联系和信任关系。

在数字营销的未来发展趋势中，品牌故事与情感连接作为新需求的重要组成部分，正逐渐成为企业与消费者建立深层次联系的关键。这一趋势的兴起，源于消费者对品牌认知和情感共鸣的更高追求，以及数字营销技术对于故事讲述和情感传递能力的不断提升。

品牌故事不仅仅是企业历史或产品特点的简单陈述，而是蕴含着品牌的核心价值观、使命和愿景的深刻表达。一个引人入胜的品牌故事，能够触动消费者的内心，引发其情感上的共鸣和认同。在数字营销的背景下，企业可以通过多种渠道和方式，如社交媒体、视频平台、内容营销等，讲述和传播品牌故事。这些故事可以以短视频、长图文、互动H5、直播等多种形式呈现，以适应不同平台特性和受众偏好。同时，品牌故事应具有延展性，能够在不同场景下展现品牌的不同侧面，触达并吸引多元化的受众群体。

情感连接是品牌与消费者之间建立深层次联系的基础。在数字营销中，情感连接不仅仅是品牌单向的信息传递，更重要的是与消费者的双向互动。企业可以通过发起话题挑战赛、征集用户故事、举办线上线下融合的体验活动等方式，鼓励消费者参与品牌故事的创作和传播，使其感受到自己是品牌故事的一部分。这种参与感和归属感，能够加深消费者对品牌的情感连接，从而提高品牌忠诚度和口碑传播效果。

品牌故事与情感连接的结合，为数字营销带来了更加丰富的营销手段和策略。企业可以通过讲述富有感染力和共鸣力的品牌故事，激发消费者的情感共鸣，进而促使其产生购买行为并建立品牌忠诚。同时，企业还可以通过与消费者的双向互动，收集反馈意见，不断优化品牌故事和情感连接的策略，以更好地满足消费者的需求和期望。

（四）可持续性

可持续发展是数字营销未来发展趋势中的重要方面。企业需要注重环保理念在营销战略中的融入，利用数字技术和平台实现更加环保和高效的营销方式，注重数据隐私和安全保护，以及关注供应链和生态系统的影响。通过这些举措，企业可以在数字营销中实现商业利益和社会责任的双重目标，推动数字营销的可持续发展。

可持续发展这一趋势的兴起，反映了企业对社会责任和环境保护的日益重视，以及消费者对可持续品牌和绿色消费的偏好增强。可持续发展在数字营销中的体现，首先在于企业将环保理念融入营销战略中。这包括推广环保产品和服务，倡导可持续的生产和消费模式，以及积极参与社会公益活动。通过这些举措，企业不仅能够提升品牌形象和声誉，还能够吸引更多具有共同价值观的消费者，从而增强市场竞争力。

在数字营销实践中，企业可以利用数字技术和平台，实现更加环保和高效的营销方式。例如，通过电子邮件、社交媒体等数字渠道进行营销传播，可以减少纸质广告的使用，降低碳排放。同时，企业还可以利用大数据和人工智能技术，对消费者进行精准画像和个性化推荐，减少不必要的广告浪费，提高营销效率和效果。

企业在数字营销中还需要注重数据隐私和安全，以确保用户数据的合法性和合规性使用。这不仅有助于建立企业与消费者之间的信任关系，还能够避免数据泄露和滥用等风险，从而保护消费者的权益。

此外，可持续发展在数字营销中还体现在对供应链和生态系统的关注上。企业需要选择具有环保资质和可持续发展能力的供应商和合作伙伴，共同推动绿色供应链的建设。同时，企业还需要关注数字营销对生态系统的影响，减少对环境的负面影响，推动数字营销的可持续发展。

// 微案例 1－3 //

百事的数字营销升级

百事作为国际知名的饮料品牌，在面对年轻消费者日益多元化的需求和偏好时，决定通过“百事盖念店”项目来实施深度本地化和定制化营销策略。该项目不仅仅是夏季的传统买赠活动，已逐渐发展成为深受年轻人喜爱的品牌潮流文化 IP 项目。在百事盖念店的 4.0 时代，品牌更加注重与年轻消费者的深度连接和互动，通过以下几个方面的策略实现了深度本地化和定制化。首先，百事深入洞察年轻消费者的文化偏好和兴趣点，结合地域特色打造了一系列文化爆品。例如，“百事文房四宝”“百事京韵火锅”等产品，不仅融合了传统文化元素，还巧妙地将百事的品牌形象与年轻消费者的日常生活场景相结合，使产品更具吸引力和话题性。这些产品的推出，不仅满足了年轻消费者对于新奇、有趣产品的追求，也增强了品牌的文化内涵和认同感。其次，百事通过跨界合作和兴趣圈层营销，实现了定制化营销的精准触达。品牌与多个领域的知名品牌和 IP 进行联名合作，如与大疆教育合作呈现 RoboMaster 机甲大师赛事，与 Kappa、自然堂等品牌推出联名潮品等。这些合作不仅拓宽了品牌的受众范围，还通过定制化产品满足了不同兴趣圈层消费者的需求，增强了品牌的吸引力和市场竞争力。此外，百事还通过社交媒体和数字营销平台，实现了与年轻消费者的深度互动和沟通。品牌利用微博、微信、抖音等社交媒体平台，发布创意视频、时尚穿搭等内容，与消费者建立情感连接和互动。同时，通过 KOL 的影响力，带动产品的口碑传播和销量提升。这种深度本地化和定制化营销策略，不仅提升了品牌的市场知名度和美誉度，还推动了产品的持续热销。

数字营销实践

沃尔玛的数字营销实践

沃尔玛成立于 1962 年，由山姆·沃尔顿在阿肯色州的本顿维尔创办。最初，沃尔玛的目标是以低价商品吸引顾客，满足他们的日常需求。随着时间的推移，沃尔玛凭借大规模采购、精细的供应链管理以及有效的成本控制，逐渐发展成为全球最大的零售商之一，业务遍及美国及其他国家。沃尔玛致力于为顾客提供便捷的购物体验，实现以极具竞争力的低价商品全面满足广大顾客的日常购物需求。其使命朴素而深刻——“花得少，过得好”，旨在通过提供高性价比的商品，让每一位顾客都能享受到优质的生活。

沃尔玛期望成为最受顾客信赖的全渠道零售商，不仅在线下实体店提供卓越的购物体验，更在线上平台打造无缝衔接的购物环境。同时，沃尔玛还立志成为一家“资源可再生型”公司，积极践行可持续发展理念。为实现这些宏伟蓝图，沃尔玛的战略目标清晰明确：坚守价格最便宜的承诺，不断提升服务质量，确保顾客满意；与供应商建立诚信、简单、敏捷和平等互利的合作关系，共同为顾客和会员创造更大的价值，携手迈向更加辉煌的未来。

沃尔玛的数字化转型是全渠道零售战略的关键支撑，围绕采购、库存、物流、上架、理货、收银等运营价值链环节展开。沃尔玛投入数十亿美元进行信息系统建设，实现了内部日常关键作业以及与供应商之间的信息化，高效整合了信息流、物流、资金流，为营运绩效提升奠定了基础。沃尔玛智能库存管理系统的具体策略是一个综合性的方案，它通过使用先进的技术，如射频识别（RFID）技术、物联网和大数据分析等，来提升库存管理的效率和准确性。沃尔玛致力于优化供应链管理，通过建立全球供应链网络和实施精益供应链管理原则，确保货物从供应商到门店的流动高效且成本低。与供应商的紧密合作使得沃尔玛能够及时获取库存数据，从而有效减少库存积压和缺货现象。同时，沃尔玛采用数据驱动的决策方式，利用大数据分析预测需求并优化库存配置，通过实时数据监控及时调整库存策略，快速响应市场变化。高效的仓储管理也是沃尔玛库存管理成功的关键，科学的仓库布局设计、库存分类管理和仓储自动化等措施共同提升了仓储管理的效率。此外，沃尔玛还采用灵活的库存策略，根据市场需求和季节性变化灵活调整库存水平，确保库存始终保持在最佳状态。这些策略共同构成了沃尔玛智能库存管理系统的核心，使其能够保持高效的库存管理，并快速适应市场变化。沃尔玛个性化营销的具体策略体现在其通过多种方式深入了解并分析消费者的购物行为和偏好，然后基于这些洞察来制定和实施针对性的营销策略。沃尔玛利用先进的 AI 技术来分析顾客的历史购买记录和浏览行为，从而提供个性化的购物推荐和优惠信息。

沃尔玛的数字实践在零售行业堪称典范，其转型之成功、影响之深远，值得细致且深入的学习。沃尔玛的数字实践起始于对消费者需求的精准把握。在数字化转型过程中，沃尔玛坚守“顾客/会员第一”的理念，致力于通过数字化手段提升全渠道客户体验。为此，沃尔玛不仅升级了网站和移动应用，引入了智能库存管理系统以优化供应链，还利用大数据分析来更精准地理解客户需求，推出个性化推荐。

在数字化转型过程中，沃尔玛还注重技术创新与应用。例如，沃尔玛使用无人机管理仓库，特制的无人机在货架间穿梭拍摄图像，能实时标记缺货或放错位置的商品，并将图像传回控制中心。这种创新技术的应用使得沃尔玛能够更高效地管理库存，提升库存周转率。此外，沃尔玛还采用了集中配送制的物流管理、货架扫描机器人、自动补货系统、卫星通信系统等先进技术，进一步优化了供应链和物流管理。

沃尔玛的数字实践对零售行业产生了深远的影响。其成功经验表明，数字化转型不仅是技术层面的变革，更是业务模式、组织结构以及文化上的全面革新。沃尔玛通过数字化手段实现了对消费者需求的精准把握、全渠道零售战略的构建以及技术创新与应用，这些举措共同推动了其业务的持续增长和行业的创新发展。

讨论题

1. 沃尔玛如何运用数字化手段提升顾客体验，提高品牌忠诚度？

2. 在数字化转型背景下，沃尔玛未来要如何完善全渠道零售生态系统，实现线上线下无缝衔接？

3. 沃尔玛的数字营销实践对其他企业有何借鉴意义？

// 本章小结 //

本章全面深入地探讨了数字营销的诸多方面，从数字浪潮的兴起及其对经济、社会、文化和技术的深远影响入手，引出了数字营销的诞生与发展。数字浪潮推动经济社会从工业化迈向数字化、智能化，数据成为关键生产要素，但同时也带来了数据安全、隐私保护等挑战。在这一背景下，数字营销应运而生，它借助数字技术，实现营销策略的制定与目标达成，经历了从起步阶段的初探网络与基础构建，到发展阶段的技术革新与渠道拓展，再到升级阶段的技术融合与创新驱动，直至转型阶段的数智化与全渠道融合的演进过程。数字营销在企业实践中发挥着重要作用，能够帮助企业跨越地域限制实现品牌国际化，降低营销成本，提高效率，增加客户互动，形成品牌效应，以及推动企业创新和转型。展望未来，数字营销呈现出诸多新趋势。新技术如人工智能、虚拟现实、增强现实、区块链以及5G、物联网等将重塑营销面貌，提升效率与效果；新模式涵盖深度本地化和定制化、精准数据驱动、多渠道融合与媒介类型跨越、内容营销深化与社交媒体融合以及全域营销和元宇宙出现，预示着营销策略的深刻变革；新环境涉及政治、经济、社会三大维度，政策法规、市场变化、科技进步等因素将对行业发展产生深远影响；新需求则以个性化和定制化、便捷性和实时性、故事性和情感化、可持续性为关键驱动力，引领数字营销迈向更高层次与更广阔领域。企业需敏锐洞察这些趋势，不断创新优化策略，以在竞争中脱颖而出，实现可持续发展。

// 思考题 //

1. 阐述数字浪潮的发展现状及其对经济、社会的影响。
2. 阐述数字营销的发展历程。
3. 阐述数字营销的未来发展趋势。

// 第 2 章 //

数字营销理论

学习目标

1. 掌握数字营销的内涵。
2. 理解数字营销的构架与特征。
3. 了解数字经济的基本概念以及数字营销的基本理论。
4. 熟悉数字企业、数字顾客与数字产品。

随着现代信息技术的不断发展，数字营销不断渗透到企业市场营销的各个环节。企业基于数据分析实施个性化营销策略，实现自动化营销；与用户建立双向互动，同用户一起创造和共享内容。数字营销技术逐渐成熟，实现形式也趋于系统化、精准化。例如，建立内容管理系统（content management system）对生产的内容进行聚合、管理，通过人工智能技术对内容进行动态创意优化等；构建营销数据平台体系，通过程序化交易（programmatic buy）实现双方在虚拟环境下的交易与合作，通过广告技术（ad tech）增加平台与用户的交互触点，提高交互效率（朱逸等，2021）。数字营销的实现形式、应用场景逐渐增加，企业积极投身数字营销的实践有助于企业在未来市场中占据有利地位，提升企业竞争优势。

第 1 节　数字营销的基本概念

一、数字营销的内涵

关于数字营销的内涵，诸多学者展开了广泛讨论，但一直未出现触及本质的阐释。学术界对其主要有以下表述："借助数字技术开展营销活动的方式叫数字营销，是一种通过数字化多媒体传播渠道实现营销精确化、可量化的营销活动"（王永贵、张思祺和张二伟等，2024），"数字营销是指以数字化技术为基础、运用数字化手段分配企业资源进行营销活动，从而实现企业产品或服务的价值过程"（曹虎、王赛和乔林等，2017），等等。

结合各类定义来看，虽未有统一表述，但存在一定共识，即将现代化技术与传统营销方式结合，形成的更为精准化、个性化、高效率的营销方式。对于技术的依赖与强调，耦合于营销模式的发展历程。企业与消费者之间的互动、交流行为呈现出高频次、跨空间的趋势，而传统营销模式较难适应现代营销发展的需要。因而，对数据、信息技术的运用成为推动营销发展的重要支撑。数字营销中囊括诸多数据、信息技术化的运用，在实践中有着多样化的表现形式。

（一）基于数字技术的营销

数字化是指将信息转化为计算机可读的数字格式的过程，也就是将任何连续变化的输入经过转化器转换后，输出为一串分离的单元，这些单元在计算机内部用 0 和 1 表示。数字技术是指将客观世界中存在的事物，如信息、数据、声音、图像等多种形式的内容转化为数字信号，并通过数字调制与解调、数字压缩、数字编码等过程，将其转化为计算机能够识别的二进制代码。数字化的核心内涵包括：第一，被传递的信息是用 0 和 1 表示；第二，数字化的传播系统是交互式的、网状的；第三，数字化的终端设备在各个点都能接收、存储、呈现、处理和发送“数字化比特”信息。

数字营销的核心在于利用数字技术为目标客户创造、传播和交付价值。通过数字网络传输的市场营销，数字营销着眼于物流、资金流和信息流的有效协调和统一，从而达到顾客满意和企业盈利的目的。数字营销仍然是营销，数字化只是一种手段，是现代营销理论在新的技术背景下的发展。

目前来看，数字营销主要通过三大途径开展：一是利用采用数字技术的传统大众媒体，如数字电视进行营销；二是利用基于互联网技术与数字技术的网络媒体进行营销；三是利用基于移动通信网络的手机媒体、移动车载电视等进行营销。在当前情况下，数字营销较多指的是第二类途径。

（二）基于虚拟实践的营销

在虚拟空间中，人们可以开展各种虚拟实践活动，虚拟实践依托于虚拟生存空间。人们运用虚拟现实等现代信息技术，以高度数字化的方式进行实践，包括在虚拟生存空间进行虚拟生存实践、虚拟交往实践与虚拟生活实践。例如，人们打开电脑便可以使用虚拟身份与他人沟通，在虚拟社区里热烈讨论，在远古时代与未来社会中穿梭，在虚拟空间里品尝点心，在虚拟空间里工作。

数字营销是基于虚拟生存实践的营销。用传统的营销和广告的思维去考虑数字营销的问题必然是不可行的。我们必须用虚拟性思维进行思考，使营销活动根植于虚拟实践。传统广告已经不能满足数字营销时代的网民需求，特别是在互联网全面包围下生活的 80 后、90 后以及 00 后群体，他们需要的是互动，是亲自参与的快乐，而且他们更愿意展露自己的才华，展现自己的个性。只有使营销活动的对象成为虚拟实践的客体，才能实现数字营销的能动性、自主性、个性化及互动性，进而使营销对象成为虚拟实践中不可缺少的部分。通过发挥虚拟实践对现实实践的引导作用，最终达到数字营销的目的。

（三）作用于消费者的虚拟体验

虚拟体验指的是消费者在 3D 环境下与产品互动时经历的心理和情感的状态，在虚拟生存空间中产生感官刺激和消费体验，进而产生对该产品属性及价值的判断。数字营销可切实作用于消费者的虚拟体验，通过对消费者视觉、听觉及行为的刺激，使其获得真实的感受。不同于文字加图片这种告知式的营销方式，数字营销通过在线虚拟使用以及虚拟场景模拟，使消费者全身心地沉浸到消费体验中，让消费者更为真实地感受产品与自身需求的契合度，从而提升消费者网络购物的满意度。通过个性化的虚拟体验在消费者心中建立起消费偏好，以此影响消费者的购买行为和购买决策。

（四）创意、传播与营销一体化

相对于传统的营销方式，数字营销的本质已经发生了变化，它使原本分离的创意、传播与营销一体化。在传统的营销方式里，创意与传播是分离的。在开展传播之前，创意早已确定，传播只需按照创意的既定内容进行。传播与营销也是分离的，传播专注于信息的推广，而营销关注的是 4P 或 4C 策略的实施。数字营销的互动性、超越时空性、去中心性使得创意、传播与营销实现了一体化。创意在传播的过程中产生，营销也在传播的过程中完成，创意、传播、销售在数字营销中协同并行。

二、数字营销的构架

（一）数据基础与洞察

数据基础是数据分析和洞察的起点，提供了未经加工的原始数据；而数据洞察则是对这些数据进行深入挖掘和分析的过程，旨在发现隐藏的价值和规律，为决策提供有力支持。两者相辅相成，共同构成了数据分析和决策制定的基础。在现代企业和组织中，数据基础和洞察已经成为业务发展和创新的重要驱动力。

数据基础涉及数据收集、整合和存储。其中，数据收集要求多渠道数据来源和实时数据采集。数字营销的数据来源广泛，包括但不限于企业网站、社交媒体平台、电子邮件营销系统、客户关系管理（CRM）系统、销售数据、市场调研数据等。同时，还强调数据的时效性和准确性，利用现代技术，如应用程序编程（API）接口、软件开发工具包（SDK）等，实现实时数据采集。数据整合需要对收集到的数据进行清洗，剔除重复、错误、不完整的数据，确保数据质量。将来自不同渠道的数据整合到一个统一的平台上，即客户数据平台（CDP），形成完整的客户视图。这有助于消除数据孤岛，提高数据的一致性和可用性。数据基础的最后一部分为数据存储，可使用数据仓库来存储和管理大量数据，同时支持复杂的数据查询和分析；也可选择云存储，即利用云计算技术，将数据存储在云端，实现数据的可扩展性和灵活性。

数据洞察包括数据分析、用户画像和数据可视化等方面。数据分析分为描述性分析、预测性分析和规范性分析。通过描述性分析，对调查所得的大量数据资料进行初步的整理和归纳，以找出这些资料的内在规律——集中趋势和分散趋势；预测性分析即利用机器学习等先进技术，对数据进行深度挖掘，预测未来的趋势和结果；规范性分析是基于数据分析结果，提出优化建议和改进措施，指导营销决策。用户画像是数据洞察的核心内容之一，要求根据用户的社会属性、生活习惯、消费行为等信息，按照不同的用户画像维度构建用户画像。用户画像有助于企业更深入地了解目标客户群体，实现精准营销。

数据可视化是指利用数据可视化工具（如 Tableau、Power BI 等），将复杂的数据分析结果以图表、图形等形式直观地展示出来，便于理解和沟通。

数据驱动决策是数字营销的重要特征。在数字营销中，所有决策都应基于数据分析结果。通过数据洞察，企业可以更加准确地了解市场需求、客户行为等关键信息，从而制定更加有效的营销策略。同时，根据数据分析结果和营销效果反馈，持续优化营销策略和流程，提高营销效率和效果。

（二）内容创作与管理

内容创作与管理是一个综合性的过程，它涉及信息的生成、组织、发布、维护以及评估等多个环节。这个过程旨在通过创造有价值与吸引力的内容来吸引、保留并转化目标受众，同时提升品牌形象和市场竞争力。内容创作与管理是一个相互关联、相互促进的过程。创作出优质的内容是吸引受众的基础，而有效的内容管理则是提升内容价值、扩大品牌影响力的关键。通过不断优化和创新内容创作与管理流程，企业可以建立起与受众之间的紧密联系，实现品牌价值的持续增长。

内容创作是这一过程的核心部分，它指的是生成新的、原创的或改编的文本、图像、音频、视频等多种形式的信息。创作内容的目的通常是满足特定受众的需求和兴趣，提供有价值的信息、娱乐或教育，以及促进品牌与受众之间的互动和沟通。内容创作的前期策划阶段，创作者要明确内容创作的目标和预期效果，如提升品牌知名度、增加用户黏性、促进产品销售等。同时，深入了解目标受众的需求、兴趣和行为习惯，以便创作出更符合他们口味的内容。根据策划结果，确定内容的主题、形式和风格，如文章、图片、视频、音频等。

在内容创作过程中，创作者需要考虑多个方面。首先，收集与主题相关的素材，包括文字、图片、视频、音频等，确保素材的真实性和合法性。其次，根据策划方案进行内容的撰写或制作。在创作过程中，注重内容的创新性、可读性和吸引力。最后，对创作的内容进行初步的质量把控，确保内容无错别字、语法错误等，同时保持内容的连贯性和逻辑性。

内容管理是指对已经创作的内容进行审核、发布、维护以及评估等一系列活动。这些活动旨在确保内容的质量、时效性和合规性，同时提高内容的传播效果和商业价值。在内容创作完成后，企业相关管理者对创作完成的内容进行严格的审核，确保其真实性、准确性和合规性。审核过程中，注意检查内容是否含有违法、违规或不良信息，如色情、暴力、虚假宣传等。在审核结束后，选择合适的发布渠道和平台，如企业官网、社交媒体、视频分享网站等。制订发布计划，明确发布的时间、频率和方式，确保内容的连续性和时效性。在发布前，对内容进行最终的检查和确认，确保无误后正式发布。内容发布并不代表内容管理的结束，相关人员还要监测内容发布后的表现和反馈，回应用户的评论和反馈，与用户保持互动和沟通，根据用户反馈及时调整和优化内容策略，对已发布的内容进行管理和维护，包括更新、修订、删除等操作。

（三）渠道管理

数字营销中的渠道管理是指通过一系列策略、技术和工具，对企业在不同数字渠道上的营销活动进行规划、执行、监控和优化，以实现营销目标并提升品牌价值和销售业绩。具体来说，数字营销渠道管理包括渠道选择与规划、渠道执行与优化、渠道数据分析与评估、多渠道整合与协同、技术创新与趋势适应这几个方面。

相关人员要根据企业产品特性、目标受众及市场环境，选择适合的数字营销渠道，如搜索引擎、社交媒体、电子邮件、内容营销平台等。同时，明确各渠道在营销体系中的角色和定位，如哪些渠道用于品牌建设，哪些渠道侧重于销售转化。针对每个渠道制定具体的营销策略，包括内容策略、广告投放策略、互动策略等。

在渠道的执行与优化过程中，要根据渠道特性和目标受众需求，创作并分发高质量的内容，如文章、视频、图片等，以吸引和留住用户。同时，要积极与用户互动，收集用户反馈，及时调整营销策略和渠道布局，提升用户体验和满意度。通过数据分析不断优化广告创意、投放时间和预算，提高广告效果。

在渠道执行结束后，要利用数据分析工具收集各渠道的数据，包括流量、转化率、用户行为等。对收集到的数据进行深入分析，识别渠道表现、用户行为模式及市场趋势。根据数据分析结果评估渠道效果，对表现不佳的渠道进行调整或优化，以提升整体营销效果。

多渠道整合与协同是数字营销发挥效用的核心要求，这就需要企业打破渠道壁垒，实现线上线下、各数字渠道之间的无缝对接和协同工作，构建统一的用户画像，实现跨渠道的用户识别和个性化推荐。通过跨渠道营销活动，提升品牌曝光度和用户参与度，促进销售转化。

要想依靠数字营销实现超额利润，企业就要关注技术创新与趋势适应，关注并应用最新的数字营销技术和工具，如人工智能、大数据、区块链等，提升渠道管理效率和效果；紧跟数字营销发展趋势，及时调整渠道管理策略和布局，以适应市场变化和用户需求。

（四）个性化与自动化

在数字营销领域，个性化与自动化是两个相辅相成、至关重要的概念，它们共同驱动着企业营销策略的精准实施与高效运作。

个性化是指根据用户的兴趣、需求、行为模式等个性化特征，为其提供定制化的营销信息和服务。这一过程依赖于对大量用户数据的收集与分析，利用算法和机器学习技术来预测用户的偏好，并据此推送最相关、最吸引人的产品或服务信息。个性化营销不仅提升了用户体验，提升了用户的参与度和满意度，还显著提高了营销活动的转化率和投资回报率。在数字营销中，个性化推荐系统成了实现这一目标的重要工具，它能够实时分析用户行为，快速响应市场需求变化，为企业带来持续的竞争优势。

自动化是指利用软件和技术手段来自动执行营销任务，提高营销流程的效率和精准度。营销自动化涵盖了从数据收集、分析、策略制定到执行、评估的全过程，实现了营销活动的智能化、自动化管理。通过预设规则和流程，营销自动化系统能够自动触发和执行营销活动，如邮件营销、社交媒体推广、广告投放等，从而减轻人工负担，降低运营成本。同时，自动化还使得营销活动更加精准高效，能够基于用户数据实时调整策略，优化用户体验和营销效果。

在数字营销中，个性化与自动化往往是相互融合、相互促进的。一方面，个性化需要自动化的支持来实现高效、精准的数据分析和策略执行；另一方面，自动化也需要个性化的指导来确保营销活动的针对性和有效性。因此，越来越多的企业开始将个性化与自动化相结合，构建智能化的数字营销体系，以应对日益激烈的市场竞争和快速变化的市场需求。个性化与自动化是数字营销中不可或缺的两个要素。它们共同推动企业营销策略的创新与升级，为企业带来更加精准、高效、个性化的营销体验。在未来，随着技术的不断发展和市场环境的不断变化，个性化与自动化将在数字营销中发挥更加重要的作用。

（五）技术支持与扩展

在数字营销领域，技术支持与扩展是行业不断进步和创新的重要驱动力。技术支持为数字营销提供了坚实的基础和强大的工具，使得营销活动能够更加精准、高效和个性化。而扩展则是指数字营销在技术应用和营销策略上的不断拓宽和深化，以适应市场变化和消费者需求的升级。

在技术支持方面，数字营销充分利用了互联网、大数据、人工智能、云计算等先进技术。这些技术不仅提升了数据收集、分析和处理的能力，还实现了营销活动的自动化和智能化。例如，通过大数据分析，企业可以深入了解消费者的兴趣、偏好和行为模式，从而制定更加精准的营销策略；人工智能技术的应用则可以实现智能推荐、智能客服等功能，提升用户体验和营销效果。此外，云计算技术为数字营销提供了灵活、可扩展的计算资源和服务，使得企业能够快速响应市场变化，调整营销策略。

在扩展方面，数字营销不断拓宽其应用领域和渠道。除了传统的搜索引擎营销、社交媒体营销、电子邮件营销等方式外，数字营销还逐渐渗透到内容营销、短视频营销、直播带货等新兴领域。这些新兴领域为数字营销提供了更加丰富的营销形式和更加广阔的营销空间。同时，随着移动互联网的普及和 5G 等新技术的发展，数字营销也在不断探索新的应用场景和模式，如基于位置的服务营销、虚拟现实营销等，以满足消费者日益多元化的需求。

技术支持与扩展是数字营销不断发展和创新的重要保障，推动着数字营销行业的繁荣和发展。

（六）项目管理与团队协作

在数字营销领域，项目管理与团队协作是确保营销活动顺利进行、高效达成目标的核心环节。

项目管理涉及对整个营销过程的规划、执行、监控和收尾，它要求项目经理具备全面的视角和细致的计划能力，以确保项目的时间、成本、质量和范围等要素得到有效控制。通过明确项目目标、制订详细计划、分配资源、监控进度以及及时调整策略，项目管理能够确保数字营销活动按照既定的路线图稳步前进。

团队协作是项目管理中不可或缺的一部分。数字营销项目往往涉及多个部门、多个角色和多个技能领域的协作，包括市场分析师、创意设计师、内容创作者、技术开发人员、社交媒体专家等。团队成员之间的紧密合作、信息共享和相互支持是项目成功的关键。通过建立良好的沟通机制、明确角色分工、鼓励创新思维和强化团队精神，团队协作能够激发团队成员的积极性和创造力，促进知识和经验的共享，从而提升整个团队的执行力和竞争力。

因此，在数字营销中，项目管理与团队协作是相互依存、相互促进的。项目管理为团队提供了明确的方向和框架，而团队协作则通过成员之间的紧密合作和共同努力，将项目管理的理念和计划转化为实际行动和成果。两者共同作用，确保数字营销活动的顺利进行和目标的高效达成。

（七）持续优化与学习

在数字营销领域，持续优化与学习是推动策略迭代、提升营销效果的关键所在。这是一个动态且持续的过程，要求企业不断适应市场变化、紧跟技术发展趋势，并通过不断学习和实践来优化自身的营销策略。

持续优化意味着企业需要对营销活动进行持续的监控、评估和调整。这包括对营销数据的深入分析，以了解用户行为、市场趋势和营销效果；对营销渠道的优化，确保资源投入能够带来最大的回报；以及对营销策略的灵活调整，以应对市场的快速变化。通过持续优化，企业能够不断提升营销活动的效率和效果，实现更高的投资回报率。

学习是持续优化过程中不可或缺的一环。数字营销是一个快速发展和变化的领域，新技术、新平台和新策略层出不穷。企业需要不断学习最新的营销理念、技术和方法，以跟上市场的步伐。这包括参加行业会议、研讨会和培训课程等活动，以获取最新的市场信息和行业动态；阅读相关书籍、文章和博客等资料，以了解行业的最佳实践和成功案例；以及通过实践和经验积累，不断提升自身的营销能力和水平。

在数字营销中，持续优化与学习是企业保持竞争优势、实现持续发展的关键所在。只有不断学习和掌握最新的营销理念、技术和方法，并根据市场变化进行灵活调整和优化，企业才能在激烈的市场竞争中立于不败之地。

（八）特定策略与工具

在数字营销中，特定策略与工具是相辅相成的，它们共同构成了企业实现营销目标的重要支撑。这些策略和工具不仅能够帮助企业更精准地定位目标受众，提升品牌知名度和用户参与度，还能够通过数据分析和优化，实现营销效果的持续提升。

内容营销是通过创造和分享有价值、有吸引力的内容来吸引、保留和转化目标受众。具体的形式包括但不限于博客文章、视频、社交媒体帖子、电子书等。内容营销旨在建立品牌权威性和用户信任，同时引导用户进行购买决策。

社交媒体营销是指利用社交媒体平台（如微博、微信、抖音、Facebook 等）进行品牌推广和用户互动。社交媒体营销通过发布有趣、有用的内容，结合广告投放和精准定位功能，实现品牌曝光和用户转化。

搜索引擎优化（SEO）是指通过优化网站内容和结构，提高网站在搜索引擎结果中的排名，从而吸引更多的自然流量。SEO 策略包括关键词研究、网站结构优化、内容优化和外部链接建设等。

搜索引擎营销（SEM）是指通过购买关键词广告，在搜索引擎结果页面上展示广告，以吸引用户点击并访问网站。SEM 通常与 SEO 结合使用，以实现更全面的搜索引擎覆盖。

数字营销中的特定策略与工具是相互依存、相互促进的。数字营销的构架是一个综合的系统，涉及数据、内容、渠道、个性化、自动化、技术支持、项目管理、团队协作以及持续优化等多个方面。通过这一构架，企业可以构建高效、智能、个性化的数字营销体系，提升客户体验，驱动业务增长。

三、数字营销的特征

（一）技术密集性和数据驱动性

数字营销紧密依托于互联网、大数据、人工智能等先进技术，通过海量数据的收集、分析和应用，实现对消费者行为的精准洞察和预测。这种技术密集性和数据驱动性不仅提升了营销活动的精准度和效率，还为企业决策提供了强有力的支持。以华为为例，其通过构建全域数据湖和用户画像分析技术，实时追踪消费者在官网、社交媒体等全渠道的浏览轨迹和互动行为。基于对 30～45 岁中等收入群体男性用户购买偏好的深度挖掘，华为优化了电动汽车广告的定向投放策略，将广告曝光与用户兴趣标签（如技术偏好、消费能力）动态匹配，最终实现广告点击率提升 40%、转化率提升 25%的显著效果。

（二）覆盖广泛性和传播高效性

互联网的无界性使得数字营销能够跨越地域和时间的限制，将产品和服务信息迅速传播到全球范围内潜在的消费者。同时，数字营销还利用搜索引擎优化、社交媒体推广等多种手段，提高信息的曝光率和传播效率，从而吸引更多的潜在客户。例如，可口可乐通过在全球范围内的社交媒体平台上投放广告，实现了品牌的广泛覆盖和高效传播。社交媒体平台的用户基数庞大，且信息传播速度快，使得可口可乐的广告能够迅速触达全球消费者。这种覆盖广泛性和传播高效性是数字营销相比传统营销的重要优势之一。

（三）强互动性和参与性

数字营销打破了传统营销的单向传播模式，通过社交媒体、在线论坛、用户评论等多种渠道，实现企业与消费者之间的实时互动和深度交流。这种互动性和参与性不仅增强了消费者的参与感和忠诚度，还为企业提供了宝贵的市场反馈和消费者洞察，有助于企业不断优化产品和服务。例如，东鹏特饮通过“一物一码”技术构建了数字化互动体系，消费者通过扫描产品包装上的二维码即可参与积分兑换、抽奖活动，同时品牌方通过扫码数据精准识别用户消费场景与偏好，实时调整终端促销策略。这种基于数据闭环的互动营销模式，不仅使消费者在参与中感受到个性化服务，还通过多码联动的 BC 一体化运营，将渠道终端与消费者行为数据打通，最终实现了复购率提升和品牌黏性显著增强的效果。用户通过扫码行为直接参与品牌活动，既获得了即时反馈的趣味性，也通过积分体系建立了长期价值连接，从而推动消费决策的闭环形成。

（四）高成本效益和可衡量性

相比传统营销方式需要大量的人力、物力和财力投入，数字营销可以通过网络平台和自动化工具进行低成本、高效率的推广。同时，数字营销还提供了丰富的数据分析工具，可以实时监测和评估营销效果，为企业提供科学的决策依据和优化建议。例如，爱彼迎通过社交媒体平台与用户进行互动，利用用户生成的内容（如照片和评论）来展示旅行的独特体验。这种营销方式相比传统广告具有更低的成本，同时能够通过社交媒体的数据分析工具实时监测和评估营销效果。爱彼迎根据数据反馈不断优化营销策略，提高成本效益和可衡量性。

（五）服务个性化和定制化

通过对消费者数据的深度挖掘和分析，数字营销能够精准地了解消费者的需求和偏好，进而提供个性化的产品和服务推荐。这种个性化和定制化服务不仅提升了消费者的购物体验和满意度，还增强了企业的市场竞争力。例如，星巴克的移动支付应用程序不仅提供了便捷的支付方式，还通过会员制度为用户提供个性化的优惠和服务。根据用户的消费习惯和偏好，星巴克会推送定制化的优惠券和推荐产品，从而提升用户的忠诚度和满意度。这种个性化和定制化的服务是数字营销中提升用户体验的重要手段。

// 微案例 2－1 //

星巴克的数字营销框架

星巴克的数字营销实践丰富多样。它充分利用数字技术，如移动支付、社交媒体、大数据分析等，与消费者建立紧密联系。通过星巴克 APP，消费者可以轻松下单、支付、获得积分和兑换礼品，享受便捷的购物体验。同时，星巴克还利用社交媒体平台，如微博、微信、抖音等，与消费者进行互动，传递品牌故事和价值，提升品牌认知度和好感度。

在数字营销的构架方面，星巴克注重数据基础与洞察，通过大数据分析，精准把握消费者需求和行为，为营销策略的制定提供有力支持。在内容创作与管理上，星巴克以咖啡文化为核心，结合节日、热点事件等，创作富有创意和吸引力的内容，吸引消费者的关注和参与。在渠道管理上，星巴克整合线上线下多种渠道，如实体店面、APP、社交媒体等，形成全方位的营销网络，提升品牌曝光度和传播效率。

星巴克的数字营销特征鲜明。它强调技术密集性和数据驱动性，通过先进的技术手段，实现精准营销和个性化服务。同时，星巴克的数字营销具有覆盖广泛性和传播高效性，能够快速触达全球消费者，提升品牌影响力。星巴克数字营销的强互动性和参与性，让消费者能够积极参与品牌活动，提升品牌忠诚度。高成本效益和可衡量性的特点，使得星巴克能够量化评估营销活动的效果，优化资源配置。星巴克还通过数字营销实现了服务的个性化和定制化。例如，星巴克 APP 中的个性化推荐功能，能够根据消费者的购买历史和偏好，为其推荐适合的饮品和食品。此外，星巴克还推出了“早安闹钟”等趣味互动活动，让消费者在享受咖啡的同时感受到品牌的温度和关怀。

第 2 节　数字营销的基本原理

数字营销作为数字经济在商业领域的关键实践形态，其运作机制与信息经济、网络经济和技术创新经济三大基础存在深度嵌套关系。在信息经济维度，数字营销通过消费者行为追踪、大数据画像等技术手段，将碎片化的用户信息转化为精准的营销决策依据，这正是信息资源开发利用的典型场景；在网络经济层面，社交媒体、电商平台等数字基础设施的普及，使品牌能够突破地域限制，构建全球私域流量池，实现营销活动的规模效应和即时互动；而技术创新经济则直接体现为程序化广告系统、人工智能内容生成工具等数字营销技术的迭代升级，持续推动营销模式的范式变革。三者协同作用形成了数字营销的底层逻辑：信息经济为精准触达提供数据燃料，网络经济构建用户连接的传播矩阵，技术创新经济则通过智能工具提升营销效率。这种深度融合使得数字营销不仅成为数字经济的重要组成部分，更是企业参与数字经济活动、获取竞争优势的核心路径。

一、数字经济的基本概念

（一）信息经济

信息经济，又称资讯经济或 IT 经济，是以现代信息技术等高科技为物质基础，信息产业起主导作用的一种新型经济形态。它基于信息、知识和智力，是农业经济、工业经济之后的一种新经济形态。

在信息经济中，现代信息技术不仅是经济发展的重要驱动力，也是经济活动的核心组成部分。它强调信息技术的驱动作用、信息产业的主导作用以及知识和智力的重要性。在信息经济时代，信息技术的发展和应用将不断推动经济增长和社会进步。

信息经济强调新经济的物质基础为信息技术，以及信息产业的主导作用。信息技术的发展和应用，如互联网、云计算、大数据、物联网等，极大地改变了社会互动方式和经济活动模式。这些技术不仅提高了信息处理和传输的效率，还催生了新的经济形态和产业模式，如电子商务、互联网金融、即时通信、搜索引擎等。这些新兴的经济形态和产业模式不仅推动了经济增长，还改变了人们的生活方式和消费习惯。

在信息经济中，信息产业成为经济增长的主要动力。信息产业不仅包括传统的信息技术制造业，如计算机硬件、通信设备制造等，还包括信息技术服务业，如软件开发、系统集成、信息技术咨询等。这些产业不仅为经济增长提供了强大的动力，还推动了其他产业的数字化转型和升级。

此外，信息经济还强调知识和智力的重要性。在信息经济时代，知识和智力已成为经济发展的核心要素。教育和研发是知识经济的主要部门，高素质的人力资源是信息经济发展的重要资源。通过教育和研发，人们可以不断获取新的知识和技能，推动技术创新和产业升级，从而推动经济持续增长。

信息经济的发展还带来了经济结构的优化和升级。随着信息技术的广泛应用，传统产业的生产方式和经营模式发生了深刻变革。数字化、智能化、网络化成为传统产业转型升级的重要方向。同时，信息经济还推动了新兴产业的发展，如人工智能、区块链、物联网等，这些新兴产业不仅为经济增长提供了新的动力，还推动了经济结构的优化和升级。

（二）网络经济

网络经济不仅仅是指以计算机为核心的信息技术产业的兴起和快速增长，也包括以现代计算机技术为基础的整个高新技术产业的崛起和迅猛发展，更涵盖了由于高新技术的推广和运用所引起的传统产业、传统经济部门的深刻革命性变化和飞跃性发展。网络经济是一种全新的经济形态，它正在深刻地改变着我们的生产和生活方式。随着信息技术的不断发展和应用，网络经济将会继续壮大和深化，为经济增长和社会发展注入新的动力和活力。

网络经济是建立在国民经济信息化基础之上，各类企业利用信息和网络技术整合各式各样的信息资源，并依托企业内部和外部的信息网络进行动态的商务活动、研发、制造、销售和管理活动所产生的经济。它建立在信息流、物流和资金流的基础之上，依靠网络实现经济活动的全过程。

网络经济改变了企业的传统经营模式、经营理念，具有两个基本要素，即经济行为主体的“集”和经济链的“集”。经济行为主体以及它们之间的联系链可以是同质的，也可以是异质的，换言之，它们可以是同行业的，也可以是不同行业的。

对网络经济可以从狭义和广义两个方面来理解。狭义而言，网络经济主要是指以信息和计算机网络为核心的信息和通信技术的产业群体。广义而言，网络经济涵盖了电信、电力、能源、交通运输等网状运行行业构成的产业群体。网络经济已经成为规模经济或范围经济，其经济运作往往涉及一个国家的范围，甚至跨越国界，把几个国家或一个巨大的区域联结在一起。

网络经济具有一系列鲜明的特征，如开放性、全球性、直接性、虚拟性、创新性和可持续性等。这些特征使得网络经济在推动经济增长、促进产业升级、提高生产效率等方面发挥了重要作用。同时，网络经济也带来了商业模式的创新，如电子商务、在线支付、共享经济等，这些新模式不仅为消费者提供了更加便捷、高效的服务，也为企业创造了新的商业机会和利润空间。

在网络经济中，企业必须顺应环境的变化，采取全新的竞争原则和竞争策略，才能在激烈的竞争中取胜。例如，主流化原则要求企业激发大量需求，通过快速形成巨大的市场占有率来赢得市场；个人市场原则和特定化原则强调企业需要了解消费者的个人偏好，提供有针对性的产品或服务；价值链原则要求企业着眼于价值链的整合和增值，而不仅仅是某个分支的增值；适应性原则要求企业具备快速适应市场变化的能力，不断调整和优化自身的经营策略。

（三）技术创新经济

技术创新经济是数字经济基本原理中的一个核心组成部分，它涵盖了以技术创新为核心驱动力的经济活动和发展模式。它以技术创新为核心驱动力，推动了新兴产业的快速发展、生产方式的变革、商业模式的创新以及社会经济结构的优化和可持续发展。在未来的发展中，技术创新经济将继续发挥重要作用，引领数字经济不断向前发展。

技术创新经济以信息技术、生物技术、新材料技术等高新技术为主要支撑，这些技术不仅具有高度的创新性和前沿性，还能够迅速转化为现实生产力，推动经济的快速发展。在技术创新经济的推动下，新兴产业不断涌现，如互联网产业、智能制造产业、新能源产业等，这些产业不仅为经济增长提供了新的动力，还推动了传统产业的转型升级，提高了整个经济体系的竞争力和创新能力。

技术创新经济还促进了生产方式的变革。在数字化、智能化、网络化的趋势下，企业开始采用先进的生产技术和设备，实现生产过程的自动化、智能化和高效化。这不仅提高了生产效率，还降低了生产成本，增强了企业的市场竞争力。

同时，技术创新经济也推动了商业模式的创新，如电子商务、共享经济等新兴商业模式不断涌现，为消费者提供了更加便捷、高效的服务，也为企业创造了新的利润增长点。

在技术创新经济的推动下，社会经济结构也发生了深刻的变化。一方面，技术创新推动了新兴产业的快速发展，使得产业结构更加优化和合理；另一方面，技术创新也促进了就业市场的变革，新兴产业的兴起为劳动者提供了更多的就业机会和职业发展空间。

此外，技术创新经济还推动了社会经济的可持续发展，通过提高资源利用效率、降低环境污染等方式，实现了经济发展与环境保护的良性循环。

二、数字营销的基本理论

在数字营销的基本理论中，4P、4C 和 4R 理论构成了营销策略的核心框架，它们分别从不同角度指导企业如何有效地开展营销活动。4P 理论以产品（product）、定价（price）、渠道（place）和促销（promotion）为核心，侧重从企业的角度出发，制定和实施营销策略。4C 理论则强调以消费者为中心，关注消费者（customer）的需求、成本（cost）、便利性（convenience）和沟通（communication），旨在提升消费者的满意度和忠诚度。相比之下，4R 理论更加注重企业与消费者之间的长期关系建立，通过关联（relevancy）、反应（reaction）、关系（relationship）和回报（reward）四个要素，构建企业与消费者之间的互利共赢关系。这三种理论各有侧重，相互补充，共同构成了数字营销的基本原理。在数字时代，企业需要综合运用这些理论，根据市场环境、消费者需求和企业自身特点，制定灵活多变的营销策略，以实现营销目标，提升市场竞争力。

（一）4P 营销理论

4P 营销理论是数字营销基本理论中的经典理论，它涵盖了产品、定价、渠道和促销这四个关键要素，这四个要素相互关联、相互影响，共同构成了企业制定和执行营销策略的基础框架。4P 营销理论为企业制定和执行营销策略提供了全面的视角和框架。企业需要综合考虑产品、定价、渠道和促销这四个要素，并根据市场环境的变化和消费者需求的变化进行灵活调整，以制定出最有效的营销策略。

首先，产品是企业营销活动的核心，它不仅仅指实物商品，还包括服务、品牌、包装等所有企业提供给市场的货物和服务的集合。企业需要关注产品的效用、质量、外观、式样、品牌、包装和规格，以确保产品能够满足目标市场的特定需求。通过深入的市场调研，企业可以了解消费者的偏好和需求，进而开发出具有独特卖点和创新性的产品，以吸引消费者的注意力并激发他们的购买欲望。

其次，价格是企业产品定价的方式，是营销决策中的关键因素之一。企业需要综合考虑产品成本、市场供需状况、竞争情况及消费者接受程度等因素，以制定合理的价格策略。定价策略不仅反映产品的价值，还需符合消费者的购买力。通过合理的定价，企业可以确保产品的价格既能够覆盖成本，又能够吸引消费者购买，从而实现利润最大化。

再次，渠道是指企业将产品传递给消费者的途径和方式。企业需要选择合适的分销渠道，以确保产品能够高效、便捷地到达目标市场。渠道选择包括直接销售、间接销售、线上渠道和线下渠道等多种方式。通过有效的渠道管理，企业可以提高渠道效率，降低渠道成本，从而增强产品的市场竞争力。

最后，促销是企业通过各种方式推广和销售产品的手段，旨在提升品牌知名度，吸引消费者购买。促销方式包括广告、公关、人员推销、直接营销等多种形式。企业需要根据目标市场的特点选择合适的促销策略，并制订出具体的推广计划。通过有效的推广活动，企业可以提高产品的知名度和美誉度，激发消费者的购买欲望，从而促进产品销售。

（二）4C 营销理论

4C 营销理论是数字营销领域中的一个核心理念，它颠覆了传统的 4P 营销理论，将消费者置于市场活动的中心，强调以满足消费者需求为导向的营销策略。这一理论由罗伯特·劳特朋在 1990 年提出，包括消费者、成本、便利性和沟通四个关键要素，每个要素都蕴含着丰富的内涵和深刻的营销哲理。4C 营销理论以消费者为中心，强调企业在制定营销策略时需要深入了解消费者的需求和期望，并注重提供便捷的购物体验和积极的双向沟通。通过这一理论的应用，企业可以更好地满足消费者的需求，提升市场竞争力，实现可持续发展。

首先，消费者要素是 4C 营销理论的出发点和落脚点。它要求企业深入了解目标消费者的需求、欲望和期望，并以此为基础制定产品策略、服务内容和营销活动。这意味着企业需要开展深入的市场调研，捕捉消费者的真实需求和潜在需求，确保产品或服务能够精准满足目标消费群体的期待。在产品开发过程中，企业应注重创新，提供具有差异化竞争优势的产品，以满足消费者的个性化需求。同时，企业还应关注消费者的情感需求，通过情感共鸣来增强消费者的品牌忠诚度和满意度。

其次，成本要素不仅涉及企业的生产成本，还包括消费者为满足其需求所愿意支付的全部成本。这包括时间成本、精力成本、体力成本以及货币成本等。企业在制定价格策略时，需要综合考虑这些因素，确保价格既能够覆盖企业的成本，又能够让消费者感受到物有所值。此外，企业还应关注消费者的购买力水平，确保定价策略能够符合目标市场的实际情况。通过合理的定价策略，企业可以吸引更多消费者，提高市场份额，同时实现盈利目标。

再次，便利性要素强调企业应关注消费者在购买和使用过程中的便捷性。这包括销售渠道的多样性、购买流程的简化、售后服务的完善以及物流配送的快捷等方面。企业应积极拓展线上线下相结合的销售渠道，提供多种支付方式，简化购买流程，降低消费者的购买门槛。同时，企业还应加强售后服务体系建设，提供及时、专业的售后服务支持，以提升消费者的购物体验和满意度。在物流配送方面，企业应优化物流配送网络，提高配送效率，确保产品能够迅速、准确地送达消费者手中。

最后，沟通要素是 4C 营销理论中的关键环节。它要求企业通过与消费者的双向沟通，建立基于共同利益的新型关系。这包括向消费者传递产品信息、企业价值以及品牌理念等方面，同时倾听消费者的反馈和意见，及时调整产品和营销策略。有效的沟通有助于企业深入了解消费者的需求和期望，提高产品和服务的针对性。同时，沟通还可以增强企业与消费者之间的信任关系，提升品牌形象和忠诚度。在沟通过程中，企业应注重情感交流，通过情感共鸣来拉近与消费者的距离。

（三）4R 营销理论

4R 营销理论是数字营销基本理论中的一个重要组成部分，它强调企业与消费者之间建立长期、稳定且互利的关系，以实现双方的共同发展和利益最大化。4R 营销理论以关系营销为核心，通过关联、反应、关系和回报四个要素的相互作用，构建了企业与消费者之间的长期互动与双赢关系。这一理论的应用有助于企业更好地理解消费者需求，提升客户满意度和忠诚度，增强市场竞争力，实现可持续发展。在当今数字化、网络化的市场环境中，4R 营销理论为企业提供了更加实际有效的营销指导方针，帮助企业更好地适应市场变化，满足消费者需求，实现长期发展。4R 营销理论中的四个要素相互关联、相互作用，共同构成了企业制定和执行营销策略的框架。

关联强调的是企业与消费者之间的紧密联系。在竞争激烈的市场环境中，企业与消费者被视为一个命运共同体，双方需要在业务、需求等方面建立关联，形成一种互助、互求、互需的关系。这种关联的建立需要企业深入了解消费者的需求和期望，通过提供个性化的产品和服务来满足这些需求。同时，企业还需要通过有效的沟通和互动，与消费者建立情感连接，增强彼此之间的信任和依赖。这种关联的建立不仅有助于提升消费者的忠诚度，还能为企业带来长期稳定的市场份额和竞争优势。

反应是指企业对市场变化和消费者需求的快速响应能力。在相互影响的市场中，消费者需求瞬息万变，企业需要具备敏锐的洞察力和高效的反应机制，以便及时倾听和回应消费者的需求和反馈。通过建立快速响应系统，企业可以迅速调整产品和服务，抓住市场机遇，避免因市场变化带来的风险。同时，企业还需要站在消费者的角度思考，预测并引导市场需求，提升服务质量和消费者满意度。这种快速反应能力有助于企业保持市场敏感度，及时捕捉市场机会，从而在竞争中占据有利地位。

关系是 4R 营销理论的核心所在。它强调企业与消费者之间应建立长期稳定的互动关系，这种关系不仅仅是交易关系，更是基于信任、尊重和共同利益的伙伴关系。企业需要通过优质的服务，令消费者产生信任和依赖。同时，企业还需要通过客户关系管理系统等工具，收集和分析消费者数据，了解消费者的需求和偏好，以便提供更加个性化的产品和服务。这种关系的建立和维护需要企业投入大量的时间和精力，一旦成功，将为企业带来持续的市场竞争优势和口碑传播效应。

回报则是企业通过满足消费者需求而获得的合理利润回报。这是企业开展营销活动的最终目的。企业需要提供有价值的产品和服务，制定合理的价格政策以及消费者忠诚度计划等方式，对消费者的忠诚进行回报。合理的回报机制能够激励消费者重复购买，增强消费者的归属感，提高企业的经济效益和品牌形象。同时，回报也是企业维持市场关系的必要条件。只有实现了盈利，企业才能有更多的资源投入到产品研发、市场营销和客户服务等方面，从而不断提升自身的竞争力。

// 微案例 2-2 //

小米的数字营销实践

小米公司作为全球知名的智能手机及智能家居产品制造商，自成立以来便以创新的数字营销策略著称。小米不仅注重产品的极致性价比，更在营销上独树一帜，通过线上线下的全面布局，实现了品牌的快速崛起和市场的广泛覆盖。从4P营销来看，小米的产品策略聚焦于极致性价比，通过自主研发和供应链管理，提供高性能、低价格的产品，满足广大消费者的需求。定价策略上，小米采用成本加成定价法，确保产品在保持高品质的同时，价格亲民，增强市场竞争力。渠道方面，小米充分利用电商平台和线下体验店，形成线上线下融合的销售网络，提升品牌曝光度和销售效率。促销策略上，小米通过社交媒体、短视频平台等新媒体渠道，进行精准营销和口碑传播，吸引大量年轻消费者。同时，小米在4C营销上也有独到之处。消费者需求方面，小米通过大数据分析，深入了解消费者偏好，提供个性化的产品和服务。成本方面，小米不仅关注产品价格，更重视消费者的购买成本，包括时间、精力等，通过优化购物流程和售后服务，提升消费者体验。便利方面，小米的线上商城和线下体验店提供便捷的购物渠道，满足消费者随时随地的购物需求。沟通方面，小米注重与消费者的双向沟通，通过社交媒体、客服热线等渠道，及时回应消费者反馈，建立良好的品牌形象。

第3节　数字企业、数字顾客与数字产品

一、数字企业

（一）数字企业的概念

数字企业代表企业在数字化转型过程中的高级阶段。它是指企业通过制定并实施数字化战略，充分利用云计算、大数据、物联网、移动互联网、人工智能等新一代信息技术所带来的商业创新机会，持续优化和赋能其业务流程。在这一过程中，企业连接了消

费者、员工、合作伙伴、产品设备和服务，积累了大量的大数据资产，并打造了一个动态、透明、高效、敏捷、精准且供需匹配的运营体系。

数字企业是数字化转型的顶峰，它代表企业在经营管理、产品设计与制造、物料采购与产品销售等各个领域全面采纳信息技术的实践。这种融合不仅促进了信息技术与企业业务的紧密结合，也使得企业能够通过数字化手段对生产经营管理的各个方面进行有效控制和精确管理。

数字企业的建设不仅包括技术层面的应用，还涉及商业模式创新和组织变革。它致力于将数字技术、现代管理技术与业务流程深度融合，这种融合涵盖了产品生命周期的每一个环节、整个价值链，以及企业运营管理的各个层面。从设计到制造，再到运营和服务，数字企业实现了全链条的数字化，从而全面提升了企业的研发能力、创新能力和运营效率，加速了业务转型，显著增强了企业的综合竞争力。

数字企业不仅关注技术的先进性，更重视技术的实际应用效果。它致力于为用户提供创新性、智能化的产品和服务，以满足用户日益增长的个性化和定制化需求。同时，数字企业还注重内部资源的整合，打破组织间的壁垒和数据孤岛，构建起连续的数据流。这种以数据为驱动的业务模式，不仅提高了业务协作和运营效率，还使企业能够更快速地响应用户需求，提供更敏捷、更高效的服务。

与传统企业相比，数字企业展现出全局视角、前瞻性规划和用户导向等一系列特质。数字企业超越了对单一环节数字化的关注，致力于构建全面的数字化能力；将目光投向未来，以业务的持续增长和升级为核心目标；以用户需求为中心，致力于创造和提供满足用户需求的创新体验。这些特质不仅提升了用户满意度，也驱动了企业内部资源的整合、跨部门的协作以及产品的持续创新。

此外，数字企业还是智力资本密集型的轻资产企业，智力资本（包括人力资本、市场资本、数字资本、研发资本和智能资本）是其核心资产。智力资本的开发、再生与创造是数字企业可持续发展的基础，这类企业高度关注运营模式的精简敏捷和灵活，重视研发在推动增长中的关键作用。

（二）企业数字化转型

企业数字化转型是一个全面且持续的过程，它涉及企业运营的各个方面，旨在通过引入和应用数字技术，改变企业实现目标的方式、方法和规律，从而增强企业自身的竞争力，推动企业转型升级。具体而言，企业数字化转型的核心内容在于将传统业务模式、管理方式和运营流程进行数字化改造和优化。

在业务层面，企业利用数字技术，如云计算、大数据、物联网等，推动业务创新，实现业务在线化、移动化，以及大数据、人工智能等新技术在业务中的深度应用。这不仅提升了业务的处理效率和精准度，还使企业能够更好地满足客户的个性化需求，提供更为便捷和高效的服务。

在管理层面，企业数字化转型推动了管理方式的变革。通过引入企业资源计划（ERP）、办公自动化（OA）、人力资源（HR）等数字化管理系统，企业实现了管理流程的标准化、自动化和智能化。这不仅降低了管理成本，提高了管理效率，还使得企业能够更好地整合内部资源，提升整体运营效能。同时，数字化转型还促进了企业内部沟通协作的顺畅进行，使得信息能够在企业内部实现快速、准确的传递和共享。

在运营层面，企业数字化转型注重通过数据资产和技术驱动，吸引并维持客户，提升获客效率和降低获客成本。企业利用客户关系管理等系统，构建极致的客户体验，提升客户忠诚度，并挖掘客户的潜在长期价值。此外，数字化转型还推动了企业营销方式的变革，使得企业能够利用数字化手段进行精准营销，提高营销效果和转化率。

在转型过程中，企业需要不断引入新的数字技术和理念，以适应市场的需求和变化。同时，企业还需要注重传统业务与数字技术的融合，实现线上线下一体化运营，打通企业电商模式，提升整体竞争力。此外，数字化转型还需要从系统性的角度出发，注重各个方面的协调和配合，确保转型的顺利推进和最终成功。

（三）数字企业的发展趋势

数字企业的发展趋势正呈现出技术驱动与生态重构深度融合的特征。当前，人工智能、云计算、区块链等前沿技术的迭代速度不断加快，推动企业从单一技术应用转向全栈式技术集成。例如，通用人工智能大模型正加速分化，头部企业通过提升算力投入强化模型泛化能力，同时结合垂直行业场景开发专用模型，在智能客服、供应链优化等领域形成规模化应用。云计算基础设施的完善使得企业能够将核心业务系统迁移至云端，实现算力资源的弹性调配和跨地域协同，例如，工业互联网平台通过云端整合产业链数据，支撑产业集群的智能化升级。区块链技术则从早期的金融领域向实体经济渗透，构建可信数据存证体系，在跨境贸易、知识产权保护等场景中发挥关键作用。这些技术的叠加效应催生了新型数字基础设施，如“星火·链网”等国家级区块链平台已初具规模，为数据要素的高效流通奠定了技术基础。

数据要素的市场化配置成为驱动企业转型的核心动能。随着数据资产入表政策的落地，企业开始将数据资源纳入财务报表，2024 年相关规模已达百亿量级。数据治理体系加速完善，围绕数据确权、评估、交易的全生命周期技术标准逐步建立，政府主导的数据登记机构（如“数登所”）在全国范围布局，推动数据从资源向资产转化。领先企业通过构建数据中台打通内部孤岛，整合生产、营销、供应链等多维度数据，结合 AI 算法实现精准用户画像和动态需求预测。例如，电商平台基于实时消费数据优化库存周转率，制造业依托工业大数据实现设备预测性维护，数据驱动的决策模式显著提升了运营效率。与此同时，数据跨境流动规则逐步成形，中国提出的《全球数据跨境流动合作倡议》推动建立多边互认机制，为数字企业全球化布局扫除制度障碍。

产业数字化与数字产业化正形成双向赋能的新格局。在工业领域，工业互联网平台加速向产业集群渗透，新能源汽车、光伏等行业通过设备联网和工艺数字化，构建起覆盖研发设计、生产制造、运维服务的全链条智能体系。例如，某汽车企业打造的工业互联网平台连接上下游 2 000 余家供应商，实现订单协同响应速度提升 40%。农业数字化转型则聚焦涉农数据价值挖掘，通过物联网采集土壤、气象等实时数据，结合区块链技术建立农产品溯源体系，形成“基地直供+数据赋能”的新模式。在服务业领域，数字金融创新尤为突出，基于大数据的智能风控系统可实时评估中小企业信用，使贷款审批周期从周级压缩至分钟级。这些实践表明，数字技术正在重塑传统产业的价值创造逻辑，催生出平台经济、共享经济等新业态。

组织形态与商业模式经历着根本性变革。企业从科层制结构转向敏捷型组织，通过搭建“前台-中台-后台”架构实现资源灵活调配。前台聚焦场景化创新，中台沉淀数据资产与技术能力，后台提供基础算力支撑。海尔等企业推行“小微创客”模式，将决策权下沉至业务单元，激发基层创新活力。在商业模式层面，订阅制服务、场景化生态成为主流趋势，例如，某智能家居企业通过“硬件＋软件＋服务”的融合，构建起覆盖安防、娱乐、健康的家庭数字生态，用户付费率提升 3 倍。这种变革要求企业重构价值网络，与合作伙伴共建数字生态圈，例如，某云服务商联合 300 余家 ISV（独立软件开发商）打造行业解决方案库，形成协同创新的共生体系。

全球化竞争与合作呈现新特征。数字企业出海从单纯的产品输出转向本地化生态构建，通过在海外设立研发中心、适配区域数据合规要求，深度融入当地经济循环。某短视频平台在东南亚市场推行“内容＋电商＋支付”的一体化策略，本地团队占比超 60%，成功占据市场份额首位。同时，中国积极参与全球数字治理规则制定，推动建立包容性更强的数字贸易框架。这种“技术输出＋规则共建”的双轮驱动模式，使中国数字企业在国际竞争中逐渐从跟随者转变为规则参与者。

可持续发展理念深度融入企业战略。数字技术与绿色经济加速融合，企业通过构建碳数据监测平台实现能耗可视化，例如，某制造企业运用数字孪生技术优化生产线布局，使单位产品能耗降低 18%。循环经济模式借助区块链实现资源流转追溯，例如，某电子企业建立废旧设备回收系统，通过数据确权激励用户参与环保行动。在社会责任层面，数字企业加大适老化改造投入，推出语音交互、远程协助等功能，助力消除“数字鸿沟”。这些实践表明，数字企业的价值创造正从经济维度拓展至环境与社会维度，形成更具韧性的发展范式。

总体来看，数字企业的发展已进入“技术-数据-产业-组织-全球-可持续”六维协同的新阶段。在这个过程中，既需要持续攻克核心技术的“卡脖子”难题，也要构建适应数据要素流通的新型生产关系；既要把握产业互联网的集群化机遇，也要应对地缘政治带来的供应链风险；既要在全球化中开拓市场，也要在本土化中沉淀能力。那些能够将技术创新、生态构建、价值重构有机融合的企业，将在数字经济的浪潮中占据制高点。

二、数字顾客

（一）数字顾客的概念

作为数字时代的一个重要概念，数字顾客是指那些在数字化交互平台中积极参与交换活动的市场主体。不仅包括传统意义上的消费者，即使用产品或服务的终端用户，还涵盖了在数字化环境中创造价值的生产者。随着数字技术的迅猛发展，数字顾客的角色日益凸显，成为推动平台生态系统发展和企业转型的关键因素。

从广义上讲，数字顾客通过其交互行为在平台上创造丰富的体验，这种体验不仅限于产品或服务的直接交易，更包括在使用过程中的实时反馈、信息分享和社区互动。这些行为不仅丰富了平台的生态位，提高了协同性，还进一步促进了生态系统多样性的发展。同时，随着数字顾客数量的增加，他们的需求也变得更加多元化和个性化，这促使平台企业不断创新商业模式和服务模式，以满足这些需求，从而提升企业乃至整个生态系统的价值。

从狭义角度看，数字顾客特指那些通过互联网或智能设备获取产品和服务的消费者。他们利用智能手机应用程序、社交媒体、电子商务平台等数字化工具，随时随地获取所需的信息和服务。这种便捷的获取方式不仅改变了消费者的购物习惯，也促使企业更加关注用户体验和满意度，通过提供更加便捷、高效、个性化的服务来赢得市场竞争力。

数字顾客的行为和需求具有高度的动态性和不确定性。他们容易受到市场环境、技术进步、社会趋势等多种因素的影响而发生变化。因此，企业需要不断关注市场动态和用户需求变化，通过数据分析和市场调研等手段来洞察用户的真实需求和行为特征，从而制定更加精准有效的营销策略和服务方案。

数字顾客是数字时代的重要参与者和推动者，凭借在平台上的交互行为创造出丰富的体验，进而催生巨大价值，并促使企业不断进行商业模式和服务模式的创新，以适应市场需求的变化。同时，数字顾客的行为和需求也具有高度的动态性和不确定性，需要企业保持敏锐的市场洞察力和创新能力来应对挑战和机遇。

（二）C 端与机构

C 端，即 consumer 端，是指面向普通消费者或终端用户的产品和服务。在数字时代，C 端产品日益丰富多样，涵盖了社交娱乐、在线购物、金融服务、教育医疗等多个领域。这些产品通过优化用户体验、提供个性化服务、利用大数据和人工智能技术等方式，满足消费者的多样化需求，并促进消费升级和经济增长。C 端产品的成功往往依赖于其强大的用户基础、良好的品牌口碑和持续的技术创新。

机构是一个更为广泛的概念，通常是指为了实现某种目标而建立的具有一定规模和组织结构的实体。机构可以包括政府机构、企业组织、教育机构、科研机构等。它们在社会经济活动中发挥着重要作用，如制定政策、提供公共服务、推动经济发展、促进科技创新等。机构的存在和发展对于维护社会稳定、促进经济发展和提高人民生活水平具有重要意义。

机构往往是 C 端产品和服务的提供者或监管者。例如，电商平台、社交媒体等 C 端产品通常由企业机构开发和运营；而政府机构则负责监管市场秩序、保护消费者权益等。同时，机构也可以作为 C 端产品的用户，如政府机构采购办公软件、企业机构使用软件运营服务（SaaS）等。这种相互关联的关系使得 C 端与机构在数字时代形成了紧密的生态系统。

由此可见，C 端与机构是两个不同但相互关联的概念。C 端面向普通消费者或终端用户，提供多样化的产品和服务；而机构则是为了实现某种目标而建立，在社会经济活动中扮演着重要角色。两者之间的互动和合作推动了数字经济的发展和社会进步。

（三）数字消费趋势

数字消费趋势在当前社会经济发展中展现出蓬勃的生命力，成为推动消费升级和经济增长的重要力量。随着数字技术的不断普及和应用，消费者的购物习惯、支付方式、消费体验等都发生了深刻变化，数字消费正逐步成为主流消费模式。

首先，数字消费市场规模持续扩大。随着网络购物用户规模的快速增长，越来越多的消费者选择通过电商平台、社交媒体、移动支付等数字化渠道进行消费。这种趋势不仅促进了线上零售业的繁荣，也带动了相关产业链的发展，如物流配送、数字支付、金融科技等领域的创新和应用。

其次，数字消费呈现出多元化和个性化的特点。消费者不再满足于传统的标准化产品和服务，而是更加注重个性化定制和差异化体验。通过大数据分析、人工智能等技术的应用，企业可以更加精准地把握消费者需求，提供符合其个性化偏好的产品和服务。这种趋势不仅提升了消费者的满意度和忠诚度，也为企业带来了更多的商业机会和增长空间。

再次，数字消费还推动了消费场景的拓展和创新。随着 5G、物联网、虚拟现实等技术的不断发展，消费者在更加丰富的场景中进行消费体验。例如，通过虚拟现实技术，消费者在家中就能体验到线下购物的乐趣；通过物联网技术，消费者可以随时随地控制家中的智能设备，享受便捷的生活服务。这些创新消费场景不仅提升了消费者的生活品质，也为企业提供了更多的营销渠道和服务模式。

最后，数字消费还面临一些挑战和机遇。一方面，数据安全、隐私保护等问题日益凸显，需要企业加强技术投入和管理措施来保障消费者权益；另一方面，随着新兴技术的不断涌现和应用，数字消费领域也将迎来更多的创新和发展机遇。例如，人工智能、区块链等技术的应用将为数字消费提供更加智能、安全、高效的解决方案和服务模式。

三、数字产品

（一）数字产品的概念

数字产品作为数字时代的重要产物，产生了广泛而深远的影响。它不仅改变了人们的生活方式，还推动了社会经济的变革与发展。

数字产品，从广义上讲，涵盖了所有以数字形式存在并可通过电子设备进行传输、存储、处理或消费的产品和服务。这些产品包括但不限于软件、应用程序、电子书籍、音乐、视频、游戏、在线服务以及基于云计算的解决方案等。它们依赖于数字技术，如互联网、移动通信、大数据、人工智能等，以实现其独特的价值和功能。

数字产品具有一系列显著的特点。首先，它们具有高度的可复制性和可传播性，这使得数字产品的生产和分发成本大幅降低，同时也为消费者提供了更加便捷和多样化的获取方式。其次，数字产品往往具有高度的个性化和定制化潜力，企业可以根据消费者的需求和偏好，提供个性化的产品和服务，从而提升用户体验和满意度。此外，数字产品还具有较强的互动性和参与性，消费者可以通过评论、分享、点赞等方式参与产品的使用过程，形成独特的用户社区和文化。

随着数字技术的不断发展和普及，数字产品的种类和数量也在不断增加。从最初的电子邮件、即时通信工具到如今的社交媒体、在线购物平台、虚拟现实体验等，数字产品已经渗透到人们生活的方方面面。不仅为人们提供了更加便捷、高效的信息获取和交流方式，还推动了教育、医疗、娱乐、金融等多个行业的数字化转型和升级。

数字产品在快速发展的同时，正面临多重挑战。第一，数字产品市场准入存在复杂性与滞后性，其产业类型多样、技术迭代迅速，导致国家与地方标准不统一、审批程序烦琐，增加了企业合规成本。第二，数据安全与隐私保护问题日益严峻，数字产品涉及海量用户数据，但数据泄露、滥用风险频发，加之不同国家和地区间的法规差异，使得跨境业务面临合规困境。第三，技术更新速度远超传统监管框架的适应能力，前沿技术如人工智能的应用虽带来便利，却引发版权归属、伦理争议及信息真实性等问题，而监管机制难以实时跟进。第四，数字鸿沟加剧了资源分配不均，部分地区因基础设施落后或数字素养不足，难以享受数字红利，导致教育、经济机会的差距扩大。第五，全球化背景下，数字公共产品的国际合作面临标准冲突与数字霸权风险，发达国家技术优势可能挤压发展中国家的创新空间，而治理机制的不完善使得责任主体模糊化，进一步制约了可持续发展。这些挑战亟需通过制度创新、动态监管与国际协作来平衡效率与安全，推动数字产品健康生态的构建。

未来，随着数字技术的不断发展和普及，数字产品将继续发挥更加重要的作用，为人们创造更加便捷、高效、个性化的生活体验。

（二）数字文创产品

数字文创产品，作为现代信息技术与文化创意产业深度融合的产物，正逐步成为文化产业发展的新亮点。这些产品利用区块链、大数据、云计算、人工智能等前沿技术，对传统文化创意内容进行数字化创作、生产、传播和服务，不仅保留了其深厚的文化内涵和艺术价值，还赋予了其新的表现形式和互动体验。

数字文创产品以其独特的互动性和智能化特点，打破了传统文创产品的界限。通过增强现实、虚拟现实等科技手段，数字文创产品能够带给用户沉浸式的体验，使用户能够更深入地参与到文化的创造、形成和传播过程中。这种全新的体验方式不仅提升了用户的参与感和满意度，也促进了文化的传播和交流。

数字文创产品已经渗透到博物馆、艺术、娱乐、教育等多个领域。例如，博物馆利用数字技术将珍贵的文物资源进行数字化处理，推出数字展览、数字文物等，让观众能够在虚拟空间中近距离观赏文物，感受历史文化的魅力。同时，数字文创产品也在艺术、娱乐等领域展现出巨大的潜力，通过数字化手段创新艺术表现形式，提升娱乐体验。

随着技术的不断进步和市场的不断扩大，数字文创产品的发展前景十分广阔。然而，在快速发展的过程中，也面临一些挑战。例如，技术壁垒和人才短缺是当前数字文创产业面临的主要问题之一。此外，版权保护和利益分配问题也需要引起足够的重视。为了推动数字文创产业的健康发展，需要政府、企业和社会各界共同努力，加强技术研发和人才培养，建立健全相关法律法规体系和市场机制。

数字文创产品作为文化产业的新兴力量，正以其独特的魅力和无限潜力引领文化产业的新一轮变革与发展。随着技术的不断进步和市场的不断扩大，我们有理由相信，数字文创产品将在未来发挥更加重要的作用，为文化传承和创新注入新的活力。

（三）数字电子产品

数字电子产品，作为现代科技的重要组成部分，涵盖了利用数字技术、电子元件及计算机技术制造的各种产品。这些产品以其高效、便携、智能化的特点，深刻影响着人们的日常生活和工作方式。

数字电子产品通过数字技术实现数据的处理、传输和存储，涵盖了智能手机、平板电脑、笔记本电脑、台式电脑、数码相机、数码摄像机等众多领域。智能手机作为最具代表性的数字电子产品之一，不仅具备通话、短信等基本功能，还融合了拍照、录像、导航、互联网连接等多种应用，成为现代人不可或缺的生活工具。平板电脑则以其轻便的体型和触控屏幕，为用户提供更加便捷的浏览网页、观看视频、玩游戏等体验。

此外，数字电子产品还广泛应用于工业自动化控制、汽车电子系统、航空航天、医疗设备等多个领域。这些领域的产品通过集成先进的数字技术和电子元件，实现了高效、精准的控制和监测，提高了生产效率和安全性。

随着科技的不断发展，数字电子产品也在不断创新和升级。例如，近年来人工智能的发展，使得智能手机、平板电脑等消费电子产品开始具备更强大的智能交互能力，令用户的操作更加便捷。同时，随着物联网技术的普及，智能家居设备、智能穿戴设备等新型数字电子产品也逐渐进入人们的视野，为人们的生活带来了更多的便利和乐趣。

数字电子产品作为现代科技的重要成果，已经深入人们生活的各个方面。它们不仅提高了人们的生活品质和工作效率，还推动了社会的进步和发展。随着技术的不断进步和创新，数字电子产品的应用前景将更加广阔。

（四）数字工业产品

作为现代工业与数字技术深度融合的产物，数字工业产品正逐步成为推动制造业转型升级的重要力量。这些产品通过集成先进的数字技术、电子元件及智能系统，实现了生产过程的自动化、智能化和高效化。

数字工业产品涵盖了广泛的领域，包括但不限于智能制造装备、智能控制系统、工业互联网平台、数字化生产线以及基于大数据、云计算、物联网等技术的工业应用软件等。它们通过集成传感器、执行器、控制器等智能设备，实现了对生产过程的实时监控、精准控制和优化调度，提高了生产效率和产品质量。

在智能制造装备方面，数字工业产品包括数控机床、机器人、智能物流系统等。这些装备通过集成先进的传感器、视觉识别系统和智能算法，能够自主完成复杂的加工任务、物料搬运和生产线协同作业，显著提升了生产线的自动化水平和生产效率。

智能控制系统是数字工业产品的核心之一。它们通过集成先进的控制算法和实时数据处理技术，实现了对生产过程的精准控制和优化调度。通过智能控制系统，企业可以实时监测生产设备的运行状态、产品质量和生产效率等关键指标，并根据实时数据调整生产计划和参数设置，确保生产过程的稳定和优化。

工业互联网平台是数字工业产品的另一个重要组成部分。它们通过构建开放、共享、协同的工业生态系统，实现了设备、数据、应用和服务之间的互联互通和深度融合。工业互联网平台可以为企业提供全面的数字化解决方案和智能化服务支持，帮助企业实现生产过程的数字化管理、智能化决策和个性化定制等目标。

此外，数字工业产品还广泛应用于产品设计、研发、生产、销售和服务等全生命周期的各个环节。通过集成数字化设计工具、仿真分析软件、智能检测设备等先进技术手段，企业可以实现对产品全生命周期的数字化管理和智能化控制，提高产品研发效率，降低生产成本，提升产品质量和增强市场竞争力。

// 微案例 2-3 //

腾讯——数字化转型的领航者

腾讯作为中国领先的互联网科技公司，自成立以来一直走在科技创新的前沿。近年来，腾讯公司积极响应数字化转型的浪潮，通过大数据、云计算、人工智能等先进技术，不断提升企业的核心竞争力和市场影响力。

从数字企业的概念来看，腾讯公司无疑是数字企业的一个典型代表。它充分利用数字技术，实现了业务流程的自动化、智能化和高效化，为企业的发展注入了新的活力。腾讯的数字化转型不仅体现在内部管理上，更体现在产品创新和客户服务上。通过持续的技术投入和人才培养，腾讯公司成功地将数字技术融入每一个业务环节中，实现了企业的全面升级。

在数字顾客方面，腾讯公司凭借庞大的用户基础和精准的市场定位，成功吸引了大量的C端用户和机构客户。腾讯深入了解数字消费者的需求和偏好，通过大数据分析，实现了个性化的产品推荐和服务定制。同时，腾讯还积极挖掘机构客户的需求，为他们提供定制化的解决方案和增值服务，进一步拓展了市场份额。

在数字产品方面，腾讯公司不断创新，推出了众多备受用户喜爱的数字产品。无论是数字文创产品，如游戏、动漫、音乐等，还是数字电子产品，如智能手机、智能穿戴设备等，腾讯都凭借其强大的技术实力和创意能力，为用户带来了极致的使用体验。

此外，腾讯还在数字工业产品领域进行了积极探索，通过云计算、物联网等技术，为传统制造业提供了智能化的解决方案，推动了产业的转型升级。

数字营销实践

华为的数字营销创新

作为全球领先的ICT（信息与通信技术）解决方案提供商，华为自成立以来，始终秉持“以客户为中心”的价值观，致力于构建万物互联的智能世界。其业务从最初的交换机销售代理，发展到如今涵盖电信设备、智能手机、云计算、人工智能等多个领域，产品和服务遍布全球170多个国家和地区，为数亿用户提供高效、智能的通信解决方案。在品牌建设和市场营销方面，华为展现出卓越实力，尤其在数字营销领域，其实践历程为公司带来了巨大的商业价值，也为行业提供了有益的借鉴。

2009年，华为在西班牙移动世界大会上展示首款Android智能手机，正式进入智能手机市场，开启了数字营销探索。当时，华为智能手机业务面临激烈竞争，但凭借其强大的研发实力和创新能力，在智能手机领域崭露头角。华为注重产品技术创新和用户体验，如Mate 7优化指纹识别功能，将指纹识别和屏幕解锁合为一步；从P9开始与莱卡合作，率先推出“莱卡双摄”，引领相机设计潮流，提升产品竞争力和数字营销口碑。

2010年前后，移动互联网快速发展，华为敏锐地捕捉到了这一趋势，开始构建自媒体平台，包括官方网站、微博、微信等，发布高质量、多样性和创意性内容，涵盖产品介绍、技术解析、行业趋势、用户故事等，满足用户的多元化需求。同时，华为积极与付费媒体合作，通过广告投放和内容合作，提升品牌知名度和影响力，为数字营销奠定基础。

2016年，华为加速数字化转型，推动组织变革、文化重塑，加大技术研发和人才培养投入。在数字营销方面，注重数据驱动和精准营销，构建MarTech平台，通过数据分析和预测，实现精准用户画像和营销策略制定，提升营销效率。同年，华为与IBM合作，推动IT策略与规划项目，耗资数亿元，涉及价值链各环节，是华为影响广泛且深远的管理变革。在这次转型中，华为从电信设备制造商转向电信整体解决方案和服务提供商，服务范围进一步拓展，提升了市场竞争力，也拓展了数字营销创新空间。

2018年，华为开始注重内容精品化开发，增加了行业分析、用户故事、技术科普等内容，满足用户多元化需求。积极开展跨界合作和品牌联合，与知名汽车品牌、家电品牌、电商平台和内容提供商建立合作。在社交媒体平台，华为持续优化内容和互动方式，举办线上活动、发起话题讨论，吸引用户关注和参与。这些互动不仅提升了华为品牌知名度和美誉度，还获取了用户洞察和市场反馈。

2019年，华为注重营销自动化和智能化的实现，构建智能化营销系统，提升营销效率，提供个性化体验。同时，注重以线索和销售为导向的营销团队构建，通过培训和实践，提升数字营销和MarTech平台的专业能力和服务水平。华为发起创新性数字营销活动，如“半架钢琴”跨时空联弹活动，借助5G技术展示技术实力，为新品造势；与艺人合作推出艺人同款手机，如知名演员手持华为普罗旺斯紫手机的地铁街拍图及生日广告，形成聚变式传播，提升品牌知名度和美誉度，带来了可观的销量增长。

2020年，华为深耕数字营销，持续优化自媒体平台和社交媒体内容，探索新渠道和工具。利用短视频平台进行品牌推广，发布高质量短视频，借助算法推荐机制，实现精准用户触达和营销效果评估。同时，注重全球化品牌策略推进，根据不同地区文化特点和市场需求，制定差异化品牌宣传策略。在南美地区，赞助球队和球星，建立品牌知名度；在东北欧地区，以当地英雄人物为情感联结纽带，传递“积极坚韧”的价值取向；在德国和日本等发达国家市场，宣传高科技、创新和可靠质量，获取消费者的认同，提升品牌知名度和美誉度，赢得更多市场份额。

2021年，华为保持数字营销创新领先态势，继续探索新数字营销技术和工具。利用人工智能技术进行用户画像和营销策略制定，精准了解用户需求和偏好，提升营销效率和精准度。创新数字营销活动，与电商平台联合营销，整合资源吸引用户；利用虚拟现实和增强现实新技术进行品牌推广，提供沉浸式体验，提升品牌知名度和美誉度。在全球化品牌策略方面，根据不同地区文化特点和市场需求，制定更精准有效的品牌宣传方案。在亚洲地区，赞助体育赛事和文化活动；在欧美地区，参加国际展会和论坛，展示最新技术和产品，提升国际竞争力。

华为注重将数字营销与业务战略结合，构建智能化营销系统，实现营销活动的自动化和智能化管理。注重以线索和销售为导向的营销团队构建，通过培训和实践提升团队专业能力和服务水平，提升数字营销竞争力，为业务战略实现提供有力支持。华为数字营销实践历程充满创新和挑战，从自媒体平台构建、付费媒体合作，到数据驱动精准营销、内容精品化开发、跨界合作、社交媒体优化互动、营销自动化智能化实现以及全球化品牌策略推进等方面，展现卓越实力和独特视角。这些努力不仅让华为在数字营销领域树立了更高的标杆，也为其业务战略的实现提供了有力的支持。未来，随着数字营销技术发展创新，华为有望继续保持领先地位，为行业提供更多的借鉴和启示。

讨论题

1. 华为数字营销的成功要素有哪些?
2. 华为数字营销策略的升级与转型方向是什么?
3. 华为数字营销实践对其他企业有什么启示?

// 本章小结 //

本章深入剖析了数字营销的多维度内涵与实践框架。首先明确了数字营销的内涵，强调其是现代技术与传统营销融合的产物，具有精准化、个性化和高效率的特征。接着从基于数字技术、虚拟实践、虚拟体验以及创意、传播与营销一体化四个方面，细致阐释了数字营销的具体表现形式，展现了其在不同层面的运作逻辑。在数字营销构架层面，本章搭建了全面的理论体系。数据基础与洞察作为基石，为精准营销提供支持；内容创作与管理聚焦价值内容的生成与传播；渠道管理则涉及多元数字渠道的策略规划与协同；个性化与自动化凸显了营销的精准与高效；技术支持与扩展、项目管理与团队协作、持续优化与学习以及特定策略与工具等环节，共同构筑起数字营销的完整生态，保障营销活动的顺利开展与效果提升。数字营销的特征亦被精准概括，技术密集性和数据驱动性彰显了其对先进技术的依赖；覆盖广泛性和传播高效性体现了信息传播的广度与速度；强互动性和参与性重塑了企业与消费者的沟通模式；高成本效益和可衡量性以及服务个性化和定制化，则从不同角度凸显了数字营销相较于传统营销的显著优势。数字经济基本原理的探讨，为理解数字营销提供了宏观背景。信息经济、网络经济与技术创新经济相互交织，推动了经济增长与产业变革，也为数字营销的发展奠定了坚实的经济基础。在数字企业、数字顾客与数字产品的探讨中，数字企业的概念、数字化转型路径及发展趋势被清晰勾勒，展现了企业在数字化浪潮中的转型与升级。数字顾客的特征与行为模式被深入剖析，揭示了其在数字经济中的重要地位与影响力。数字产品的多样化形态与特点，以及数字文创产品、数字电子产品和数字工业产品等不同类别产品的独特价值与发展前景，为理解数字营销的对象与载体提供了具体视角。

// 思考题 //

1. 阐述数字营销的内涵、构架和特征。
2. 阐述数字营销的本质。
3. 阐述数字营销与数字经济的关系。
4. 讨论数字顾客和数字产品的特殊性。

// 第3章 //

数字营销工具

学习目标

1. 掌握数字营销常规工具的分类及应用。
2. 理解数字营销各类工具的定义及核心功能。
3. 掌握数字营销中大数据工具的定义及作用。
4. 理解数字营销中大数据工具的应用及适用场景。
5. 理解顾客价值导向数字营销工具的综合应用。

第1节 数字营销的常规工具

在数字时代，营销领域正经历着前所未有的变革。随着技术的飞速发展，企业不再仅仅依赖于传统的营销手段，而是越来越多地转向数字营销，以寻求更高效、更精准的市场触达方式。数字营销工具作为现代营销的核心组成部分，正逐渐改变企业的营销方式和策略。深入了解和掌握数字营销的常规工具，对于现代企业至关重要。各种数字营销工具在现代营销中相辅相成，协同帮助企业进行精准决策。

一、内容营销工具

（一）内容营销工具的定义

内容营销工具是指在内容创作、发布、管理、分析和优化过程中，帮助企业或个人提高效率和增强效果的系列软件、平台或服务。内容营销工具覆盖了从内容构思到最终推广的全过程，包括但不限于内容创作工具，通过提供丰富的模板和编辑器，助力快速产出高质量内容。常用的内容营销工具包括：内容发布及管理工具（如博客平台和社交媒体管理工具），它们支持多平台发布和有序的内容管理，确保内容精准触达目标受众；内容优化工具（如搜索引擎优化和关键词研究工具），通过关键词建议和竞争对手分析，优化内容以提升搜索引擎排名；内容分析工具（如数据分析和报告工具），通过收集和分析内容数据，提供详细报告以指导内容策略的优化；内容推广工具（如社交媒体广告和电子邮件营销工具），通过广告投放和定向推广，扩大内容的可见度和影响力。

（二）内容营销工具的应用

随着数字营销的蓬勃发展，内容营销工具已成为企业提升品牌影响力、增强用户黏性、促进销售转化的关键策略之一。当前市场上涌现出众多出色的内容营销工具，它们各具特色，全面满足企业在内容创作、发布、管理、分析及推广等方面的多元化需求。

在内容创作领域，内容营销工具提供了丰富的创作资源与便捷的编辑功能。诸如WPS、有道云笔记等文档编辑工具，不仅具备强大的文字处理能力，还提供了丰富的模板与样式选择，使得内容创作更加高效且富有美感。对于视频内容的创作，中国的短视频平台如火山视频、快手等，提供了全面的视频编辑功能，涵盖滤镜、特效、字幕等，助力企业轻松产出高质量的短视频内容。

在内容分析领域，百度统计、神策数据等数据分析工具，能够全面收集并分析用户在网站、社交媒体等平台上的行为数据，包括点击率、转化率、停留时间等关键指标。这些数据不仅为企业提供了深入了解内容表现与受众行为的途径，还为未来的内容策略制定提供了有力的数据支持。通过分析用户对不同类型内容的偏好，企业能够调整内容创作方向，提高内容的针对性与吸引力。同时，这些工具还能提供用户画像、地域分布等详细信息，为企业制定更加精准的营销策略提供了坚实的依据。

在内容推广方面，朋友圈广告通过精准的定位与投放设置，将内容精准推送至具有潜在兴趣的用户群体。这些广告平台不仅提供了丰富的广告形式与创意工具，还支持实时竞价与效果监测，使企业能够根据广告效果及时调整投放策略，实现最佳投放效果。此外，SendCloud、U-Mail等邮件推送工具，通过邮件营销的方式，将内容精准推送至订阅用户或潜在客户。这些工具提供了邮件模板、个性化设置、数据分析等功能，使得邮件营销更加高效且精准，有效提升了内容的传播效果与用户转化率。

二、搜索引擎优化工具

（一）搜索引擎优化工具的定义

搜索引擎优化（SEO）工具是指提升网站或网页在搜索引擎中自然搜索结果排名的辅助软件。这类工具通过一系列复杂而精细的算法和技术手段，对网站的内容、结构、链接等多个方面进行优化，从而帮助网站在搜索引擎中获得更高的曝光度和流量。SEO的基本原理是基于搜索引擎的工作原理而设计的。搜索引擎，如谷歌、百度等，通过复杂的爬虫程序对互联网上的网页进行抓取和索引，建立起庞大的网页数据库。当用户输入关键词进行搜索时，搜索引擎会根据其算法对数据库中的网页进行匹配和排序，将最相关、质量最高的网页展示给用户。SEO通过提供一系列的功能和服务，帮助优化网站，以达到提升排名的目的。

(二) 搜索引擎优化工具的应用

在当前快速演变的互联网生态中，伴随网络技术的迅猛进步及用户需求的多元化趋势，SEO 工具已成为企业提升网站排名、扩大流量、增进业务效益的关键辅助工具。众多高性能的 SEO 工具纷纷涌现，为 SEO 实践提供了强有力的支撑。

百度站长工具，作为百度官方推出的专业 SEO 平台，是每位 SEO 专业人员的必备工具。它提供了详尽的网站性能数据分析与优化指导，通过深度诊断与解析网站，能够精确反映搜索引擎蜘蛛的抓取状况，并揭示关键词在百度搜索结果中的排名情况，从而助力用户全面掌握网站在百度平台的表现。百度站长工具还支持网站收录状态查询、关键词排名监测、网站安全检测等多种功能，使用户能够及时发现并解决网站存在的各类问题，进而提升网站的排名与可见度。

51LA 也是一款备受认可的网站流量分析工具，其凭借卓越的数据监测与分析能力，为用户提供实时、全面的网站数据报告。通过 51LA，用户可以深入了解网站的流量来源、访问者行为模式、页面停留时长等关键信息，进而优化网站架构与内容布局，提升用户体验与转化率。51LA 在数据精确性与专业性方面表现突出，成为众多网站运营者的首选工具。

在关键词研究领域，百度关键词规划师作为百度官方提供的关键词研究工具，能够帮助用户精准定位目标关键词，并分析关键词的搜索量、竞争强度及关联关键词，为网站内容创作提供有力支撑。而 5118 关键词工具则提供了更为全面的关键词挖掘、排名监测、趋势分析等功能，助力用户发掘潜在关键词，提升网站收录与排名。这两款工具在关键词研究领域的独特优势，共同推动了 SEO 实践的深入发展。

在网站优化工具方面，X5SEO 是一款功能全面的网站 SEO 工具，支持关键词优化、内容优化、页面布局优化等多种功能，能够全方位提升网站质量与排名。它能够提供关键词排名查询、网站收录状态查询、友情链接检测等功能，帮助用户及时了解网站的 SEO 状况，制定科学合理的优化策略。此外，站长之家 SEO 工具箱也是一款备受赞誉的综合型工具，涵盖了关键词挖掘、排名监测、网站权重查询等多种实用功能，助力用户实现全方位的网站优化。

三、广告投放工具

(一) 广告投放工具的定义

广告投放是指通过选择适当的媒体渠道和时间，向特定受众展示广告信息，以达到提高品牌知名度、吸引潜在客户、促进销售和传递特定营销信息的目的。实施渠道包括在线媒体如互联网和社交媒体，以及离线媒体如电视、广播、报纸和杂志等。在移动广告领域，社交媒体和各类手机应用已成为广告主的主要选择。在广告投放领域中，按点击付费（PPC）广告工具是重要的形式之一，它强调广告商只需在用户点击广告时支付费用。该广告模式颠覆了传统广告按展示时长或展示次数收费的惯例，使广告投放的成本更加灵活可控。PPC 广告通常出现在网站、登录页面或应用程序中，以文本、图像或视频的方式展现，最常见的是搜索引擎广告。

（二）广告投放工具的应用

在数字营销中，广告投放工具已成为企业提升品牌知名度、吸引潜在消费群体、促进销售业绩增长的关键策略。随着互联网的迅猛发展，各类广告投放工具层出不穷，为企业提供了多元化的选择空间。

百度推广作为中国最大的搜索引擎广告平台，在广告投放工具应用方面具有显著的代表性。该平台通过竞价排名机制，在百度搜索结果中展示广告，覆盖全球用户，在市场中的影响力尤为突出。广告主可根据实际需求，选择搜索推广、信息流推广、品牌推广等多种广告形式。其中，搜索推广作为百度推广的核心组成部分，允许广告主针对用户在百度搜索引擎中输入的关键词进行广告投放。当用户搜索与广告主设定的关键词相匹配的内容时，广告便会出现在搜索结果页面的显著位置。广告主仅需在用户点击广告时支付费用，这种PPC模式确保了广告费用的高效利用。此外，百度推广还提供了详尽的数据分析与优化功能，广告主可通过实时数据监控，掌握广告的点击量、转化率、花费等关键指标，并据此调整广告策略，提升广告效果。

在电商平台领域，广告投放工具的应用同样非常广泛。淘宝和京东作为中国电商平台的两大巨头，不仅为消费者提供了丰富的商品选择，也为广告主提供了包括直通车、京准通等在内的多种广告投放工具。这些工具通过整合电商平台的搜索流量、推荐流量等资源，为广告主提供了基于商品搜索、类目浏览、用户行为等多种场景的精准投放服务。广告主可以根据自身的商品特点和营销目标，灵活设定关键词、出价策略、广告创意等，以实现广告的精准触达和高效转化。

抖音作为中国备受欢迎的短视频平台之一，拥有庞大的用户群体与高度活跃的社交属性。抖音广告通常以短视频的形式出现在用户的视频流中，具有创意丰富、视觉冲击力强等显著特点。广告主可根据实际需求，选择短视频广告、直播广告、开屏广告等多种广告形式。抖音广告同样采用PPC计费模式。此外，抖音广告还提供了强大的数据分析功能，广告主可通过实时数据监控，了解广告的曝光量、点击量、转化率等关键指标，并据此及时调整广告策略。值得一提的是，抖音广告还允许广告主利用抖音平台的算法推荐技术，根据用户的兴趣和行为数据，精准定位目标受众，进一步提高广告投放的精准度与效果。

此外，市场上还有许多其他值得关注的广告投放工具。例如，360推广作为中国第四大搜索引擎的广告平台，提供了搜索广告和信息流广告服务，同样采用PPC模式。腾讯广告则涵盖了社交、资讯、娱乐等多个领域，通过大数据分析和技术手段，实现广告的精准投放与高效转化。知乎广告、哔哩哔哩广告等信息流广告平台，以及巨量引擎等综合数字营销服务平台，也为企业提供了丰富的广告投放工具选择。

四、电子邮件营销工具

（一）电子邮件营销工具的定义

电子邮件营销工具是一种专门设计用于创建、发送、跟踪和管理电子邮件营销活动的软件或平台。这些工具通过集成邮件模板设计、自动化工作流程、数据分析和客户关系管理等核心功能，帮助企业通过电子邮件这一高效、低成本的渠道，与目标受众建立直接、个性化的沟通桥梁，从而达到提升品牌知名度、增强客户参与度、促进销售和传递营销信息的目的。传统的邮件发送方式往往效率低下，且难以保证邮件的格式和内容的统一性和专业性。而电子邮件营销工具则提供了丰富的邮件模板和设计工具，用户无需编写复杂的代码，即可轻松创建出美观、专业的邮件。这些工具通常配备拖放式编辑器，使得邮件的设计过程更加直观和便捷。同时还支持批量发送邮件，大大提高了电子邮件营销的效率。

（二）电子邮件营销工具的应用

在数字营销日益精进的时代背景下，电子邮件营销依旧扮演着企业与客户沟通桥梁、信息传递媒介以及销售促进利器的关键角色。随着市场竞争态势的加剧，企业对电子邮件营销的需求日益多元化，这要求从邮件内容的个性化定制、发送时间的精准选择，到营销成效的深度剖析，每个环节都必须实施精细化管理。在此背景下涌现了一批功能全面、操作便捷的电子邮件营销工具，它们凭借自动化、个性化及数据分析等核心功能，助力企业实现高效且精准的电子邮件营销策略。

腾讯企点作为腾讯旗下的企业级营销服务平台，在电子邮件营销领域展现出了强大的竞争力。它不仅提供了邮件营销功能，还整合了社交媒体营销、短信营销、在线客服等多元化营销渠道，为企业提供了全方位的营销解决方案。在邮件营销方面，腾讯企点凭借丰富的邮件模板与拖拽式编辑器，帮助企业轻松创建专业水准的邮件内容。同时，其自动化营销功能允许企业根据客户行为与偏好设置复杂的自动化工作流程，如自动回复、定时发送等。在数据分析层面，腾讯企点提供了详尽的分析报告，包括邮件送达率、打开率、点击率等关键指标，为企业优化营销策略提供了有力支撑。腾讯企点与腾讯云、微信公众号等腾讯产品无缝集成，实现了数据共享与流程协同，进一步提升了业务运作的效率与一致性。

亿邮邮件营销平台通过提供邮件发送、数据分析、客户管理等一系列功能，使企业实现高效且精准的邮件营销策略。在邮件发送方面，亿邮邮件营销平台支持大规模的邮件发送，同时提供了丰富的邮件模板与拖拽式编辑器，帮助企业轻松打造专业水准的邮件内容。在数据分析层面，亿邮邮件营销平台提供了全面的分析报告，涵盖了邮件打开率、点击率、退订率等关键指标，以及客户行为数据与偏好分析，为企业优化营销策略提供了重要依据。亿邮邮件营销平台与 CRM 系统无缝集成，实现了客户数据的同步管理，进一步提升了营销服务的精准度。同时，其丰富的客户管理工具，如标签管理、分组管理等，为企业更好地管理客户数据、提升营销效果提供了有力支持。

阿里云邮件推送（DirectMail）作为阿里云推出的电子邮件营销工具，同样受到了众多企业的青睐。阿里云邮件推送提供了高性能、高可靠性的邮件发送服务，支持大规模邮件的并发发送，并配备了详细的邮件发送报告和数据分析功能，帮助企业实时掌握邮件营销活动的效果。此外，阿里云邮件推送还提供了丰富的 API 接口，便于企业将其与自身的业务系统、CRM 系统等无缝对接，实现邮件营销的自动化和智能化。

五、自动化营销工具

（一）自动化营销工具的定义

自动化营销工具是指在数字营销环境中，通过预设的规则、算法及人工智能技术，自动执行营销任务、分析营销数据并优化营销策略的软件系统或平台。这些工具旨在提高营销活动的效率、精准度与个性化水平，同时降低人力成本，增强企业的市场竞争力，提升客户体验。

自动化营销工具涵盖了从客户数据收集、分析、管理，到营销策略制定、执行、评估的全链条过程。在数据收集阶段，自动化营销工具能够利用多种渠道（如社交媒体、电子邮件、网站浏览记录等）捕获客户信息，形成丰富的客户数据库。在数据分析与管理方面，自动化营销工具运用先进的算法与人工智能技术，对收集到的数据进行深度挖掘与分析。基于这些分析结果，工具能够自动生成个性化的营销策略，以最大限度地满足客户的个性化需求。在营销策略的执行与评估阶段，自动化营销工具能够自动触发营销任务，并根据实时反馈数据对营销策略进行动态调整与优化。自动化营销工具还具备强大的客户管理能力，能够自动化地管理客户生命周期。通过持续跟踪与分析客户行为，工具能够预测客户的流失风险，及时采取措施进行挽留，提高客户忠诚度与满意度。

（二）自动化营销工具的应用

在当今竞争激烈的市场环境中，自动化营销工具已成为企业提升营销效率、优化客户体验和实现业务增长的重要手段。通过合理利用这些工具，企业可以实现营销流程的自动化、个性化营销、客户关系管理优化以及数据驱动的决策制定，从而提升营销效率和销售业绩。

纷享销客作为一款集成平台（iPaaS）解决方案，通过数据集成平台帮助企业实现系统间的无缝连接与数据共享。纷享销客的数据集成平台，能够成功将各系统之间的基础业务数据同步到 CRM 系统，显著提升信息的完整度与操作闭环。这种数据集成不仅优化了销售人员的操作流程，还提高了系统信息完整度，从而极大提升了运营管理效率。纷享销客通过提供丰富的连接器与预制解决方案，有效促进了企业内部的数字化协同，提升了系统的灵活性和响应速度。

致趣百川营销自动化系统则是通过其强大的数据分析与自动化营销能力，助力企业实现精准营销与客户关系管理。致趣百川的“全员营销”模块能够精准追踪员工的传播效果，通过可视化的统计图展示人脉杠杆效应，有效激发员工的参与热情。同时，致趣百川还能够根据用户行为轨迹进行标签化管理与筛选，将高质量的线索精准分派给销售团队，从而提高销售效率与客户满意度。

企典 CRM 作为一款客户关系管理系统软件，通过整合客户信息、销售流程与售后服务，帮助企业构建全面的客户视图，实现客户价值的最大化。以星巴克为例，该咖啡连锁品牌通过企典 CRM 对顾客消费行为进行深度分析，推出个性化的促销活动，如生日当天提供免费饮品券等，有效增强了与顾客之间的情感联系，提高了复购率。星巴克的成功经验表明，企典 CRM 等自动化营销工具能够通过数据分析与个性化营销，精准捕捉客户需求，提升客户满意度与忠诚度。同时，企典 CRM 还能够实现销售流程的自动化管理，提高销售团队的执行效率与业绩产出，为企业创造更多的商业价值。

六、数字平台分析工具

（一）数字平台分析工具的定义

数字平台分析工具是一类集成多种数据分析功能和工具的软件解决方案，旨在帮助企业从海量的数据中提取有价值的信息和见解，从而支持数据驱动的决策。它包含数据采集、数据存储、数据处理、数据分析、数据可视化和数据安全等多个功能模块，能够高效地处理、分析和展示大规模的结构化和非结构化数据。数字平台分析工具能够从多种数据源中收集数据，包括关系型数据库、云数据源、文件数据以及实时数据流等。通过高效的数据采集技术，平台可以确保数据的完整性、准确性和实时性，为后续的数据处理和分析提供坚实的基础。在数据采集之后，数字平台分析工具会对数据进行处理和清洗，旨在消除数据中的冗余和错误，提高数据的质量。数据清洗是进一步对数据进行校验和修正，以确保数据的准确性和一致性。通过运用先进的算法和数学模型，平台可以对数据进行深入的分析和挖掘，发现数据中的潜在规律和趋势。通过提供多种图表类型和自定义样式，数字平台分析工具可以帮助用户创建精美的数据可视化作品，从而更有效地传达数据见解和趋势。数字平台分析工具不仅适用于企业和组织内部的业务分析和决策支持，还可以用于市场营销、客户细分、广告效果评估以及市场趋势预测等多个领域。通过运用这些工具，企业用户可以更好地理解数据、挖掘数据价值并做出更加明智的决策。

（二）数字平台分析工具的应用

在现代软件开发、数据分析及系统运营等多个关键领域，数字平台分析工具发挥着不可或缺的作用。这些工具凭借自动化与智能化的特性，有效地协助企业收集、分析各类数据，识别潜在的性能瓶颈，并提供针对性的解决方案。

阿里巴巴集团旗下的 DataWorks，作为一个一站式大数据开发与运维平台，为企业提供了涵盖数据集成、开发、调度、运维及数据资产管理等的全方位解决方案。通过集成多样化的数据处理引擎与算法，DataWorks 能够支持大规模数据的实时处理与离线分析，助力企业构建高效、稳定的数据处理体系。在电商领域，DataWorks 被广泛应用于商品推荐、用户行为分析及供应链优化等多个场景。利用 DataWorks 对庞大的用户行为数据进行深入分析，借助机器学习算法构建出精准的用户画像，实现个性化商品推荐的精准推送，有助于提升销售额与用户满意度。同时，DataWorks 还能对供应链数据进行实时监控与分析，帮助企业优化库存管理策略，降低库存积压风险，从而提高供应链的整体运作效率。

腾讯云大数据平台同样在中国市场上备受瞩目。该平台提供了包括大数据存储、计算、分析、挖掘等的全方位数据处理与分析服务。在金融领域，腾讯云大数据平台被广泛应用于风控管理、客户画像构建及营销策略优化等多个方面。如银行借助腾讯云大数据平台对海量交易数据进行深入分析，通过机器学习算法精准识别潜在的欺诈行为，可以有效降低欺诈风险。同时，该平台还能对客户数据进行深度挖掘，构建精细化的客户画像，为银行提供个性化的营销策略与服务建议，进而提升客户满意度与忠诚度。

在软件开发领域，华为云 DevCloud 凭借其强大的功能赢得了众多开发者的青睐。DevCloud 提供了包括代码托管、项目管理、持续集成/持续部署（CI/CD）、测试管理及代码检查等的全方位研发服务，有助于提升研发效率并保障代码质量。在软件开发过程中，DevCloud 通过集成多种代码检查工具对代码进行静态分析，能够及时发现潜在的编码错误、性能瓶颈及不规范写法，并提供相应的修复建议。同时，DevCloud 还能对软件性能进行实时监控与分析，帮助开发团队准确识别性能瓶颈，优化代码结构，从而提升软件运行效率。百度智能云的数据分析平台提供包括数据仓库、数据湖、实时分析、数据挖掘等的多样化数据分析服务，帮助企业从海量数据中挖掘出有价值的信息与模式。在零售领域，百度智能云的数据分析平台被广泛应用于销售预测、库存管理、用户行为分析等多个场景。企业可以利用该平台对历史销售数据进行深入分析，借助机器学习算法构建出精准的销售预测模型，预测未来一段时间内的销售趋势及热销商品，为企业的采购计划提供有力的数据支撑。

微案例 3－1

“敦煌诗巾”以数字交互重塑文化消费新范式

敦煌研究院携手微信平台，推出了一项创新的数字营销项目——“敦煌诗巾”。该项目巧妙地将敦煌壁画中的艺术元素与现代数字技术相结合，让用户能够在线设计并定制属于自己的丝巾，以此推广敦煌文化并增强用户体验。在文化传承与创新方面，敦煌诗巾项目以敦煌壁画为灵感，将传统文化与现代时尚相结合，创造出独特的产品，满足了消费者对个性化和文化认同的需求。在用户参与方面，用户可以通过微信小程序选择不同的敦煌元素，如飞天、神兽等，自由组合设计丝巾图案，这种互动性设计提高了用户的参与度和满意度。在社交媒体推广方面，通过微信这一社交平台的广泛用户基础，敦煌诗巾项目迅速获得了曝光和传播，用户的设计作品也可以直接在微信朋友圈分享，增加了社交互动和口碑传播。敦煌诗巾项目不仅成功地将敦煌文化推向了更广泛的受众，还实现了商业价值的转化。用户设计的丝巾因其独特性和文化价值而受到追捧，在项目上线后迅速走红。敦煌诗巾案例展示了数字营销工具在文化推广和商业转化中的潜力。通过创新的互动方式和社交媒体平台的利用，该项目不仅增强了用户的文化体验，也为敦煌文化的传播开辟了新途径，实现了文化与商业的双赢。

资料来源：http：//enet. com. cn/article/2021/0202/A202102021263613. html.

第 2 节　数字营销中的大数据工具

在信息冗余的当下，大数据工具应运而生，其如同强大的动力引擎，推动着各行各业向数据驱动决策转型。本节将深入探讨数字营销中的七类大数据工具，通过深入了解大数据工具的原理和应用，可以更好地把握数据驱动决策的趋势，提升数据分析和应用的能力，为未来的数据科学研究和商业实践奠定坚实的基础。

一、数据集成工具

（一）数据集成工具的定义

数据集成工具是一种能够跨越不同数据源、不同系统边界，实现数据高效整合与统一管理的技术解决方案。它通过对数据进行提取（extract）、转换（transform）、加载（load）等一系列操作（即 ETL 过程），将分散在多个数据源中的数据汇聚到一个中心化的数据仓库或数据湖中，以便进行后续的分析、挖掘和决策支持。数据集成工具能够从各种数据源中自动获取数据，这些数据源包括但不限于关系型数据库、非关系型数据库、文件系统、API 接口、大数据平台（如 Hadoop、Spark）等。提取过程通常涉及数据连接、数据查询与数据抽取等步骤，确保数据的全面性和准确性。数据转换是数据集成过程中的核心环节，它涉及数据清洗、数据格式转换、数据映射等操作。这些转换步骤旨在提升数据质量，确保数据的一致性和准确性。经过转换后的数据将被加载到目标数据仓库或数据湖中，以供后续分析和使用。数据集成工具在电子商务、医疗保健、金融服务、制造和物流等领域都有广泛应用，帮助企业管理者进行服务优化和战略决策支持。

（二）数据集成工具的应用

在大数据时代背景下，数据集成工具成了企业、研究机构和个人不可或缺的重要资源。这些工具不仅帮助用户高效地获取数据，还确保数据的完整性和安全性，为后续的数据分析和决策提供了坚实的基础。市场上存在着众多功能强大的数据集成工具，它们在不同领域发挥着至关重要的作用。

Scrapy 是一个开源的框架，凭借其强大的网络爬虫功能在市场上拥有广泛的用户群体。Scrapy 以其高效、灵活的网络爬虫架构，显著提升了数据收集的效率。通过编写精练的代码，用户可以精准定义采集对象，并提取所需信息。同时，Scrapy 支持多线程执行、异步处理及分布式部署，能够应对复杂的数据收集挑战。在中国，许多互联网公司和研究机构都利用 Scrapy 来收集互联网上的公开数据，如新闻资讯、商品价格、用户评论等，这些数据对于市场研究、产品优化和消费者行为分析具有极高的价值。

MySQL 是在中国市场上占有率极高的关系型数据库系统。MySQL 以其高性能和稳定特性著称，能够轻松处理和存储大量数据，支持深度分析。MySQL 在分布式部署及高可用性设置上也有不俗的表现，能够满足大规模数据存储和处理需求。中国的许多互联网公司、金融机构和政府机构都选择 MySQL 作为数据存储系统，用于存储用户信息、交易记录、系统日志等关键数据。

另外，火车头采集器作为一款互联网数据采集软件，也以其强大的数据采集能力在中国市场上占据了一席之地。火车头采集器支持从各类网站上提取文字、图片、视频等多媒体资源，并可以将采集到的数据导出为多种格式，如 Excel、CSV 等。火车头采集器被广泛应用于电商数据监控、竞品分析、内容聚合等领域，为用户提供了丰富的数据支持。

二、数据可视化工具

（一）数据可视化工具的定义

数据可视化工具是指将数据分析的结果以图形、图像、动画等视觉元素的形式展现出来的软件或平台。通过颜色、形状、大小等视觉属性来编码数据，使用户能够直观地理解数据的含义和关系。可视化工具具备数据映射、视觉编码、交互设计等功能，能够生成图表、地图、仪表盘等丰富的视觉表现形式。数据可视化工具不仅仅是一种技术手段，更是一种科学方法论的应用。它融合了计算机科学、统计学、图形设计、人机交互等多个学科的知识，旨在通过视觉化的方式优化数据的呈现与解读过程。数据可视化工具首先需无缝接入来自各种来源的数据，包括但不限于数据库、文件、API 接口等。在数据接入后，工具会提供数据清洗、转换、聚合等预处理功能，确保数据质量满足分析需求。然后将数据属性映射到视觉元素上，如颜色、大小、位置、形状等，以直观展示数据的特征。根据数据的特性和分析目的，数据可视化工具提供丰富的图表类型选择，如折线图、柱状图、饼图、散点图、热力图等，以及更高级的交互式仪表盘和地理信息可视化。每种图表类型都有其特定的适用场景，有助于用户更精准地传达数据故事。完成数据可视化后，工具支持将成果导出为多种格式（如图片、PDF、SVG、HTML 等），便于在不同平台展示或嵌入报告中。

（二）数据可视化工具的应用

在当今信息化社会，数据可视化工具通过强大的算法和直观的图形界面，帮助用户深入挖掘数据背后的价值，揭示数据之间的关联和趋势，从而做出更为明智的决策。

Excel 作为入门级的数据分析工具，不仅提供了丰富的数据处理和计算功能，还可通过内置的图表工具实现基本的数据可视化。无论是数据录入、基本计算，还是图表制作和简单的数据分析，Excel 都能轻松应对。此外，Excel 还通过 VBA（visual basic for applications）宏语言，允许用户编写脚本自动化任务和创建自定义功能，进一步提升了数据处理的效率。许多中小企业和个人都选择 Excel 作为数据分析的首选工具，用于处理日常业务数据、制作财务报告和进行简单的市场预测。

然而，对于更复杂的数据分析需求，专业的数据可视化工具则显得尤为重要。Tableau 是一款在中国市场上备受推崇的商业智能和数据可视化工具。它提供了用户友好的界面和强大的可视化能力，支持各种数据源的连接，帮助用户创建交互式的仪表板和图表。Tableau 的直观性和易用性使得用户无需具备深厚的编程基础，就能轻松挖掘数据的深层价值。Tableau 被广泛应用于市场分析、客户细分、产品优化等领域，帮助企业做出更加精准的决策。

FineBI 也是一款在中国市场上表现突出的商业智能工具。FineBI 由帆软软件公司开发，提供了强大的数据分析和报表功能。它支持多种数据源的连接和可视化，使用户能够轻松地进行数据分析和决策支持。FineBI 还通过智能推荐和自动化报表生成等功能，进一步降低了数据分析的门槛，使得更多用户能够享受到数据分析带来的便利。

在数据可视化领域，还有一些开源工具也受到了用户的青睐。例如，ECharts 是一个开源的数据可视化库，它提供了直观、生动、可交互、可高度个性化定制的数据可视化图表。ECharts 支持多种图表类型，如折线图、柱状图、饼图、散点图等，并且可以通过简单的配置实现丰富的视觉效果。ECharts 被广泛用于网站开发、数据报告制作等领域，为用户提供了便捷的数据可视化解决方案。

三、数据挖掘工具

（一）数据挖掘工具的定义

数据挖掘工具是指那些能够自动或半自动地从大型数据集中发现隐藏模式、未知相关性和其他有用信息的软件或系统。数据挖掘工具基于统计学、机器学习、数据库技术和人工智能等多个领域的知识和技术，通过特定的计算机算法对大量数据进行自动分析。在数据预处理阶段，进行数据清洗、数据集成、数据变换和数据规约等操作。然后，数据挖掘工具利用机器学习、神经网络、决策树、聚类分析等技术，从预处理后的数据中识别出隐藏的模式、关系和规则。基于历史数据，数据挖掘工具通过构建预测模型来预测未来的趋势和行为。预测分析结合了统计学、机器学习和数据挖掘技术，能够处理大规模的数据集，并考虑数据的非线性、时序性和不确定性等因素，以提高预测的准确性和可靠性。通过预测分析，数据挖掘工具能够帮助企业和组织更好地把握市场趋势、优化资源配置、制订科学的战略计划。数据挖掘工具的应用范围广泛，涵盖了金融、医疗、教育、电子商务等多个领域。在不同的应用场景下，数据挖掘工具会采用不同的算法和技术，以适应特定领域的数据特点和需求。

（二）数据挖掘工具的应用

在数字时代，数据挖掘已成为企业决策、业务优化和市场竞争的关键手段。通过利用先进的数据挖掘工具，企业能够从海量数据中提取有价值的信息，进而实现业务增长和竞争优势。

滴滴出行作为一个典型的生活消费类 O2O 平台，其业务涉及乘客的出行信息、家庭和工作地址、消费习惯、个人收入情况以及司机的驾驶习惯、汽车保养、家庭住址等大量线下数据资源。滴滴云数据平台通过对这些数据的采集、整合和分析，实现了精准营销、信息分享、资源整合和技术创新等多方面的应用。滴滴云数据平台能够基于乘客和司机的行为数据，进行广告差异化投放和交易个性化匹配。通过对用户出行偏好、消费能力、历史订单等数据的深度分析，平台能够为用户推荐更符合其需求的出行服务和优惠活动，从而提高用户满意度和忠诚度。同时，滴滴云数据平台还能够通过对司机驾驶习惯、车辆保养状况等数据的分析，为司机提供更加精准的维护和服务建议，提升司机的工作效率和满意度。在信息分享方面，滴滴云数据平台搭建了出行需求侧和供给侧交互的桥梁，将虚拟地图与现实路况相融合，为社会提供海量个体消费、交通出行、城市经济等数据。这些数据不仅有助于政府和企业优化交通规划和资源配置，还能够为其他行业的决策提供依据。

小米云数据分析平台作为小米公司的大数据处理和分析工具，通过集成多种数据挖掘算法，为小米公司提供了全面的数据洞察和决策支持。平台通过对小米公司的业务数据、用户数据、市场数据等进行分析和挖掘，为公司的产品研发、市场推广、用户运营等方面提供了有力的支持。在产品研发方面，小米云数据分析平台通过对用户的行为数据、反馈数据等进行分析和挖掘，了解用户的需求和痛点，为产品的研发和改进提供依据。在市场推广方面，小米云数据分析平台通过对市场数据、竞品数据等进行分析和挖掘，了解市场的趋势和竞争格局，为公司的市场推广策略的制定提供依据。在用户运营方面，小米云数据分析平台通过对用户的行为数据、属性数据等进行分析和挖掘，了解用户的特征和需求，为用户的运营和留存提供支持。

四、用户行为分析工具

（一）用户行为分析工具的定义

用户行为分析工具是一种专门设计用于揭示并理解用户与产品互动模式的应用软件。这类工具通过追踪和分析用户在产品中的操作行为，为产品经理和决策者提供有关用户偏好、行为模式以及潜在需求的深入洞察。用户行为分析工具的核心功能在于追踪和分析用户在产品中的操作路径、频率以及转化漏斗等关键指标。这些工具能够记录用户的点击、滑动、键入等实际行为，并通过热图、滚动追踪、转化漏斗等可视化手段，直观展示用户与产品的互动情况。

（二）用户行为分析工具的应用

用户行为分析工具在现代产品管理、市场营销及用户体验优化中扮演着至关重要的角色。它们通过追踪和分析用户在产品中的操作路径、频率、转化率等关键指标，为产品团队提供宝贵的洞察，助力优化产品体验，提升用户满意度，并最终驱动业务增长。

易分析（Yeefx）作为一款集智能数据分析和应用于一体的平台，以其强大的数据采集、处理与分析能力，为企业提供全面的用户行为洞察。该平台能从网站、移动应用、小程序等多种渠道无缝对接数据，确保数据的完整性与准确性。通过实时数据分析能力，易分析能够即时反映网站流量与用户行为的变化，帮助企业快速响应市场变化，调整运营策略。易分析还提供了丰富的数据分析维度，如时间、地域、设备、来源渠道等，通过多维度的交叉分析，企业能够更加准确地了解用户群体特征，发现潜在的市场机会与用户需求。

问卷星作为在线问卷调研领域的佼佼者，以其卓越的数据收集与分析能力，为企业提供高效的用户反馈机制。在教育领域，问卷星被广泛应用于收集学生与教师的反馈。通过问卷星提供的实时数据分析与可视化报告，学校管理层能够迅速把握学生对教学质量的整体评价，精准识别出教学过程中的优势与不足，从而为教师提供针对性的培训与指导，推动教学质量的持续提升。此外，问卷星还广泛应用于企业市场调研、客户满意度调查等领域，通过收集并分析用户的意见与建议，帮助企业优化产品设计、提升服务质量。

调研云作为一款专业的在线调研工具，同样在用户行为分析中发挥着重要作用。调研云提供了丰富的调研模板与问卷设计工具，支持多种题型与逻辑跳转，使得调研问卷的设计更加灵活与个性化。同时，调研云还支持多渠道分发问卷，如社交媒体、电子邮件、短信等，确保调研样本的广泛性与多样性。在数据分析方面，调研云提供了强大的数据分析引擎与可视化报告工具，能够对收集到的数据进行深度挖掘与分析，生成直观的图表与报告，帮助企业快速理解用户行为与需求。

五、数据整合工具

（一）数据整合工具的定义

数据整合工具是一种专门设计用于收集、整理、清洗、转换以及加载来自不同数据源的数据至统一数据平台的软件或系统。这类工具通过自动化和智能化的手段，解决企业在处理跨系统、跨平台数据时面临的诸多挑战。数据整合工具的核心功能在于其能够将分散于不同数据源中的数据进行有效整合。这些数据源包括关系型数据库、非关系型数据库、数据仓库、数据湖、云存储以及各类业务系统等。由于不同数据源在数据结构、数据格式、数据质量等方面存在差异，数据整合工具具备强大的数据提取能力，能够从各种数据源中准确、高效地捕获所需数据。在此基础上，这类工具还提供数据清洗和转换功能，以消除数据中的冗余、错误和不一致性，同时根据目标数据模型的要求，将数据转换为统一的格式和标准。由于不同数据源之间的数据结构可能不兼容，数据整合工具需要识别并处理这些差异，通过数据转换和数据映射技术，将源数据转换为目标数据模型所需的格式和结构。数据经过清洗、转换和映射后，工具能够将整合后的数据加载到目标数据平台中，以满足企业对数据实时性和可用性的需求。

（二）数据整合工具的应用

数据整合工具在现代企业和组织的数据处理流程中扮演着至关重要的角色。它们不仅能够帮助企业高效地管理和整合来自不同渠道、不同格式的数据，还能够提升数据质量，为后续的数据分析和决策提供坚实的基础。

在数据整合领域，Kettle 是一款开源的 ETL 工具，它以其无代码拖拽式构建数据管道的优势在中国市场上受到了广泛的欢迎。Kettle 支持 100%无编码的开发方式，用户可以通过拖拽和配置的方式轻松构建数据提取、转换和加载的流程。这使得非技术背景的用户也能够快速上手，进行复杂的数据整合工作。同时，Kettle 还支持多种数据源，包括传统数据库、文件、大数据平台、接口、流数据等，这为用户提供了极大的灵活性。在数据转换方面，Kettle 提供了丰富的内置函数和组件，支持数据的清洗、转换、聚合等操作，从而确保整合后的数据符合业务需求和分析标准。

Informatica 也是一款在中国市场上备受关注的数据整合工具。Informatica 作为全球领先的数据管理软件提供商，其在中国市场上拥有广泛的用户群体。Informatica 提供了一系列的数据整合解决方案，包括数据提取、转换、加载，数据质量管理，数据集成等。这些解决方案能够帮助企业构建高效的数据处理流程，实现数据的快速整合和高质量的输出。Informatica 的核心优势在于其强大的数据管理能力，它能够处理来自不同数据源、不同格式的数据，将其转换为统一、标准化的格式，为后续的数据分析和决策提供一致的数据基础。

在数据仓库和数据分析领域，Teradata 是一款在中国市场上具有广泛影响力的数据整合工具。Teradata 是一家专注于大数据分析、数据仓库和整合营销管理解决方案的供应商。其提供的数据仓库解决方案能够帮助企业构建高效、可扩展的数据存储和处理平台，实现数据的快速整合和高效的查询分析。Teradata 的核心优势在于其高性能的数据处理能力和优化算法。它能够处理大规模的数据集，并提供快速的查询和分析功能。同时，Teradata 还支持多种数据类型和格式的接入，包括结构化数据、非结构化数据、流数据等，为用户提供极大的灵活性和可扩展性。

六、人工智能分析工具

（一）人工智能分析工具的定义

人工智能分析工具是一类集成了人工智能算法和技术，用于数据挖掘、数据分析、模式识别及预测性建模的高级软件解决方案。这类工具旨在通过自动化处理、智能推理与学习能力，对人类难以手动处理的大规模、复杂数据集进行深入探索与解析，从而为决策制定、业务优化、科学研究等领域提供精准、高效的数据洞察与预测支持。人工智能分析工具的核心在于其利用机器学习、深度学习、自然语言处理、计算机视觉等人工智能领域的先进算法，对输入的数据进行智能分析。人工智能分析工具不仅能够执行传统的统计分析和数据可视化任务，更能在无需明确编程指令的情况下，通过学习数据的内在规律和模式，自动发现隐藏的知识、趋势和关联。在数据分析层面，人工智能分析工具能够处理包括结构化数据（如数据库中的表格数据）、半结构化数据（如日志文件、XML 文件）和非结构化数据（如文本、图像、音频、视频）在内的多种数据类型。借助时间序列分析、回归分析、分类算法、聚类算法等，人工智能分析工具能够基于历史数据建立预测模型，对未来趋势、客户需求、市场变化等进行预测。这些预测结果对于企业的战略规划、库存管理、风险评估等方面具有重要价值。

（二）人工智能分析工具的应用

人工智能分析工具利用机器学习、深度学习等先进技术，对历史数据进行分析和建模，从而预测未来的趋势和结果，为企业的决策和发展提供有力的支持。在人工智能分析领域，百度推出的“文心一言”是一款极具代表性的工具。它基于百度自研的知识增强大语言模型，不仅具备强大的对话互动能力，还能够生成文本、图片、图表和视频等多种内容。在决策支持方面，“文心一言”通过分析历史数据，能够帮助企业识别趋势和模式，从而支持决策。例如，企业可以利用“文心一言”分析客户行为数据，预测未来的购买趋势，进而优化库存管理、制定营销策略和提升客户满意度。此外，“文心一言”

的生成能力也为企业提供了丰富的创作素材和灵感来源，助力企业在市场营销和品牌推广方面取得更好的效果。

字节跳动推出的火山写作也是一款值得提及的人工智能写作助手。它拥有类似 Notion AI 的操作界面，通过输入简单的关键词描述，就能够智能生成文字内容。火山写作不仅支持中英文写作，还能够根据用户的写作习惯和风格进行个性化推荐，提高写作效率和质量。在商业领域，火山写作可以帮助企业快速生成各类文案和报告，如市场调研报告、产品说明书、营销活动策划等，从而节省大量的人力和时间成本。

DeepSeek 作为新兴的生成式人工智能工具，正逐渐应用到企业的市场营销实践中，其应用场景覆盖广告投放、内容创作、直播电商、数据分析等多个方面。在营销领域，DeepSeek 可以根据企业提供的品牌特点、产品信息、目标受众等要素，快速生社交媒体文案，以提升品牌在社交媒体平台上的曝光度和吸引力；DeepSeek 也能够基于给定的品牌风格，生成高质量的平面广告或视频，帮助企业制作富有创意和视觉冲击力的广告素材，为企业的营销活动提供高效且多样化的内容创作支持，从而优化营销流程，提升营销效果。

在零售行业，个性化推荐系统已经成为提升客户体验和增加销售额的重要工具。而人工智能预测分析技术正是个性化推荐系统的核心驱动力。以电商平台为例，电商平台利用人工智能算法分析用户的购物习惯、浏览行为和社交媒体活动等信息，成功为用户推荐相关产品。这种个性化的推荐不仅提高了客户的购买意愿和忠诚度，还显著增加了销售额。据统计，个性化推荐可以使销售额提高 10%～30%。

七、大数据监控工具

（一）大数据监控工具的定义

大数据监控工具是指那些能够实时监控、分析和管理大数据流的软件工具。它们通过收集来自不同数据源的海量数据，运用先进的算法和技术，对数据进行实时处理和分析，从而帮助用户洞察数据中的规律和趋势，及时发现问题并采取相应的措施。这些工具可以从各种数据源（如数据库、日志文件、传感器等）中实时收集数据。然后运用机器学习、统计分析等算法，实时处理和分析数据，发现数据中的异常和趋势。通过图表、仪表盘等可视化手段，直观展示数据的状态和趋势，便于用户理解和决策。当数据出现异常或达到预设条件时，自动触发告警并通知相关人员。

（二）大数据监控工具的应用

大数据监控工具在现代企业和组织的数据管理、业务运营及决策支持中扮演着至关重要的角色。这些工具能够实时或近乎实时地收集、处理和分析来自各种数据源的海量数据，帮助企业洞察市场动态、优化业务流程、提升运营效率，并有效应对潜在风险。

固信软件是一款专注于网络监控和数据可视化的本土化解决方案。在网络监控方面，固信软件能够实时捕捉网络流量、设备状态及性能数据，通过强大的数据分析引擎，将复杂的数据转化为直观的图表和报告。这种能力使得企业能够迅速识别网络中的异常行为，如未经授权的访问尝试、流量激增等，从而及时采取措施，防止潜在的安全威胁。

此外，固信软件还支持对服务器、应用程序及数据库的全面监控，确保企业 IT 基础设施的稳定运行。在数据可视化方面，固信软件提供丰富的图表类型和自定义选项，使得企业可以根据自身需求，灵活展示监控数据，为管理层提供直观、准确的信息支持。

安企神系统是一款功能全面的电脑监控软件，其应用范围涵盖了员工行为监控、数据安全防护及生产效率分析等多个方面。在员工行为监控方面，安企神系统能够实时监控员工的电脑使用情况，包括上网行为、应用程序使用、文件操作及聊天记录等。通过智能分析技术，系统能够自动识别并阻止潜在的数据泄露风险，如未经授权的文件传输、敏感信息泄露等。这种能力不仅提升了企业的数据安全水平，还为员工创造了一个更加安全、合规的工作环境。在数据安全防护方面，安企神系统提供了全面的安全管控功能，如 U 盘使用监控、软硬件变动监控及网络访问控制等。这些功能使得企业能够严格控制数据的输入输出，防止外部威胁的入侵。同时，系统还能够记录员工的操作行为，为后续的审计和追溯提供有力支持。在生产效率分析方面，安企神系统通过收集和分析员工的电脑使用数据，能够生成详细的生产效率报告。这些报告不仅展示了员工的工作效率和行为模式，还为管理层提供了宝贵的建议，帮助他们优化管理策略，提升团队生产力。

此外，大数据监控工具还可以应用于智慧城市、智能制造、医疗健康等多个领域。在智慧城市领域，大数据监控工具可以帮助政府实时了解城市交通、环境监测、公共安全等数据，为城市管理和决策提供支持。在智能制造领域，大数据监控工具可以实时监控生产设备的运行状态和生产数据，提高生产效率和产品质量。在医疗健康领域，大数据监控工具可以实时分析患者的健康数据和医疗记录，为医生提供更准确的诊断和治疗建议。

微案例 3－2

关联算法触发的沃尔玛零售变革

20 世纪 90 年代的美国沃尔玛超市中，沃尔玛管理人员在分析销售数据时，发现了一个令人费解的现象：啤酒和尿布这两种看似毫无关联的商品，却经常出现在同一个购物篮中。经过深入调查，沃尔玛发现这一现象主要与年轻的父亲群体有关。在美国，通常是母亲在家中照看婴儿，而父亲则负责外出购买尿布。在购买尿布的过程中，这些年轻父亲往往会顺便为自己购买啤酒。这一发现揭示了美国家庭中的一种消费行为模式：年轻的父亲在完成家庭购物任务的同时，也会购买个人消费品。沃尔玛利用这一数据分析结果，调整了商品的摆放策略，将啤酒与尿布摆放在相邻的区域，以方便顾客同时购买这两种商品。这种策略的调整，不仅提高了顾客的购物便利性，也显著提升了啤酒和尿布的销售量。此外，沃尔玛的“啤酒与尿布”这一现象还促进了数据挖掘技术的发展。1993 年，美国学者阿格拉瓦尔（Agrawal）提出了 Aprior 算法，该算法能通过分析购物篮中的商品集合，找出商品之间的关联关系。沃尔玛将这种算法应用于销售数据分析中，进一步验证了“啤酒与尿布”销售现象的普遍性，并据此优化了商品布局。通过大数据技术的应用，沃尔玛能够更精准地满足消费者需求，提高销售效率和顾客满意度。

资料来源：https：//www.163.com/dy/article/FFPDFTK205148KED.html.

第 3 节　顾客价值导向的数字营销工具的综合应用

在数字时代，顾客价值导向的数字营销已成为企业推广产品和服务、吸引潜在客户、提升品牌影响力的核心策略。然而，面对浩瀚的市场数据和愈发激烈的竞争态势，如何高效地利用这些数据，实现以顾客价值为中心的精准营销，成为企业亟待攻克的关键难题。本节将深入剖析传统数字营销工具与大数据技术的融合应用，通过大数据分析、搜索引擎优化与按点击付费广告工具、用户行为分析工具、营销自动化平台以及数据可视化工具的深度融合，帮助企业深度挖掘市场潜力，提升数字营销效果，使企业在激烈的市场竞争中独树一帜。

一、优化数字营销决策

在当今数据驱动的时代，大数据分析已成为企业优化数字营销决策、提升战略规划科学性的关键途径。大数据分析不仅仅局限于数据的简单收集与处理，而是一个涵盖数据收集、清洗、存储、处理、分析及结果应用的复杂而精细的过程。这一过程致力于从海量、多样、快速生成的数据中提炼出有价值的信息与洞察，为企业的运营优化、市场策略调整、产品创新及风险管理提供坚实的科学依据。

大数据分析的第一步是数据的收集。数据来源包括但不限于企业内部数据库、社交媒体平台、用户行为日志、物联网传感器数据、第三方数据提供商等。为了确保数据的全面性和准确性，企业需要构建一套完善的数据收集体系，包括实时数据抓取、API 接口对接、定期数据导入等多种方式。在数据收集过程中还需考虑数据的隐私保护和合规性问题，确保在合法合规的前提下进行数据收集。收集到的原始数据往往存在不完整、不准确、重复或格式不一致等问题，需要对数据进行去重、填补缺失值、纠正错误数据、数据格式转换等。

面对海量数据的存储需求，企业通常采用分布式数据库、数据仓库或云存储等解决方案。这些存储方案不仅能够处理 PB 级甚至 EB 级的数据量，还支持高效的数据读写和查询操作。在数据存储过程中，企业还需考虑数据的备份、恢复和安全性问题，确保数据的可靠性和可用性。数据处理阶段包括数据转换、数据聚合、数据降维等多种操作。数据转换旨在将数据转换为适合分析的形式，如将文本数据转换为数值型数据，或对数据进行归一化处理。数据聚合则是将分散的数据按照特定维度进行汇总，以便进行更高层次的分析。数据降维则是通过主成分分析、聚类分析等方法，减少数据的维度，降低分析的复杂度，同时保留数据的主要特征。

数据分析是大数据分析的核心环节，它涉及统计分析、机器学习、数据挖掘等多种技术和方法。统计分析如描述性统计、推断性统计，用于揭示数据的分布特征、相关性以及趋势等。机器学习通过训练模型，从数据中学习规律和模式，用于预测、分类、聚类等任务。数据挖掘是通过关联分析、频繁项集挖掘等技术，发现数据中的隐藏信息和模式。文本分析、情感分析、图像识别等特定领域的数据分析技术也在不断发展，为企业提供了更多元化的分析手段。

大数据分析的最终目标是将分析结果转化为可操作的洞察和决策依据。企业需将分析结果以图表、报告等形式清晰呈现给决策者，解释分析结果背后的原因和逻辑，并提出具体的行动建议。同时，企业还需建立数据分析结果的反馈机制，根据分析结果调整数字营销策略、优化产品服务、提升用户体验等，形成数据驱动的业务闭环，从而不断优化数字营销决策，提升市场竞争力。

二、扩展数字营销渠道

在当今的数字营销领域中，搜索引擎优化（SEO）和按点击付费（PPC）广告是两种至关重要的策略，它们各自具备独特的优势，并能通过协同合作，极大地扩展企业的数字营销渠道，提升网站的流量、转化率及整体营销成效。

SEO 作为一种旨在提高网站在搜索引擎结果页面（SERP）上自然排名的策略，通过优化网站内容、技术结构以及外部链接等方式，提升网站在搜索引擎中的可见性。然而，SEO 策略需要较长时间才能产生显著效果，这对于那些希望快速获得流量的企业来说可能是一个挑战。此时，PPC 广告便成了一个有力的补充。PPC 广告允许企业通过竞价的方式，在搜索引擎和其他在线平台上展示针对性广告，每当用户点击广告时，广告主就需要支付一定的费用。这种策略的优势在于其灵活性和即时性，企业可以根据自身的营销目标和预算，随时调整广告的投放策略和出价，以实现最佳的广告效果。通过精准定位目标受众和关键词，PPC 广告能够迅速吸引潜在客户的注意力，并将其引导至企业的网站或产品页面，从而有效提升转化率和销售额。

在实际操作中，SEO 和 PPC 策略的协同作用体现在以下方面：首先，两者都依赖于关键词研究，以确定最符合目标受众搜索习惯的短语和词汇。通过利用 SEO 工具如 Google Adwords、百度推广以及 SEMrush 等，企业可以获取关键词的搜索量、竞争程度以及潜在价值，这些信息对于制定有效的 SEO 和 PPC 策略至关重要。这些工具还可以帮助企业分析竞争对手的关键词策略，以便在竞争中占据有利地位。其次，SEO 和 PPC 策略在提升网站流量和转化率方面具有互补性。SEO 通过优化网站的自然排名来吸引流量，而 PPC 则通过投放广告来迅速增加网站的曝光度和点击率。当两者结合使用时，可以形成强大的协同效应。当网站在搜索引擎的自然排名中占据有利位置时，PPC 广告可以进一步巩固这一优势，通过提高网站的可见性和点击率，吸引更多的潜在客户。PPC 广告还可以为 SEO 策略提供有价值的数据支持，如用户搜索行为、点击率以及转化率等，这些数据有助于企业优化关键词选择、内容创作以及网站结构设计，从而提升 SEO 策略的效果。

虽然 SEO 和 PPC 策略在数字营销中发挥着重要作用，但它们并非孤立存在。为了实现最佳的营销效果，企业需要综合考虑多种因素，如目标受众、市场趋势、竞争对手以及自身资源和能力等。在制定具体的营销策略时，企业应注重 SEO 和 PPC 策略的协同作用，通过优化关键词选择、内容创作、广告投放及数据分析等环节，实现营销效果的最大化，从而有效扩展数字营销渠道，提升市场竞争力。

三、洞察在线用户行为

在数字营销领域，深入理解用户行为是制定高效策略、优化用户体验以及提升营销成效的基石。用户行为分析工具作为现代营销技术的核心组件，通过全面捕捉并深度解析用户在网站、应用及其他数字平台上的交互数据，为营销人员提供前所未有的洞察能力。

用户行为分析工具的核心功能在于其对用户数据的全面捕捉与深度解析。这类工具集成多种技术手段，如网页追踪代码、应用内事件追踪、第三方数据集成等，能够实时或近乎实时地收集用户在数字触点上的各类行为数据，包括但不限于页面浏览、点击、停留时间、转化率、搜索查询、购买行为、用户路径等。这些数据不仅反映了用户的基本行为模式，更深层次地揭示了用户的偏好、需求及潜在痛点，为营销人员提供了宝贵的用户洞察。

在数据收集的基础上，用户行为分析工具运用先进的算法和模型，对这些海量数据进行清洗、整合与分析，提炼出对营销策略制定具有指导意义的关键指标和洞察。通过热力图和滚动图，营销人员可以直观地看到页面上哪些区域吸引了最多的用户注意力，从而优化布局设计，提升关键信息的可见性和吸引力；利用漏斗分析和转化路径分析，可以识别用户在购买或注册过程中的流失点，进而采取针对性措施，如简化流程、增强信任标识或提供更具吸引力的优惠，以提高转化率；通过用户细分和聚类分析，可以将用户群体划分为具有相似特征和行为模式的子群体，实现更加个性化的营销信息传递和产品推荐，提升用户体验和满意度。

进一步地，用户行为分析工具还支持时间序列分析、A/B 测试及预测建模等高级功能，帮助营销人员评估营销策略的即时效果、预测未来趋势，并持续优化策略。时间序列分析能够揭示用户行为随时间变化的规律，如季节性波动、节假日效应等，为制定时间敏感的营销活动提供科学依据；A/B 测试则允许营销人员在控制变量的条件下，对比不同营销策略（如文案、设计、价格等）的效果，从而基于数据证据做出决策，避免主观臆断；预测建模则利用机器学习技术，基于历史数据预测用户未来的行为倾向，如购买意向、流失风险等，为精准营销和风险管理提供有力支持。

四、提升数字营销效率

在数字化转型的浪潮中，营销自动化工具作为数字营销领域的创新力量，正以前所未有的方式重塑营销流程，显著提升营销活动的效率与个性化水平。这些工具集成了电子邮件营销、社交媒体管理、内容营销、客户旅程管理、数据分析与报告等多种营销功能，实现了营销活动的自动化执行与智能化决策，为营销人员带来了前所未有的便捷与洞察能力。

营销自动化工具的核心价值在于其能够自动化执行大量重复性营销任务，如客户细分、邮件发送、社交媒体发布、广告投放等，从而释放营销人员的时间与精力，使他们能够专注于更具战略性和创造性的工作，如市场趋势分析、客户洞察挖掘、营销策略制定等。通过预设的规则与逻辑，这些工具能够根据用户行为、偏好、生命周期阶段等多维度数据，自动触发个性化的营销行动，如发送定制化的电子邮件、推送相关的产品推荐、调整广告创意等，从而极大地提升营销信息的相关性和吸引力。

营销自动化工具在客户旅程管理方面的能力尤为突出。它们能够追踪用户在多个数字触点上的行为轨迹，构建用户画像，识别用户在不同阶段的需求与痛点，进而设计并实施个性化的客户旅程，确保用户在每个阶段都能获得与其需求相匹配的信息与体验。在潜在客户的吸引阶段，通过自动化的社交媒体广告和搜索引擎优化，提高品牌曝光度和用户兴趣；在转化阶段，利用自动化的邮件营销和个性化网页，引导用户完成购买或注册；在客户保留阶段，则通过自动化的客户服务与忠诚度计划，提升用户满意度与忠诚度。这种全程、全渠道的个性化客户旅程管理，不仅提升了营销效率，也显著提升了用户的品牌认同感。

此外，营销自动化工具还具备强大的数据分析与报告功能。它们能够实时收集并分析用户行为数据，生成详细的营销效果报告，为营销决策提供科学依据。这些报告不仅涵盖了基本的营销指标，如邮件打开率、点击率、转化率等，还通过高级分析技术，如预测分析、聚类分析及关联规则挖掘等，揭示用户行为背后的深层规律，帮助营销人员洞察市场趋势，预测用户行为，并据此优化营销策略。更重要的是，这些工具支持实时反馈机制，能够根据营销活动的实际效果动态调整策略，实现营销活动的持续优化与迭代，确保营销策略始终与市场需求保持同步。

五、驱动营销智慧化发展

在数据驱动的数字营销时代，可视化工具成了连接复杂数据与直观洞察的桥梁。对于营销人员而言，它们是不可或缺的分析利器。这些工具利用图形、图表、仪表盘等视觉元素，将海量、多维度的营销数据转化为易于理解、直观呈现的信息，极大地降低了数据解读的门槛，促进了数据洞察的深化，并推动了营销决策的智能化发展。

可视化工具在数据故事讲述与团队协作方面发挥着重要作用。通过构建数据仪表盘与报告，营销人员可以将复杂的数据分析结果转化为直观、生动的可视化故事，不仅便于内部团队成员理解数据背后的业务逻辑与市场趋势，还能有效提升跨部门沟通与协作的效率。通过构建一个包含关键营销指标、市场趋势预测、用户画像等多维度数据的综合仪表盘，营销团队可以直观地展示营销活动的效果，与产品开发、客户服务等部门共享数据洞察，共同制定更加精准、协同的市场策略。同时，这些可视化故事还可以作为对外沟通的媒介，向管理层、投资者、合作伙伴等利益相关方展示营销成果，增强企业的透明度，提升企业的信誉度。

在数据可视化过程中，选择合适的可视化类型与设计原则至关重要。不同的数据类型、分析目的与受众群体，需要采用不同的可视化技术与方法。例如，对于时间序列数据，折线图能够清晰地展示数据随时间的变化趋势；对于分类数据，条形图、饼图等比例可视化工具能够直观比较不同类别的差异；对于多维数据，散点图、气泡图等空间可视化手段能够揭示变量间的关联与分布规律。此外，设计原则如简洁性、一致性、色彩搭配、标签与图例的使用等，也直接影响着数据可视化的效果与可读性。遵循相应的设计原则，可以设计出既美观又实用的可视化作品，提升数据洞察的传递效率与影响力。

数据可视化并非孤立存在，而是与数据分析、数据挖掘等技术紧密相连。在运用可视化工具时，营销人员需首先进行充分的数据预处理与清洗，确保数据的准确性、完整性与一致性；其次，选择合适的分析模型与方法，深入挖掘数据背后的深层洞察；最后，运用可视化工具将分析结果以直观、生动的方式呈现出来，形成完整的数据洞察与决策链条。随着人工智能、机器学习等技术的不断发展，数据可视化工具正逐步实现更加智能化、自动化的分析与呈现方式，如智能推荐可视化类型、自动优化图表设计等，进一步提升了数据洞察的效率与准确性，为数字营销的智慧化发展注入了新的动力。

// 微案例 3-3 //

云南白药牙膏的全域营销方式

2017 年 6 月，云南白药牙膏官方旗舰店在淘宝平台启动开业营销活动，旨在通过数字化手段迅速提升品牌知名度和市场份额。紧接着，云南白药与阿里巴巴集团合作，利用大数据技术对淘宝用户的行为数据进行深入分析，包括搜索、浏览、点击、购买和分享等行为，以洞察用户的消费习惯和偏好。在此基础上，云南白药采取了精准营销策略，针对年轻用户群体，尤其是知名演员的粉丝，策划了一系列营销互动活动。通过组织挑战赛等互动形式，激发粉丝的参与热情，将知名演员粉丝转化为品牌粉丝，实现了品牌与粉丝之间的有效连接。此外，云南白药还与某热门网络剧的原作者进行跨界合作，推出主题套装，进一步扩大品牌影响力。此次营销活动的成功在于其对大数据的深度应用和数字营销工具的有效整合。通过大数据分析，云南白药能够精准定位目标消费群体，制定个性化的营销策略，从而提高营销活动的转化率。同时，跨界合作的策略不仅增加了产品的吸引力，也为品牌带来了新的市场机遇。活动成效显著，云南白药牙膏官方旗舰店在短时间内吸引了超过 30 万粉丝，实现了销售额的大幅增长。

资料来源：https：//developer. aliyun. com/article/1596432.

数字营销实践

DHC：全渠道数字化经营

在数字时代，品牌营销已经从单一渠道转变为全渠道覆盖，消费者的行为和购买决策路径变得更加复杂。DHC 作为一家国际知名的健康与美容品牌企业，通过全渠道数字化经营，实现了品牌与消费者之间的无缝连接，扩大了品牌影响力，也提升了市场竞争力。这一策略不仅包括线上的社交媒体平台、官方网站、移动应用，也涵盖线下的实体店铺，实现了线上线下数据的全面打通和流通。

DHC 的全触点覆盖策略是其数字营销的核心。这一策略意味着品牌需要在消费者可能接触的所有触点上布局，无论是线上的社交媒体平台、官方网站、移动应用，还是线下的实体店铺。这种全方位的触点覆盖，使得 DHC 能够随时随地与消费者进行互动，提升品牌曝光度和用户黏性。线上触点通过发布高质量的内容吸引粉丝，同时利用精准的广告投放策略，将产品信息推送给目标消费者。官方网站和移动应用提供了便捷的购物体验，消费者可以随时随地浏览产品信息并完成购买。线下触点则通过实体店铺提供直观的产品体验，增强消费者的品牌忠诚度，并作为收集消费者反馈和数据的重要渠道。

DHC的数字化营销策略不仅限于单一平台，而是覆盖了全场景，包括社交媒体、电商平台、线下活动等。这种全场景整合营销，使得品牌能够根据不同场景定制不同的营销策略，提高营销效果。在社交媒体上，DHC发布与消费者生活紧密相关的内容，如健康小贴士、美容教程等，以此建立品牌与消费者之间的情感联系。同时，通过与关键意见领袖（KOL）和网络红人（KOC）的合作，扩大品牌影响力。在电商平台上，DHC通过参与各类促销活动、提供优惠券等方式吸引消费者购买。同时，利用大数据分析消费者购买行为，优化产品推荐和库存管理。线下活动营销则通过定期举办的新品发布会、健康讲座等，增加与消费者的互动机会，提升品牌形象。

DHC通过数字化工具整合线上线下数据，构建起全方位、多层次的信息交互与智能决策体系。这种数据整合使得品牌能够更精准地了解消费者行为，优化营销策略，提升营销投资回报率。数据收集包括线上的浏览记录、购买历史，以及线下的店铺访问数据、活动参与情况等。通过大数据分析工具，DHC能够对收集到的数据进行深入分析，了解消费者的购买偏好、行为习惯等，从而制定更有针对性的营销策略。分析结果应用于产品开发、库存管理、营销活动等多个方面，实现数据驱动的业务决策。

DHC的全渠道数字化经营策略取得了显著的效果。首先，品牌曝光度和知名度得到了显著提升。通过全触点覆盖和全场景营销，DHC的品牌信息能够覆盖更广泛的消费者群体，提升了品牌的市场影响力。其次，消费者体验得到了改善。DHC通过数字化工具提供的便捷购物体验和个性化推荐，满足了消费者的需求，提升了用户满意度。最后，销售业绩得到了提升。通过数据驱动的营销策略和精准的目标消费群体定位，DHC实现了销售业绩的稳步增长。通过全触点覆盖、全场景营销和全域数据整合，DHC成功地构建了与消费者的无缝连接，提升了品牌影响力和市场竞争力。

资料来源：https：//www. digitaling. com/articles/1006116. html.

讨论题

1. DHC在数字营销中是如何实现全触点覆盖的？
2. DHC如何通过全场景营销策略提升品牌影响力？
3. DHC的全域数据整合如何帮助提升营销投资回报率？

// 本章小结 //

在数字化商业环境中，数字营销工具至关重要。本章介绍了数字营销常规工具和大数据工具及其结合应用。数字营销常规工具侧重于执行层面。内容创建工具提供多样资源和编辑功能，满足不同内容需求，吸引消费者。搜索引擎优化工具提升网站排名，增加自然流量和曝光度。广告投放与按点击付费工具提供投放渠道和精准付费模式，提高广告效果和回报率。电子邮件营销工具建立直接沟通渠道。自动化营销工具实现任务自动化，提高效率和精准度。数字平台分析工具识别瓶颈和潜力，提升效果。大数据工具则侧重于数据处理，为战略决策提供支持。数据集成工具获取并保障数据。数据可视化工具发现数据价值，提供决策依据。数据挖掘工具发现信息，支持决策。用户行为分析工具洞察用户行为，辅助优化。数据整合工具确保数据质量。人工智能分析工具分析预测，提供参考。大数据监控工具实时监控并处理问题。两类工具结合可实现多项目标。通过大数据分析了解用户，优化数字营销决策。搜索引擎优化和按点击付费工具协同提高流量和转化率，拓宽数字营销的渠道。用户行为分析工具优化产品和策略，洞察用户行为。营销自动化工具通过自动化流程有效提高数字营销的效率。可视化工具呈现数据，便于管理者进行商业决策。这种结合帮助企业在竞争中脱颖而出，实现可持续发展。

// 思考题 //

1. 请列举三种不同类型的数字营销工具，并分别说明它们在营销活动中的主要作用。

2. 大数据工具在数字营销中的战略意义体现在哪些方面?

3. 如何通过数字营销常规工具与大数据工具的结合提升营销效果?

// 第4章 //

数字营销环境分析

学习目标

1. 掌握数字营销环境的内涵及特征。
2. 了解数字营销环境的分类。
3. 理解数字营销的宏观环境。
4. 掌握数字营销的微观环境。

第1节　数字营销环境概述

对于企业而言，一般营销环境是指影响企业市场营销决策、活动与效果的内外部因素的集合。企业对营销环境进行洞察与分析，预判营销环境发展趋势，识别企业发展的机会和威胁。市场营销人员的职责在于有效识别营销环境中的机会和威胁，进而优化营销策略以适应环境变化。营销环境具有客观性、差异性、相关性、动态性和多样性等特征。在面对错综复杂且多变的营销环境时，企业需要及时洞察、分析和调整应对环境变化的策略。企业可以通过开展广泛的市场调研、构建灵活的营销策略、加强企业的研发创新能力以及增强企业的竞争力等措施来适应营销环境的变化。

一、数字营销环境的内涵

伴随着数字技术的快速迭代，企业所面临的商业环境发生了变化。在数字经济时代，数字化转型成为企业适应市场变化和增强企业竞争力的重要途径。企业通过数字技术和创新方法的应用，对其业务流程、商业模式、产品和服务创新等方面进行优化，以实现生产方式变革、商业模式创新、业务流程自动化、客户体验提升、市场营销精准化和组织协作便捷化。数字化转型是现代企业提升竞争力、创造新业务机会和实现可持续发展的重要路径。通过数字技术的应用，企业能够在业务运营、客户体验、市场拓展等方面取得突破。然而，数字化转型并非一蹴而就，它需要全方位的战略规划、技术支持、文化适应以及组织调整。只有通过科学的管理和持续的努力，企业才能在数字化浪潮中占据有利位置，迎接未来的挑战。

在企业数字化转型中，市场营销也呈现出数字化特征，包括营销渠道数字化、营销决策数据化、营销信息精准化等。通过对现代数字技术的应用，企业对传统市场营销方式、流程、工具和策略进行深度变革，以更好地适应数字时代的消费者需求、市场趋势和市场竞争。通过数字化转型，企业能够显著提升营销效率、增强客户体验、拓展市场份额，并通过数据驱动的决策实现更精准的营销。同时，市场营销数字化转型受到企业数字化能力、数字技术进步、消费者行为变化、市场竞争压力，以及数据要素丰富性和可获取性等驱动因素的影响。从营销环境的视角来看，这些驱动因素皆与数字技术所推动的变化相关。由此，在数字经济时代，分析营销环境中与数字化转型相关联的企业内外部因素成为重要任务。

数字营销环境是传统营销环境在数字经济情景下的具体表现形式。与传统营销环境相比，数字营销环境更加注重数字技术的应用。有鉴于此，将数字营销环境定义为影响企业利用数字技术开展营销活动的各类因素和条件。数字营销环境不仅包括市场、技术、法律、社会等外部因素，还涵盖企业文化、创新能力、资源禀赋等内部因素。对数字营销环境的适应会直接影响企业的营销效率和市场竞争力。数字营销环境对企业营销活动有着重要影响，数字营销环境为企业提供先进的数字技术，以实现整合营销传播、实时多维互动、个性化营销、快速响应客户需求和数据驱动营销决策，进而提升营销绩效。

二、数字营销环境的特征

在数字技术和互联网普及的背景下，数字营销环境呈现出动态性、多元性、复杂性、实时性和竞争性等特征，这些特征决定了企业数字营销的运营方式、营销策略等。与一般市场营销环境相比，数字营销环境更突出数字技术所带来的系统影响。数字营销环境特征体现了市场营销、数字技术、数据要素、消费者需求的深度融合。企业在应对不同数字营销环境特征时，需灵活运用营销策略和营销工具，通过精确的数据分析、个性化的内容推送、实时的反馈机制来应对市场需求的快速变化。同时，信息过载、竞争激烈以及隐私关注问题等也带来了新的挑战。随着技术的不断发展，数字营销环境的特征将愈发显著，企业需要不断创新并积极适应环境，以保持竞争力。

（一）动态性

数字营销环境的动态性是指在数字时代，企业所面临的营销环境中各种因素都在不断变化和发展。动态性表现为数字技术的快速变化、消费者行为的变化、行业趋势的转变、竞争态势的演进，其体现了数字营销环境构成要素的变化程度，反映了企业所面临的数字营销环境的不确定性。当前，数字营销环境的变化具有速度快、方向和形式难以预测的特点。

为有效应对数字营销环境的动态性，企业需具备以下能力：高度的适应性和灵活性，快速响应数字技术和消费者需求的变化，采用敏捷的营销优化策略；持续的创新能力，以不断跟踪前沿技术、行业趋势和消费潮流；构建灵活的营销战略，以确保环境变化时对营销战略进行有效调整。

（二）多元性

数字营销环境的多元性指的是企业在开展数字营销时，面临着多样化平台、工具、渠道和消费者群体等因素。在数字营销中，企业可以选择多种平台来接触消费者，包括社交媒体、搜索引擎、电子邮件、移动应用、视频平台、博客、电子商务网站等。每个平台的用户特征、互动方式和内容呈现方式都各不相同，因此企业需要根据不同平台的特点制定专门的营销策略。同时，企业通过多个数字渠道的整合与协同来实现全方位的品牌曝光和销售促进，这意味着企业数字渠道的多样化。

在数字营销中，企业的消费者群体具有较大的差异性，不同年龄段、地域、兴趣爱好、职业背景、购买力的消费者在不同的社交媒体平台上活跃，并呈现出不同的消费偏好，企业需要根据不同消费者群体的特征进行精准营销。

（三）复杂性

数字营销环境的复杂性是指在数字时代，企业的营销活动受到多种因素的影响。复杂性表现为营销渠道的多元化、消费者行为的个性化、竞争的跨行业化、数据隐私保护等方面，其体现了数字营销环境因素的数量以及各种因素的差异，也反映了企业所面临的数字营销环境的不确定性。企业营销活动不仅受到单一因素的影响，还受到多种因素的共同影响，这意味着数字营销环境呈现出复杂系统特点。

为高效应对多种因素的共同影响，企业可通过技术手段，跨平台整合营销数据，实现竞争的跨渠道营销和效果评估；同时，企业应确保营销活动符合法律法规，注重消费者数据的保护，树立良好的法律意识。

（四）实时性

数字营销环境的实时性是指信息传播、消费者需求及市场动态等因素的变化非常迅速，企业必须在短时间内做出营销响应。实时性表现为社交媒体关注热点的快速变化、消费者需求的突发性、数字技术的快速迭代以及舆论信息传播的瞬时性等方面。在数字营销环境中，消费者需求和购买行为会受到社会热点话题和突发事件的影响。这导致消费者需求变化难以预测且变化迅速。企业需要灵活调整数字营销策略，及时响应消费者的需求。这意味着，企业所面临的营销环境中蕴含着大量的市场机会，但这些机会往往在短时间内消失或迅速发生变化。企业应能够及时识别、抓住并充分利用转瞬即逝的市场机会。一旦错过了机会窗口，企业可能会错失流量、降低转化率，甚至失去市场份额。

// 微案例4-1 //

鸿星尔克爱心捐赠引爆情感性消费

2021年7月，郑州市遭遇极端暴雨天气，鸿星尔克立即宣布捐赠5 000万元物资进行支援。尽管鸿星尔克此前已亏损超过2亿元，该支援行为引发了网友的广泛关注和支持。第二天，一条置顶评论“感觉你都要倒闭了，还捐了这么多”，让鸿星尔克成功“出圈”，随后，话题“鸿星尔克的微博评论好心酸”登上微博热搜榜榜首。当天，网友为“舍不得开微博会员”的鸿星尔克充了十年微博会员。到 7 月 23 日，其官方账号的会员年数被网友续费至 2140 年。在宣布捐款后，鸿星尔克的直播间观看人数和销售额出现了井喷式上升。

与此同时，鸿星尔克电商直播间涌入大量网友，网友用下单购买表示对鸿星尔克品牌的认同。截至 7 月 24 日，鸿星尔克淘宝直播间粉丝量已突破千万，其抖音直播间销售数据突破了 1 亿元，观看人次超过 1.5 亿，直播间最高在线人数破 80 万，新增粉丝 530 万。这一系列现象促使鸿星尔克销售量猛增，品牌美誉度大幅上升，直播间销量瞬间达到极高水平。

（五）竞争性

数字营销环境的竞争性是指在数字化和互联网驱动的营销环境中，企业面临日益激烈的市场竞争。由于数字技术的普及和消费者行为的变化，企业不仅需要应对来自传统行业的竞争，还要面对跨行业、新兴企业、平台主导型竞争等多方面的压力。

数字营销环境中的技术创新为企业提供了更丰富的营销工具和手段，但也加剧了市场的竞争。互联网降低了市场进入的门槛，许多小型企业或初创公司通过数字营销渠道，借助社交媒体、搜索引擎、内容营销等手段，能够迅速与传统大公司竞争，甚至颠覆传统行业。与此同时，技术的普及也使得竞争者之间的差距不断缩小，企业面临着技术创新带来的竞争压力。此外，在数字营销环境中，企业和消费者都面临着信息量的极大增加，导致处理、筛选和利用信息变得越来越困难。信息过载不仅给消费者带来了选择困难和决策压力，也给企业营销策略的制定和执行带来了新的挑战。

三、数字营销环境的分类

依据不同的标准，数字营销环境可以分成不同的类别。

根据市场类型的不同，数字营销环境可以分为 B2B（企业对企业）市场的数字营销环境、B2C（企业对消费者）市场的数字营销环境、C2C（消费者对消费者）市场的数字营销环境和 C2B（消费者对企业）市场的数字营销环境。

依据对企业营销活动影响的时间长短，数字营销环境可以分为长期数字营销环境和短期数字营销环境。长期数字营销环境是指在较长的时间周期内影响企业的数字营销活动，而短期数字营销环境则是指在较短的时间周期内影响企业的数字营销活动。与短期数字营销环境相比，长期数字营销环境强调的是对企业数字营销趋势、发展和潜在变化的影响。

根据影响范围的不同，数字营销环境可以分为数字营销宏观环境和数字营销微观环境，其中，数字营销微观环境又可进一步细化为数字营销产业环境和数字营销市场环境。数字营销宏观环境是指影响企业数字营销活动的广泛外部因素。数字营销宏观环境通常在较长时间内相对稳定，但也会随着时间的推移而发生变化。数字营销宏观环境与企业不存在直接的经济联系，但可能会给企业带来市场营销机会或潜在威胁，因此它是企业数字营销的间接环境。数字营销宏观环境一般包括经济环境、技术环境、政策环境、社会环境等，它们共同作用于企业的营销决策，推动或抑制企业数字营销活动发展。数字营销微观环境是指影响企业数字营销活动的直接因素，其与企业数字营销活动紧密相关，且直接作用于企业数字营销的各个方面，包括企业内部环境、供应商、中间商、顾客、竞争者和社会公众等。数字营销微观环境经常会发生变动，企业需要不断调整数字营销策略，以适应微观环境的快速变化。从数字营销的宏观环境与微观环境的关系上看，两者不是并列关系，而是包容和从属关系。具体而言，数字营销微观环境受到宏观环境的制约，数字营销宏观环境需要借助微观环境发挥作用。

四、数字营销环境对企业市场营销的影响

（一）数字营销环境能够提高品牌曝光度和知名度

数字营销环境为企业提供了丰富的渠道和工具（如社交媒体、搜索引擎、电子邮件等），使得品牌能够在短时间内获得广泛的曝光。通过这些数字平台，企业能够轻松接触到全球范围内的潜在客户，扩大品牌影响力。在社交媒体传播方面，品牌能够通过社交平台与消费者互动，增加曝光率，并借助用户生成内容进一步扩展影响力。在搜索引擎优化和搜索引擎营销中，通过搜索引擎优化和广告投放，企业能够提高在搜索引擎中的排名，增加品牌的可见性。

（二）数字营销环境能够增强客户互动与参与感

数字营销环境强调与客户的互动，企业通过数字渠道与客户建立双向沟通，听取反馈、解答困惑。这种互动有助于建立更深的品牌忠诚度和客户关系。在实时互动方面，通过社交媒体、在线客服和电子邮件等渠道，企业能够实时回应客户需求，提升客户体验。在品牌社区构建中，通过打造品牌社区，企业能够增强客户的归属感，促进客户之间的交流与共享。

（三）数字营销环境能够提升市场洞察与竞争力

数字营销环境提供了丰富的市场数据和客户行为分析工具，企业能够通过数据挖掘获取重要的市场洞察，了解竞争对手的动态和行业趋势。这使得企业能够做出更加精准的决策，并提升在竞争中的优势。在大数据营销方面，企业能够分析客户的购买行为、浏览习惯和偏好，从而更好地预测市场需求。在竞争对手分析方面，通过对竞争对手的数字营销活动的分析，企业可以优化自身的策略，找到差异化竞争的切入点。

（四）数字营销环境能够加速产品创新与服务改进

数字营销环境下，企业能够快速获得客户的反馈和市场的变化信息，这为产品和服务的改进提供了有价值的数据支持。通过持续优化产品和服务，企业可以更好地满足客户需求，提升市场竞争力。在客户反馈方面，通过社交媒体、评论和调查问卷，企业可以收集到关于产品和服务的直接反馈，帮助改进质量或功能。同时，数字平台使企业能够快速响应市场变化，及时调整产品或营销策略。

（五）数字营销环境能够促进企业数字化转型

数字营销环境促进企业的数字化转型，使得企业能够更好地利用数字工具和平台提高运营效率、拓展市场和提升客户体验。企业在适应数字营销环境的过程中，逐步实现全面的数字化升级。在技术驱动方面，从传统的线下营销转型为线上线下结合的数字营销模式，提高市场响应速度和运营效率。在业务创新方面，通过数字化手段，企业能够推出新的商业模式，如电子商务、社交电商和内容营销等。

第 2 节　数字营销宏观环境

对于企业的数字营销而言，宏观环境是影响企业数字营销活动的一般外部因素，包括经济环境、技术环境、政策环境和社会环境等四种具体环境。在宏观环境中，企业数字营销面临着市场机会和潜在威胁。企业分析数字营销宏观环境的目的在于更好地识别市场机会和潜在威胁，并在分析自身优劣势的基础之上，通过企业数字营销管理策略来适应宏观环境的变化，进而达成企业数字营销目标。

一、数字营销的经济环境

经济环境对企业数字营销具有显著的影响。一般而言，目标市场的经济发展水平越高，经济基础结构越完善，企业的数字营销绩效也越高。经济基础结构是一个国家或地区的能源供应、交通运输、通信设备、商业机构、金融机构、广告公司、宣传媒体、市场调研组织等的发展水平和分布格局。经济发展水平可以通过国内生产总值、居民人均可支配收入、基尼系数、失业率和基础设施建设水平等指标来衡量，从不同的角度反映一个国家或地区的经济状况和发展阶段。在企业数字营销情景下，采用国内生产总值、居民人均可支配收入、中等收入群体规模和采购经理指数来表征和解释经济发展水平对企业数字营销的影响。

（一）经济总体规模对企业数字营销的影响

国内生产总值（GDP）是衡量一个国家或地区经济总量的重要指标，表示在一定时间内生产的所有商品和服务的总价值，GDP 越高，表明经济活动越活跃。面对世界百年未有之大变局带来的影响，当前我国经济展现出强大的韧性。GDP 呈现持续增长态势，2024 年已超过 134 万亿元。GDP 增长意味着整体经济规模扩大，消费者购买力持续提升，这为企业的数字营销提供了更多的市场机会。同时，随着 GDP 增长对消费能力的带动，在数字化转型过程中，企业在数字营销上的投入也会增加，以更好地满足消费者需求。

（二）居民收入对企业数字营销的影响

居民人均可支配收入是指扣除税收、固定支出等费用后，个人可以自由支配的收入，反映普通居民的实际生活水平和购买力。居民人均可支配收入是衡量经济发展水平的重要因素，居民人均可支配收入越高，表明消费者的购买能力和生活质量越高。我国居民人均可支配收入从 2018 年的 28 228 元增长至 2024 年的 41 314 元，显示出消费潜力不断增强。居民收入增加将推动网络消费、社交电商和跨境电商等领域的增长。随着消费者的收入增长，他们更愿意在娱乐、购物、教育等方面增加支出，企业可以通过数字营销扩大品牌影响力和销售转化率。

中等收入群体是指一定时期内，收入稳定、家庭殷实、生活舒适，其消费水平和生活方式与经济社会发展水平相适应的群体。根据国家统计局住户收支与生活状况调查，按照三口之家家庭年收入的中等收入家庭标准，我国年收入在 10 万～50 万元的家庭数量约 1.4 亿户，这意味着中等收入群体人数已超过 4 亿人。中等收入群体具有消费能力较强、追求品质生活和收入来源稳定的特征，是经济发展的重要支撑。企业可以借助数字营销，针对中等收入的目标消费者开展个性化、精准化营销，以满足其对高品质产品或服务的需求。同时，企业可以利用社交媒体和内容营销，与中等收入目标消费者建立更紧密的客户关系，提升品牌忠诚度和客户黏性。

（三）生产制造业活力对企业数字营销的影响

采购经理指数（PMI）是通过对企业采购经理的月度调查结果统计、汇总和编制形成的指数，涵盖了企业采购、生产、流通等各个环节。PMI 从产业的视角反映了市场经济活力。当 PMI 指数大于 50 时，表明经济活动呈现扩张态势，经济环境趋于乐观，产品或服务需求与供给皆处于上涨态势。中国 PMI 在 2022 年后快速恢复，表明经济环境趋稳，制造业和服务业的复苏也带动了数字营销需求的增长。特别是 PMI 回升到 54.4 的扩张区间，这反映出企业信心增强。企业在生产活动中的投资增加，也包括对数字营销的投入增加。

整体来看，经济的发展能够带动居民收入水平上升、扩大中等收入群体规模、刺激企业营销预算增加、促进企业营销数字化转型、消费者需求多样化等，进一步对企业数字营销绩效产生影响。在经济水平较高的环境下，企业可以通过数字营销加强与消费者的精准化匹配与个性化互动，实现品牌价值提升和产品销售增长。

二、数字营销的技术环境

随着数字技术的不断进步，市场营销的技术环境发生了深刻的变化。现代市场营销已经不再单纯依赖传统的广告手段，而是通过数字技术、数据分析、人工智能等先进工具来优化营销活动。当前，市场营销所面临的技术环境充满了机遇与挑战，如技术的多样性、信息的泛滥以及技术的快速变化。整体来看，在技术和互联网高度发展的背景下，企业与消费者互动沟通和产品销售的商业模式发生了重大改变。数字时代的市场营销更突出技术创新对营销战略及策略的支持，技术已成为企业营销创新和发展的核心动力。与传统营销相比，通过对一系列信息技术的应用，数字营销更加注重数据驱动、精准化、互动性、个性化以及跨渠道的整合。

（一）“互联网＋”重构传统营销链条

传统营销链条的基本逻辑是商品从制造商流通到最终消费者手中，其中涉及市场、中间商、定价、渠道、服务和交易等环节。在“互联网＋”不断深入发展的当下，消费业态由传统的商品销售向场景化转变，消费渠道由单一化向整合化转变，产品与服务由传统的分离状态向一体化转变。企业不断尝试利用“互联网＋”的技术与思维构建数字营销链条。在这个过程中，企业以消费者价值为核心，打通研发、营销、销售和服务等环节壁垒，实现业务与数字的一体化，从而更好满足消费者价值和企业价值。

一般来看，数字营销链条的重构流程包括四个阶段。第一，整合营销渠道，打通线上线下各类营销渠道，将消费者信息、产品信息、交易信息等集聚到统一平台之中；第二，对数据进行多场景分析，实现消费者生命周期化管理；第三，对消费者购买行为进行分析，实现精准场景、精准渠道和精准服务等营销策略；第四，对营销数据及结果进行分析，优化产品研发和营销策略，进而构建企业发展新格局。

（二）大数据及人工智能技术全面赋能企业精准营销

随着大数据技术的普及，企业对消费者行为、偏好、购物历史等数据的收集变得越来越简单。借助大数据技术，企业能够对大量数据进行分析，以制定更精准的营销策略。同时，大数据技术也使得企业能够对不同渠道和平台的消费者数据进行整合，对市场进行更为精细的细分，并基于消费者行为模式、消费习惯等进行个性化推荐和营销。

企业通过人工智能技术来分析消费者的历史消费行为和兴趣，进而通过电商平台、社交媒体等实现个性化推荐。同时，人工智能技术驱动的聊天机器人和虚拟助手（如 Siri、小爱同学等）能够通过自然语言理解与消费者互动，提高客户服务质量和减少服务营销成本。最后，基于机器学习算法的市场需求预测分析可以很好地帮助企业预测市场趋势、消费者行为和产品需求，进而提高决策的科学性和有效性。

（三）数字技术创新助力企业营销自动化

营销自动化平台是指一类专为营销人员设计的软件工具，旨在帮助企业自动化执行营销活动，尤其是通过数字渠道进行的活动。营销自动化平台能够整合多个营销任务和工具，使得企业能够自动化进行电子邮件营销、社交媒体发布、客户管理等营销活动，帮助企业提高效率、减少人为错误、优化客户体验。营销自动化平台适用于不同的营销场景，如电子邮件营销、社交媒体管理、内容发布、广告投放等。同时，人工智能生成内容（AIGC）技术正在快速改变市场营销的方式，其通过人工智能算法生成各类营销内容，包括文本、图像、视频、音频等。AIGC 的出现极大提升了企业营销内容生成效率。AIGC 不仅能生成营销内容，还能基于数据分析进行优化。比如，根据消费者的广告文案阅读习惯，AIGC 可以对广告文案的结构、语言风格、段落顺序等进行自动调整，以提升广告文案的吸引力和转化率。

（四）新兴社交媒体重塑企业与消费者之间的互动模式

新兴社交媒体是指随着互联网技术发展而新近出现或新近流行的社交媒体平台和工具，例如小红书、抖音、微信、哔哩哔哩等。新兴社交媒体具有技术驱动、消费者参与、注重体验和去中心化的特征。新兴社交媒体为企业提供了与消费者互动并实时获取反馈的沟通渠道，减少了传统营销中企业到消费者之间的渠道数量，改变了企业与消费者的互动方式。在新兴社交媒体中，企业的互动主要体现在内容创造、社群管理和客户服务等方面。通过发布吸引人的内容，企业直接增强与消费者的情感联系。同时，企业可以通过新兴社交媒体平台实时检测品牌舆情、消费者评论和情感，有助于优化营销策略。

（五）元宇宙技术引导数字营销新趋势

元宇宙是集个人、企业及各种组织于一体的数字化创新和应用的技术平台。元宇宙构成了支撑人类所有数字创造成果和活动的基础操作系统，是人类数字化生活的新领域。这意味着，元宇宙是在空间上具有虚拟性而在时间上具有真实性的数字空间。元宇宙为消费者提供了三维的虚拟空间。企业可以借助元宇宙技术发布虚拟产品、创建虚拟商店、开展虚拟商业活动，为消费者提供沉浸式体验。AR 技术和 VR 技术为元宇宙提供了技术支持，使得数字营销活动可以在现实世界中无缝集成虚拟元素，增强用户体验。

// 微案例 4－2 //

数字孪生技术重构 Gucci 品牌叙事

在品牌成立 100 周年之际，Gucci 借助数字孪生技术，在 Roblox 平台上推出了一场虚拟展览，为用户提供了沉浸式的体验。该场虚拟展览与在意大利佛罗伦萨举办的线下 Gucci Garden Archetypes 展览相呼应。虚拟展览分为多个主题空间，每个空间都反映了 Gucci 过往经典广告系列的设计与创意，如“城市浪漫主义”（2015 秋冬）系列和“酒神之舞”（2016 早春）系列。

在虚拟展览中，消费者可以购买专为虚拟角色设计的限量数字产品。由于数字产品仅在展览的限定时间内提供，故具有稀缺性和收藏价值。同时，限量数字产品可以在二级市场转售。Gucci Garden 以创新的方式结合了艺术、奢侈品和数字技术，成功吸引了年轻人的关注，同时为奢侈品牌在元宇宙的进一步探索奠定了基础。通过虚拟展览及数字产品销售，Gucci 不仅提升了品牌对年轻受众的吸引力，也展现了企业在数字营销领域的创新能力。

三、数字营销的政策环境

近年来，国家深入实施数字经济发展战略，不断完善数字基础设施，加快培育新业态新模式，深入推进数字产业化和产业数字化。国家出台了一系列支持及引导文件（见表 4－1），以促进数字经济的高质量发展，从而为企业数字营销转型提供了必要条件。

表 4－1　2015—2024 年数字经济发展相关文件

年份	文件名称	主要内容
2015	促进大数据发展行动纲要	加快政府数据开放共享，推动产业创新发展，强化安全保障

续表

年份	文件名称	主要内容
2016	网络强国战略实施纲要	建设网络强国“三步走”计划
2017	数字中国建设发展报告（2017 年）	围绕建设现代化经济体系，实现高质量发展，大力发展数字经济
2017	国务院政府工作报告	“数字经济”一词首次出现在政府工作报告中
2018	数字经济发展战略纲要	系统性地规划了我国数字经济发展基础设施、服务等方面的战略部署
2019	国家数字经济创新发展试验区实施方案	为国家数字经济创新发展试验区工作的开展奠定了法规基础
2020	关于推进“上云用数赋智”行动 培育新经济发展实施方案	深入推进企业数字化转型，大力培育数字经济新业态
2020	关于构建更加完善的要素市场化配置体制机制的意见	明确将数据作为一种新型生产要素写入政策文件
2021	“十四五”大数据产业发展规划	促进我国数字经济所需的底层技术的发展
2022	“十四五”数字经济发展规划	部署了八方面重点任务，包括大力推进产业数字化转型，加快推动数字产业化
2023	数字中国建设整体布局规划	明确了数字中国建设的整体战略部署
2024	国务院政府工作报告	提出深入推进数字经济创新发展，积极推进数字产业化、产业数字化，促进数字技术和实体经济深度融合
2024	“数据要素×”三年行动计划（2024—2026 年）（征求意见稿）	提出数据要素发展总体目标和十二项重点行动，推动数据要素发挥乘数效应，赋能经济社会发展

（一）数字经济政策为企业数字营销提供良好的制度保障

“数字中国”、“数字化转型”以及“互联网＋”改革，为企业数字营销提供了清晰的路径和对接平台。政策引导传统企业进行数字化转型，实现线上线下协同发展。为推动数字经济高质量发展，国家通过政策激励措施，大力培育大规模个性化定制、服务型制造业、智能化生产等一系列新业态和新商业模式，为经济发展注入新活力。数字经济为企业数字营销创造了良好的发展生态，提供了技术保障和产业基础。

（二）数字经济政策激励企业围绕数字化转型进行技术创新与应用

相关部门出台政策鼓励企业运用人工智能、大数据分析等先进技术提升数字营销效果，推动数字经济的快速发展。2021 年 10 月发布的《“十四五”电子商务发展规划》提到，要强化技术应用创新，引导电子商务企业加强创新基础能力建设，推动 5G、大数据、物联网、人工智能、区块链、虚拟现实/增强现实等新一代信息技术在电子商务领域的集成创新和融合应用。2024 年 4 月，商务部发布的《数字商务三年行动计划（2024—2026 年）》中，强调数字商务在数字经济发展中的重要性，并提出了“数商强基”行动，包括培育创新主体、构建监测评价体系、提升治理水平等，以全方位提升商务发展数字化、网络化、智能化水平。同年，商务部发布的《商务部办公厅关于实施数字消费提升行动的通知》中提到创新数字服务消费场景，加速人工智能大模型、虚拟现实、全息互联网、数字孪生等新技术赋能生活服务，提升商圈活跃度，并构建主题网络促销矩阵，形成季季有主题、全年不停歇的波浪式数字消费热潮。

（三）数字经济政策引导企业在数字化转型中规范化发展

为建立和完善包含数字营销在内的数字商务标准体系，商务部出台数字商务行业标准化工作的指导意见，加强商务数字化重点领域标准建设，推动标准实施应用，提升行业管理和服务质量。同时，加强商务信用体系和品牌建设，促进数字商务质量提升，并编制电子商务企业合规指南，引导企业依法合规经营，促进行业规范健康发展。

同时，政府出台了多项政策以支持数字营销行业的规范化发展。2023 年 2 月，国家市场监督管理总局印发的《互联网广告管理办法》提出，制定互联网广告行业规范、自律公约和团体标准，推动诚信建设，有利于数字营销行业的健康发展。2024 年 9 月，由国家市场监督管理总局和中国国际经济技术合作促进会联合制定的《数字营销商技术规范》团体标准发布，规定了数字营销商的“数商”模型、“数商”模型系统及运行流程、从业人员要求、从业合规要求、“数商”产品及企业要求、实施与监管等方面内容。该团体标准有效推动了数商行业的健康发展，确保数商行为的合法性和合规性。

四、数字营销的社会环境

数字营销的社会环境是指影响企业数字营销活动的社会因素和条件的综合，包括数字用户、人口特征、文化价值观、教育水平等。社会环境通过各种因素的共同作用，对数字营销的方式、内容和营销效果产生作用。

（一）信息化社会向数字化社会转变，为企业数字营销带来新动能

社会的发展经历农业社会、工业社会和信息社会等阶段，当前正由信息社会向数字化社会转变。在农业社会中，人们以土地和农业劳动为核心，围绕农业生产展开经济和社会活动。其主要特征是以土地和农业为主要生产资料和经济基础，生产活动主要依赖人力和畜力，生产力水平相对较低，信息传播效率极低。在工业社会中，工业革命带来了机械化生产和城市化发展，机器和工厂成为经济发展的核心驱动力。其主要特征是以机器大工业生产为标志，生产力得到极大提升，城市化进程加快，社会分工更加细化，出现了现代企业制度和大规模生产。在信息社会中，随着计算机和通信技术的发展，信息成为社会资源的核心，互联网加快了信息的传播效率。其主要特征是信息技术的广泛应用，特别是计算机和互联网的普及，信息成为重要的资源，经济活动和服务转向以信息处理和传递为主。在该过程中，知识和信息成为关键的生产要素，服务业和高科技产业兴起，全球化和网络化趋势显著。基于信息社会的发展，以数字化、网络化、大数据、人工智能等当代信息科技为基础，数据成为核心生产要素，社会运行和治理模式发生深

刻变革。

在社会由信息化向数字化转变的过程中，需要经历数字基础设施建设、数字技术融入经济活动、全社会数字化和智能化社会四个阶段。在数字基础设施建设阶段，建立和完善互联网、通信网络和数据中心等基础设施，实现设备和用户的初步连接；在数字技术融入经济活动阶段，推广和建设电子商务、数字支付和物流网络，实现传统行业的数字化转型；在全社会数字化阶段，全面普及数字化服务，包括智能交通、智慧医疗、数字教育等领域，初步形成数据驱动的社会治理模型；在智能化社会阶段，人工智能、物联网和大数据在各个领域深度应用，实现人与物、物与物交互的智能化和自动化。

数字化社会是指以数字技术为核心驱动力，广泛应用互联网、物联网、大数据、人工智能、区块链等技术，重构社会经济、文化、教育、医疗等各个领域的运行方式，使得人与人、人与物、物与物之间通过数字化网络实现高度连接和智能化交互的社会形态。在数字化社会中，典型的经济模式包括数字经济模式、平台经济模式和共享经济模式。数字经济模式是以数字化为基础的经济模式。其以数据和信息为核心，通过大数据分析、互联网、云计算、人工智能等技术手段实现生产、交易、销售等过程的数字化。这种模式将颠覆传统的经济格局，带来新的商业模式和消费形态，助推经济增长的转型升级。平台经济模式通过提供在线平台，允许公司或个人在其平台上销售产品或服务，进而创造全新的商业环境。这种模式有效促进资源优化配置和产业数字化转型，特别是在电子商务、金融科技等领域表现突出。共享经济模式满足了消费者对灵活、节约的需求，如共享出行和短期租赁。该模式通过提升资源配置效率，减少资源错配，推动经济的可持续发展。

（二）数字用户呈爆炸式增长，为企业数字营销带来新机遇

数字用户是指通过数字设备（如智能手机、电脑、平板、智能手表等）连接互联网，使用数字平台和服务（如社交媒体、电子商务、数字娱乐、在线学习等）进行信息获取、交流互动、消费或其他活动的用户群体。通过个性化推荐、多平台触达、内容创新和优化体验等措施，企业可以有效提升数字用户群体的参与度和满意度，进而提升企业数字营销绩效。

当前，数字用户群体呈现出如下特征：第一，网民规模处于较高水平，第 55 次《中国互联网络发展状况统计报告》显示，截至 2024 年 12 底，中国网民规模达到 11.08 亿人，较 2023 年 12 月新增网民 1 608 万人，互联网普及率达 78.6%。第二，移动互联网成为中国网民的首选上网方式。在众多的网民中，手机网民数量高达 11.05 亿人，占比达 99.7%。手机网民呈现出用户规模高、活跃度高、用户黏性高的特征。QuestMobile 发布的《2024 中国移动互联网春季大报告》显示，中国网民人均单日使用移动互联网时长为 271.7 分钟，人均单日使用次数达 64.2 次。第三，中国网民以中青年群体为主，中老年群体比例逐渐增加。第 55 次《中国互联网络发展状况统计报告》显示，中国网民年龄结构为 20～29 岁、30～39 岁、40～49 岁占比分别为 13.1%、19.0%和 17.1%，值得注意的是，50 岁及以上网民群体占比由 2021 年 12 月的 26.8%提升至 2024 年 12 月的 34.1%。中老年群体的互联网使用率明显提升，呈现出数字化的普及趋势。第四，数字

用户的网络浏览行为发生显著改变。当前，网络视频和短视频用户规模分别达到10.44亿和10.26亿，占比分别为96.8%和95.2%。这表明，网络视频和短视频成为网民休闲娱乐、信息获取以及社交互动的主要渠道和途径。

从数字用户群体特征可以看出，随着移动互联网技术的深度应用，数字用户的规模、结构和习惯正发生改变。对于企业而言，移动互联网已成为企业市场营销的主阵地，数字营销成为传统市场营销的发展趋势。

第3节　数字营销微观环境

数字营销是企业借助于数字传播渠道，与消费者进行互动，并推广和销售产品和服务的营销活动。数字营销依赖于互联网、信息技术和社交媒体等来实现营销目标。数字营销微观环境是指企业在营销活动中，所直接接触并产生即时交互的外部条件，包括竞争格局、数字平台、消费者环境和内容生成者等具体要素。

一、数字营销的竞争格局

数字营销行业呈现出快速发展且竞争激烈的市场格局。该行业利用互联网和数字技术，通过多种数字渠道（如搜索引擎、社交媒体、电商平台、邮件和移动应用）与目标消费者互动。数字营销行业的范围包括网络广告、品牌推广、内容营销、客户服务和数据分析等。

（一）数字营销行业结构分析

数字营销行业的产业链包括上游行业、中游行业和下游行业三部分。上游主要是技术供应商，提供大数据、人工智能、云计算和物联网等底层技术，为中游的数字营销行业提供核心技术支持。底层技术发展是数字营销行业持续创新的关键，正是这些技术使得数字营销变得更加精准和高效。中游主要由数字营销服务商、数字平台和内容运营商构成。数字营销服务商凭借其专业知识、技术能力和流量优势，为企业提供全方位的数字营销服务。下游包括社交媒体、展示终端和消费者等。其中，社交媒体和展示终端是数字营销内容的传播渠道，而消费者是数字营销的目标群体。

（二）数字营销市场规模及竞争态势

随着互联网的广泛普及和网民用户规模的快速增长，数字营销市场得到了迅速的发展，中国数字营销市场规模在近年来呈现出持续增长的态势。华经产业研究院整理的数据显示，我国数字营销行业市场规模从2018年的3 759亿元增加到2023年的5 560亿元，2018—2023年年均复合增长率为6.7%。

在竞争态势方面，大型综合型数字营销企业和专业型数字营销企业是主要的参与者。大型综合型数字营销企业凭借其强大的资金实力、技术优势和品牌影响力，在市场中占据重要地位。而专业型数字营销企业则专注于某一领域或某一环节，通过提供精细化、个性化的服务来满足客户的需求。

二、数字营销的数字平台

在数字经济中，数字技术和数据要素成为推动经济和社会发展的新质生产力，数字平台成为新型经济组织模式。围绕消费者的衣食住行等各方面，一批超大规模的数字平台应用而生。

（一）数字平台的内涵

一般而言，数字平台是企业通过数字技术投资，为双边或多边用户提供行为互动条件，协调整合各种数字资源组合，进而创造价值的在线空间（焦豪、孙洁和孟涛，2021）。数字技术在企业管理中的快速普及，促使商业模式和经济组织模式向数字化转型。对于数字平台的内涵，学界从技术、组织、市场、系统和分工等不同视角展开探析，认为数字平台是具有模块化生产功能的技术架构；是促进不同群体互动和交易的虚拟空间；是由平台企业主导，连接平台生产者和平台消费者的生态系统。整体来看，数字平台是数字技术作用于企业管理所形成的一种新型组织形态。相较于传统平台，数字平台能够帮助企业跨越地理位置和专业领域等界限，驱动企业与利益相关者开展价值共创，提升企业资源配置效率，降低运营成本和交易成本。

有鉴于此，本书将数字平台定义为依托数字技术（如互联网、大数据、云计算等），通过不同用户群体（产品和服务供给者、内容生成者、消费者）的连接，以促进互动、交易和创新的网络空间。对于不同用户群体，平台主导者提供平台基础设施并且制定平台治理机制，促进和规范用户群体的双边或多边交易。数字平台的盈利模式灵活多样，通常有广告收入、抽佣制、订阅制、数据服务、中介服务。为了保证数字平台的盈利性和活力性，数字平台需要通过有效的治理机制来维护平台秩序。一般而言，数字平台治理包括平台规则制定、建立用户信用体系和开展合规管理。

随着数字平台竞争的日益激烈，数字平台借助于网络效应，采用跨行业的发展策略来保持竞争优势和扩大市场份额，这也导致数字平台的服务、产品和内容出现趋同现象。例如，以短视频为主的抖音平台逐步将其短视频和直播社交功能与电商交易深度融合，形成社交电商模式。在这种模式下，抖音平台不仅是短视频平台，也具备线上购物数字平台的特征，用户可以通过浏览内容、与创作者互动等方式直接进行商品购买。

（二）数字平台的分类

数字平台在数字经济中扮演着重要的角色，通过将不同的用户群体、资源和服务连接在一起，推动了多个行业的创新发展。整体来看，数字平台的种类繁多，依据其服务对象、功能、盈利模式、技术架构等不同的维度，可以对数字平台进行多层次、多角度的分类。

第一，按服务对象分类。数字平台按服务对象的不同，可以分为消费者平台（B2C）和商家平台（B2B）。消费者平台（B2C）是直接面向终端消费者，通过互联网技术向消费者提供商品、服务或内容。该平台的核心价值在于连接生产者与消费者，简化交易流程，提升交易效率。例如，淘宝和京东等通过线上购物满足消费者的购物需求。商家平台（B2B）则是主要面向企业客户，提供批发、采购、供应链管理等服务。商家平台（B2B）的目标是帮助企业提高运营效率、降低成本、扩大市场。例如，1688 平台通过连接生产商和批发商，来促进商品的采购与批发。

第二，按功能分类。数字平台按功能的不同，可以分为交易型数字平台、社交型数字平台、内容型数字平台和服务型数字平台。交易型数字平台是数字平台最基本的形态，为供需双方提供交易市场和交易机制，以实现商品或服务的买卖功能，包括传统的电商平台（如淘宝、京东等）。此外，像淘宝、拼多多等平台通过创新的模式，如社交电商和团购，进一步拓展了交易平台的功能。社交型数字平台主要提供人与人之间的社交互动服务，促进用户之间的连接、交流和信息共享，包括新浪微博、Facebook 等平台。在演进过程中，社交型数字平台不仅满足用户的社交需求，还成了品牌与用户互动和沟通的重要渠道。众多品牌通过社交型数字平台与潜在消费者进行互动、获取反馈、推广产品或服务。内容型数字平台的核心功能是提供娱乐、教育、新闻等形式的数字内容，并通过广告或订阅获得盈利，包括视频平台（如 YouTube、抖音、快手）和音乐平台（如 Spotify、网易云音乐）等。内容型数字平台依托海量的内容资源吸引用户观看、分享和创作内容，形成了良好的内容生态和用户社区。服务型数字平台是为用户提供专业服务的平台，涵盖了教育、医疗、金融等多个领域。例如，平安好医生和春雨医生等在线医疗平台提供在线问诊服务。服务型数字平台通过将需求方和供应方有效连接，满足了用户对专业服务的需求。

第三，按盈利模式分类。数字平台按照盈利模式的不同，可以分为广告平台、订阅制平台、交易抽成制平台和数据制平台。广告平台以展示广告和获取广告费用实现盈利，通过大数据技术分析用户兴趣和行为，以提供精准的广告推送。典型代表有百度、谷歌、Facebook，为用户免费提供基本服务，但收取广告主的广告费用。订阅制平台依靠用户的定期付费来实现盈利。用户通常通过订阅方式获得数字平台的增值服务，如去除广告、专属内容、会员特权等，订阅制平台包括 QQ 音乐、优酷网等。交易抽成制平台通过从交易中抽取一定比例的佣金来盈利，常见于电商、旅游、二手交易等领域，典型代表有闲鱼、爱彼迎等。数据制平台通过提供数据分析、云计算、存储等服务来实现盈利。例如，阿里云等云计算平台通过为企业提供技术基础设施和数据服务获得收入。

第四，按技术架构分类。数字平台按技术架构的不同，可以分为垂直型数字平台和横向型数字平台。垂直型数字平台专注于某一细分领域或行业，提供一站式的产品或服务。垂直型数字平台以满足特定用户群体需求为主，提供深度的行业服务。例如，工业富联专注于工业制造和技术服务，为制造企业提供数字化解决方案。横向型数字平台是平台企业跨多个行业或业务场景，提供多种服务或产品，通常涉及多个行业或业务场景。例如，腾讯通过微信平台覆盖社交、支付、游戏、广告等多个行业。

（三）数字平台的特征

从数字平台分类可以看出，数字平台的价值主张、用户需求、服务内容和形式等都在不断变化和创新。无论是哪种数字平台、有何价值主张以及如何创新，数字平台一般具有如下四种特征。

第一，数字平台具有网络效应。网络效应是数字平台的核心特征。网络效应强调，随着平台用户数量的增加，数字平台的商业价值也会增加。网络效应可以分为直接网络效应和间接网络效应。直接网络效应是指用户数量的增加直接提升数字平台的服务价值。例如，社交网络平台的用户越多，用户之间的互动和联系就越丰富，从而增强了平台的吸引力。间接网络效应则是指随着数字平台用户群体及数量的增加，数字平台能够提供更多元化的平台服务，以吸引更多的用户。例如，智能手机用户的增加促进了应用程序的开发，进而提升了智能手机的吸引力。电商平台上的卖家增加，消费者的选择也更多，从而吸引更多新的消费者慕名而来。当数字平台具有较强网络效应时，会形成市场集中化，形成“赢家通吃”的局面。

第二，数字平台是双边或多边市场。一般而言，数字平台是双边或多边市场，这意味着，数字平台连接多方参与者，并提供价值交换环境。具体而言，双边市场是指数字平台通过构建价值交换机制，将两个不同的群体（通常是消费者和供应商）连接起来。例如，电商平台（如淘宝、京东）连接消费者和商家，并提供交易环境来促成双方交易。多边市场是指数字平台连接三个及以上的群体或市场，群体之间通过数字平台进行互动、交换或交易。在多边市场中，数字平台更多发挥的是协调和保障作用。数字平台的双边市场与多边市场的比较如表 4-2 所示。

表 4-2　数字平台的双边市场与多边市场的比较

项目	双边市场	多边市场
参与者数量	两个不同的群体	三个或更多不同的群体
市场机制	促进两个群体之间的交易或互动	促进多个群体之间的互动、合作或交易
平台的作用	作为两个群体之间的中介，提供交易平台	作为多个群体之间的协调者，提供多方交互的空间
典型例子	电商平台（淘宝、京东）、网约车平台（优步、Lyft）	APP Store、广告平台（Facebook、谷歌）、在线旅游平台（爱彼迎）
网络效应	基于双方的相互依赖，更多的用户增加平台价值	基于多方的相互依赖，更多的参与者提升平台价值

第三，数字平台以数据驱动为重要特征。数据要素是数字平台的重要资产，数字平台通过收集、分析和利用数据要素来提升用户体验和优化产品服务。一般而言，数字平台的数据要素包括用户数据和运营数据。数字平台通过对用户行为数据（如搜索、购买、点击、浏览等）进行分析，形成用户画像，进而来精准推荐内容或商品。同时，数字平台根据运营数据分析结果，调整平台运营策略，优化推荐算法，以实现精准的内容投放。整体来看，以数据为驱动的数字平台能够通过机器学习和人工智能等技术，来优化产品匹配度，提高用户黏性和转化率。

第四，数字平台具有去中心化和开放性特征。数字平台通过去中心化的运营模式，鼓励外部参与者（如用户、第三方开发者、内容创作者等）加入平台并提供内容或服务。数字平台不直接拥有所有内容或服务，而是通过开放接口和功能来吸引各种参与者。常见的开放形式有开放 API 和激励用户生成内容。例如，很多数字平台（百度、网易、谷歌等）为第三方开发者提供 API 接口，允许其在平台上进行二次创新。同时，抖音、快手等数字平台激励用户创作优质视频并传播，提高平台的活跃度和内容的丰富性。

（四）数字平台赋能企业数字营销

在数字化转型的浪潮中，数字平台已成为企业洞察消费者行为、实施市场营销策略和开展市场竞争的主战场。相较于传统媒体，数字平台突破了地理和时间的限制，使企业能够快速、低成本地触及全球市场。企业通过数字平台收集、分析和使用消费者数据，生成消费者用户画像，以便更精准地触达目标客户。具体来看，数字平台对企业数字营销的赋能主要体现在海量的数据要素优化企业营销决策、丰富的数字场景构建营销新业态和开放的数字内容增强消费者的黏性。

第一，数据要素优化企业营销决策。首先，数字平台上积累的消费者行为、个人特征和购买数据为企业提供了营销决策依据。借助大数据分析技术，企业可以对海量的数据要素进行分析，勾勒消费者画像和识别目标市场。其次，企业也可以借助数字平台上的历史销售数据和市场趋势，来预测消费者新需求，进而制订符合市场预期的营销计划。最后，数字要素的使用使得企业营销决策更具动态性。在数字平台中，企业通过对数据要素的分析，以达到对营销效果的实时监控，以便动态地调整营销决策。例如，企业通过对数字内容的浏览时长、转化率等指标进行实时分析，动态优化数字内容和投放策略，以提升内容营销效果。同时，企业通过对数字平台上热点话题的实时监测，实时调整数字内容和营销活动方向，以快速响应市场新变化和新需求。

第二，数字场景催生数字营销新业态。在数字平台中，丰富的数字场景极大地拓展了企业数字营销的边界，催生了新的营销业态。借助数字平台，企业通过重构消费链路、创新交互模式和优化资源配置等措施来构建营销新业态，推动企业营销向精细化、互动化和智能化转变。在重构消费链路过程中，企业借助数字平台来构建新的数字场景，重新设计消费者的产品购买路径。例如，借助社交媒体平台，企业不再使用传统的网络广告，而是使用内容植入等策略，将产品信息以消费者更为喜爱的形式呈现。在创新交互模式的过程中，企业采用虚拟主播、人工智能客服等交互方式来提升消费者体验感和参与感，进一步增强品牌互动性。在优化资源配置的过程中，企业通过数字平台来对供应链、运营生产和物流配送等环节进行资源管理和调配，以实现精细化管理。

第三，数字内容增强消费者黏性。在消费者体验中，数字内容（如文章、视频、音频、图片等形式）扮演着重要角色。通过有效的内容营销策略可以增强消费者黏性并提升转化率。高质量内容具有新颖性感知和有用性感知两大特征。高质量内容不仅能够满足消费者的内容和产品需求，还能迅速打响企业品牌。创作高质量数字内容的关键在于识别目标群体（针对目标群体来制作专业内容）、增强消费者共鸣（创作故事化和互动性的内容）和提高内容可信度（如与行业专家和 KOL 合作）。

// 微案例 4－3 //

三级流量引擎助力完美日记数字营销

创立于 2017 年的完美日记是一个新锐彩妆品牌。2018 年，完美日记选定小红书为数字营销主战场。小红书是集社区和电商属性于一体的数字平台。完美日记将小红书定位重点营销推广渠道，试图在平台上加大投放力度，培养用户心智，打响品牌知名度。在小红书数字平台上，完美日记采取三段式数字营销策略，迅速打响品牌知名度，拥有数百万粉丝。

首先，完美日记与大量头部关键意见领袖合作，引发用户关注。其次，在诸多腰部关键意见领袖方大量投放产品评测、试色教程等内容，对消费者进行种草。最后，通过关键意见消费者在平台上分享自己的购买体验，沉淀品牌的用户生成内容。通过多层次、多方位的内容展现来沉淀用户，迅速俘获用户心智。

在小红书平台完成突破后，完美日记用 8 个月的时间实现销量增长 50 倍，一度呈现出赶超雅诗兰黛、兰蔻、YSL 等多个国际大牌的趋势。2018 年，完美日记在天猫购物平台的交易总额高达 6.5 亿元；2019 年，完美日记在淘宝和天猫的销量近 24 亿元。

三、数字营销的消费者环境

中国具有庞大的人口基数，这为数字营销行业发展提供了广阔的市场和丰厚的消费者基础。同时，中国也是网民规模最大的国家之一。中国网民群体对于新技术和新业态具有较高的接受度，也乐于使用互联网来分享和互动，这为数字营销行业提供了新机会。整体来看，在数字经济发展中，消费者的需求和行为等都发生了变化。

第一，消费者行为的数字化迁移。随着移动互联网的普及，消费者越来越倾向于使用数字平台进行信息获取、互动交流和产品购买，消费者行为整体性向线上迁移。消费者行为的数字化迁移受移动设备普及、线上支付系统完善以及数字平台兴起等因素的影响。移动设备（如智能手机和平板电脑）的普及使得消费者的信息检索和购买等行为不受时间和地点的约束，消费者可以随时随地进行产品购买。这种“随时在线”的消费模式大大改变了消费者的购物习惯。电子支付系统（如支付宝、微信支付等）的发展使得消费者在数字平台上进行支付变得更加便捷，也减少了传统支付方式的使用频率。同时，越来越多的消费者选择通过电商网站、微信小程序或社交媒体平台进行产品购买，而非传统的线下零售商店。这不仅改变了零售行业，也促使品牌商家重新考虑营销策略，如通过数字广告和搜索引擎优化来吸引顾客。

第二，消费者是海量数据湖的重要源泉。在数字经济时代，消费者的各种行为数据都可以被数字平台记录。这意味着，消费者行为为数据湖提供了丰富的数据。消费者数据可以分为行为数据、交易数据、社交数据和设备数据等类型。其中，行为数据是指消费者在数字平台上行动所形成的数据，反映了消费者的兴趣及偏好，包括浏览历史、点击记录、检索查询等数据。交易数据是指消费者在数字平台上的消费数据，反映了消费者的购买能力和偏好，包括购买记录、支付方式、支付金额和支付时间等数据。社交数据是指消费者在数字平台上的互动、评论和分享行为数据，反映了消费者的生活方式和品牌态度等，包括产品购后评价、消费者之间互动等数据。设备数据是消费者对数字平台访问所使用设备的信息，帮助企业洞悉消费者的技术接入方式和活动场景，包括设备类型、操作系统和地理位置等数据。

第三，消费者更注重数据安全和隐私保护。随着消费者在线活动的增加，如购物、社交、支付等，个人信息的泄露、滥用或未经授权的使用可能带来严重后果，这促使消费者更加注重数据安全和隐私保护。消费者的个人信息可能涉及多个领域，包括身份信息、购买记录、健康状况、财务信息、位置数据等。若这些数据未得到妥善保护，消费者容易受到数据泄露、滥用或诈骗等风险的威胁。在数据安全和隐私保护方面，消费者的期望越来越高。消费者在分享个人信息时通常希望具有较高的透明度、控制权、安全性和选择权。在透明度方面，消费者希望企业明确告知其数据是如何被收集、存储和使用的，并能够清楚地了解信息的使用目的和范围。在控制权方面，消费者希望能够控制自己的数据，包括能够查看、修改、删除或撤回授权。在安全性方面，消费者希望企业采取有效的技术和管理措施，确保个人数据在存储和传输过程中的安全性，防止数据泄露或被滥用。在选择权方面，消费者希望在向企业提供数据时能够选择性地授权，仅共享必要的信息，而非全部个人数据。

四、数字营销的内容生成者

数字内容生成者是指使用数字平台和工具，来设计、制作、分发和优化数字内容，以实现品牌宣传、产品推广和目标受众互动的专业个人或团队。在数字营销中，常见的数字内容生成者有关键意见领袖（KOL）、关键意见消费者（KOC）和关键意见销售（KOS）三种类型，分别代表不同类型的意见领袖和内容传播方式，如表 4－3 所示。

表 4－3　三种数字内容生成者的比较

项目	关键意见领袖	关键意见消费者	关键意见销售
目标	品牌认知与背书	用户口碑与信任传播	销售转化与带货
粉丝量级	大量粉丝	小众粉丝	多样化，有消费导向
可信度	较高，商业化较明显	高，偏向真实评价	高，直接与产品挂钩
适用场景	品牌曝光、宣传活动	口碑打造、小众圈层营销	即时销售、直播电商

关键意见领袖（KOL）是指某一细分领域具有较高影响力的个人或组织，其产品观点、产品推荐和创作内容能够对目标消费者产生显著且广泛的影响。一般而言，由于个人兴趣或者知识背景，KOL 围绕某一特定领域，持续且高质量地创作数字内容，形成较高的公信力和说服力。此时，KOL 拥有大量数字平台粉丝或追随者。企业通过 KOL 对产品或品牌的推荐，形成品牌背书效应，进而提升品牌的知名度和可信度。企业也可以借助 KOL 的社交媒体渠道，进行内容传播，进而开展大规模促销活动。同时，企业也可以借力目标市场内 KOL 的粉丝基础，将潜在消费者转化为实际消费者。

关键意见消费者（KOC）是指能影响自己的朋友、粉丝，促使其产生消费行为的消费者。KOC 通过分享个人真实体验和评价，在特定圈层中产生一定影响力。通常而言，KOC 不以影响力为职业，粉丝量较少。KOC 对产品评价更侧重于“消费者视角”，使得内容更具真实性感知。此时，受众对其所创作数字内容的信任感更高。企业可以通过大量的 KOC 的真实评价，打造产品的消费者口碑，进而开展口碑营销。同时，企业也可以借助于大量 KOC 的微小影响力积累品牌认知，进而发挥 KOC 的长尾效应。

关键意见销售（KOS）是指掌握某一细分领域知识且具备专业销售能力的强内容创作者。KOS来自企业内部，通常由销售顾问和产品专家组成。KOS不仅了解品牌及产品特性，还能够运用专业的销售技能，与消费者进行交流互动，进而影响消费者购买决策。

数字营销实践

AIGC 技术在盒马鲜生数字营销中的应用

在现代零售行业，尤其是生鲜零售，产品的视觉内容在消费者决策中起着至关重要的作用。一张极具吸引力、氛围浓厚的商品图片往往能够直接刺激消费者的购买欲望。然而，随着内容需求的日益增长，如何在确保内容质量的同时有效控制成本，成为零售商面临的核心商业挑战之一。尤其是在生鲜零售行业，商品的展示要求非常高，涉及多角度、多风格的产品摄影与精美的营销素材，而这些往往需要大量的人力和工具成本，导致零售商在内容生产上的投入压力逐渐增大。因此，零售商亟需一种既能提升内容生产效率，又能降低成本的创新解决方案。

为了解决这一挑战，盒马鲜生自研了智能创意生产平台“盒创设”，并在其基础上推出了全新版人工智能生成内容（AIGC）的生图应用。该平台不仅服务于盒马鲜生及阿里内部各类零售团队，还将其能力拓展至生鲜食品零售和餐饮行业，提供一站式的内容AI生产能力。“盒创设”平台利用AIGC技术，面向一线运营者、设计师和企业经营者，为他们提供简单的操作界面和强大的内容创作功能。“盒创设”可以快速生成高质量设计作品。营销人员只需简单输入一句话，即可快速生成符合需求的设计作品。平台支持多种风格、场景和角度的内容生成，特别是为生鲜零售行业定制了专属的生图模型，确保设计作品具备吸引力和商业价值。

“盒创设”可以进行多样化的图像风格和商品展示方式。为满足不同商品和行业的需求，盒创设提供了丰富的生图风格，包括明亮温暖、有食欲的食品摄影风格，并针对时令节气、节日和生活场景等特殊需求构建了定制化的图像模型。无论是生鲜蔬果还是熟食产品，平台都能生成符合行业要求的高品质图片。

批量生成也是“盒创设”的一大优势。为提高效率，“盒创设”支持一键多尺寸拓展，用户可以将主KV设计快速适配到不同尺寸和资源位的内容中。此外，平台还优化了设计协同流程，通过数字化资产和工作流管理，降低了企业在设计和运营中的协同成本。

“盒创设”可以为设计师提供辅助与编辑功能。对于设计师而言，“盒创设”提供了包括调色、阴影处理、商品布局、抠图、自动布局等多项编辑功能，使设计师能够在平台上直接进行创作和微调，避免了传统设计软件的复杂操作，显著提高了创作效率。同时，“盒创设”可以进行协同管理与品牌管控。对于企业经营者，“盒创设”通过设计协同功能，帮助总部与分区、门店之间高效传递设计素材，并确保品牌标准的统一。企业能够实时管控和审核设计成果，确保内容的一致性和合规性。

“盒创设”AIGC生图平台推出后，迅速解决了生鲜零售行业在内容生产方面的痛点。通过“盒创设”的使用，盒马鲜生大大提升内容生产效率。只需简单输入需求，运营人员就能够在 30 秒内获得符合要求的设计作品，大幅降低了设计制作的时间成本。同时，盒马有效降低了营销成本，无需依赖高成本的专业设计师和摄影团队，企业能够在保证内容质量的同时，大幅度控制成本投入。盒马鲜生有效提高了设计质量和转化率，平台生成的设计作品更加贴合消费者需求，尤其是在食品类产品的展示上，图片能够有效刺激消费者的购买欲望。同时，盒马鲜生的企业协同效率有显著提升，设计和素材的快速流转与管理，帮助企业在多层级、跨部门的工作环境中保持高效的执行力和管控力。

随着 AIGC 技术的不断成熟，传统设计师的角色正在发生转型。盒马鲜生通过“盒创设”平台的实践，进一步推动了“创意设计运营”这一新兴岗位的发展。未来，AIGC 技术不仅能够帮助企业生成高质量的营销素材，还可能催生出更多新的业务角色和技术需求，如“AI 素材库的预建设”和“创意设计风格的模型训练”。AIGC 将成为零售行业乃至更广泛领域的数字营销必备工具，帮助企业在内容生产、成本控制、协作效率等方面实现质的飞跃。盒马鲜生的 AIGC 生图平台为零售行业提供了一个创新的解决方案，成功突破了传统内容生产中的成本和效率瓶颈。随着 AIGC 技术的不断发展，这一平台的应用将持续提升企业的营销效果，并推动零售行业数字化转型的深入发展。

讨论题

1. AIGC 技术如何影响盒马鲜生的市场营销策略？
2. 随着 AIGC 技术的不断成熟，传统设计师的角色会发生哪些转变？

// 本章小结 //

数字营销环境是传统营销环境在数字时代的具体延展，数字营销环境是指影响企业利用数字技术开展营销活动的各类因素和条件，具有动态性、多元性、复杂性、实时性和竞争性特征，可以分为数字营销宏观环境和数字营销微观环境。其中，数字营销宏观环境包括经济环境、技术环境、政策环境和社会环境等四个方面。数字营销微观环境更关注竞争格局、数字平台、消费者环境和内容生成者等。数字营销环境既为企业提供了与客户互动的新机会，也带来了应对技术创新和市场竞争的挑战。企业需通过创新、合规发展和精细化管理以保持持续竞争力。

// 思考题 //

1. 简述数字营销环境的内涵及特征。
2. 简述数字营销环境对企业市场营销的影响。
3. 数字营销宏观环境包括哪些方面？
4. 简述数字平台的内涵与类型。
5. 简述三种数字内容生成者的区别与联系。

// 第5章 //
数字营销策略分析

学习目标

1. 掌握数字产品和产品数字化的内涵及特征。
2. 理解数字化生命周期管理和新产品的数字化开发策略。
3. 掌握数字营销的定价策略及应用。
4. 掌握数字营销渠道的概念、应用与分类。
5. 理解整合营销渠道的概念、应用及优劣势。
6. 理解数字营销促销策略的实施要点及应用场景。
7. 了解组合策略变迁对数字营销战略的启示。

第1节　数字营销产品策略

在当今快速变化的商业环境中，数字营销已成为企业推广其产品、服务和品牌不可或缺的战略要素。产品策略的制定与实施对于企业实现市场渗透、增强品牌竞争力以及提升用户黏性具有至关重要的作用。数字营销产品策略不仅关乎企业的市场定位、品牌形象以及用户体验，而且是驱动创新、应对市场变化以及优化资源配置的核心策略。本节将从多个维度重点介绍数字化背景下的产品策略。

一、数字产品概述

（一）数字产品的定义

数字产品是指可在线上平台完成交易并即时享用，且在使用进程中无损耗、无遗失隐患的商品类别。狭义上，数字产品主要指基于数字格式的信息内容交换物，或通过互联网以比特流形式传输的产品，如电子文档、图像、音频、视频等。这些产品无需物理终端作为载体，而是以数字化的形式存在并传输。广义上，数字产品涵盖了更广泛的范畴，包括基于数字技术的电子产品，以及将这些产品转化为数字形式通过网络进行传播和收发的产品，或依托于物理载体存在的产品，如数码相机、数字电视机、数码摄像机、MP3 播放器等。这些产品既可以是纯软件形式，也可以是包含软件部分的智能设备或电子产品。

（二）数字产品的核心属性

在数字时代，数字产品已广泛渗透到日常生活中，无论是日常娱乐、商业交易，还是社交互动、知识学习，都充分展现了数字产品的独特魅力。这些以电子数据形式存在的产品，不仅改变了我们的生活方式，还引领新商业模式的发展方向。从数字产品本身的特殊性出发，我们可以从不同的方面来深入理解数字产品的属性。

第一，虚拟化。虚拟化是指数字产品以非实体的形式存在，不依赖于物理媒介，而是借助数字技术实现存储、传输和使用。虚拟化作为数字产品的核心特征之一，使其能够超越物理世界的限制，以数据或代码的形式在计算机系统中存在。无形性进一步凸显了数字产品的非实体特性，即用户无法直接触摸或感受到数字产品的实体存在。这种虚拟化与无形性不仅为数字产品的生产、分发和消费带来了便利，还拓展了数字产品的应用场景和范围。

第二，可复制性。可复制性是指数字产品可以被快速、无损地复制，并通过数字渠道迅速传播到全球各地。数字产品的可复制性源于其数据化的本质，使得数字产品能够以极低的成本进行大规模复制。这种复制不仅保持了数字产品的原始质量，还降低了生产成本。可复制性也使得数字产品具有易传播的特点。易传播性是指数字产品可以通过互联网等数字渠道迅速扩散到全球范围，用户只需通过点击、下载等简单操作即可获取数字产品。这种传播方式不仅提高了数字产品的可获得性，还促进了数字产品的全球化发展。

第三，定制化。定制化是指数字产品能够依据用户的个人需求、偏好及行为模式进行深度定制，旨在为用户提供更加贴合其期望和情境的产品体验。个性化与定制化是数字产品提升用户体验的重要策略。随着大数据、人工智能等技术的飞速发展，数字产品能够收集并分析用户的各类数据，如使用习惯、偏好设置、行为反馈等，进而实现对用户需求的精准洞察和把握。个性化定制的前提是对用户需求的深入理解和精准把握。数字产品利用算法模型对用户的历史行为数据进行分析，以识别用户的偏好变化，包括内容偏好、界面风格、功能需求等。这种分析不仅涵盖显性的用户操作，还涉及隐性的情感反应和潜在需求，为个性化定制提供了丰富的数据支持。数字产品借助机器学习、深度学习等技术，根据用户数据分析结果，动态调整产品界面、内容推荐、服务流程等，以实现个性化定制和精准服务。例如，智能推荐系统通过分析用户的浏览、点击、购买记录等，为用户推送个性化的商品或服务；个性化学习平台根据学生的学习进度和能力水平，调整教学内容和难度，为学生提供定制化的学习路径和方案。

第四，迭代性。迭代性是指数字产品能够通过定期或不定期的更新和升级，不断优化性能、修复已知漏洞、增加新功能或改进现有功能，以适应市场需求和技术进步。数字产品的更新迭代包括版本升级、补丁发布、功能新增或优化等。这些更新通过数字渠道快速推送至用户端，用户只需简单操作即可完成升级。数字产品的开发团队会根据用户反馈、市场趋势和技术发展，制订详细的更新计划，确保产品功能的持续优化和性能的提升。频繁的更新迭代不仅修复了产品中的漏洞和缺陷，提高了产品的稳定性和安全性，还通过新增功能和优化现有功能，不断为用户提供新鲜感和惊喜。这种持续的改进和创新，增强了用户对产品的信任和依赖，提升了产品的市场竞争力。

第五，即时性。即时性是指数字产品具有快速响应用户指令、与用户进行实时互动的能力。数字产品的即时性体现在其能够快速响应用户的操作指令，如点击、滑动、输入等。这得益于数字产品背后的高效计算能力和网络通信技术。数字产品通过优化算法和数据处理流程，确保用户指令的实时处理和反馈，实现与用户的无缝互动。交互性是数字产品吸引用户、提升用户参与度的关键因素。数字产品通过设计丰富的交互元素和场景，如动态界面、语音交互、手势控制等，使用户能够更加直观、自然地与产品进行互动。这种交互性不仅增强了产品的趣味性和互动性，还提升了用户的使用体验和满意度。

二、产品数字化的内涵与分类

产品数字化是指运用数字工具来优化并强化产品的设计、生产、分销及服务流程的一系列活动。依据国际标准化组织（ISO）的定义，数字化是指“将连续的物理量或模拟信号转变为离散的数字信号或数据的过程”。在产品开发的语境中，产品数字化是指将传统产品的信息转换为计算机可解读的数字格式，进而实现产品信息的快速处理、存储及传输。传统实体商品的构成并非单一维度，而是包含五个核心组成部分：核心效用、物质形态、预期满足度、附加优势以及潜在发展空间。随着数字经济的蓬勃发展，传统商品的数字化转型已成为一股不可逆转的潮流。这一转型过程在其核心效用、物质形态、预期满足度、附加优势以及潜在发展空间的全面数字化升级中得到深刻体现。

（一）核心产品数字化

核心产品数字化是指利用数字技术对产品的核心功能进行升级与优化，赋予其智能化、自动化及高效化的特性。这一转型不仅显著提升了产品的性能与效率，而且为用户提供了更为便捷与智能的使用体验。在智能化功能升级层面，企业积极运用大数据、人工智能、物联网等前沿技术，对产品实施智能化改造。智能家居系统借助物联网技术，实现了家居设备的互联互通，用户可以通过手机APP远程操控家中的电器设备，从而实现智能化管理与控制。在汽车行业，智能驾驶辅助系统的问世，使车辆能够自主感知周边环境，提供智能驾驶辅助功能，进而提升行车安全性与舒适性。智能化功能的升级，还促进了产品的自动化与高效化。在制造业领域，智能机器人与自动化设备的运用，使得生产线上的操作更为精确与高效，有效降低了人力成本，显著提升了生产效率。在服务业，智能客服系统的应用，使得客户服务更为便捷与高效，从而提升了用户满意度。

（二）形式产品数字化

形式产品数字化是指将产品的形式进行数字化改造，使其具备虚拟化、互动化和沉浸式的特点。形式产品数字化不仅丰富了产品的表现形式，还为用户带来了更加生动和有趣的互动体验。在虚拟化方面，企业利用虚拟现实（VR）、增强现实（AR）等先进技术，将产品以虚拟化的形式呈现给用户。在房地产行业，VR 技术的应用使得用户可以在虚拟环境中参观房屋，实现身临其境的购房体验。在游戏行业，AR 技术的应用使得游戏场景与现实世界相结合，为用户带来更加真实的游戏体验。在互动化方面，企业利用数字技术实现了产品与用户之间的即时互动。在线上教育领域，通过在线直播、互动问答等方式，教师能够与学生进行实时互动，从而提升教学效果与学习体验。在社交领域，社交媒体平台借助算法推荐、用户互动等功能，为用户提供个性化的社交体验。

（三）期望产品数字化

期望产品数字化是指对产品的社交属性进行深度挖掘和利用，使其具备社交价值、情感连接和共享性的特点。在社交价值方面，企业利用数字技术深度挖掘与利用产品与用户之间的社交关系。在电商平台中，通过用户评价、好友推荐等途径，用户能够获取其他用户的购买体验与意见，进而做出更为明智的购买决策。在社交媒体平台中，通过分享、点赞、评论等功能，用户能够与他人分享自己的生活与情感，从而建立情感连接与归属感。在情感连接方面，通过数字技术，企业实现了产品与用户之间的情感互动。在音乐领域，通过音乐推荐、歌词分享等方式，用户能够感受到音乐带来的情感共鸣与心灵慰藉；在影视领域，通过弹幕评论、社交观影等方式，用户能够与他人共同分享观影体验，从而建立情感联系与共同话题。

（四）附加产品数字化

附加产品数字化是指将产品的附加服务进行数字化改造，使其具备个性化、便捷化和智能化的特点。在个性化服务方面，企业利用数字技术对用户进行精准画像和个性化推荐。在电商平台中，通过用户浏览记录、购买历史等数据，企业可以为用户推荐符合其兴趣和需求的商品和服务。在线上教育领域，通过学习行为分析、个性化学习计划等方式，企业可以为用户提供个性化的学习资源和教学服务。在便捷化服务方面，企业利用数字技术实现服务的在线化和自动化。在金融行业，通过移动支付、在线理财等方式，用户可以随时随地进行金融交易和管理，提高了金融服务的便捷性和效率。在医疗领域，通过在线问诊、电子病历等方式，用户可以享受到更加便捷和高效的医疗服务。

（五）潜在产品数字化

潜在产品数字化是指将产品的潜在价值和功能进行数字化挖掘和利用，使其具备跨界融合、创新发展和持续迭代的特点。在跨界融合方面，企业利用数字技术将不同领域的产品和服务进行融合和创新。例如，旅游行业通过旅游 APP，将旅游、餐饮、购物等不同领域的产品和服务进行整合，为用户提供一站式的旅游服务体验；汽车行业通过车联网技术，将汽车与互联网、智能城市等领域进行融合，为用户提供更加智能和便捷的出行服务。在创新发展方面，企业利用数字技术不断推动产品的创新和发展。例如，在智能穿戴设备领域，通过不断的技术创新和迭代升级，智能穿戴设备已经具备了健康监测、运动追踪、智能提醒等多种功能，为用户带来了更加全面和智能的穿戴体验。在持续迭代方面，企业利用数字技术实现产品的快速迭代和优化。例如，软件行业通过敏捷开发和持续集成等方式，企业可以快速响应市场变化和用户需求，实现产品的快速迭代和优化升级。这种持续迭代的模式不仅提升了产品的竞争力，还为用户带来了更加稳定和高效的产品体验。

三、产品的数字化生命周期管理

在数字经济的时代背景下，产品的数字化生命周期管理已成为企业打造核心竞争力、深化用户连接及推动可持续增长的关键要素。这一管理过程不仅贯穿产品从概念构思到退役处理的每一个环节，更是企业创新能力与市场响应速度的直观体现。产品的数字化生命周期管理可以细化为以下三个阶段：产品设计阶段、产品交付阶段以及产品服务阶段。这三个阶段紧密相连，共同构成了产品成功的稳固基石，如图 5－1 所示：

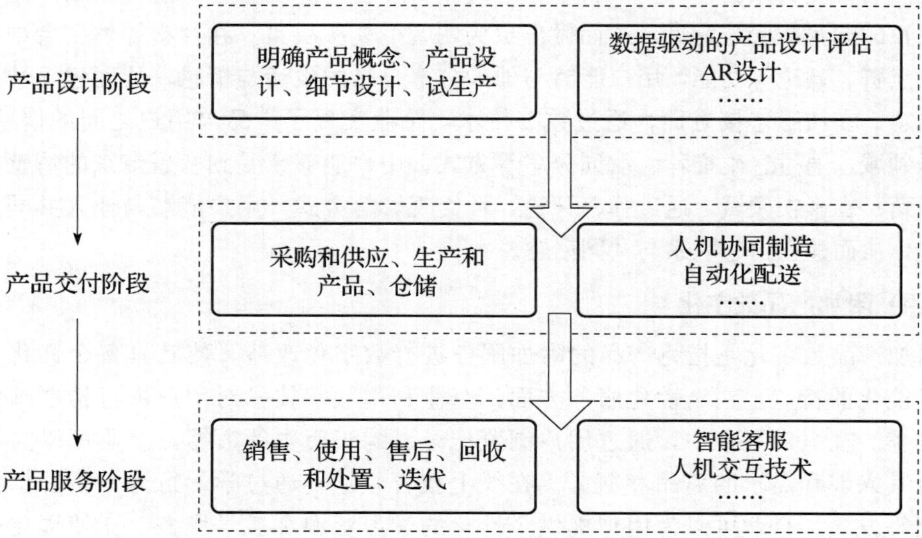

图 5－1　产品的数字化生命周期管理

资料来源：王永贵．数字营销：新时代市场营销学．北京：高等教育出版社，2023.

在产品设计阶段，AR 技术与数据分析工具发挥着不可或缺的作用。此阶段的核心任务涵盖市场调研以洞察消费者需求、定制解决方案框架，并细化至产品整体设计方案的确定，以及具体设计元素如形态、材料与零部件的选定。样品生产与小批量生产则作为验证产品是否符合预期设定的关键步骤。通过 AR 技术，消费者可以在概念明确之时便参与到设计流程中，这促进了消费者与企业间信息的双向流通。企业向消费者展示设计理念，而消费者则反馈对新产品的评价，这一过程不仅增强了设计的互动性，还通过数据分析工具进一步精炼产品构思，旨在通过对比产品特性与市场反馈的差异来优化细节设计。相较于传统依赖专家经验与固定规则的评价方式，数据分析工具能综合考量产品性能、成本、质量及与消费者需求的契合度，实现评价过程的动态化与结果的客观性。

进入产品交付阶段，主要任务涉及采购与供应管理（依据物料清单采购资源并筹备生产所需）、生产计划制订与执行（依据生产任务与资源状况安排生产），以及仓储与物流活动的整合。在此阶段，人机协同制造技术的应用显著提升了生产自动化水平，增强了生产的灵活性和作业安全性。同时该技术能实时监控生产状态，反馈生产信息，为生产流程的持续优化提供数据支撑。在产品运输环节，自动化配送系统凭借其高效的路径规划算法，有效应对复杂路况，简化了运输流程，降低了货物损失与运输成本，显著提升了物流服务品质。

在产品服务阶段，其核心任务涵盖销售、使用支持、售后服务、产品回收与处置，以及产品迭代升级。在这一阶段，智能客服系统的应用尤为关键。特别是在产品使用阶段，借助人机交互技术（如无线传感、计算机视觉、语音识别等），产品能够更好地响应并满足用户的具体需求。智能客服系统不仅提供了使用、维护与维修等技术咨询服务，还通过数据分析不断优化产品功能，确保产品能在更高层次上满足用户期望，推动产品的持续迭代升级。

四、新产品的数字化开发策略

在数字时代，新产品的开发策略必须紧密围绕数字技术展开，以确保产品能够符合市场需求，具备竞争力，并为用户带来卓越的使用体验。

（一）数据驱动的新产品数字化开发策略

在新产品开发初期，企业要通过市场调研、用户访谈、社交媒体分析等多种途径收集有关目标用户、市场需求、竞争对手以及行业趋势的数据。这些数据用于构建用户画像，了解用户的具体需求和偏好，识别市场潜在机会。在产品设计阶段，数据驱动的决策至关重要。依据前期收集的数据，企业运用数据分析工具和方法，如数据挖掘、机器学习等，对产品功能、界面设计、用户体验等进行量化评估和优化。然后通过 A/B 测试比较不同设计方案的效果，进而选择最优方案。随着产品开发推进，实时数据反馈成为优化产品设计的关键。企业借助产品内置监测工具，实时收集用户使用过程中的行为数据，如点击率、停留时间、转化率等。这些数据用于评估产品市场表现和用户满意度，作为后续产品迭代的依据。

（二）敏捷迭代的新产品开发流程

敏捷开发方法是以人为核心、迭代且循序渐进的软件开发方式。在新产品数字化开发中，应用敏捷方法可显著提高开发效率和灵活性。将产品开发过程分成多个短周期迭代，每个迭代涵盖需求分析、设计、开发、测试等多个环节，企业能更快响应市场变化和用户反馈。持续集成（CI）和持续部署（CD）是敏捷开发流程的重要实践。CI 通过自动化构建和测试流程，确保每次代码提交后能迅速发现并修复问题，提高代码质量。CD 是在通过所有测试后，自动将代码部署到生产环境，加快产品上线速度。敏捷迭代的开发流程强调跨部门协作与沟通。产品经理、设计师、开发人员、测试人员等需紧密合作，共同制订迭代计划，确保每次迭代按时交付高质量产品。定期的站会、回顾会议等沟通机制，有助于及时发现问题、总结经验教训，不断优化开发流程。

（三）以用户为中心的数字产品优化策略

以用户为中心的数字产品优化策略需要对用户需求进行深入研究和洞察。企业可采用多种研究方法，包括但不限于问卷调查、深度访谈以及实地观察，以全面理解目标用户的需求、期望以及面临的痛点。这些研究成果为企业在产品设计阶段提供重要指导，确保产品能够切实满足用户的实际需求。在产品设计过程中，遵循用户体验设计原则至关重要。用户体验设计原则涵盖了简洁性（确保界面清晰明了、易于理解）、一致性（保持界面元素和交互方式的一致性与连贯性）、可访问性（确保产品对所有用户群体都易于使用）等方面。遵循这些原则，企业能够设计出更加符合用户期望的产品界面和交互流程，从而提升用户体验。用户体验优化是一个持续不断的过程。企业需要建立高效的用户反馈机制，包括用户反馈渠道、用户满意度调查等，以便及时收集并整理用户对产品的意见和建议。这些反馈数据将作为后续产品迭代的重要参考依据，帮助企业不断优化产品体验，进而提升用户满意度和忠诚度，促进企业的长期发展。

// 微案例 5－1 //

保乐力加的三步递进内容营销策略

保乐力加集团作为世界顶尖的洋酒生产商与销售商之一，在中国市场消费场景不断转变、消费者生活态度日益鲜明、社交圈层逐渐显化的消费趋势下，制定了内容“种草”策略。当时，品牌面临一系列挑战，包括如何识别并筛选高潜“种草”人群（“圈草”），如何通过追频“运草”拉近转化拐点，以及如何引流“拔草”带来生意增量。保乐力加聚焦日常饮酒这一细分场景，借助悠易科技的程序化广告技术和产品能力，通过“画像×（行为＋活跃度＋偏好）”自建模型，锁定了高潜“种草”人群，完成“圈草”第一步。随着对“圈草”数据的深度剖析，悠易科技 OneDesk 广告云帮助品牌精准完成人货匹配，根据不同“种草”人群对价格、活动、口感、场景的偏好和“种草”特征，展示针对性的广告创意，实现了基于动态创意的“运草”追频投放，有效提升了引流电商场域、激发转化“拔草”的效率和效果。

资料来源：https：//www.csdn.net/article/2024－12－09/144346850.

第 2 节　数字营销定价策略

在日益激烈的市场竞争环境中，企业为了提升自身的市场竞争力和追求利润最大化，纷纷采纳了多种类型的定价策略。其中，动态定价策略作为核心定价策略之一，被广泛应用于各个行业领域。动态定价策略注重根据市场需求变化、竞争态势以及其他多维度因素，灵活调整产品价格，以有效应对快速变化的市场环境。而差异化定价策略则侧重于根据不同的客户群体、地理区域、时间段等多元因素，制定不同的价格策略，以满足不同消费者的个性化需求。同时，渗透定价策略、撇脂定价策略、捆绑销售定价策略等，也是企业在市场营销活动中常用的定价手段，这些策略共同构成了企业市场营销策略的重要组成部分。本节将深入探讨这些定价策略的具体内容及其应用。

一、动态定价策略

动态定价策略是指企业为了应对快速变化的市场环境，根据市场需求、竞争态势、库存水平以及消费者行为等多维度因素，灵活且实时地调整其产品或服务价格的一种高级定价策略。动态定价策略通过动态地调整价格，使企业能够更有效地平衡供需关系，优化资源配置，从而在激烈的市场竞争中实现收益最大化、市场竞争力提升以及库存优化等多重目标。动态定价策略主要包括以下两种。

（一）时基定价策略

时基定价策略（time-based pricing）是基于时间差异来调整产品价格的策略，目的是利用消费者在不同时间段对价格敏感度的变化，实现企业收益的最大化。通过对大数据技术的应用，企业识别并抓住消费者在不同时间点的购买意愿和支付能力的差异。

时基定价策略不仅要求企业具备强大的数据收集和处理能力，还需准确把握消费者的购买意愿和支付能力，以及市场竞争态势的变化。在市场需求高峰期，消费者对产品需求更迫切，对价格敏感度相对较低，此时企业可适当提高价格以获取更高利润。比如在旅游旺季、节假日或特殊活动期间，酒店、航空公司、景区等常采用高峰负荷定价策略，提高价格应对激增的需求。相反，在需求低谷期，为促进销售、减少库存积压或避免产品贬值，企业可通过降价刺激消费者购买欲望。

时基定价策略不仅要求企业具备准确预测市场需求变化的能力，还需能快速响应市场变化，灵活调整价格策略。时基定价策略还涉及对消费者购买行为的深入了解和分析，以便在合适时间点推出恰当的价格策略，实现销售量和利润的双重最大化。

（二）限量配给定价策略

限量配给定价策略是指企业通过实施限量供应，来优化定价策略。企业可通过限量发售新品、提供限量版产品或服务等方式吸引消费者关注和购买。限量配给定价策略不仅有助于提升产品附加值和品牌形象，还能刺激消费者购买欲望，增加企业的销售收入。在现实生活中，企业通常根据不同消费者群体和市场细分，制定差异化的限量供应方案，以实现销售量和利润的最大化。

二、渗透与撇脂定价策略

（一）渗透定价策略

渗透定价策略是指企业在新产品或服务推出时，选择以相对较低的价格进入市场，旨在迅速扩大市场份额，建立品牌知名度，并通过规模经济效应逐步降低成本，最终实现盈利。这种策略适用于对价格敏感、市场规模较大、产品易于复制且竞争激烈的市场环境。若要采用渗透定价策略，企业需要进行详尽的市场调研，了解目标消费群体的支付意愿、购买习惯以及市场上同类产品的定价情况。基于这些信息，企业可设定一个低于市场平均水平的价格，以吸引消费者尝试和购买。

低价策略不仅能迅速提升产品的市场渗透率，还能在一定程度上阻碍竞争对手的进入，因为新进入者需要面对更低的利润空间。同时通过大规模销售，企业能够更快地回收投资成本，为后续的研发、生产和市场推广提供资金支持。

渗透定价策略在助力企业实现市场渗透的同时，也伴随着一定的风险与挑战。低价策略可能导致企业的利润空间受到严重压缩。若企业无法通过规模经济效应、技术创新或其他有效手段来降低成本，这种策略可能会引发长期的财务亏损，进而影响企业的健康发展。低价策略也可能对品牌形象造成潜在的损害。消费者可能会将低价产品与低端、低质画等号，这不利于企业建立高端、优质的品牌形象。因此，企业在实施渗透定价策略时，需进行全面而深入的考量，以确保策略的有效实施与长期可持续性。企业还需密切关注市场反馈与竞争对手的动态变化。根据市场反应与竞争态势的演变，企业应适时调整定价策略，以灵活应对多变的市场环境，保持企业的竞争优势。

（二）撇脂定价策略

撇脂定价策略是在产品生命周期的早期阶段，利用消费者对新产品的好奇心和需求弹性较低的特点，设定较高的价格，以迅速获取高额利润。撇脂定价策略适用于创新性显著、技术含量高、市场上缺乏竞争品或替代品，且目标消费群体对价格敏感度较低的产品。在实施撇脂定价策略时，企业需对新产品的独特性、市场需求潜力、目标消费群体的支付能力，以及市场上潜在竞争对手的可能反应进行全面评估。然后，设定一个高于市场平均水平的价格点，以期在初期阶段最大化利润回报。

高价策略不仅能够有效补偿企业在研发、生产及市场推广等方面的巨额投入，还能为企业带来额外的溢价收益，进一步提升企业的盈利能力。同时，高价策略还能够向市场传递出产品高品质、高价值的积极信号，从而吸引那些注重品质、愿意为创新支付额外费用的消费者群体。

然而，高价可能会限制市场规模的扩张，因为并非所有消费者都具备支付高价的能力或意愿。这可能使企业错失潜在的市场份额，尤其是在市场竞争日趋激烈或替代品日益丰富的情况下。高价策略还可能引发消费者的不满与抵制情绪，进而对品牌形象与消费者忠诚度造成负面影响。若企业无法持续提供与高价相匹配的高品质产品与服务体验，消费者可能会转而选择竞争对手的产品，导致客户流失。因此，在实施撇脂定价策略时，企业需确保产品的独特性与高品质，并配套相应的营销策略与优质服务，以确保策略的成功实施与企业的持续发展。

三、捆绑销售定价策略

捆绑销售定价策略是将两种或多种产品、服务或权益组合在一起，以套餐的形式销售给消费者，旨在通过组合销售提升整体销售额。当数字产品之间存在互补性或协同效应时，捆绑销售能够更有效地满足消费者的需求，同时为企业带来更大的经济效益。实施捆绑销售定价策略时，企业会根据市场需求、产品特性以及消费者行为等因素，精心挑选并组合产品。这些产品可以是同一品牌下的不同系列，也可以是不同品牌之间的合作。

通过捆绑销售，企业能够向消费者提供一站式购物体验，减少消费者的购物时间和成本。捆绑销售定价策略凭借其通常比单独购买更优惠的价格优势，能够有效激发消费者的购买欲望，进而提升整体销售额，实现销售业绩的增长。捆绑销售定价策略还有助于提升企业的品牌形象与知名度。消费者在购买捆绑套餐时，往往更容易记住并认可提供该套餐的品牌，从而增强品牌的市场影响力。

成功实施捆绑销售定价策略，需要企业具备敏锐的市场洞察力、强大的产品组合创新能力以及精准的消费者定位能力。企业需深入了解市场需求与消费者行为模式，以便根据消费者的实际需求与偏好，精心组合产品，确保捆绑套餐的吸引力与竞争力。在组合产品时，企业应确保各产品之间存在互补性或协同效应，以便更好地满足消费者的多样化需求，提升捆绑套餐的整体价值。同时，企业还需制定合理的价格，确保该价格既具有足够的吸引力，能够激发消费者的购买意愿，又能保证企业的利润空间，实现盈利目标。在实施捆绑销售定价策略时，企业需注意避免过度捆绑的现象，以免引发消费者的反感与抵制情绪，损害企业的品牌形象与消费者关系。

// 微案例 5－2 //

动态定价助力瑞幸咖啡突围红海市场

瑞幸咖啡在数字时代采取了线上线下渠道融合的新零售模式，通过数字化手段实现了产品研发、人员管理、渠道融合的标准化。瑞幸咖啡的定价策略坚定而明确，即使面对激烈的行业竞争，也坚持当前的发展策略和定价策略。

瑞幸咖啡的数字化战略核心在于标准化，即用即时、动态、高频的数据驱动的动态决策代替人的决策，对企业进行流程再造。瑞幸咖啡通过数字化手段，实现了对用户的个性化推荐和灵活的定价调整，提高了营销效率。同时，还通过数字化追踪饮品的流行趋势，量化得出多种产品组合，使产品研发过程更加“理性”。瑞幸咖啡的每个程序都有明确限定，例如，店员每半小时洗手一次，每次搓洗时长不少于 20 秒，又如铲冰有标准化的流程等，这些举措都为企业节约了用人成本。

瑞幸咖啡的数字化转型，不仅实现了产品研发、人员管理的标准化，还通过数字化系统实现了渠道融合，这是瑞幸在咖啡赛道率先实现“万店”规模的底层基础。通过数字化手段，瑞幸咖啡在激烈的市场竞争中保持其低价策略的同时，确保了品牌的高品质和服务，这体现了其在数字营销定价策略上的智慧和效率。

资料来源：https：//www. jiemian. com/article/10916764. html.

第 3 节　数字营销渠道策略

营销渠道在市场环境中扮演着连接买家与卖家的桥梁角色，对于促进双方的沟通与信息交流具有至关重要的作用。营销渠道的选择与规划是一个复杂的战略决策过程，涵盖了维护与管理合作伙伴关系、审慎评估及优选渠道组合等多个关键环节。对于企业而言，营销渠道的有效性与效率直接关系到市场营销目标的实现以及销售业绩的优劣；对于消费者而言，营销渠道直接影响他们购买产品的便捷性与满意度。本节将深入探讨数字技术对渠道策略的影响，并阐述其在新市场环境中的重要性。

一、数字营销渠道

（一）数字营销渠道的概念

数字营销渠道是指借助数字技术和互联网平台，进行产品或服务的推广、销售及客户服务的一系列渠道体系。数字营销渠道以互联网、移动设备、社交媒体、搜索引擎等为核心载体，通过数据收集与分析技术，精准定位目标受众，并为其提供个性化的营销内容，旨在实现品牌推广、产品销售等营销目标。数字营销渠道的核心优势主要体现在其强大的数据分析能力和精准定位能力上。企业可以利用各种数字工具和平台，全面收集用户的基本信息、消费习惯、兴趣爱好等多维度数据，进而构建用户画像，实现精准营销。

社交媒体平台能够记录用户的社交行为、关注热点及互动习惯，为企业提供丰富且多维度的用户数据资源；而搜索引擎则通过用户的搜索记录和点击行为，深入分析用户的潜在需求及购买意向。基于这些数据，企业能够制定并实施个性化的营销策略，例如，通过社交媒体平台定向推送用户感兴趣的内容，利用搜索引擎优化技术提升网站曝光率，以及通过电子邮件营销向潜在客户发送个性化的促销信息。这些精准的营销策略不仅能够有效提升营销效果，还能显著降低营销成本，进而实现更高的投资回报率，助力企业实现可持续发展。

（二）数字营销渠道的应用

在数字时代背景下，数字营销渠道的应用已成为企业实现市场拓展、品牌建设与客户关系管理的重要策略。随着互联网的广泛普及和移动设备的普遍应用，数字营销渠道已成为连接企业与消费者之间的关键桥梁，其多样性和互动性为企业的营销活动带来了前所未有的机遇与可能性。

在数字营销渠道的应用实践中，企业首要考虑的是利用社交媒体平台进行品牌推广及用户互动。企业可通过在微博、微信、抖音等社交媒体平台上发布有价值的内容，如行业动态、产品介绍、用户故事等，以吸引潜在客户的关注，进而建立品牌认知度。同时，借助社交媒体平台的互动功能，如评论、点赞、转发等，企业能够与用户进行实时互动，收集用户需求和反馈，进而对产品和服务进行优化。

搜索引擎优化（SEO）与搜索引擎营销（SEM）是数字营销渠道中不可或缺的重要应用。企业可通过优化网站内容和结构，提升网站在搜索引擎中的排名，从而增加网站的曝光率和访问量，扩大品牌影响力。同时，通过投放搜索引擎广告，企业能够精准定位目标受众，将产品或服务信息有效推送给潜在客户，进而提升销售转化率。

除此之外，数字营销渠道还涵盖了电子邮件营销、短信营销、视频广告等多种营销方式。企业可通过收集用户数据，向用户发送个性化的促销信息、新品推荐等，以增强用户的购买意愿，促进销售增长。通过制作有趣且富有吸引力的视频广告，企业能够在短视频平台或在线视频网站上吸引用户的关注，提升品牌知名度和用户参与度，进一步巩固品牌形象。

在数字营销渠道的应用过程中，企业还需高度重视数据分析和用户画像的构建工作。通过全面收集和分析用户数据，企业能够深入了解用户的行为习惯、消费偏好及潜在需求，进而制定并实施更加精准的营销策略，提升营销效果。通过构建用户画像，企业能够对用户进行精准细分和定位，为不同用户群体提供个性化的产品和服务，满足其多元化需求，提高用户满意度和忠诚度。

（三）数字营销渠道的分类

在当前这个数字化迅速发展的时代，企业的营销策略正经历着前所未有的变革。从社交媒体的互动传播，到基于地理位置信息的精准推送；从搜索引擎的排名优化，到电子邮件的个性化定制服务，每一种数字营销渠道都在以其独特的方式，对企业的市场推广效果和品牌建设产生着深远的影响。这些数字营销手段不仅提升了企业的市场竞争力，还进一步强化了企业与消费者之间的紧密联系，为企业的可持续发展奠定了坚实的基础。

第一，基于社交媒体的数字营销渠道。基于社交媒体的数字营销渠道是现代企业不可或缺的市场推广策略之一。社交媒体平台如微信、微博、抖音、小红书等，凭借其庞大的用户基础和高度互动性，为企业提供了与消费者直接沟通、建立品牌认知的绝佳机会。通过社交媒体，企业可以发布丰富多样的内容，包括产品信息、企业动态、用户故事、行业趋势等，这些内容不仅能够吸引潜在客户的关注，还能增强现有客户的忠诚度。

在社交媒体营销中，企业需注重内容的创意与个性化，确保信息既具有吸引力又能与品牌形象保持一致。利用短视频展示产品特点和使用场景，通过直播与消费者实时互动，或发起话题挑战吸引用户参与，这些方式都能有效提升品牌曝光度和用户参与度。同时，企业还应积极回应用户评论和私信，及时解决用户疑问，展现良好的客户服务态度，进一步巩固品牌形象。此外，社交媒体平台提供的广告投放功能也是企业精准营销的有力工具。通过设定目标受众特征，如年龄、性别、地域、兴趣等，企业可以将广告精准推送给潜在消费者，实现营销资源的高效利用。借助社交媒体的数据分析工具，企业可以监测广告效果，分析用户行为，为后续营销策略的调整提供数据支持。

第二，基于地理位置的数字营销渠道。基于位置的数字营销渠道通过融合地理位置信息与移动互联网技术，向目标用户精准推送定制化营销信息，形成一种新型的营销策略。该渠道主要依赖手机 GPS 定位、Wi-Fi 定位及蓝牙定位等先进技术，通过精准识别用户的地理位置，实现营销信息的精准推送。

在实施基于位置的营销策略时，企业能够针对特定区域或地点的用户，推送与地理位置紧密相关的优惠信息、活动通知及产品推荐。当用户踏入商场、超市或景区等特定场所时，企业能够即时发送优惠券、打折信息及导航指引等，有效引导用户进行消费或体验活动。这种基于地理位置的精准营销策略，不仅显著提升了营销信息的到达率与转化率，还进一步提升了用户的购物体验与满意度。此外，基于位置的数字营销渠道还能为企业提供线下门店客流量分析及用户行为洞察。通过深入分析用户在特定区域内的停留时间、移动轨迹及消费行为，企业能够准确把握用户的偏好与需求，进而对门店布局进行优化、调整商品结构并提升服务质量。

在实施基于位置的营销策略时，企业需高度重视用户隐私保护，确保在收集和使用地理位置信息时严格遵守相关法律法规，充分尊重用户意愿。与此同时，企业还应积极整合其他数字化营销渠道，如社交媒体、搜索引擎等，形成多渠道整合营销策略，以实现营销效果的最大化。

第三，基于搜索引擎的数字营销渠道。搜索引擎营销作为一种基于搜索引擎的数字营销渠道，充分利用搜索引擎平台，通过优化网站内容、结构以及投放搜索引擎广告，旨在提升网站在搜索结果中的排名，进而吸引潜在用户访问，推动产品销售和品牌建设的进程。

搜索引擎营销主要由两大核心部分组成：搜索引擎优化与搜索引擎广告（例如百度的竞价排名系统和谷歌的 AdWords 广告平台）。搜索引擎优化通过对网站内容、结构、代码等方面的细致优化，旨在提高网站在搜索引擎自然搜索结果中的排名，这涵盖了关键词研究、内容优化、网站结构调整以及外部链接建设等一系列策略。借助搜索引擎优化策略，企业无需额外增加广告成本，即可有效提升网站的曝光率和访问流量，从而吸引更多潜在客户。搜索引擎广告则是通过向搜索引擎平台支付相应费用，从而获得在搜索结果页面展示广告的机会。企业能够依据目标受众的特征，包括地域、年龄、性别、兴趣等，灵活设定广告展示的条件与出价，确保广告能够精准触达潜在用户群体。同时，搜索引擎广告平台还提供了详尽的数据分析工具，助力企业监测广告效果，调整投放策略，从而实现营销资源的高效配置与利用。

在实施搜索引擎营销的过程中，企业需高度重视关键词的选择与广告的创意设计，确保广告内容与用户需求紧密契合，从而有效提升广告的点击率与转化率。企业还需定期对搜索引擎营销的数据进行深入分析，准确把握用户行为与需求的变化趋势，及时调整营销策略，确保营销效果的持续优化与提升。

第四，基于电子邮件的数字营销渠道。电子邮件营销是一种通过向目标客户发送电子邮件，传递产品信息、促销优惠、行业动态等营销信息的有效方式。它具有成本低廉、针对性强、效果可追踪等多重优势，成为企业进行客户关系管理、增强用户忠诚度的重要工具。

在实施电子邮件营销策略时，企业首先需要构建用户数据库，收集并整理用户的邮箱地址及基本信息，这些信息通过用户注册、购买记录、问卷调查等多种途径进行收集。企业可以根据用户的兴趣偏好、购买历史、消费习惯等特征，对用户群体进行细致划分，并据此制定个性化的电子邮件营销策略。电子邮件内容的设计在电子邮件营销中占据核心地位。企业需确保邮件主题新颖且吸引人、内容简洁明了、设计美观大方且易于阅读，同时提供清晰明确的行动号召（如“点击购买”“了解更多”等），以引导用户进行下一步操作。同时，企业还需关注邮件的发送频率与时间安排，避免过于频繁地发送邮件或在用户不便接收的时间段发送邮件影响用户体验。此外，为了评估电子邮件营销的效果，企业需充分利用电子邮件营销平台提供的数据分析工具，对电子邮件的打开率、点击率、转化率等关键指标进行实时监测与分析。这些数据不仅有助于企业深入了解用户的行为模式与需求特征，还能为后续电子邮件营销策略的调整与优化提供有力的数据支撑。

在实施电子邮件营销的过程中，企业需高度重视用户隐私保护与合规性问题，严格遵守相关法律法规，确保在获得用户明确同意与授权的前提下进行，避免发送垃圾邮件或滥用用户数据，以维护企业的良好声誉与用户的高度信任。

二、整合营销渠道策略

（一）整合营销渠道的概念

整合营销渠道是指企业综合运用多种数字化营销手段，包括社交媒体、地理位置服务、搜索引擎优化与广告、电子邮件营销等，以形成协同效应，实现营销资源的最优配置和营销效果的最大化。整合营销渠道打破传统营销渠道的界限，将各种营销工具和平台有机融合，构建一个全方位、多触点的营销生态系统。在整合营销渠道中，企业不再局限于单一渠道或平台的推广，而是根据目标受众的特征、行为习惯和偏好，灵活选择并组合多种营销手段。通过社交媒体平台发布吸引人的内容，吸引用户关注和互动；利用地理位置服务向特定区域的用户推送定制化优惠信息，引导线下消费；借助搜索引擎优化和广告提高网站曝光率和流量；通过电子邮件营销向用户传递个性化产品信息，促进转化和复购。整合营销渠道有助于提升企业的品牌知名度和用户忠诚度。通过持续一致的品牌传播和用户体验，企业可以在用户心中树立独特的品牌形象，增强用户对品牌的认知和信任。同时，通过提供个性化的服务和优惠，企业可以激发用户的购买欲望和忠诚度，促进用户与品牌的长期互动和合作。

（二）整合营销渠道的应用

整合营销渠道不仅仅是一种理论上的策略，更是企业实现市场扩张、品牌塑造和用户黏性提升的关键实践。在实际操作中，企业会根据自身的产品特性、目标市场以及用户画像，精心设计和实施整合营销方案。例如，一家时尚品牌可能会在微信、微博等社交媒体平台上发布新品预告、时尚资讯和 KOL 合作内容，吸引年轻用户的关注和讨论。同时，利用地理位置服务，在品牌门店周边推送限时折扣和新品上市信息，引导用户到店体验。在搜索引擎端，通过搜索引擎优化和投放关键词广告，提高品牌官网的搜索排名和点击率，吸引潜在客户的访问和转化。此外，通过电子邮件营销向注册用户和会员发送个性化推荐、优惠券和专属活动信息，增强用户的购买意愿和忠诚度。

整合营销渠道的应用不仅限于线上，还可以与线下活动相结合，形成线上线下联动。企业可以举办线下发布会、快闪店或体验活动，并通过社交媒体和电子邮件邀请用户参与，同时利用搜索引擎广告进行活动预热和宣传。这种跨渠道的整合营销方式，能够全方位、多角度地展示品牌形象和产品优势，提升用户的认知度和好感度。通过整合营销渠道的应用，企业可以实现营销信息的精准推送和高效传播，提升营销效果和用户体验。

（三）整合营销渠道的优劣势

（1）整合营销渠道的优势。整合营销渠道的核心优势在于其能够产生显著的协同效应，进而大幅提升营销成效。借助多种营销手段的整合，企业能够确保营销信息在多元平台和触点上的全面展示，实现全方位的市场覆盖。营销渠道整合不仅增加了用户接触和感知品牌的机会，还促进了不同渠道间的互补效应，有效提升了营销信息的传递效率和转化率。整合营销渠道对于提升品牌知名度和美誉度具有积极作用。通过一致的品牌传播策略以及优质的用户体验，企业能够在消费者心中塑造出独特的品牌形象，进而增强消费者对品牌的认知和信任。整合营销渠道还具备实现精准营销的能力，能够显著提升营销资源的利用效率。借助数据分析和用户画像技术，企业能够精准锁定目标受众，实现营销信息的个性化定制和推送。这种精准营销策略不仅有助于提升用户满意度和转化率，还能有效减少不必要的营销投入，实现营销资源的高效分配和利用。

（2）整合营销渠道的劣势。尽管整合营销渠道具有诸多优势，但也存在一些局限性。整合营销渠道的实施要求企业具备较高的营销能力和技术水平。企业需深入了解各种营销手段的特点和优势，并根据自身实际情况进行灵活选择和组合。企业还需具备强大的数据分析和用户画像能力，以确保精准营销策略的有效实施。其次，整合营销渠道的实施需要企业投入大量的资源和精力。企业需在多个平台和触点上发布和推送营销信息，这将耗费大量的人力、物力和财力。企业还需对各个渠道的效果进行持续监测和评估，以便及时调整营销策略和资源配置。这种复杂性和烦琐性无疑会增加企业的运营成本和管理难度。此外，整合营销渠道的实施还需面临法律和道德方面的挑战。在收集和使用用户数据时，企业必须严格遵守相关法律法规，确保用户隐私得到充分保护。同时注意避免在营销过程中使用虚假信息或进行误导性宣传，以维护企业的良好声誉和用户的信任。

// 微案例 5-3 //

思念食品的全渠道矩阵

思念食品作为传统的速冻食品企业，面临着数字化转型的挑战。为了突破藩篱，孕育新机，思念食品采用了智慧导购、构建私域流量等举措，探索开拓数字营销渠道的方法。

思念食品按照购物场景，将新零售渠道划分为现场零售（线下实体门店）、远场零售（京东、淘宝天猫、拼多多等传统电商平台）、近场零售（对时效性敏感、本地化属性较强的即时零售和预售式次日达社区团购），以满足不同消费者的购物需求。思念食品于2021年开始与哔哩哔哩、小红书等合作，推出vlog视频、网络营销活动等，以吸引年轻消费者群体。

“A发B核”模式是思念食品与支付平台的主要合作方式，A是思念食品，负责发优惠券；B指门店，进行核销。思念食品发放优惠券给支付平台，平台通过其支付系统将优惠券发送到合作的零售系统门店，消费者可以通过“思念福利社”小程序领取优惠券。

尽管数字零售渠道为企业提供了新的增长点，思念食品依然面临着数据缺乏的巨大难关。对消费者了解不足，更多是将产品卖给渠道商，这是思念食品乃至整个速冻食品行业的现象。思念食品计划加速实现全渠道数字化构建，开拓新的业务增长点，并聚焦于打开下沉市场和打通经销商数据两个维度。

资料来源：https：//news. qq. com/rain/a/20230720A0655Y00.

第 4 节　数字营销促销策略

在当下信息洪流中，数字营销已成为企业推广产品和服务不可或缺的核心策略。数字营销充分利用互联网和移动设备的优势，精准地将品牌信息传递给目标受众，有效提升品牌知名度和扩大市场份额。数字营销促销策略丰富多样，大致可以划分为人员促销策略与非人员促销策略两大类。本节将深入探讨这两大类策略中的几个关键组成部分。

一、数字营销中的人员促销策略

（一）在线客服促销策略

在线客服作为企业人员促销策略中的核心组成部分，扮演着连接企业与消费者之间的关键桥梁角色。在线客服不仅为消费者提供即时的客户服务，也是企业推广产品、解答消费者疑问以及收集市场反馈的重要渠道。在线客服借助实时聊天工具，如企业网站上的在线聊天窗口、移动应用内的客服入口等，为消费者提供便捷且高效的沟通途径。当消费者面临产品使用问题、购买咨询或售后服务需求时，能够迅速获得在线客服的及时响应和专业帮助。这种即时互动不仅极大地提升了消费者的购物体验，还增强了他们对企业的信任和忠诚。在线客服在促销活动中同样扮演着举足轻重的角色。在线客服通过主动向消费者介绍新产品、优惠活动或推荐相关商品，能够有效地引导消费者做出购买决策，从而提高转化率。在线客服也可以根据消费者的购买历史和偏好，提供个性化的推荐和服务。

为了进一步提升在线客服的促销效果，企业需要高度重视其培训和管理工作。在线客服人员需要具备深厚的产品知识、出色的沟通技巧以及高效解决问题的能力。除此之外，企业还需建立完善的在线客服流程和绩效考核机制，以确保在线客服高效、准确地为消费者提供优质服务。企业也可以借助数据分析工具，对在线客服的聊天记录和消费者反馈进行深入分析，以便不断优化促销策略和提升服务质量。

（二）非企业主导的人员促销策略

第一，关键意见领袖（KOL）策略。KOL 策略是通过利用在特定领域或社群内具有显著影响力的个人或群体来推广产品或服务，进而触及更广泛的受众群体的一种有效手段。KOL 在其专业领域内享有高度的知名度和良好的信誉，他们的推荐和意见能够迅速吸引其粉丝或关注者的注意，并激发其积极响应。

在实施 KOL 策略时，企业会精心筛选并选择与自身品牌或产品理念相契合的 KOL 进行合作。这些 KOL 活跃于社交媒体、博客、论坛、行业媒体等多个渠道，并通过撰写产品评测、分享个人使用体验、参与品牌活动等多种形式，向粉丝或关注者传递详尽的产品或服务信息。由于 KOL 与粉丝之间建立了坚实的信任关系，他们的推荐往往能够显著激发粉丝的购买意愿，从而提高转化率。KOL 策略的核心优势在于其强大的传播力和深远的影响力。KOL 拥有庞大的粉丝群体，其发布的内容能够迅速在各大社交平台上广泛传播，形成强大的病毒式营销效应。此外，KOL 之所以具备更高的说服力，是因为他们在粉丝心中树立了专业、可靠的形象，赢得了粉丝的高度信赖。相较于传统广告营销，KOL 策略更能触动消费者的内心情感，引发强烈的共鸣，从而有效增强品牌忠诚度。

第二，客户推荐。客户推荐促销策略是一种口碑传播策略，通过鼓励客户在数字平台进行产品评价，进而吸引新客户并促进销售增长。该促销策略的优势在于其低成本、高效率以及高转化率。客户推荐通常基于客户对产品或服务的满意度和信任度。相较于企业主导营销策略，由于推荐者通常与潜在客户之间存在信任关系，客户推荐往往更具说服力，更能够触动潜在客户的情感，转化率更高。为了激励客户的口碑传播，企业可以采取多种措施。第一，企业需要提供优质的产品和服务，确保客户满意。只有当客户对产品或服务感到满意时，他们才会愿意进行推荐。第二，企业可以设立推荐奖励机制，如积分、优惠券、折扣等，激励客户进行推荐。第三，企业可以通过社交媒体、邮件、短信等方式，向现有客户发送推荐邀请，引导他们进行推荐。

在客户推荐中，企业需要确保推荐活动的真实性和可信度，避免虚假推荐或过度营销。同时注意保护客户的隐私和数据安全，确保推荐活动符合相关法律法规的要求。企业还需要对推荐效果进行监测和评估，以便及时调整策略，优化营销效果。通过不断改进和优化客户推荐策略，企业可以进一步提高客户满意度和忠诚度，实现可持续发展。

二、数字营销中的非人员促销策略

（一）个性化推荐系统

个性化推荐系统是基于大数据分析与机器学习技术，深入挖掘用户的兴趣偏好、行为模式以及潜在需求，旨在为用户提供量身定制的产品或服务推荐，从而极大地提升用户体验与购买效率。个性化推荐系统的核心在于其强大的数据处理与智能分析能力。系统首先会从多个维度收集用户数据，包括但不限于用户的浏览历史、购买记录、搜索关键词、社交媒体互动信息等。这些数据经过清洗、整合后，形成用户画像，为后续的推荐算法提供坚实的基础。通过运用协同过滤、内容推荐、深度学习等多种算法模型，系统能够识别出用户可能感兴趣的内容或产品，并在合适的时机以最合适的方式呈现给用户。

在实际应用中，个性化推荐系统展现出了巨大的商业价值。对于电商平台而言，它不仅能够显著提升商品的点击率、转化率，还能有效延长用户的停留时间与购买周期，增加用户黏性。通过精准推送用户可能感兴趣的商品，平台能够减少用户的搜索成本，提高用户的购物效率，同时帮助商家更准确地定位目标客户群体，实现精准营销。在内容平台上，个性化推荐系统能够根据用户的阅读偏好、观看历史，推送符合其兴趣的文章、视频等内容，提升用户满意度与平台活跃度。个性化推荐系统的优势还体现在其持续优化与自我学习的能力上。随着用户数据的不断积累与算法模型的迭代升级，系统能够越来越精准地理解用户需求，提供更加个性化的推荐服务。这种动态调整的能力，使得个性化推荐系统能够适应市场变化与用户需求的演进，保持长期的竞争力。

（二）企业官方账号

在社交媒体中，企业官方账号具有广泛的覆盖范围和强大的传播能力。通过社交媒体企业官方账号，企业可以与消费者建立更紧密的联系，传递品牌信息，推广产品，并收集消费者的反馈和意见。企业也可以通过发布图文、视频、音频等多种形式的内容，向关注企业官方账号的消费者传递品牌故事、产品特点、优惠活动等信息。这些内容不仅能够吸引消费者的注意力，还能激发他们的购买欲望。同时，企业官方账号还支持点赞、评论、转发等互动功能，使得消费者可以方便地与企业进行沟通和交流。除了内容传播外，企业官方账号还可以通过举办线上活动、发起话题讨论等方式，与消费者建立更深入的互动关系。例如，举办线上抽奖、问答竞赛等活动，吸引消费者参与并分享给朋友。

为了提升企业官方账号的促销效果，企业需要注重内容策划和运营。首先，企业需要了解目标受众的兴趣和需求，制定有针对性的内容策略，确保发布的内容能够吸引消费者的关注和兴趣。同时，企业还需要定期更新内容，保持企业官方账号的活跃度和吸引力。

（三）网络广告

网络广告作为数字营销中非人员促销策略的核心部分，利用互联网的广泛覆盖性和高效传播性，将企业的产品信息、品牌形象以及促销活动等以视觉化、动态化的形式呈现给目标受众。网络广告形式多样，包括横幅广告、弹出广告、视频广告、社交媒体广告以及搜索引擎广告等。这些广告形式各有特点，能满足不同企业的营销需求。例如，横幅广告通常位于网页的显眼位置，通过色彩鲜明、设计独特的图像或动画吸引用户注意力；弹出广告在用户浏览网页时突然出现，以强烈的视觉冲击力和简洁明了的信息传递方式抓住用户眼球；视频广告则借助生动的画面、动人的音乐和精练的旁白，将企业的产品特点和品牌形象生动展现给用户。

在网络广告制作和投放过程中，企业需关注目标受众的精准定位。通过数据分析和市场调研，明确潜在客户群体的年龄、性别、地域、兴趣爱好以及消费习惯等信息，以便制作出符合其需求的广告内容。一个优秀的网络广告不仅要有精美的设计和独特的创意，还需能引起用户的兴趣和共鸣，激发他们进一步了解产品或品牌的欲望。广告投放的时间、地点和频率也极为关键。企业要根据目标受众的活跃时间和上网习惯，选择合适的投放时间和地点，并依据广告效果的数据反馈，不断调整和优化投放策略，以实现最佳营销效果。

网络广告的优势在于强大的视觉冲击力和精准的目标定位。通过精心设计的广告内容和精准的投放策略，企业能在短时间内吸引大量潜在客户关注，提升品牌知名度和产品曝光率，还能实现精准营销。根据用户兴趣和行为数据，将广告推送给购买可能性较大的用户，从而提高营销效率和转化率。

微案例 5-4

个性化促销引爆可口可乐品牌社交传播

可口可乐在2013年推出“分享一瓶可乐”的活动。该活动的核心在于将产品个性化，通过在可乐瓶上印上通俗流行的名字，如“Sarah”或“Mike”替换传统的品牌标志，并鼓励消费者找到自己或朋友的名字。这种个性化的策略不仅提高了消费者的参与度，也增强了产品与消费者之间的情感联系。

该活动在全球 80 多个国家和地区上线，取得了巨大成功。通过使产品更加个性化并与消费者个体相关，创造一种怀旧感和与品牌的联系。这种策略不仅提升了品牌形象，也直接推动了销售增长。“分享一瓶可乐”活动的成功在于它能够在个人层面以情感内容触动大众。这种策略确保客户被认可和记住。

通过小小的改变，可口可乐成功地将产品转变为一种社交媒介，鼓励消费者分享和交流，从而增加品牌的可见度和讨论度。此外，该活动还通过社交媒体和线上平台的推广，进一步扩大了影响力。消费者可以在社交媒体上分享他们与个性化可乐瓶的合照，增加了活动的互动性和趣味性。这种线上线下结合的营销策略，不仅增加了消费者的参与度，也为品牌创造了更多的口碑传播机会。

资料来源：https：//www. sohu. com/a/637822819_363248.

第 5 节　数字营销组合策略

在当今高度竞争的市场环境中，市场营销组合策略构成了企业制定营销决策不可或缺的核心框架。该框架囊括了产品、定价、渠道和促销四大核心要素，每一环节的决策均对企业的市场竞争力具有决定性影响。一个设计精妙的市场营销组合，不仅能助力企业精准把握市场定位，充分满足消费者需求，更是企业获取竞争优势、实现长远发展的关键所在。然而，随着数字技术的飞速发展，传统的 4P 营销组合策略正逐步向 4I 和 4E 模型演进，以适应市场、企业及消费者需求的最新变化，推动综合营销策略的创新与优化。在此背景下，企业如何积极应对这些新变化，创新营销策略，已成为亟待解决的重要课题。

一、4P、4I 和 4E 市场营销组合策略

（一）4P 市场营销组合策略

4P 市场营销组合策略是市场营销领域的经典理论，由产品、定价、渠道、促销四个基本要素构成。产品策略占据核心地位，它涵盖了产品的研发、设计、生产、销售及售后服务等多个环节。定价策略是企业在定价过程中所采用的一种策略。企业需根据市场状况、竞争对手的定价策略、消费者的购买能力等因素，制定出具有竞争力的价格。渠道策略关注的是企业如何将产品或服务有效地传递到目标市场。企业需根据产品的特性和目标市场的分布情况，选择合适的销售渠道和物流方式。促销策略是企业为了推动产品销售、提高品牌知名度而采用的营销传播手段，包括广告、公关、促销活动、销售促进等多种形式。

数字技术的发展给市场、企业和消费者带来许多方面的新变化，这也促使企业不断

创新以往的市场营销组合策略。基于此，营销业界人士提出了新的市场营销组合，如图 5－2 所示，4P 营销组合策略向 4I（互动、兴趣、交互界面、个性化）和 4E（体验、支出、电铺、展示）演变和发展，由产品逻辑向互动逻辑再向数字化逻辑转变。

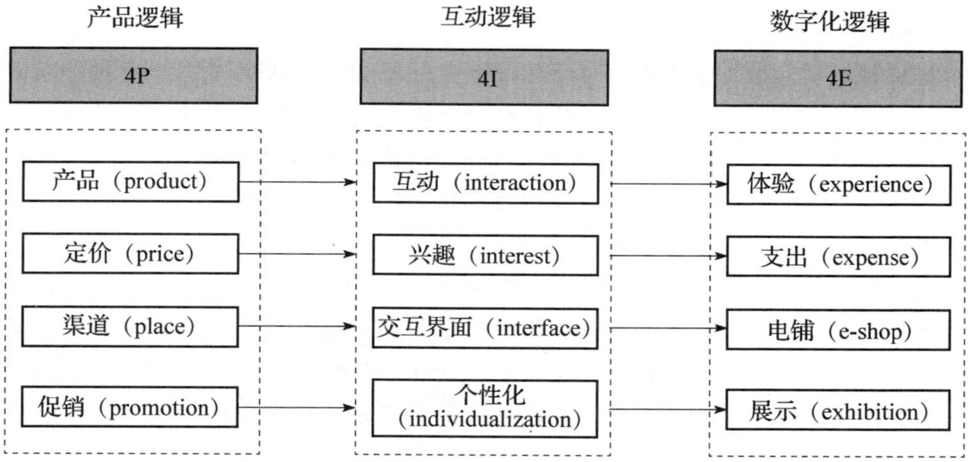

图 5－2　从 4P、4I 到 4E

资料来源：环信．营销经典理论概述：4P、4C、4R、4S、4V、4I、4E，2020.

（二）4I 市场营销组合策略

4I 市场营销组合策略是电商社交媒体营销实施的理论基础，强调互动、兴趣、交互界面和个性化这四个原则，旨在帮助企业强化营销深度，实现营销突围。

互动原则强调企业需要与目标用户进行直接对话和及时反馈。通过社交媒体平台，企业可以及时回复消费者的问题和反馈，感知消费者对企业的评价和好感度。这样不仅有助于提升消费者的满意度和忠诚度，还能帮助企业及时发现和解决问题，优化产品和服务。通过互动，企业还能更好地了解消费者的需求和偏好，为未来的营销策略制定提供有力支持。

在社交媒体时代，消费者的注意力被各种信息所分散。兴趣原则强调企业通过有趣的文字、图片和视频等内容形式来吸引消费者的注意力。企业通过提供有趣的内容，能够激发消费者的好奇心，从而引导消费者关注企业的产品和服务。这样不仅能提升消费者的参与度，还能增强企业与消费者之间的情感联系。

交互界面原则强调企业需要打造与消费者良好互动的平台。这一平台是企业与消费者沟通的桥梁，一个优质的交互界面能够让消费者便捷地与企业进行信息沟通。清晰的导航、简洁的操作流程以及直观的展示方式，能够让消费者顺利地了解企业的产品和服务信息，自由表达想法和诉求，提升消费者获取企业信息和参与企业互动的体验。

个性化原则强调企业需要提供具有鲜明个性和特色的产品和服务。在社交媒体时代，消费者的需求日益多样化和个性化。因此，企业需要深入了解消费者的需求和偏好，提供定制化的产品和服务，包括个性化的产品设计、定制化的营销方案等。通过提供个性化的产品和服务，企业能够更好地满足消费者的需求，提升消费者的满意度和忠诚度。个性化还能帮助企业树立独特的品牌形象和竞争优势。

（三）4E 市场营销组合策略

4E 市场营销组合策略是数字营销策略的一种形式，强调体验、支出、电铺和展示这四个原则。4E 市场营销组合策略旨在帮助企业全面采用信息化和网络化手段，提升市场营销效率和效果。

体验原则要求企业关注消费者对产品或服务的感受。在数字时代，企业可以借助虚拟现实、增强现实等先进技术，为消费者打造沉浸式的线上试用体验。同时企业也可以通过优化产品功能、提升服务质量的方式，提升消费者使用的流畅性，为消费者打造良好的使用体验和消费体验。这样能让消费者在整个过程中感受到贴心与专业的服务，从而增强消费者对品牌的好感与忠诚度。

支出原则侧重于企业与消费者双方在资金方面的合理规划。企业需要运用大数据分析来精准定位目标群体，然后将营销资源集中投放到高潜力市场与客户群体上，避免营销资源的浪费，从而实现成本效益的最大化。面向消费者，企业可以推出会员专属折扣、满减优惠、分期付款等灵活的价格策略，来降低消费者一次性支出的压力。企业也可以通过积分兑换、返现等形式来提升消费者的实际收益感，促进消费者再次消费，实现共赢。

电铺原则强调企业在搭建电铺时需要确保电铺界面的设计符合消费者的使用习惯，一个简洁的布局能够帮助消费者迅速查找商品。在电铺商品展示页面需要配备高清的图片、详细的参数以及用户评价，来全方面展示商品的信息。同时在支付环节应接入多种主流支付方式，并保障整个支付流程的安全。要不断优化物流信息实时跟踪的功能，让消费者能够随时知晓商品的送达状态。

展示原则强调企业可以借助多样化的数字媒介进行产品展示。可以通过制作精美的宣传视频，融入生动的情节以及产品的亮点，来吸引消费者的注意力。也可以利用 3D 模型，全方位地为消费者呈现产品的细节，让消费者感受到产品的真实。企业进行产品的直播展示也是极为有效的手段。通过主播实时演示产品的使用方法，营造产品的使用场景，从而激发消费者的购买欲望，提升品牌的影响力。

二、市场营销组合策略的发展历程与转型探索

随着数字技术的飞速发展，企业与消费者之间的互动模式正经历着深刻的变革，市场营销工具也随之不断迭代更新。在此背景下，传统的 4P 市场营销组合策略正不断演进与发展，旨在适应日新月异的市场环境。4P 策略以产品为核心构建其逻辑框架，旨在指导企业如何在恰当的时机、地点，以合理的价格，通过高效的渠道，将符合需求的产品精准推广至目标消费群体。该策略涵盖产品结构优化、新品研发加速、定价策略调整、渠道效率提升及精准促销等多个维度，旨在全方位提高企业的盈利能力。

相比之下，4I 市场营销组合策略则聚焦互动逻辑，旨在借助数字化交互技术（例如移动应用）深入挖掘并响应消费者的兴趣与需求。在此策略框架下，互动成为连接企业与消费者的核心纽带，兴趣成为互动的起始点，而数字化的交互界面则作为实现这一互动的关键桥梁。最终，4I 策略旨在通过这些互动精准满足消费者的个性化需求，进而构

建更为紧密的消费者关系。

4E 市场营销组合策略进一步凸显了数字化逻辑在市场营销中的重要性，旨在助力企业实现数字化支付的无缝集成、线上线下店铺的深度融合运营以及产品信息的多渠道展示，从而为消费者提供更加多元、个性化的数字化体验。在此策略框架下，消费者的数字化体验被置于核心位置，而消费者的投入，无论是金钱投入还是时间、精力等非金钱投入，均被视为衡量营销效果的关键指标。

从 4P 到 4I，再到 4E，市场营销组合策略的持续演进，不仅深刻体现了数字技术对市场营销实践的深远影响，也彰显了企业对消费者需求日益增长的个性化、互动性和数字化体验的高度重视。这些策略的创新与演进，为企业在新时代背景下更有效地连接消费者、提升品牌价值及增强市场竞争力提供了坚实的支撑。

三、组合策略变迁对数字营销战略的启示

市场营销组合策略的演变，从传统的 4P 到更加注重互动与数字化的 4I、4E，不仅反映了市场环境的变化，也为数字营销策略的制定提供了深刻的启示。4P 策略的核心在于产品，企业关注的是如何优化产品组合、推动新产品开发等。然而，随着市场竞争的加剧和消费者需求的多样化，单纯以产品为中心的策略已难以满足市场需求。4I 和 4E 策略的兴起，标志着市场营销从以产品为中心向以消费者为中心的转变。在数字营销策略中，这一转变体现在对消费者需求的深度挖掘和个性化满足上。企业需要通过数据分析、社交媒体监测等手段，了解消费者的兴趣、偏好和行为模式，从而制定更加精准的营销策略。同时，企业还需要注重与消费者的互动和沟通，通过社交媒体、在线社区等平台，建立与消费者的长期关系，提升品牌忠诚度和用户黏性。

4I 策略强调互动逻辑在市场营销中的应用，通过数字化交互技术实现与消费者的深度互动和沟通。这一趋势表明，互动与沟通已成为市场营销的关键要素。在数字营销策略中，企业需要注重与消费者的互动和沟通，通过社交媒体、在线社区、短视频等平台，与消费者建立更加紧密的联系。企业可以通过发起话题讨论、举办线上活动、发布有趣的内容等方式，吸引消费者的关注和参与，提升品牌知名度和影响力。同时，企业还需及时响应消费者的反馈与投诉，通过积极的沟通与互动，塑造良好的品牌形象与口碑。

4E 策略强调数字化逻辑在市场营销中的应用，如数字支付、线上线下融合运营等。这一趋势表明，数字技术已成为市场营销不可或缺的一部分。在数字营销策略中，企业需要充分利用数字技术，如大数据分析、人工智能、云计算等，来提升营销效率和效果。如通过大数据分析，企业可以更加精准地定位目标消费群体，制定个性化的营销策略；通过人工智能和机器学习技术，企业可以实现自动化营销和智能客服，提升用户体验和满意度；通过云计算技术，企业可以实现营销资源的灵活配置和高效利用。4E 策略同时强调线上线下融合运营及产品多渠道展示的重要性，这要求企业在市场营销实践中高度重视跨渠道整合与全渠道营销策略的实施。企业应打破传统渠道的界限，实现线上线下渠道的深度融合与互补。企业可通过电商平台与线下门店的紧密联动，实现线上线下同步促销活动与库存资源的共享。借助社交媒体与搜索引擎的优化策略，提升品牌在网络上的曝光度与搜索排名。同时企业还需要注重不同渠道之间的协同作用，通过数据分析

和用户画像等手段，实现精准营销和个性化推荐。

数字营销实践

六个核桃的“一物一码”营销：创新驱动品牌增长

在当今竞争激烈且消费者需求日益多样化的饮料市场中，六个核桃作为植物蛋白饮料领域的知名品牌，积极探索创新营销策略以谋求持续发展与突破。其采用的“一物一码”数字营销策略，成为品牌在市场浪潮中脱颖而出的关键利器。

六个核桃的“一物一码”策略在实施过程中多管齐下。在指定时间发奖方面，六个核桃巧妙地抓住消费高峰期，每天在特定时段开展扫码互动的活动。消费者购买产品并扫码便有机会获得现金红包奖励。这一举措犹如给消费市场注入一针强心剂，在特定时间段内极大地刺激了消费者的购买欲望。消费者在期待获得红包奖励的心理驱动下，更倾向于选择六个核桃产品，从而有效提升了产品的即时销量。同时，这种扫码互动也加深了品牌与消费者之间的情感纽带，让消费者在购物过程中感受到品牌的关怀与回馈，增强了互动性。

同时，六个核桃借助GPS坐标锁定特定地区进行精准投放，只有在指定地区内的消费者才能参与活动。这就像是一场精准的营销战役，将有限的营销资源集中投放到目标市场，避免了资源的分散与浪费。对于品牌而言，能够高效地开拓重点市场，加速市场渗透进程。在新市场拓展初期，通过这种方式可以快速吸引当地消费者的关注与尝试，提高品牌在该地区的知名度与市场占有率，为后续的市场深耕奠定坚实基础。

再者，指定频次中奖的“扫得多中得多”活动，以红包轰炸的形式激发消费者的复购欲望。消费者为了获取更高价值的红包奖励，会多次购买产品并扫码参与。这种策略不仅带动了产品的持续销售，还促使消费者自发地成为品牌的传播者。他们会在社交圈子里分享自己的中奖经历和参与活动的乐趣，形成一种口碑传播效应，进一步扩大品牌影响力。

这一系列策略的成功实施离不开强大的技术支撑。六个核桃依托米多一物一码系统，实现了精准化扫码互动营销。通过多种扫码策略的有机结合，对时间、渠道、频次等维度的综合考量，全面提升了产品的动销能力。在数据采集与分析方面，每一次扫码都是一次数据收集的过程，品牌借此深入了解消费者的购买行为、偏好、地域分布等信息，为后续营销策略的制定提供了翔实的数据。基于这些数据，六个核桃能够对消费者进行细分，针对不同群体开展更精细化的营销和服务，实现个性化的品牌触达。

从效果评估来看，六个核桃的“一物一码”营销策略成效斐然。在销量提升上，高峰期引流与红包激励双管齐下，显著提高了产品销量，特别是在促销时间段内，销售数据呈现出喜人的增长态势。在品牌忠诚度方面，持续的互动与奖励让消费者对六个核桃品牌的好感度与认同感不断增强，复购率稳步提升。消费者不再仅仅是因为产品本身而购买，更是因为品牌所营造的互动体验和情感连接。市场开拓进程也因精准的地区策略而大大加速，品牌能够迅速在新市场站稳脚跟，扩大市场份额，提升整体市场占有率。

六个核桃的“一物一码”营销生动地诠释了数字技术与创新营销策略相融合所产生的巨大能量。通过这种深度融合，品牌能够打破传统营销的局限，与消费者建立起全方位、深层次的互动关系，实现精准营销的目标。不仅在销售业绩上取得突破，更在品牌影响力塑造和市场竞争力提升方面迈出坚实步伐。

资料来源：https：//www.sohu.com/a/443066388_505786.

讨论题

1. 六个核桃的“一物一码”营销策略是如何刺激消费者购买欲望的？
2. 六个核桃如何利用技术手段实现精准营销？
3. 六个核桃的“一物一码”营销策略对品牌忠诚度有何影响？

// 本章小结 //

本章围绕数字营销策略展开了全面的分析。在数字营销产品策略部分，阐述了数字产品的定义与核心属性，介绍了产品数字化的内涵及分类，涵盖核心产品、形式产品等多个方面的数字化转型。展示了产品数字化生命周期管理的三个阶段，以及新产品数字化开发的策略，如数据驱动、敏捷迭代等。在数字营销定价策略中探讨了动态定价、渗透与撇脂定价、捆绑销售定价策略。动态定价依据市场多因素灵活调整价格；渗透定价以低价进入市场，撇脂定价则在早期设定高价；捆绑销售通过组合产品提升销售额。数字营销渠道策略分为数字营销渠道和整合营销渠道。数字营销渠道包括基于社交媒体、地理位置等多种类型，各有其独特的应用和优势。整合营销渠道综合多种方式，虽有协同增效的优势，但也存在实施难度和资源投入大等劣势。在数字营销促销策略里，详细介绍了以企业和非企业主导的人员促销策略以及非人员促销策略。最后，对于数字营销组合策略，介绍了4P、4I和4E市场营销组合策略及其发展历程和转型探索。数字营销策略在当今数字时代具有至关重要的地位。通过对本章数字营销策略各个板块的深入学习，期望读者能将知识灵活运用到实际商业运营中。无论是在产品的规划与创新、价格的设定、渠道的拓展与整合，还是促销活动的开展以及营销组合策略的布局上，都能制定出契合企业自身特色与目标受众需求的数字营销策略，实现企业的可持续发展与价值最大化。

// 思考题 //

1. 数字营销策略中的新产品数字化开发策略主要包括哪些方面？
2. 相较于单一营销渠道，整合营销渠道有哪些优势？
3. 如何理解并实施以用户为中心的数字产品优化策略？

// 第 6 章 //

网络营销

学习目标

1. 了解 Web1.0 营销的形成背景。
2. 理解电子邮件营销与搜索引擎营销之间的区别与联系，融会贯通不同的营销方式。
3. 掌握万维网 RSS 营销、百科全书营销和聚合网站营销的定义、特点和流程。

第 1 节 Web1.0 营销

互联网诞生于 1969 年初，前身是美国国防部高级研究计划局为军事目的建立的阿帕网（ARPANET），最初仅连接 4 台主机。1972 年公展时，因学术研究机构与政府机构加入，已连接 50 所大学和研究机构的主机。1982 年，ARPANET 与多网络互联形成主干网。1983 年，美国国家科学基金会（NSF）出资建造全美五大超级计算中心。1986 年，NFSNET 取代了 ARPANET，成为新的主干网。早期的 ARPANET 仅对少数专家和政府要员开放，而 NFSNET 则向社会开放。20 世纪 90 年代，随着计算机普及与信息技术发展，互联网迅速商业化。Web1.0 是第一代互联网，始于 20 世纪 90 年代，以新浪、搜狐、网易等综合性门户网站及谷歌、百度等通用搜索网站为典型代表。这一时期互联网的发展由互联网与信息技术创新为主导，可理解为 2003 年之前的互联网模式，商业利用推动了其规模的扩大与服务的发展。

一、 Web1.0 的概念

（一）Web1.0 的发展历程

Web 是 world wide web 的省略语。world wide web，常简称 WWW，中文称为“万维网”。其特点是将分布存在的信息片段无缝地组织成为站点，其中，图像、文本、音频、视频等可以分散存储于相距甚远的计算机上。1993 年，伊利诺伊大学学生马克·安德森（Marc Andreessen）在美国国家超级计算机应用中心实习时，开发出图形界面浏览器 Mosaic，让人们可以用空前方便的方法访问万维网信息资源。从此，万维网在世界范围内迅速传播，被称为“网中之网”。万维网是互联网应用取得爆炸性突破的关键性条件，通过万维网，互联网上的资源可以在一个网页中比较直观地表示出来，而且资源之间在网页上可以相互链接。这种利用互联网络实现人类海量资源共享的技术被称为 Web1.0（刘畅，2008）。

Web1.0 时代是一个群雄并起的时代。虽然各个网站采用的手段和方法不同，但第一代互联网有诸多共同的特征，表现在技术创新主导模式、基于点击流量的盈利共通点、门户合流、明晰的主营兼营产业结构、动态网站等（史玉倩和白茹玉，2014）。在 Web1.0 发展进程中做出巨大贡献的公司有 Netscape、雅虎和谷歌。Netscape 研发出第一个大规模商用的浏览器；雅虎的杨致远开创了互联网黄页；谷歌后来居上，推出了大受欢迎的搜索服务。Web1.0 也被称作“只读网络”，用户通过搜索引擎就能在短时间内得到自己想要的信息，极大地满足了受众的知情权，但缺乏互动机制（秦彦琰，2024）。

（二）Web1.0 的网络营销方式

Web1.0 的网络营销与传统的线下营销在理论上并无明显差异，消费者还是作为“读者”或“听众”延续着被动的信息接收。在 Web1.0 时代，网民的身份只是一名网络读者或者是网络信息接受者。当时的网络营销主要体现在以广告投放为主的网络宣传推广上。互联网的发展主要以静态网页为主，用户多为消极、被动地接收信息，互动性相对较弱（罗裕梅，2010）。因此，这一时期的营销主要依赖于传统的网络广告、搜索引擎优化、BBS、电子邮件和即时通信等方式展开。

1. 网络广告营销

网络广告营销即广告商在第三方网络平台投放关于产品或服务的广告，以提高品牌知名度和销售收入。在 Web1.0 背景下，伴随着互联网的快速发展和网民的大量增加，网络广告日益成为消费者生活中不可缺少的媒体形式，网络广告成为广告商实施网络营销的重要手段之一，其主要方式有：（1）横幅广告。这是 Web1.0 时代最常见的广告形式之一，通常以图片或动画形式展示在网页的顶部或侧边。这些广告通常是静态的，用户点击后可以跳转到广告主的网站。（2）弹出广告。这种广告在用户访问网页时突然弹出，以吸引用户的注意力。但这种形式在当时备受争议，因其可能会打扰用户的浏览体验。（3）文字链接广告。这是通过文字链接的形式嵌入网页内容中的广告，通常用于推广特定产品或服务。

2. 搜索引擎营销

搜索引擎营销分为搜索引擎优化与付费搜索两种。搜索引擎优化是一种重要的营销策略，网站所有者会通过优化网站内容、关键词选择和链接建设等方式，以增加网站的曝光度和流量。具体而言，需对网站结构（内部链接结构、网站物理结构、网站逻辑结构）、高质量的网站主题内容，以及丰富而有价值的相关性外部链接进行优化，使网站对用户及搜索引擎更加友好，以获得在搜索引擎上的优势排名，为网站引入流量，从而吸引更多有意向的访问者。付费搜索重点体现为关键字广告或竞价位广告，即广告商通过网民搜索结果页上的广告位来实现营销目的。

3. BBS 营销

BBS 营销，即利用电子公告板系统（bulletin board system，BBS）进行的营销活动。这在 Web1.0 时代曾是一种较为常见且有效的营销手段。与单纯的企业官网信息发布不同，BBS 允许用户针对特定话题进行讨论和回复。企业在 BBS 发布营销信息后，用户可以提出疑问、分享看法，形成一定的互动交流场景。例如，某电脑品牌在相关科技 BBS 发布新产品介绍帖子，用户可能会在帖子下询问产品的配置细节、价格优惠情况以及与竞品的对比优劣等，品牌方或其他用户可进行回复解答，这种互动有助于加深用户对产品的了解。

4. 电子邮件营销

电子邮件营销是在 Web1.0 时期广泛应用的一种网络营销方式。它是指企业或个人通过收集目标客户的电子邮件地址，向他们发送包含有价值的信息、产品推广内容、促销活动通知等的邮件，以达到品牌推广、增加销售、维护客户关系等营销目的。电子邮件营销基于电子邮件这一通信工具，将营销信息直接发到用户的电子邮箱中，借助邮件内容来吸引用户的关注并促使其采取行动，如点击链接访问网站、购买产品、注册服务等。

5. 即时通信营销

即时通信营销在 Web1.0 时代已崭露头角，它是借助即时通信工具（如 QQ、MSN 等早期流行的软件）与目标客户进行实时沟通互动，从而开展品牌推广、产品销售以及客户服务等一系列营销活动的方式。即时通信营销打破了传统营销中信息传递的延迟性，使企业能够迅速地与潜在客户建立联系并交流，企业与客户之间的交流几乎是即时的，能够快速响应客户的咨询与需求。在数字时代，即时通信成了企业与客户之间沟通的重要方式，也成了营销的重要工具。

二、Web1.0 营销的特点

Web1.0 时代（约 20 世纪 90 年代初至 21 世纪初），互联网的运作方式与当下有着显著的不同。彼时网站功能简单，用户主要是被动接收信息。在这样的技术环境下，营销策略不断演变，展现出一些鲜明的特征和模式。

（一）以单向传播为主

在 Web1.0 时代，网站大多是信息的提供者，企业通过自己建立的官方网站发布产品或服务的信息。这些信息主要是文本和简单的图片形式，用户只能被动地接收这些信息，就像看一本宣传册。例如，企业会在网站上发布产品的规格、价格、功能介绍等内容，用户很少有机会直接反馈自己的想法和意见。广告也是以单向推送为主。企业通过在热门网站上投放横幅广告来吸引用户的注意。这些广告的内容和形式都是由企业预先设定好的，用户只能选择看或者不看，不能就广告内容进行互动。

（二）内容相对静态

网站的内容更新频率较低。由于技术和观念的限制，Web1.0 网站主要是静态网页，企业更新产品信息、新闻资讯等内容需要一定的技术操作和时间成本。比如，一个小型企业的网站可能几个月才更新一次产品图片或者公司新闻。网站缺乏用户生成内容（UGC）机制。用户很难在网站上发表自己对产品的评价、使用体验等内容。整个网络营销环境更像是企业的“一言堂”，用户参与度较低。

（三）营销目标群体较模糊

数据收集和分析手段有限。在 Web1.0 时期，没有像现在这样复杂的用户追踪和数据分析工具，企业很难精准地了解用户的行为习惯、兴趣爱好等信息，只能通过一些比较粗糙的方式，如问卷调查或者简单的网站访问统计来推测用户需求。营销信息的针对性不强。由于对用户了解不够深入，企业在 Web1.0 时代的营销信息往往是比较宽泛的，无法做到根据不同用户群体的特点来定制个性化的营销方案。例如，企业可能会向所有访问网站的用户推送相同的产品促销信息，而不管这些用户是否真正对该产品感兴趣。

（四）传播方式单一

企业主要依靠自己的官方网站来塑造品牌形象。网站的设计风格、色彩搭配、文字表述等方面都体现了企业想要传达的品牌价值观。例如，一家高端时尚品牌的网站可能会采用简洁、大气的设计风格，使用高质量的产品图片和优雅的文字来塑造品牌的高端形象。在 Web1.0 时代，用户之间的交流和互动相对较少，品牌口碑主要是通过线下的口口相传或者传统媒体的报道来传播。企业很难有效地利用网络来激发用户之间的口碑传播，更多的是依靠自己在官方渠道发布的品牌故事、企业理念等内容来建立品牌认知。

三、Web1.0 营销的基本流程

（一）明确营销目标与市场定位

企业首先需要确定通过网络营销想要达成的目标。这可能包括提高品牌知名度、增加产品销量、拓展客户群体等。对目标市场进行深入研究，包括潜在客户的年龄、性别、地域、兴趣爱好、消费习惯等。例如，在线书店通过市场调研发现，其目标客户主要是年龄在 20～40 岁之间，对文学、社科、自我提升类书籍感兴趣，且习惯网上购物的人群。然后根据这些特征，确定书店的品牌定位和产品策略，如主打文艺风格的书籍推荐，提供便捷的在线购书服务等。

（二）营销渠道选择与资源准备

1. 选择营销渠道

网站建设是 Web1.0 营销的基础。企业要建立自己的官方网站，选择合适的域名和服务器，设计网站的页面布局、色彩搭配等。网站内容应包括公司简介、产品或服务介绍、联系方式等基本信息。企业可以聘请专业的网页设计公司，按照品牌风格和营销需求设计网站，确保网站在视觉上吸引目标客户。在完成网站建设后，就要选定营销渠道，例如选择电子邮件营销，首先要收集目标客户的电子邮件地址，可以通过网站注册表单、线下活动收集等方式。同时，准备电子邮件营销工具，如邮件群发软件，用于后续的邮件发送。

2. 资源准备

首先要创作足够的内容资源，制作高质量的营销内容，如网站文案、产品图片、电子邮件内容、BBS话题帖子等。这些内容要准确、清晰地传达产品或服务的特点和优势。例如，对于产品图片，要确保图片质量高、能够展示产品细节，并且符合网站或其他营销渠道的尺寸要求。其次，要拥有足够的人力资源，安排专门的营销人员负责不同的营销渠道，如网站维护人员、邮件营销专员、BBS营销专员和即时通信营销专员等。这些人员需要具备良好的文字表达能力、沟通能力和网络操作技能。

（三）网站运营与优化

定期更新网站内容，包括产品信息、公司新闻等。例如，在线书店可以每周更新新书推荐板块，每月发布书店的促销活动信息。同时，进行搜索引擎优化基础操作，如在网站标题、网页内容中合理布局关键词，提高网站在搜索引擎中的排名，增加网站流量。根据营销计划，定期发送电子邮件。邮件内容可以包括产品推荐、优惠活动通知、公司新闻等。例如，在线书店可以每月发送一封邮件，其中包含当月畅销书推荐、购书折扣信息等。发送邮件时，要注意邮件格式规范、内容有吸引力，并且要遵守电子邮件营销的相关规定，避免被用户视为垃圾邮件。

（四）效果评估与调整

1. 数据收集与分析

收集各个营销渠道的数据，如网站流量统计（包括访问量、页面浏览量、用户停留时间等）、电子邮件的打开率和点击率、BBS帖子的浏览量和回复量、即时通信消息的回复率等。例如，通过网站分析工具了解网站的访问高峰时段、用户来源等信息，通过邮件营销平台分析邮件的送达率、打开率等。

2. 效果评估与策略调整

根据收集的数据，评估每个营销渠道的效果。例如，如果网站的流量持续增长，且用户在网站上的停留时间较长，说明网站运营和搜索引擎优化措施较为有效；如果电子邮件的打开率和点击率较低，可能需要调整邮件标题、内容或发送频率。根据评估结果，对营销策略进行调整。例如，对于效果不佳的营销渠道，可以减少资源投入或改变营销方式；对于效果良好的渠道，可以加大投入，进一步优化操作流程，以提高营销效果。

四、Web1.0时代的营销经验和启示

Web1.0时代的互联网营销经历了一个初期发展阶段，那个时期信息呈现单向传播，互动性较弱。虽然与现在的互联网环境相比，当时的技术和用户需求都相对简单，并且营销方式似乎有些过时，但其中蕴含的经验和启示依然具有深远的意义，这些早期的营销策略为后来的互联网营销奠定了基础，并提供了重要的经验和启示。

（一）静态内容的优化与管理

在Web1.0时代，网页内容主要以静态形式呈现，这意味着网站内容一旦上线，就很少进行更新或动态调整。对于营销人员来说，优化静态内容的质量显得尤为重要。企

业需要确保网页内容清晰、直观，并且能够准确传达品牌信息。文字内容应简洁明了，图像和视觉元素需要精心设计，以吸引用户的注意力。由于内容更新频率低，企业必须确保内容在上线前已经过严格审查和优化。同时，应定期评估内容的效果，并在必要时进行更新，以保持其相关性和吸引力。

（二）广告形式的创新与效果评估

Web1.0 时代的广告形式主要包括横幅广告和文字链接广告。这些广告通常放置在网站的显眼位置，旨在吸引用户点击。然而，由于广告形式单一，用户容易产生审美疲劳，导致点击率下降。为了提高广告效果，企业可以尝试创新广告设计，如使用动态 GIF 或嵌入简单动画，增加广告的视觉吸引力。广告的成功与否取决于点击率和转化率，因此，企业应定期评估广告的表现，通过 A/B 测试或其他分析手段优化广告内容和位置。此外，广告设计应与品牌形象一致，避免给用户带来混淆或负面印象。

（三）电子邮件营销的精准性与个性化

在 Web1.0 时代，电子邮件营销是企业推广产品和服务的重要工具。尽管这种方式在今天看来可能略显简单，但当时企业已经开始探索如何通过电子邮件与目标客户建立更紧密的联系。关键在于电子邮件内容的精准性和个性化。企业需要根据用户的兴趣和行为数据，定制个性化的电子邮件内容，提高用户的参与度和转化率。同时，避免过于频繁地发送电子邮件而引起用户反感。此外，确保电子邮件的设计简洁明了，内容价值突出，能够有效吸引用户的注意力。还要提供明确的行动呼吁（CTA），引导用户进行下一步操作。

（四）搜索引擎优化的初步探索与实践

虽然搜索引擎优化在 Web1.0 时代尚处于起步阶段，但企业已经认识到搜索引擎在提高网站曝光度和吸引流量方面的潜力。通过优化网站的关键词、元标签和内容结构，企业可以提高其在搜索引擎结果页面的排名，从而获得更多的自然流量。搜索引擎优化实践不仅涉及技术层面的优化，还需要深刻理解用户的搜索行为。企业应不断调整和优化搜索引擎优化策略，以应对搜索引擎算法的变化，并确保内容与用户需求高度相关。此外，要避免关键词堆砌等黑帽搜索引擎优化手段，以免受到搜索引擎的惩罚。

（五）用户反馈的收集与分析

尽管 Web1.0 时代的互动性较弱，但用户反馈仍然是企业改进营销策略的重要依据。通过网站留言板、电子邮件回复等渠道收集用户意见，企业可以更好地了解用户的需求和期望，并据此调整产品和服务。用户反馈不仅有助于提高客户满意度，还能为企业带来宝贵的市场洞察。在收集用户反馈时，企业应重视用户隐私，确保反馈过程的透明性和安全性。同时，企业需要对反馈信息进行有效的分类和分析，以便从中提取有价值的见解，并迅速做出相应的改进。

（六）品牌知名度与可信度的建立

Web1.0 时代的互联网营销活动通常围绕品牌知名度的建立展开。通过一系列的广告投放、内容创作和联盟合作，企业努力在互联网上树立品牌形象。成功的品牌建设不仅有助于提升市场份额，还能增强用户对企业的信任感，从而促进销售和长期客户关系的建立。品牌形象的建立需要时间和持续的努力。企业在进行品牌宣传时，需确保信息的一致性和准确性，并避免夸大宣传或虚假广告。此外，与其他知名品牌或可信赖的网站合作，也是提升品牌形象的有效途径。

第 2 节　电子邮件营销与搜索引擎营销

电子邮件营销和搜索引擎营销是互联网营销的两个重要组成部分，它们的起源和发展都与互联网的普及和技术进步密切相关。

一、电子邮件营销

(一) 电子邮件营销的发展历程

1. 诞生阶段（20 世纪 70 年代到 20 世纪 80 年代中期）

电子邮件的发明人雷·汤姆林森（Ray Tomlinson）回忆道，电子邮件诞生于 1971 年秋季（确切时间已经无法考证）。当时已经有一种可传输文件的电脑程序以及一种原始的信息程序，但两个程序存在极大的使用局限。例如，使用信息程序的人只能给接收方发送公报，接收方的电脑还必须与发送方一致。

发明电子邮件时，汤姆林森是博尔特·贝拉尼克·纽曼研究公司（BBN）的工程师。当时，这家企业受聘于美国军方，参与阿帕网的建设和维护工作。汤姆林森对已有的传输文件程序以及信息程序进行研究，研制出一套新程序，它可通过电脑网络发送和接收信息，彻底摆脱了以前的种种限制。为了让人们都拥有易识别的电子邮箱地址，汤姆林森决定采用@符号，符号前面加用户名，后面加用户邮箱所在的地址。至此，电子邮件正式诞生。

2. 商业化阶段（20 世纪 80 年代末至今）

使电子邮件成为主流的第一个程序是 Euroda，由史蒂夫·道纳尔（Steve Dorner）在 1988 年编写。由于 Euroda 是第一个有图形界面的电子邮件管理程序，它很快就成为各公司和大学主要使用的电子邮件程序。Euroda 的成功给众多竞争者带来了启发，电子邮件很快成为门户网站的必备服务，如雅虎、Netscape、Exicite 和 Lycos 等，都有自己的电子邮件服务。

(二) 电子邮件营销的定义

电子邮件营销（email direct marketing，EDM）是指在用户事先许可的前提下，通过电子邮件的方式向目标用户传递价值信息的一种网络营销手段。电子邮件营销有三个基本因素：用户许可、电子邮件传递信息、信息对用户有价值。三个因素中缺少任意一个，都不能称之为有效的电子邮件营销。电子邮件营销是利用电子邮件与受众客户进行商业交流的一种营销方式，同时也广泛地应用于网络营销领域。电子邮件营销是网络营销方式中最古老的一种，可以说电子邮件营销比绝大部分网站推广和网络营销方式的历史更为悠久。

电子邮件营销是一个广泛的定义，凡是给潜在客户或者现有客户发送电子邮件都可以看作是电子邮件营销。然而电子邮件营销这个术语也通常涉及以下几个方面：（1）以加强商家和目标客户的合作关系为目的发送邮件，从而鼓励客户保持忠实，促成重复交易；（2）以获得新客户和使老客户重复购买为目的发送邮件；（3）在发送给自己客户的邮件中添加其他公司或者本公司的广告；（4）通过互联网发送电子邮件。

（三）电子邮件营销的特点

1. 应用和覆盖范围广

随着国际互联网的迅猛发展，全球网民规模也迅速扩大。面对巨大的用户群，作为现代广告宣传手段的电子邮件营销正日益受到人们的重视。只要你拥有足够多的电子邮件地址，就可以在很短的时间内，向数千万目标用户推送广告信息，营销范围可以是中国全境乃至全球。此外，电子邮件广告的内容不受限制，适合各行各业。因为广告的载体就是电子邮件，所以具有信息量大、保存期长的特点。这使得电子邮件营销具有长期的宣传效果，而且用户对相关信息的收藏和传阅非常简单方便。

2. 操作简便且成本低

若使用专业邮件群发软件，单机可实现每天数百万封的发信速度。操作简便，不需要懂得高深的计算机知识，不需要烦锁的制作及发送过程。

电子邮件营销是一种低成本的营销方式，与传统的广告渠道如电视广告、户外广告相比，电子邮件营销的制作成本主要集中在邮件内容的设计上。企业可以使用内部的设计团队或者简单的邮件编辑工具来制作邮件，不需要像制作电视广告那样投入大量的资金用于拍摄、演员、后期制作等环节。而电子邮件发送的成本主要是邮件服务提供商收取的少量费用或者是企业内部服务器的维护成本。如果使用一些免费的邮件群发工具，只要在合理的发送范围内，基本没有额外的费用。与报纸广告按版面收费、电视广告按时段和时长收费相比，电子邮件营销可以极低的成本将信息发送给大量的潜在客户。

3. 个性化和精准度高

电子邮件营销可以根据用户的注册信息、购买行为、兴趣爱好等因素进行精准的受众细分，从而发送更具针对性的内容，提高转化率。例如，一家美妆电商平台可以通过用户的购买历史，将用户分为护肤品类爱好者、彩妆品类爱好者等不同群体。然后，针对护肤品类爱好者发送最新的精华液、面霜等护肤产品推荐邮件；针对彩妆品类爱好者发送口红、眼影等彩妆新品信息，使得营销内容能够精准地触达对其感兴趣的用户。

4. 易于衡量且能实时优化

通过电子邮件营销平台，可以获取丰富的数据来衡量营销效果。如邮件的送达率（成功发送到收件人邮箱的邮件比例）、打开率（收件人打开邮件的比例）、点击率（收件人点击邮件中链接的比例）、转化率（通过邮件引导完成购买、注册等目标行为的比例）等。企业可以通过分析这些数据了解用户对邮件的反应，知道哪部分内容吸引了用户的注意，哪部分内容可能需要改进。企业也可以根据这些数据指标实时调整营销策略。如果发现某一批次邮件的打开率很低，企业可以及时调整邮件标题的设计或者发送时间；如果点击率不理想，就可以优化邮件内容中的链接布局和文案，使其更具吸引力。这种基于数据的实时反馈机制能够帮助企业不断优化电子邮件营销活动，提高营销效果。

（四）电子邮件营销的基本流程

电子邮件营销是一种通过电子邮件与目标受众进行沟通和推广的有效方式。其基本过程通常包括以下几个关键步骤。

1. 明确营销目标与定位受众

（1）确定营销目标。

企业需要先明确电子邮件营销的目的。这可能包括提高品牌知名度、促进产品销售、增加网站流量、维护客户关系等。例如，一家电商企业的目标可能是通过电子邮件营销将当季新品的销售转化率提高 20%。不同的营销目标会影响后续的邮件内容、发送频率和目标受众选择。若以品牌推广为目标，邮件内容可能更侧重于品牌故事、价值观以及形象展示；若以产品销售为目标，邮件内容则会着重于产品特点、优惠活动和购买引导。

（2）定位目标受众。

企业需要对目标受众进行精准画像。这可以基于企业已有的客户数据，如年龄、性别、消费习惯、购买历史等信息。例如，一家时尚服装品牌可以将目标受众分为年轻时尚女性、职场男性等不同群体。根据受众画像收集潜在客户的电子邮件地址。企业可以通过多种渠道收集，如网站注册表单（用户在注册网站账号时填写邮箱）、线下活动收集（在实体店举办活动时邀请顾客留下邮箱）、社交媒体引流（在社交媒体平台引导用户订阅邮件）等。

2. 邮件列表的建立与管理

（1）创建邮件列表。

根据目标受众的分类，创建不同的邮件列表。例如，时尚服装品牌可以创建“年轻时尚女性产品推荐列表”和“职场男性产品推荐列表”。这样可以确保邮件内容的针对性，提高邮件的相关性和有效性。利用邮件营销软件或企业的邮件系统来管理这些列表，方便后续的邮件发送和跟踪。这些工具可以记录每个邮件列表的基本信息，如订阅人数、最后一次发送时间等。

（2）维护邮件列表。

定期清理邮件列表，删除无效或不活跃的邮箱地址。无效邮箱可能包括格式错误的邮箱、已经注销的邮箱等；不活跃邮箱是指长时间不打开邮件的邮箱。定期清理邮件列表有助于提高邮件的送达率和整体营销效果。对邮件列表进行动态更新，根据用户的新行为或新信息及时调整。例如，如果用户在网站上更新了自己的兴趣爱好或购买了新的产品类别，相应地调整其所在的邮件列表，以确保发送的邮件内容符合用户当前的需求。

3. 邮件内容设计与制作

（1）规划邮件内容结构。

邮件内容通常包括标题、正文、图片、链接等部分。标题要简洁明了且有吸引力，能够引起收件人的兴趣，促使他们打开邮件。例如，“限时五折！爆款时尚单品来袭”这样的标题就很容易吸引消费者的注意。正文部分要逻辑清晰，首先可以是问候语，然后是核心内容（如产品介绍、优惠活动说明），接着是引导行动部分（如“点击购买”“了解更多”），最后是结束语和企业联系方式。

（2）文案撰写与视觉设计。

撰写有吸引力的文案。文案风格要符合目标受众的喜好，语言要通俗易懂。产品介绍要突出产品的特点、优势和价值。例如，介绍一款美容仪时，可以写“这款美容仪采用先进的射频技术，能够有效刺激胶原蛋白生成，让您的肌肤紧致有光泽，使用一次就有明显效果”。

在视觉设计上，选择合适的图片、配色方案来搭配文案。图片要高清，与主题相关，并且能够展示产品或活动的关键信息。例如，在介绍旅游套餐的邮件中，插入目的地的美丽风景图片和舒适酒店房间的图片，能让收件人更直观地感受旅游产品的吸引力。

（3）添加个性化元素。

在邮件内容中添加个性化信息，如收件人的姓名、称呼等。还可以根据用户的历史购买行为或兴趣爱好进行个性化推荐。例如，在邮件开头写上“亲爱的［收件人姓名］”，并根据用户之前购买的产品类别推荐相关的配套产品，这样可以增强邮件的亲和力和针对性。

4. 邮件发送与投递管理

（1）选择发送时间和频率。

研究目标受众的行为习惯，选择合适的发送时间。例如，对于上班族，可能晚上或周末发送邮件的打开率会更高；对于电商消费者，在促销活动期间或新品上架时发送邮件比较合适。

确定合理的发送频率。发送过于频繁会让收件人感到厌烦，甚至将邮件标记为垃圾邮件；发送间隔过长又可能导致用户忘记品牌或错过重要信息。一般来说，根据营销目标和产品性质，每月 1～3 次为宜，具体情况可以根据实际测试和数据反馈进行调整。

（2）邮件发送方式与监控。

可以使用专业的邮件营销服务提供商（如 Mailchimp、SendinBlue 等）来发送邮件。这些平台有强大的发送功能，能够确保邮件的送达率，并且提供详细的数据跟踪和分析服务。或者利用企业自己的邮件服务器发送，但需要注意遵守相关的互联网协议和规定，避免被收件人邮箱服务提供商视为垃圾邮件发送源。

在发送后，要关注监控邮件的投递情况，包括送达率、退信率等。如果送达率过低或退信率过高，需要及时查找原因并采取措施解决，如清理无效邮箱地址、调整发送策略等。

5. 效果跟踪与评估优化

（1）数据收集与分析。

收集邮件营销的关键数据，如打开率、点击率、转化率等。分析这些数据，了解邮件营销的效果。例如，如果打开率较低，可能是标题不够吸引人；如果点击率较低，可能是正文内容或链接布局有问题；如果转化率较低，可能是产品优惠力度不够或者购买引导不够清晰。

(2) 优化调整策略。

根据数据分析的结果，对邮件营销的各个环节进行优化。例如，优化标题可以参考高打开率邮件的标题特点，重新设计文案和链接布局可以提高点击率，调整产品优惠策略或购买引导方式可以提升转化率。不断测试和优化邮件内容、发送时间、发送频率等因素，以持续提高电子邮件营销的效果。例如，可以通过 A/B 测试，同时发送两组不同标题或内容的邮件，比较它们的效果，然后选择更优的方案用于后续的营销活动。

二、搜索引擎营销

(一) 搜索引擎营销的发展历程

搜索引擎营销的发展经历了多个阶段，受到技术进步、用户需求和市场变化的影响。以下是搜索引擎营销发展的主要历程。

1. 早期阶段

最早的搜索引擎如 Archie、Lycos 和 AltaVista 出现在 20 世纪 90 年代，主要帮助用户寻找互联网信息。随着互联网内容的快速增长，用户对有效搜索工具的需求增加。一些搜索引擎开始允许企业通过购买关键词来提升其在搜索结果中的排名，但这一阶段的广告形式相对简单，效果难以衡量。

2. 谷歌的崛起

1998 年，谷歌的推出标志着搜索引擎技术的一次重大突破，其基于链接分析的排名算法 (PageRank) 显著提高了搜索结果的相关性和准确性。谷歌于 2000 年推出了 AdWords，允许广告主通过竞价购买关键词，从而在搜索结果中展示广告。这一创新改变了在线广告的格局，使得搜索引擎营销成为一种主流的营销方式。

3. 技术进步与市场扩展

21 世纪初，随着技术的发展，搜索引擎广告形式逐渐多样化，包括文本广告、展示广告和购物广告等。企业开始利用数据分析工具，监测广告效果并优化关键词选择、广告文案和投放策略，提高投资回报率。

4. 移动互联网的兴起

智能手机的普及使得移动搜索迅速增长，企业开始关注移动端的用户体验和广告投放。随着用户对本地信息的需求增加，本地搜索广告 (如 Google My Business) 成为企业获取客户的重要渠道。

5. 社交媒体与搜索引擎的融合

社交媒体的兴起使得用户获取信息的方式发生变化，搜索引擎也开始考虑社交信号 (如分享和点赞) 对搜索排名的影响。企业逐渐认识到搜索引擎营销与社交媒体营销、内容营销等其他数字营销形式整合的重要性，推动了综合营销策略的发展。

6. 人工智能与自动化的应用

近几年来，搜索引擎开始利用人工智能和机器学习技术，提高搜索结果的相关性和个性化。例如，谷歌的 RankBrain 算法利用人工智能技术优化搜索结果，从而使越来越多的营销工具支持广告投放的自动化，帮助企业更高效地管理广告活动。

搜索引擎营销经历了从简单的关键词购买到复杂的数据驱动广告投放的演变。随着技术的不断进步和用户需求的变化，搜索引擎营销将继续发展，企业需要不断适应新的趋势，以保持竞争优势。

（二）搜索引擎营销的定义

搜索引擎营销（search engine marketing，SEM）就是基于搜索引擎平台的网络营销，利用人们对搜索引擎的依赖和使用习惯，在人们检索信息时将信息传递给目标用户。搜索引擎营销的基本思想是让用户发现信息，并通过点击进入网页，进一步了解所需信息。企业通过搜索引擎付费推广，让用户可直接与公司客服进行交流、了解产品并实现交易。

“搜索引擎营销”概念最先是由GOT公司提出的。从用户的角度来说，搜索引擎营销是指根据用户使用搜索引擎的方式，利用用户检索信息的机会，尽可能地将营销信息传递给目标用户（冯英健，2004）。从企业的角度来说，搜索引擎营销是指企业通过采取提升自然排名、推出付费搜索广告等与搜索引擎相关的行为，使企业网站在搜索引擎上显著列示，以吸引目标受众访问企业网站（Telang，2004；李莎，2005）。实务界一般将搜索引擎营销视为网络营销的重要组成部分，通过页面优化和做广告来提升企业网站在搜索引擎结果页面中被关注的概率。综上所述，搜索引擎营销就是企业网站通过改变自身在搜索结果页面出现的位置，利用搜索引擎推广产品和服务的营销活动（严建援、李凯和邓智文，2014）。

（三）搜索引擎营销的特点

搜索引擎营销是一种通过搜索引擎平台推广产品或服务的营销方式，具有以下几个显著特点。

1. 定位精准、即时性强

搜索引擎营销允许企业根据用户的搜索关键词投放广告，能够精准触达有意向的潜在客户，提高转化率。通过分析用户的搜索行为，企业可以对目标受众进行细分，制定更具针对性的营销策略。与其他营销方式相比，搜索引擎营销可以快速产生效果。广告一旦投放，用户可以立即看到，适合需要快速推广的产品或活动。广告投放后，企业可以实时监测广告效果，并根据数据快速调整策略。

2. 灵活性高、可测性强

搜索引擎营销提供丰富的数据分析工具，企业可以追踪广告的点击率、转化率、投资回报率等关键指标，评估广告效果。通过数据分析，企业可以不断优化广告文案、关键词和投放策略，以提高广告效果。企业也可以根据自身的预算灵活调整搜索引擎营销的支出，选择按点击付费（PPC）或按展示付费（CPM）的模式。此外，企业还可以随时修改广告文案、关键词和投放时间，以适应市场变化和用户需求。

3. 用户主导性强

与其他营销方式不同，搜索引擎营销是用户主动发起的搜索行为所创造的营销机会。用户根据自身需求输入关键词查找信息，此时与关键词相关的营销内容才会展示给用户，这种用户主导的模式使得营销更具针对性和精准性，并且因为用户是带着明确的需求和意图进行搜索的，所以当他们看到符合其需求的广告或搜索结果时，更容易产生兴趣并进行点击，进而提高了营销信息的关注度和转化率，相比被动接受广告信息的方式，营销效果更为显著。

4. 成本可控性强

常见的搜索引擎广告采用按点击付费的计费模式，广告主只需在用户点击广告时支付费用，而不是按照广告的展示次数付费。这种计费方式有效控制了广告成本，避免了无效展示带来的费用浪费，使广告主能够根据预算和广告效果灵活控制投放力度。广告主可以自行设定每日、每月的广告预算上限，当广告费用达到预算上限时，广告将自动停止展示，防止超支。与此同时，广告主还能根据广告效果和投资回报率随时调整预算分配，将更多资源投入到效果较好的广告活动或关键词上，提高资金的使用效率。

（四）搜索引擎营销的基本流程

搜索引擎营销的基本流程通常包括以下几个关键步骤，这些步骤可以帮助企业有效地规划、执行和优化其搜索引擎广告活动。

1. 目标设定与市场分析

（1）明确营销目标。

首先要确定搜索引擎营销想要达成的目标，这可以是增加网站流量、提高品牌知名度、促进产品销售、获取潜在客户信息等。例如，一家电商企业可能希望通过搜索引擎营销将网站的月访问量提高50%，或者将某一系列产品的在线销售量提升30%。

（2）市场和竞争分析。

对目标市场进行研究，包括目标受众的年龄、性别、地域分布、消费习惯、搜索行为等。例如，一家运动装备公司发现其主要受众是20～40岁、热爱运动、喜欢在网上购买装备的人群，且他们经常在搜索引擎中使用“运动装备推荐”“健身器材品牌”等关键词。同时，分析竞争对手在搜索引擎中的表现，如竞争对手的关键词选择、广告文案、排名情况等。这有助于找到市场空白点和自身的竞争优势，以便制定更有针对性的营销策略。

2. 关键词研究与选择

（1）关键词研究。

利用关键词研究工具（如百度指数、谷歌关键词规划师等）来收集和分析潜在的关键词。这些工具可以提供关键词的搜索量、竞争程度、相关关键词等信息。例如，一家旅游公司通过关键词工具发现“国内热门旅游目的地推荐”这个关键词每月有较高的搜索量，且竞争程度适中。

（2）关键词选择策略。

选择与产品或服务紧密相关、有一定搜索量且竞争相对合理的关键词。除了核心关键词外，还应考虑长尾关键词，它通常更具体，能够更精准地定位潜在客户。例如，对于一家卖手机壳的店铺，除了选择“手机壳”这样的核心关键词外，还可以选择“iPhone 15 Pro Max 卡通手机壳”等长尾关键词。根据营销目标和预算分配，确定不同关键词的优先级。在预算有限的情况下，可以先重点关注竞争较小但转化率较高的关键词。

3. 网站优化

（1）网站结构和页面优化。

确保网站的结构清晰，易于搜索引擎蜘蛛抓取和索引。这就要求有合理的网站目录结构、内部链接布局等。例如，产品页面应该有明确的分类路径，并且通过内部链接与相关产品页面、公司介绍页面等相互链接，方便搜索引擎理解网站内容的层次和关联。

页面优化方面，要编写高质量、有价值的内容，并且合理地分布关键词。内容要满足用户的需求，解决用户的问题。例如，在一个关于手机壳的产品介绍页面，不仅要详细描述手机壳的材质、设计、功能等，还要自然地融入相关关键词，如“这款 iPhone 15 Pro Max 手机壳采用高品质的硅胶材质，为您的手机提供全方位保护”。优化页面标题、元标签（meta 标签）等元素。标题标签要简洁、准确，包含主要关键词，并且能够吸引用户点击。例如，“iPhone 15 Pro Max 手机壳推荐［品牌名］高品质手机壳选购指南”。元标签中的描述标签可以对页面内容进行简要概括，也可以包含关键词，在搜索结果中展示给用户，影响用户的点击决策。

（2）网站性能优化。

提高网站的加载速度，减少用户等待时间。可以通过优化图片大小、压缩代码、使用内容分发网络（CDN）等方式来实现。因为搜索引擎会考虑网站的加载速度来评估用户体验，加载速度快的网站在排名上可能更有优势。

4. 广告投放

（1）广告账户搭建。

在搜索引擎广告平台（如百度推广、谷歌广告）注册账户，设置广告系列、广告组等基本架构。广告系列可以根据营销目标（如品牌推广、产品销售）或产品类别来划分，广告组则可以进一步细分，根据关键词相关性等因素进行设置。

（2）出价与预算设置。

根据关键词的竞争程度和营销预算，设置合理的出价策略。可以采用手动出价或自动出价方式。手动出价允许广告主根据自己对关键词价值的判断来设置出价，自动出价则是根据广告平台的算法和设定的目标（如点击率、转化率）来自动调整出价。确定广告预算，包括每日预算和总预算。预算的分配要考虑广告投放的时间范围、关键词数量和竞争程度等因素，确保广告能够在预算范围内持续投放，同时获得较好的曝光和点击效果。

（3）广告投放设置。

选择广告投放的地域、时间、语言等参数。例如，一家本地服务企业可以只选择在其服务覆盖的城市进行广告投放，并且根据用户的活跃时间（如上班时间后）来设置投放时间，以提高广告的针对性和效果。设置广告投放的匹配方式，包括精准匹配、短语匹配、广泛匹配等。精准匹配是指只有当用户搜索的关键词与广告主设置的关键词完全一致时，广告才会展示；短语匹配是当用户搜索的关键词包含广告主设置的关键词短语时才展示广告；广泛匹配的范围最广，只要用户搜索的关键词与广告主设置的关键词相关，广告就可能展示。

5. 营销效果监测与评估

（1）数据收集和效果评估。

利用搜索引擎广告平台提供的数据统计工具和网站分析工具（如百度统计、谷歌分析）收集相关数据。这些数据包括广告的展示次数、点击次数、点击率、转化率、每次点击成本、广告花费等。根据收集的数据评估营销效果。例如，通过点击率可以了解广告文案的吸引力，通过转化率可以衡量广告引导用户完成购买或其他目标行为的能力。如果点击率较低，可能需要优化广告文案；如果转化率较低，可能需要检查网站的着陆页（用户点击广告后进入的页面）是否存在问题，如内容不匹配、购买流程复杂等。

（2）优化调整。

根据评估结果对营销策略进行调整。这可能包括优化关键词选择和出价、更新广告文案、改善网站内容和用户体验等多个方面。例如，如果发现某个关键词的转化率很高，但展示次数较少，可以适当提高出价以获得更多曝光；如果发现广告组中的某个广告文案效果不佳，可以暂停或修改该广告文案，重新进行测试。通过不断的优化调整，可以提高搜索引擎营销的整体效果。

第3节　万维网 RSS 营销、百科全书营销与聚合网站营销

万维网 RSS 营销、百科全书营销与聚合网站营销在数字营销中扮演着重要角色。它们不仅提供丰富的信息资源，还吸引了大量的用户流量，成为品牌推广和潜在客户生成的有效平台。

一、万维网 RSS 营销

（一）万维网 RSS 营销的发展历程

1. 起源与基础技术发展

1989 年，万维网诞生，其开放和共享的特质为后续信息传播方式的变革奠定了基础。1991 年 5 月，万维网在互联网上首次露面。同年 8 月 6 日，第一个网站诞生。1994 年，Netscape 推出了第一个支持 RSS 的浏览器，为 RSS 的应用提供了基础条件。1997 年，微软的 Internet Explorer 4.0 开始支持 RSS，进一步推动了 RSS 在浏览器端的应用。

2. RSS 技术的诞生与初步发展

1999 年，RSS 的第一个版本开始形成，最初它主要应用于新闻网站等内容更新频繁的平台，旨在向用户及时推送新闻资讯等内容。例如，一些大型新闻媒体网站开始尝试使用 RSS 技术，让用户能够更便捷地获取最新新闻。之后，随着博客的兴起，RSS 作为一种方便的内容聚合和订阅工具，迅速被博客作者和读者所接受。博客作者可以通过 RSS 将自己的文章及时推送给订阅者，读者则可以通过 RSS 阅读器集中获取自己关注的多个博客的更新内容，大大提高了信息获取的效率。

3. 商业化探索与平台应用

2003 年，一些企业开始意识到 RSS 在网络营销方面的潜力，尝试将其应用于产品推

广和客户关系维护等领域，如通过 RSS 向用户推送产品更新信息、优惠活动等，但此时的应用还比较有限。2005 年，雅虎推出了 My Yahoo! 等个性化首页服务，用户可以通过 RSS 订阅自己感兴趣的内容，并将其整合到自己的个性化首页中，这进一步推动了 RSS 的普及和应用。2006 年，Twitter 的推出以及 Facebook 的 News Feed 功能上线，虽然它们并非传统意义上的 RSS 应用，但在信息推送和个性化内容展示方面与 RSS 有相似之处，这也在一定程度上影响了 RSS 营销的发展方向，吸引了更多用户关注信息的实时推送和个性化定制。

4. 面临挑战与转型调整

2010 年以后，随着社交媒体和移动互联网的快速发展，用户获取信息的渠道更加多样化，RSS 的市场份额受到了一定的冲击。例如，微信公众号、今日头条等新兴的内容平台以其更便捷的操作、更个性化的推荐算法等优势，吸引了大量用户的关注，使得 RSS 的用户增长逐渐放缓。面对挑战，RSS 营销也开始不断转型和调整。一方面，一些专业领域的网站和内容提供商仍然坚持使用 RSS，为特定用户群体提供高质量、专业性强的内容推送服务；另一方面，RSS 技术也在不断与其他技术融合和创新，如与人工智能、大数据等技术结合，实现更精准的内容推荐和用户画像，以提高 RSS 营销的效果和价值。

（二）万维网 RSS 营销的定义

RSS 的初步应用主要集中在新闻网站和博客平台，这些平台的内容更新频率较高，用户对实时信息的需求也较大。随着时间的推移，越来越多的企业认识到 RSS 技术的潜力，开始将其应用于更广泛的领域，如电子商务、内容分发和品牌推广等。这种新的内容分发模式逐渐演变为一种重要的网络营销方式，被称为万维网 RSS 营销。万维网 RSS 营销是一种基于 RSS 技术，通过内容订阅和分发来实现市场推广的营销方式。具体来说，RSS 营销是指企业利用 RSS 技术将网站内容以 XML 格式发布，用户可以通过 RSS 阅读器或其他 RSS 订阅工具订阅这些内容，并在第一时间获取网站的最新信息。

万维网 RSS 营销方式的核心在于精准、主动和实时的内容传播。在 RSS 营销中，用户是内容获取的主动方。与传统的广告宣传不同，RSS 营销不会将广告信息强制推送给用户，而是通过用户的主动订阅来实现信息传递。因此，RSS 营销具有较高的用户参与度和忠诚度，能够有效减少广告干扰，提高信息传递的效率。

（三）万维网 RSS 营销的特点

万维网 RSS 营销相比于传统的营销方式，具有以下几个显著特点。

1. 内容时效性强

一旦内容发布者更新内容，RSS 源会迅速将新内容的信息（如标题、摘要、链接等）推送给订阅用户。对于新闻媒体、行业资讯网站等来说，这种及时推送的特性能够让用户第一时间了解到最新的事件和动态。例如，当突发新闻事件发生时，订阅了相关新闻媒体 RSS 源的用户可以在几分钟内收到消息推送，比通过其他渠道获取信息可能更快。由于内容更新频繁且及时推送，订阅用户看到的总是相对较新的内容。这有助于维持用户对内容的关注度和兴趣，尤其是对于那些时效性要求较高的领域，如金融市场动态、科技产品发布等，能够让用户随时掌握行业的最新变化。

2. 用户忠诚度较高

RSS 营销通过用户的兴趣来聚合内容和用户。因为用户是基于自己的喜好和需求主动订阅内容，所以他们对这些内容有一种内在的认同感和期待。这种基于兴趣建立起来的联系使得用户对内容提供者的忠诚度相对较高。例如，一个忠实的美食博客订阅者会因为对美食内容的持续兴趣而长期关注该博客的 RSS 更新。与快速浏览以获取信息的方式不同，RSS 用户更倾向于深度阅读自己订阅的内容。由于内容是用户主动选择的，他们会花更多的时间和精力去阅读、理解相关内容，这也使得他们对内容和品牌产生更深刻的印象，进一步增强了忠诚度。

3. 跨平台兼容性好

RSS 技术可以在多种设备上使用，包括桌面电脑、笔记本电脑、平板电脑和智能手机等。只要设备上安装了支持 RSS 的软件（如 RSS 阅读器）或通过浏览器插件等方式，用户就可以在不同设备上方便地接收和阅读 RSS 内容。这使得用户能够随时随地获取自己订阅的内容，不受设备限制。RSS 还可以与其他互联网技术和服务进行融合。例如，它可以与电子邮件客户端集成，让用户通过电子邮件的方式接收 RSS 内容摘要；也可以与一些内容推荐系统结合，根据用户的 RSS 订阅行为为其推荐其他相关的内容，这进一步拓展了 RSS 营销的应用范围。

（四）万维网 RSS 营销的基本流程

RSS 营销的流程通常包括以下几个关键步骤。

1. 内容创建与 RSS 源生成

（1）内容创作与整理。

企业或内容提供商首先需要创建高质量、有价值的内容。这可以包括新闻资讯、产品更新、行业动态、技术教程、博客文章等。例如，一家电子产品企业可以撰写关于新产品发布、产品使用技巧、行业科技趋势等方面的内容。内容应该是目标受众感兴趣的，并且要保持一定的更新频率，以吸引和留住订阅用户。比如，对于一个科技博客，可能需要每周更新 2～3 篇新文章。

（2）RSS 源生成。

使用专门的工具或内容管理系统（CMS）来生成 RSS 源。许多流行的 CMS 平台，如 WordPress，都自带 RSS 生成功能。当内容发布时，这些系统会自动更新 RSS 源，使其包含最新的内容信息。RSS 源本质上是一个 XML 文件，它包含了内容的标题、链接、摘要、发布日期等信息，这些信息将被发送给订阅用户的 RSS 阅读器。

2. RSS 营销渠道选择与推广

（1）选择 RSS 阅读器和订阅平台。

企业需要考虑目标受众常用的 RSS 阅读器，如 Feedly、Inoreader 等。这些阅读器有不同的用户群体和功能特点，选择合适的阅读器可以更好地接触到目标用户。除了独立的 RSS 阅读器，一些网站和平台也提供 RSS 订阅功能，如浏览器（Firefox、Chrome 等部分插件支持 RSS 订阅)、电子邮件客户端等。企业可以根据自己的营销目标和受众特点，综合利用这些渠道。

(2) 营销推广。

在企业的官方网站、博客、社交媒体平台等宣传 RSS 订阅服务。例如，在网站首页设置明显的“RSS 订阅”按钮，引导访问者订阅。同时，可以在社交媒体上发布关于 RSS 内容的优势和亮点，吸引用户关注。还可以与相关行业的网站、博主等进行合作推广。例如，一家旅游企业可以与旅游攻略网站、旅游博主合作，在他们的平台上推荐自己的 RSS 订阅服务，以扩大订阅用户群体。

3. 订阅用户获取与管理

(1) 吸引用户订阅。

提供有吸引力的订阅激励措施。对于订阅 RSS 的用户，可以提供独家内容、提前获取产品信息或优惠折扣等福利。例如，一家电商企业可以承诺 RSS 订阅用户提前 24 小时得知促销活动详情。通过优化 RSS 订阅流程，降低用户订阅的难度。确保订阅按钮易于找到，订阅过程简单快捷，只需要用户提供少量必要的信息（如电子邮件地址用于验证或发送通知)。

(2) 用户信息管理。

当用户订阅后，企业需要建立一个用户订阅信息管理系统，记录用户的订阅时间、订阅的内容类别、互动情况等信息。这有助于企业了解用户的需求和行为，以便提供更个性化的服务。根据用户的信息和行为，对订阅用户进行细分。例如，可以根据用户订阅的内容主题（如产品信息、行业新闻等)、订阅时间长短、互动频率等因素将用户分为不同的群体，为后续的精准营销做准备。

4. 内容推送与用户互动

(1) 定期推送内容。

根据设定的更新频率，通过 RSS 源将内容推送给订阅用户。例如，如果是一个每日新闻类的 RSS 源，就需要每天定时更新并推送最新的新闻资讯。确保推送的内容质量稳定，标题要有吸引力，摘要能够准确概括内容要点，引导用户点击链接查看完整内容。例如，标题可以采用悬念式、疑问式或突出亮点的方式，如“震惊！行业最新技术突破将如何改变我们的生活？[点击查看详情]”。

(2) 用户互动促进。

在 RSS 内容中或通过其他渠道鼓励用户进行互动，如评论、分享、提问等。例如，可以在内容结尾处添加引导语，如“您对这篇文章有什么看法？欢迎在评论区留言分享”。对用户的互动及时做出回应，建立良好的互动氛围。例如，对于用户的评论和问题，企业可以安排专人进行回复，增强用户的参与感和忠诚度。

5. 营销效果评估与优化

(1) 效果评估指标。

关注订阅用户数量的增长情况，包括新用户订阅率和用户流失率。新用户订阅率可以反映营销推广的成效，用户流失率则可以提示内容或服务是否存在问题。分析内容的阅读量和互动率，如文章的点击次数、评论数量、分享次数等。这些指标可以帮助企业了解用户对内容的兴趣和参与程度。跟踪通过 RSS 营销带来的商业成果，如产品购买转化率、潜在客户线索获取数量等。例如，统计有多少用户在阅读 RSS 推送的产品信息后，点击链接进入企业网站并完成购买行为。

（2）优化调整策略。

根据评估结果，对内容策略进行优化。如果发现某些类型的内容阅读量和互动率较低，可以调整内容主题或形式；如果订阅用户增长缓慢，可以加大营销推广力度或改进订阅激励措施。优化 RSS 源的技术细节，如检查 XML 文件的兼容性、确保内容推送的及时性和准确性等。同时，根据用户反馈和市场变化，调整营销渠道和互动方式，以提高 RSS 营销的整体效果。

二、百科全书营销

（一）百科全书营销的发展历程

1. 传统纸质百科全书阶段

百科全书作为知识的宝库，自诞生以来就受到人们的重视。早期的百科全书以纸质书籍的形式存在，内容丰富、权威，是人们获取知识的重要途径。像《不列颠百科全书》等经典的纸质百科全书，在很长一段时间内都是学术研究、知识传播的重要工具，但由于其成本高、体积大、更新慢等特点，传播范围和营销方式相对有限。这一时期的营销主要依赖于传统的书店销售、图书馆采购以及学术机构的推荐等渠道，通过在专业领域内建立口碑和品牌形象，吸引有知识需求的读者购买和使用。

2. 数字化转型阶段

随着信息技术的发展，百科全书逐渐开始数字化。一些出版商将纸质百科全书制作成光盘版，方便用户在计算机上查阅，这大大提高了百科全书的便捷性和可及性。例如，微软推出的 Encarta 百科全书光盘，通过与计算机操作系统捆绑销售等方式，迅速扩大了市场份额，让更多的家庭用户能够拥有百科全书。同时，一些在线百科全书网站也开始出现，如维基百科等，它们以用户共创为核心模式，吸引了大量用户参与内容的编辑和更新，内容更加丰富多样，更新速度也更快，逐渐成为人们获取知识的重要在线平台。在营销方面，开始注重搜索引擎优化，通过提高在搜索引擎中的排名，吸引更多的流量和用户关注。

3. 互联网整合营销阶段

进入互联网时代，百科全书营销与网络营销手段深度整合。企业意识到百科全书平台的权威性和高流量价值，开始将其作为重要的网络营销渠道之一。一方面，企业积极创建和完善自己的品牌百科词条，如百度百科、头条百科等，通过详细介绍企业的历史、产品、服务、文化等信息，树立品牌形象，提高品牌知名度和可信度。另一方面，百科全书的内容和形式也更加多样化，除了文字信息外，还包括图片、视频、音频等多媒体元素，增强了内容的吸引力和传播力。例如，一些产品百科词条中会插入产品的图片、演示视频等，让用户更直观地了解产品特点。此外，企业还通过将百科全书营销与社交媒体、内容营销等其他网络营销方式相结合，形成全方位的网络营销矩阵，扩大营销效果。

4. 移动化与个性化阶段

随着移动互联网的普及，百科全书营销也逐渐向移动端转移。各大百科全书平台纷纷推出移动客户端，方便用户随时随地查阅和使用。同时，根据用户的浏览历史、搜索行为等数据，为用户提供个性化的知识推荐，提升用户的使用体验和黏性。在营销方面，更加注重针对移动用户的特点和需求进行精准营销，例如，通过移动广告投放、APP 内推荐等方式，将相关的百科内容和企业信息推送给目标用户。此外，还与移动应用开发商、内容创作者等合作，共同打造优质的移动知识内容，拓展营销渠道和受众群体。

5. 知识付费与增值服务阶段

近年来，一些百科全书平台开始探索知识付费和增值服务模式。一方面，提供高质量、专业的付费内容，如专家解读、深度分析报告、独家资料等，满足用户对深度知识的需求，同时也为平台和内容创作者带来了新的收入来源。另一方面，推出一系列增值服务，如会员特权、在线课程、咨询服务等，提升用户的参与度和忠诚度。例如，知乎推出的盐选会员服务，为会员提供了大量优质的付费内容和专属权益，包括一些专业领域的百科知识和深度解读。在营销上，通过突出付费内容的价值和独特性，吸引用户付费订阅，实现商业价值的最大化。

（二）百科全书营销的定义

百科全书营销是一种通过在线百科全书进行宣传和推广的营销方式。具体而言，企业可以通过编写和编辑百科全书网站上的相关条目，将自己的品牌、产品或服务与相关领域的知识和信息相结合，从而提高曝光度、影响力和品牌形象。

百科全书营销的核心在于借助在线百科全书这一权威知识平台，将企业的信息与用户搜索的相关主题和关键词相连接。通过在相关条目中插入企业的信息、链接和引用，企业可以吸引对这些主题感兴趣的用户，并将他们引导到自己的网站或其他营销渠道。

（三）百科全书营销的特点

1. 权威性高

百科全书平台对词条内容有着严格的审核机制，如百度百科，其要求词条内容必须基于客观事实，有权威的参考资料作为支撑，像权威媒体新闻稿件、专业学术论文等才能作为参考引用资料，这保证了内容的真实性和可靠性，使得用户对其信任度较高。

百科全书在人们的认知中一直是知识的宝库，具有较高的权威性和专业性。企业或品牌能在百科上创建词条，相当于得到了平台的认可，有助于提升自身在用户心中的权威形象，如维基百科，作为全球知名的百科平台，其内容被广泛认为是权威和可信的。

2. 信息全面丰富

百科词条可以包含企业或品牌的历史背景、发展历程、产品服务、技术研发、企业文化、所获荣誉等多方面的详细信息，能够为用户提供一个全面了解企业或品牌的窗口，满足用户对不同类型信息的需求。既可以对某个具体的知识点进行深入剖析，也可以对某一领域的相关内容进行广泛的介绍和梳理，使不同层次的用户都能从中获取到有价值的信息，有助于树立企业或品牌在行业内的专业形象。

3. 长期效应

在线百科全书的条目一般具有较长的生命周期。一旦编写和发布的条目被接受和批准，它将长期存在于百科全书平台上，为企业带来持久的曝光机会和潜在客户。

4. 内容客观中立

百科词条的撰写类似于说明书，以客观中立的态度陈述事实，不掺杂个人感情色彩和主观评价，没有褒贬之分，只是将相关信息准确地呈现给用户，让用户能够基于事实做出自己的判断。与企业官网等其他宣传渠道不同，百科词条不允许进行夸大其词的宣传，必须遵循实事求是的原则，这使得用户在查阅百科时能够获得更加真实、客观的信息，从而增强对企业和品牌的信任感。

（四）百科全书营销的基本流程

1. 明确目标与定位

明确通过百科全书营销想要达到的具体目标，如提高品牌知名度、增加产品销量、树立企业专业形象等。例如，一个新成立的科技企业，可能希望通过百科全书营销让更多人了解其品牌和核心技术，从而吸引潜在客户和投资者。

明确百科全书的内容定位和目标受众，分析其特点、需求和偏好，以进行精准的产品定位。比如，面向学生群体的百科全书，内容应注重基础知识的系统性和趣味性；针对专业人士的百科全书，则要强调内容的深度和专业性。

2. 内容策划与创作

对产品、服务、品牌等相关信息进行全面收集和整理，包括历史背景、发展历程、核心优势、产品特点、应用案例等。以一家化妆品企业为例，需要收集其品牌创立时间、研发团队、产品线、独特配方、获得的奖项等信息。根据目标受众的需求和百科全书的定位，将收集到的信息进行筛选、加工和创作，形成具有可读性、权威性和实用性的百科词条内容。内容应客观中立，避免夸大宣传和虚假信息，同时注意语言表达的规范性和简洁性。

3. 平台选择与词条创建

常见的百科平台有百度百科、头条百科、维基百科等。不同平台的用户群体、流量大小、审核规则等有所差异，企业应根据自身目标受众和营销重点选择合适的平台。例如，百度百科在国内搜索引擎中的权重较高，适合面向国内广大用户进行品牌推广和知识普及。

企业确定好平台后，按照所选平台的要求和规范，创建百科词条。在创建过程中，要注意词条标题的准确性和唯一性，内容结构的合理性和逻辑性，以及参考资料的真实性和权威性。同时，要合理设置词条的目录、摘要、关键词等，以便用户能够快速了解词条的核心内容，也方便搜索引擎收录。

4. 优化与推广

定期对百科词条的内容进行更新和优化，保持内容的时效性和准确性。随着企业的发展和产品的更新换代，及时添加新的信息和案例，删除过时的内容。此外，还可以根据用户的反馈和搜索数据，对内容进行调整和优化，提高用户的阅读体验和词条的搜索排名。

通过多种渠道对百科词条进行推广，吸引更多的用户访问和阅读。可以在企业官网、社交媒体平台、行业论坛等添加百科词条的链接，引导用户点击查看。同时，结合搜索引擎优化技术，优化词条的关键词和描述，提高在搜索引擎中的排名，增加词条的曝光度。

5. 效果评估与持续改进

设定一系列评估指标，如词条的浏览量、点赞数、评论数、分享数、转化率等，以衡量百科全书营销的效果。通过分析这些数据，了解用户的行为和反馈，评估营销活动是否达到预期目标。

根据效果评估的结果，总结经验教训，找出存在的问题和不足之处，及时调整营销策略和内容创作方向。不断优化百科词条的内容和推广方式，以提高营销效果和用户满意度，实现百科全书营销的持续改进和发展。

三、聚合网站营销

（一）聚合网站营销的发展历程

1. 早期萌芽阶段

在互联网发展的早期，网站数量相对较少。随着信息量逐渐增多，一些网站开始尝试将不同来源的信息进行简单聚合，以提供更丰富的内容给用户，如早期的雅虎等门户网站，通过人工编辑的方式收集各类网站链接和信息，方便用户查找不同类型的内容，这可以看作是聚合网站营销的雏形。

2. 初步发展阶段

随着社交媒体平台的出现和普及，用户生成内容大量涌现，信息传播的方式发生了巨大变化。聚合网站开始将社交媒体上的内容纳入聚合范围，如微博、博客等平台的内容被整合到一些资讯聚合网站中，丰富了内容的来源和多样性。同时，社交媒体平台自身也具备一定的聚合功能，通过用户的关注、点赞、分享等行为，将相关的内容和用户聚集在一起，为企业的营销提供了新的渠道和机会。

此外，专门的内容聚合平台如 RSS 阅读器等开始出现，用户可以通过订阅自己感兴趣的网站或博客的 RSS 源，将这些内容聚合到一个平台上进行阅读。这使得用户能够更高效地获取信息，同时也为网站内容的传播提供了更广泛的途径。企业开始利用 RSS 等技术，将自己的内容推送给订阅用户，提高内容的曝光度和传播效果，这也是聚合网站营销的一种重要方式。

3. 快速发展阶段

随着互联网技术的不断发展，大数据技术逐渐成熟，聚合网站能够收集和分析大量用户的行为数据、兴趣爱好等信息。基于这些数据，企业可以实现更精准的营销，将个性化的内容和广告推送给目标用户。例如，一些电商聚合平台可以根据用户的浏览和购买历史，为用户推荐符合其兴趣和需求的商品，提高营销的转化率。同时，社交媒体平台也利用大数据进行精准广告投放，根据用户的画像和行为特征，将广告展示给最有可能感兴趣的用户，实现了营销效果的大幅提升。

移动互联网的普及使得用户获取信息的方式更加便捷和多样化，聚合网站也纷纷推出移动客户端，以适应移动用户的需求。移动应用商店成了新的流量入口，企业开始注重通过优化移动应用的内容和用户体验，提高在应用商店中的排名和下载量。同时，基于地理位置的服务等技术也为聚合网站营销带来了新的机遇，企业可以根据用户的地理位置信息，推送相关的本地化内容和广告，提高营销的针对性和效果。

4. 多元化融合阶段

为了满足用户在不同平台上的需求，聚合网站开始进行跨平台整合，将网站、移动应用、社交媒体等多个平台的资源进行整合和协同，实现全渠道营销。例如，一些企业通过建立自己的官方网站、移动应用、社交媒体账号等多渠道的营销矩阵，将用户在各个平台上的行为数据进行整合和分析，实现对用户的全方位了解和精准营销。同时，不同平台之间也开始进行合作和互推，如社交媒体平台与电商平台的合作，实现内容与商业的深度融合，为用户提供更加便捷的购物体验。

人工智能和机器学习技术的不断发展为聚合网站营销带来了更强大的工具和手段。通过自然语言处理、图像识别等技术，聚合网站能够更好地理解用户的需求和意图，为用户提供更加个性化、智能化的内容推荐和服务。例如，一些视频聚合平台可以根据用户的观看历史和兴趣偏好，自动推荐相关的视频内容，提高用户的观看体验和黏性。同时，人工智能还可以用于广告创意的生成、营销效果的预测等，帮助企业提高营销效率和效果。

（二）聚合网站营销的定义

聚合网站营销是指利用聚合网站的流量和用户基础，通过整合和展示多种品牌、产品或服务的信息，进行市场推广的一种策略。聚合网站通常通过收集多种来源的数据，提供给用户全面、便捷的内容浏览体验，从而吸引大量的用户访问和停留。

（三）聚合网站营销的特点

1. 信息集中且高效便捷

聚合网站通过整合多种来源的信息，使用户能够在一个平台上获取多样化的内容，节省了时间和精力。用户无需在多个网站之间跳转，可以在聚合网站上一站式地找到所需信息，提高了信息获取的效率。

2. 用户参与度高

一些聚合网站提供了用户评论、分享、点赞等互动功能，鼓励用户参与内容的传播和讨论，增强了用户之间的互动性和社交性。企业可以通过与用户的互动，更好地了解用户需求和反馈，建立良好的品牌形象和用户关系，提高用户对品牌的认同感和忠诚度。

3. 精准性强且信息整合性强

聚合网站通过特定的技术和算法，将分散在各个网站、平台的碎片化信息进行收集、整理和分类，按照一定的逻辑和规则呈现给用户，使用户能够更高效地获取所需信息，解决了信息过载和分散的问题，节省了用户查找信息的时间和精力。

借助大数据和先进的数据分析技术，聚合网站可以对用户的行为数据、兴趣偏好等进行深入挖掘和分析，从而实现精准的内容推荐和个性化的营销服务，提高营销的针对性和效果，将符合用户兴趣和需求的产品、服务或信息推送给目标用户，提高用户的关注度和参与度。

（四）聚合网站营销的基本流程

1. 目标设定与市场定位

企业首先要确定通过聚合网站营销想要达成的目标，这可能包括提高品牌知名度、增加产品销量、获取潜在客户线索、促进用户参与等。例如，一个新兴的运动品牌希望通过聚合网站营销，在三个月内将品牌知名度提升 20%，并获取 1 000 名潜在客户的联系方式。

对目标市场进行深入研究，包括目标受众的年龄、性别、地域、消费习惯、兴趣爱好等因素。例如，某运动品牌经过调研发现，其目标受众主要是 18～35 岁的年轻人，他们热爱运动，关注时尚，并且经常在网上购买运动装备。同时，还要分析竞争对手在聚合网站上的营销情况，找出自身的优势和差异化竞争点。

2. 聚合网站选择与合作策略

（1）选择合适的聚合网站。

根据营销目标和目标受众，选择与之匹配的聚合网站。考虑因素包括网站的主题相关性、用户流量、用户群体特征、内容形式等。例如，如果是运动品牌，可能会选择体育资讯聚合网站、运动爱好者社区聚合平台等。这些网站的用户与品牌的目标受众重合度高，能够更有效地传播品牌信息。

（2）确定合作方式与资源投入。

与聚合网站建立合作关系，可以是广告投放、内容合作、联合推广等多种形式。例如，企业可以在聚合网站上投放展示广告、原生广告，或者与网站合作撰写品牌相关的优质内容进行发布。同时，要根据合作形式和预期效果，确定资源投入，包括资金预算、人力安排等。比如，投放广告需要确定广告预算、投放时间和频次；内容合作需要安排专业的文案人员来撰写高质量的内容。

3. 内容策划与制作

根据聚合网站的特点和用户需求，规划营销内容的主题、结构和形式。内容要具有吸引力、价值性和相关性，能够吸引用户的关注并引导他们采取行动。例如，运动品牌在体育资讯聚合网站上的营销内容，可以包括运动装备评测、运动技巧分享、品牌运动赛事报道等主题。

撰写高质量的文案，注意语言风格要符合目标受众的喜好，同时要巧妙地融入品牌信息和营销意图。例如，在运动装备评测文案中，可以自然地介绍品牌产品的特点、优势和使用体验。此外，还需要准备相关的素材，如图片、视频等，以增强内容的视觉效果和吸引力。例如，插入品牌运动装备的高清图片、使用场景视频等。

4. 数据监测与效果评估

（1）数据收集与分析工具。

利用聚合网站提供的数据监测工具或者第三方数据分析工具，收集营销活动的数据，包括内容的浏览量、点赞数、评论数、分享数，广告的点击率、转化率等。例如，通过聚合网站后台的数据统计功能，获取品牌营销内容的详细数据，分析用户的行为和反馈。

（2）效果评估与优化调整。

根据收集的数据，对营销效果进行评估。对比营销目标，分析哪些方面达到了预期效果，哪些方面还需要改进。例如，如果广告的点击率较低，可能需要调整广告创意、投放位置或时间；如果内容的互动性不强，可能需要优化文案内容和互动环节设置。根据评估结果，及时调整营销策略和内容，以提高营销效果。

数字营销实践

京东集团的全渠道网络营销探索

京东作为中国领先的电商平台，其营销实践贯穿从Web1.0到多元网络营销模式的演变，通过整合不同营销手段，实现品牌推广与用户增长。早期在Web1.0时代，京东依托门户网站和垂直论坛构建营销基础，在新浪、网易等平台投放横幅广告，聚焦“正品行货”“低价保障”等核心卖点，吸引首次触网的消费群体。同时，在中关村在线、太平洋电脑网等科技论坛发布产品评测和促销信息，利用BBS互动功能与潜在用户交流，例如针对3C产品特性撰写使用攻略，引导用户参与讨论，形成早期品牌认知。

随着搜索引擎营销的兴起，京东通过关键词优化与付费搜索双管齐下。一方面，针对“京东手机价格”“京东家电促销”等核心关键词进行搜索引擎优化，提升官网在自然搜索结果中的排名；另一方面，在百度、谷歌等平台投放竞价广告，通过“限时折扣”“满减活动”等动态文案吸引用户点击，尤其在“618”“双11”等购物节期间加大投放力度，精准捕捉用户搜索购物需求。电子邮件营销则成为用户留存的重要手段，京东通过用户注册、订单信息收集邮箱数据，按用户购买历史和浏览记录细分群体，向数码爱好者发送新品评测邮件，向家电用户推送节能补贴通知，提升邮件打开率和转化率。

在百科全书与聚合网站营销领域，京东在百度百科、维基百科等平台完善品牌词条，详细介绍企业发展历程、物流体系优势和正品保障措施，借助百科平台的权威性增强用户信任。同时，与返利网、什么值得买等聚合网站合作，通过优惠信息聚合和用户评价整合，将商品信息精准推送给价格敏感型用户；在中关村在线等科技聚合平台发布专业测评内容，结合产品参数对比和使用场景分析，吸引高意向消费群体，形成从信息触达到购买转化的闭环。

讨论题

1. 京东在不同网络营销模式中如何平衡品牌曝光与用户精准触达？

2. 从Web1.0营销到聚合网站营销，京东的营销实践体现了哪些网络营销趋势的变化？这些变化对电商行业有何启示？

// 本章小结 //

本章围绕网络营销展开多方面阐述，全面剖析其发展脉络与各类营销模式。Web1.0 营销开启网络营销先河，源于互联网商业化，以门户网站为典型，内容多为专业生产内容（PGC）。其营销以广告投放为主，涵盖横幅广告、弹出广告等广告形式及 BBS、电子邮件、即时通信等手段，呈现单向传播、内容静态、目标模糊、传播单一的特点。企业按照明确目标、选渠道备资源、网站运营优化、效果评估与调整的流程操作，虽技术有限，但留下诸多可鉴借经验。电子邮件营销与搜索引擎营销是重要分支。电子邮件营销历经诞生与商业化，基于用户许可传递价值信息，具有应用广、成本低、精准个性化且易衡量优化的特点，流程涵盖目标受众定位、邮件列表管理等环节。搜索引擎营销随技术革新，从早期简单购买关键词发展至如今的数据驱动投放，基于搜索引擎平台，精准触达用户，特点包括定位即时、灵活可测等，基本流程包含目标设定、关键词研究等步骤。万维网 RSS 营销、百科全书营销与聚合网站营销在数字时代作用凸显。万维网 RSS 营销是基于 RSS 技术的内容订阅推广模式，通过 XML 标准化格式实现网站内容主动推送。其核心特点为时效性强、用户主动订阅且忠诚度高、跨平台兼容性佳。流程包括内容生成、渠道推广、用户管理及互动优化，早期应用于新闻与博客，后扩展至电商等领域。百科全书营销从纸质走向网络整合，借权威平台提升品牌，流程包括明确目标、内容创作等，权威性高、信息丰富客观。聚合网站营销整合信息，方便用户获取，特点为高效便捷、用户参与度高、精准性强，流程有目标定位、网站选择合作等，有力推动企业网络营销实践与发展。不同营销方式在特点、流程与应用场景上各具差异，企业需依据自身目标、资源与市场状况灵活选择组合，以适应动态网络环境，实现营销目标与商业价值最大化。

// 思考题 //

1. 阐述 Web1.0 营销的特征和定义。
2. 阐述电子邮件营销与搜索引擎营销的实施流程和方式。
3. 阐述百科全书营销与聚合网站营销的特点和主要方式。
4. 比较不同网络营销方式之间的区别。

// 第7章 //

社交媒体营销

学习目标

1. 了解社交媒体营销的主要形式。
2. 掌握社交媒体营销的相关概念和实施方式。
3. 掌握社交媒体营销不同方式之间的联系和区别。
4. 掌握博客营销、即时通信营销和在线社区营销的相关内容。

第1节　社交媒体营销的概念及特征

社交媒体营销是一种基于互联网平台，通过社交媒体渠道进行品牌推广、产品宣传和用户互动的营销方式。随着互联网技术的迅猛发展，社交媒体已经成为人们日常生活中不可或缺的一部分，因此，社交媒体营销也成了企业与消费者之间的重要沟通桥梁。社交媒体营销的起源可以追溯到20世纪末。当时，互联网逐渐普及，电子邮件营销和简单的网络广告开始出现。然而，真正意义上的社交媒体营销是从21世纪初期开始的。随着Facebook、Twitter等社交媒体平台的崛起，企业开始意识到这些平台不仅仅是社交工具，还可以作为强大的营销渠道。通过这些平台，品牌能够更直接地与消费者进行互动，从而提高品牌知名度和忠诚度。

一、社交媒体营销的概念

（一）社交媒体营销的发展历程

1. 早期探索阶段（21世纪初至2007年）

随着互联网的逐渐普及，一些早期的社交媒体平台开始诞生，如MySpace、Friendster等，这些平台为人们提供了在线交流和分享的场所，也为企业提供了初步的营销渠道。在中国，类似的社交尝试也在进行，如QQ空间、校内网（后更名人人网）的出现吸引了大量用户。企业开始意识到这些平台的营销潜力，尝试通过在上面发布广告、宣传品牌活动等方式来吸引用户关注，初步形成了社交媒体营销的雏形，但此时平台的用户群体还不够广泛，营销效果也较为有限。

2. 初步发展阶段（2008—2011 年）

Twitter、Facebook 等具有广泛影响力的社交媒体平台迅速兴起并得到快速发展，用户数量呈爆发式增长，吸引了大量不同年龄、地区和背景的用户，为企业提供了更广阔的营销空间。在中国，2009 年新浪微博推出，开启了国内社交新时代，用户活跃度极高。越来越多的企业开始将社交媒体纳入整体营销策略中，重视在这些平台上与用户的互动和沟通，通过发布有价值的内容、举办线上活动等方式来提升品牌知名度和用户参与度，但此时企业对社交媒体营销的理解和应用还不够深入，营销手段较为单一。

3. 快速发展阶段（2012—2015 年）

Instagram、Pinterest 等以图片分享为主的社交媒体平台以及 LinkedIn 等专业社交网络平台的诞生和发展，进一步丰富了社交媒体的生态。在中国，除了微博持续火热，微信在 2011 年推出后，迅速成为重要社交平台。2013 年，小红书正式上线，它以美妆、时尚、生活方式等领域的用户分享内容为特色，吸引大量年轻用户。企业开始更加注重内容营销策略，通过制作高质量、有吸引力的图片、视频、文字等内容来吸引用户关注和分享。同时，数据分析技术也开始得到广泛应用，企业能够通过对社交媒体数据的挖掘和分析，更精准地了解用户需求、行为特征和偏好，从而制定更加个性化、精细化的营销策略，提高营销效果。

4. 创新变革阶段（2016—2023 年）

随着移动互联网的普及，社交媒体营销逐渐向移动端转移，微信、微博、抖音等移动社交媒体平台成为企业进行营销的重要阵地，移动社交的便捷性和实时性使得用户能够随时随地与品牌进行互动，企业也更加注重移动端的用户体验和营销策略优化。短视频和直播平台的迅速崛起，如抖音、快手、淘宝直播等，为社交媒体营销带来了全新的形式和机遇，企业开始通过短视频和直播进行产品展示、品牌推广、销售转化等营销活动，以更生动、直观的方式与用户互动，增强用户的参与感和购买欲望。

5. 深度融合与个性化阶段（2024 年以后）

人工智能在社交媒体营销中的应用将更加广泛和深入，实现“一人多面”的“一对一”营销。未来，每个企业都可能拥有自己各场景的营销大模型，且应用越来越专业化、个性化、私有化，这将推动营销向更智能、更高效、更个性化的方向发展。与此同时，社交媒体营销与电商、内容创作、线下体验等其他领域的融合将更加紧密，形成全方位、多维度的营销生态。其中，社交电商将持续作为重要的发展趋势，企业通过社交媒体平台直接实现商品销售和品牌推广的模式将更加成熟和普遍。

（二）社交媒体营销的定义

社交媒体营销就是利用社会化网络、在线社区、博客、百科或者其他互联网协作平台和媒体来传播和发布资讯，从而促进营销、销售、公共关系处理以及客户关系维护与开拓的一种方式。一般社交媒体营销工具包括论坛、微博、微信、博客、SNS 社区，以及通过自媒体平台或者组织媒体平台对图片和视频进行发布和传播（张闯和郭乐，2024）。网络营销中的社交媒体主要是指具有网络性质的综合站点，其主要特点是网站内容大多由用户自愿提供，而用户与站点不存在直接的雇佣关系。综上所述，社交媒体营销是指企业利用社交媒体平台，通过发布内容、与用户互动、进行广告投放等方式，达到品牌推广、产品宣传和用户关系管理的目的。其核心在于通过社交媒体平台建立品牌与用户之间的互动和信任，从而实现商业目标。

二、社交媒体营销的特征

（一）社交媒体营销的优势

1. 精准定位目标客户

社交网络掌握了用户大量的信息，其中有许多极具价值的信息。通过对用户发布和分享内容的分析，可以有效地判断出用户的喜好、消费习惯及购买能力等信息。此外，随着移动互联网的发展，社交用户使用移动终端的比例越来越高。移动互联网基于地理位置的特性，也将给营销带来极大的变革。通过对目标用户的精准人群定向以及地理位置定向，在社交网络媒体上投放广告自然能收获比在传统网络媒体上投放更好的效果。

2. 社交媒体的互动特性可以拉近企业与用户的距离

互动性曾经是网络媒体相较传统媒体的一个明显优势，但是直到社交媒体的崛起，我们才真正体验到互动带来的巨大魔力。在传统媒体上投放的广告根本无法获取用户的反馈，即便在官方网站或者博客上，反馈也是单向或者不即时的，互动的持续性差。往往是企业发布了广告或者新闻，然后看到用户的评论和反馈，而要继续深入互动却难度很大，企业与用户持续沟通的渠道是不顺畅的。而社交网络使人们有了企业的官方微博和人人网官方主页等平台，在这些平台上，企业和顾客都是用户，先天的平等性和社交网络的沟通便利特性使得企业和顾客能更好地互动，形成良好的企业品牌形象。此外，微博等社交媒体是一个天然的客户关系管理系统，通过寻找用户对企业品牌或产品的讨论或者抱怨，可以迅速做出反馈，解决用户的问题。如果企业官方账号能与顾客或者潜在顾客形成良好的关系，让顾客把企业账号视为一个朋友的账号，那么企业获得的价值是难以估量的。

3. 社交媒体的大数据特性助力企业以较低成本开展舆论监控和市场调查

随着社交网络的普及，社交网络的大数据特性得以充分体现。企业如果能做好社交网络的数据分析与处理，就能从中获得诸多收益。

首先，通过社交媒体，企业可以用较低的成本进行舆论监控。在社交网络出现以前，企业想对用户进行舆论监控难度很大。而如今，社交媒体在企业危机公关时发挥的作用已经得到了广泛认可。任何一个负面消息都是从小范围开始扩散的，只要企业能随时进行舆论监控，可以有效地降低企业品牌危机产生和扩散的可能性。

其次，通过对社交平台大量数据的分析，或者进行市场调查，企业能有效地挖掘出用户的需求，为产品设计开发提供很好的市场依据。比如，一家蛋糕供应商如果发现在社交网站上有大量的用户在寻找欧式蛋糕的信息，就可以加大这方面的蛋糕设计开发。

在社交网络出现以前，这几乎是不可能实现的。而如今，企业只要准备些小礼品，在社交媒体做一个活动，就会收到海量的用户反馈。

4. 社交媒体让企业获得了低成本组织的力量

通过社交网络，企业能以很低的成本组织起一个庞大的粉丝宣传团队，而粉丝能带给企业多大的价值呢？以小米手机为例，小米如今有着庞大的粉丝团队，这些数量庞大的粉丝成为推动小米手机崛起的重要因素。每当小米手机有活动或者出新品，这些粉丝就会奔走相告，全力进行宣传，而这些几乎是不需要成本的。如果没有社交网络，小米想要把粉丝组织起来为小米做宣传，必然要花费极高的成本。此外，社交媒体的公开信息也可以使企业有效地找到意见领袖，借助意见领袖获得更好的宣传效果。

5. 减少整体营销预算投入

社交媒体营销虽然也需要一定的投入，但若应用得好，企业的整体营销预算会大大减少。这是因为社交媒体有着其他传统媒体和网络媒体所不可替代的传播效应。一方面，社交媒体网络的开放性吸引了大量的注册用户；另一方面，有关产品与服务的信息可以利用社交媒体网络以更低的成本、更快的速度进行传播。如果企业能够将社交媒体与视频营销、病毒营销结合起来，常常能够达到意想不到的营销效果。荷兰皇家航空公司（KLM）在2011年3月新开通的迈阿密航线上，成功运用了社交媒体营销来传播。该公司利用Twitter发起话题，通过YouTube实现视频分享，以极低的投入，就对这条新航线的推广起到了意想不到的传播效果，同时也大大提升了KLM的品牌美誉度。

（二）社交媒体营销的分类

1. 按照内容类型分类

（1）文字内容营销。文字内容营销主要通过文字形式传递信息，包括博客文章、社交媒体帖子、评论等。企业可以通过撰写专业的文章、分享行业动态或发布用户故事等方式，吸引目标受众的关注。

（2）图片内容营销。图片内容营销通过视觉元素吸引用户的注意力，常见于Instagram、Pinterest等平台。企业可以发布产品图片、品牌宣传图、用户生成内容（UGC）等，增强品牌形象和用户互动。

（3）视频内容营销。视频内容营销是目前社交媒体营销中最具吸引力的形式之一，尤其在TikTok、YouTube等平台上表现突出。视频内容可以是产品介绍、教程、品牌故事等，能够更生动地传递信息，提高用户的参与度。

（4）直播营销。直播营销是近年来兴起的一种新型营销方式，企业通过实时直播与用户互动，展示产品、解答问题、进行促销等。直播能够创造紧迫感，激发用户的购买欲望。

2. 按照平台类型分类

（1）社交网络营销。社交网络营销主要在Facebook、Twitter、LinkedIn等社交网络平台上进行，企业通过创建品牌页面、发布动态、与用户互动等方式，建立品牌形象和用户社区。

（2）内容分享平台营销。企业可以在内容分享平台如Pinterest、Medium等发布高质量的内容，吸引用户分享和传播，提升品牌知名度。

（3）视频平台营销。企业可以在视频平台如 YouTube、TikTok 等发布创意视频，展示产品特点和品牌故事，吸引用户观看和分享。

（4）即时通信工具营销。企业可以利用即时通信工具如 WhatsApp、Messenger 等，通过一对一的沟通和群组营销，与用户建立更紧密的联系，提供个性化服务。

3. 按照目标受众分类

（1）B2C（企业对消费者）营销。B2C 营销主要针对个人消费者，企业通过社交媒体平台与消费者进行互动，推广产品和服务，提升品牌知名度和销量。

（2）B2B（企业对企业）营销。B2B 营销主要针对其他企业，企业通过社交媒体平台与潜在客户建立联系，分享行业信息和专业知识，促进业务合作。

（3）C2C（消费者对消费者）营销。C2C 营销主要依靠用户之间的互动和分享，企业可以通过鼓励用户生成内容（UGC）和口碑传播，提升品牌影响力。

4. 按照营销策略分类

（1）内容营销。内容营销是通过创建和分享有价值的内容，吸引和留住目标受众。企业可以通过撰写博客、制作视频、发布社交媒体帖子等方式，提升品牌认知度和用户忠诚度。

（2）社交广告营销。社交广告营销是指通过在社交媒体平台上投放付费广告开展营销。企业可以根据用户的兴趣、行为和人口统计特征等，精准定位目标受众，提升广告效果。

（3）影响者营销。影响者营销是通过与社交媒体上的意见领袖或影响者合作，借助他们的影响力推广品牌和产品。企业可以通过赞助、合作或赠品等方式，与影响者建立合作关系。

（4）社群营销。社群营销是通过建立品牌社区，与用户进行深度互动，增强用户的归属感，提升用户的忠诚度。企业可以通过创建社交媒体群组、举办线上活动等方式，促进用户之间的交流。

第 2 节　博客营销

博客（blog），即“网络日志”，最早可以追溯到 20 世纪 90 年代末。当时，博客作为一种新兴的互联网表达形式，主要用于个人记录和信息分享。随着博客平台的不断涌现，如 LiveJournal、Blogger 和 WordPress 等，博客逐渐从个人表达工具演变为公共讨论和信息传播的平台。这一变化为博客营销的出现奠定了基础。博客营销的真正起源可以追溯到 21 世纪初期。当时，一些企业开始意识到博客所具有的影响力，通过赞助或直接运营博客来推广其品牌和产品。早期典型的博客营销案例包括微软的 Scobleizer 博客和通用汽车的 FastLane 博客，这些成功案例展示了博客在品牌塑造和消费者沟通中的巨大潜力。

一、博客营销的概念

（一）博客营销的发展历程

1. 起步阶段

2003 年，第一个博客平台 Xanga 推出，随后 LiveJournal、TypePad 等平台也纷纷涌现，博客开始成为人们在网络上分享个人思想、观点和生活的新方式。此时的博客主要以个人兴趣爱好为主题，许多博主通过撰写文章来记录自己的生活点滴、抒发情感、分享知识和经验等，受众则通过阅读和评论与博主进行互动。

2. 企业参与阶段

2005 年，像 IBM、Sun Microsystems 等大型企业开始创建自己的企业博客。这些企业博客主要用于发布公司新闻、行业见解、技术趋势等内容，目的是树立企业在行业内的专业形象，提高品牌知名度，与客户和合作伙伴建立更紧密的联系。企业开始认识到通过博客提供有价值的内容，可以吸引潜在客户，建立与客户之间的信任和互动，从而为产品或服务的销售打下良好的基础。这一时期的博客营销主要侧重于内容的专业性和权威性，以吸引目标受众的关注和认可。

3. 社交媒体冲击阶段

2007 年，Twitter 的推出引领了微博客的潮流，其 140 个字符的限制使得信息传播更加迅速和便捷，用户可以随时随地发布和获取简短的实时信息。微博客的出现对博客产生了一定的冲击，部分用户的注意力开始从传统博客向微博客转移。不过，这也为博客营销带来了新的启示和借鉴。

到了 2009 年，Facebook 和 LinkedIn 等社交媒体平台的迅速崛起，以及移动设备的广泛普及，改变了人们在线消费和分享内容的方式。人们越来越倾向于通过社交媒体平台获取和传播信息，这使得博客的流量和影响力受到了一定的影响，但也促使博客营销与社交媒体营销相结合，拓展了营销渠道和方式。

4. 视觉与内容深化阶段

2011 年，随着 Instagram、Pinterest 等图片分享平台的兴起，网络内容开始向视觉化方向发展。博客也受到了这一趋势的影响，许多博主开始注重在文章中插入高质量的图片、图表、视频等视觉元素，以增强内容的吸引力和可读性。同时，一些以图片、视频为主要内容的博客也应运而生，如摄影博客、美食博客等，通过精美的视觉呈现吸引了大量的粉丝和关注者。

在 2013 年，内容营销成为企业的关键战略之一，企业更加注重创建高质量、有深度、有价值的内容来吸引和留住客户。博客作为内容营销的重要载体，其内容质量和专业性要求也越来越高。企业开始投入更多的资源来打造专业的博客团队，制定内容策略，生产涵盖行业分析、解决方案、使用指南、案例研究等多种类型的深度内容，以满足不同阶段客户的需求，建立企业在行业内的权威地位。

到了 2015 年左右，视频内容的受欢迎程度急剧上升，YouTube、Vimeo、TikTok 等视频平台的发展使得个人和企业都能够更轻松地创建和分享视频。视频博客（vlog）

开始成为一种新的趋势，许多博主通过拍摄视频日志来分享自己的生活、经验、见解等，与观众建立了更加直观和亲密的联系。企业也纷纷将视频营销纳入其营销策略中，通过制作产品演示视频、品牌故事视频、客户见证视频等，在博客及其他渠道进行推广，以提高品牌知名度和产品销量。

5. 多元化发展阶段（2018 年至今）

2018 年，随着亚马逊的 Alexa、谷歌的 Home 等语音助手和智能音箱的普及，音频博客、播客等音频内容迎来了新的发展机遇。用户可以通过语音指令随时随地收听各种音频节目，这为内容消费提供了一种更加便捷和个性化的方式。一些博主和企业开始尝试制作音频内容，如播客节目、有声读物等，以满足用户在不同场景下的内容需求，这进一步拓展了博客营销的形式和渠道。

随着大数据、人工智能等技术的发展，博客营销也越来越注重个性化和精准化。企业可以通过分析用户的行为数据、兴趣偏好等信息，为不同的用户群体提供个性化的博客内容推荐，提高用户的参与度和转化率。同时，企业还可以针对特定的细分领域和目标受众进行精准营销，与微影响者合作，通过他们的博客或社交媒体渠道推广产品或服务，实现更高效的营销效果。

在数字营销的大背景下，博客营销不再孤立存在，而是与搜索引擎优化、社交媒体营销、电子邮件营销、付费广告等其他营销手段深度融合。例如，通过优化博客文章的关键词和元数据，提高在搜索引擎中的排名，吸引更多的自然流量；通过在社交媒体平台上分享博客内容，扩大品牌影响力和内容传播范围；通过电子邮件向订阅用户定期推送博客更新，保持与客户的持续沟通和互动等，形成全方位、多渠道的营销矩阵，为企业带来更全面的营销价值。

（二）博客营销的定义

博客营销是利用博客这种网络应用形式来开展网络营销。企业利用博客这种网络交互性平台，发布并更新企业的相关概况及信息，密切关注并及时回复平台上客户对于企业的相关疑问以及咨询，通过较强的博客平台帮助企业获得搜索引擎的较前排位，以达到宣传目的的营销手段。

二、博客营销的特征

（一）博客营销的特点

1. 细分程度高，广告定向准确

博客类似于个人网上出版物，拥有其个性化的分类属性，因而每个博客都有其不同的受众群体。其读者往往是一群特定的人，细分的程度远远超过了其他形式的媒体。细分程度越高，广告的定向性就越准。

2. 互动传播性强，口碑效应好

每个博主都拥有一个相同兴趣爱好的博客圈子，在这个圈子内，博客之间的相互影响力很大，信息的可信程度相对较高，朋友之间互动传播性也非常强，因此口碑效应和品牌价值大。虽然单个博客的流量绝对值不一定很大，但是受众群明确，针对性非常强，单位受众的广告价值自然就比较高，所能创造的品牌价值远非传统方式的广告所能比拟。

3. 影响力大，引导网络舆论潮流

随着“芮成钢评论星巴克”“DELL 笔记本”等多起博客门事件相继发生，证实了博主所发表的评论意见，其影响面和影响力度越来越大。博主渐渐成为网民的“意见领袖”，引导着网民舆论潮流。这些博主所发表的评价和意见，会在极短时间内在互联网上迅速传播开来，对企业品牌造成巨大影响。

4. 传播成本低

由于口碑营销的成本主要集中于教育和刺激小部分传播样本人群上，即教育、开发口碑意见领袖，因此成本比面对大众人群的其他广告形式要低得多，而且往往能取得事半功倍的效果。如果企业在营销产品的过程中巧妙地利用口碑的作用，必定会达到很多常规广告所达不到的效果。例如，博客规模和传统行业营销方式创新，都是当下社会热点议题。在此背景下，广告客户通过博客口碑营销，不仅可以获得显著的广告效果，而且会因大胆利用互联网新媒体进行营销创新而吸引更大范围的社会人群、营销业界的高度关注，引发各大媒体的热点报道，这种广告效果必将远远大于单纯的广告投入。

（二）博客营销的优势

1. 博客营销可以直接带来潜在用户

博客内容发布在博客托管网站上，这些网站往往拥有大量的用户群体，有价值的博客内容会吸引大量潜在用户浏览，从而达到向潜在用户传递营销信息的目的。用这种方式开展网络营销，是博客营销的基本形式，也是博客营销最直接的价值表现。

2. 博客文章内容为用户通过搜索引擎获取信息提供了机会

多渠道信息传递是网络营销取得成效的保证，通过博客文章，可以增加用户通过搜索引擎发现企业信息的机会，其主要原因在于，一般来说，访问量较大的博客网站比一般企业网站的搜索引擎可见性要好，用户可以比较方便地通过搜索引擎发现这些企业博客内容。这里所谓搜索引擎的可见性，也就是让尽可能多的网页被主要搜索引擎收录，并且当用户利用相关的关键词检索时，这些网页出现的位置和摘要信息更容易引起用户的注意，从而达到利用搜索引擎推广网站的目的。

3. 博客文章可以方便地增加企业网站的链接数量

获得其他相关网站的链接是一种常用的网站推广方式，但是当一个企业网站知名度不高且访问量较低时，往往很难获得有价值的外部链接。此时，通过在企业自身的博客文章中添加本公司的网站链接则是顺理成章的事情。拥有博客文章发布的资格增加了网站链接的主动性和灵活性，这样不仅可能为网站带来新的访问量，也增加了网站在搜索引擎排名中的优势，因为一些主要搜索引擎如谷歌等把一个网站被其他网站链接的数量和质量作为计算其排名的因素之一。

4. 实现以更低的成本对读者行为进行研究

当博客内容比较受欢迎时，博客网站也成为与用户交流的场所，有什么问题可以在博客文章中提出，读者可以发表评论，作者也可以回复读者的评论。当然，也可以在博客文章中设置在线调查表的链接，便于有兴趣的读者参与调查，这样扩大了网站上在线调查表的投放范围，同时还可以直接就调查中的问题与读者进行交流，使得在线调查更有交互性，在线调查的效果更好。

三、博客营销的基本流程

（一）明确目标与受众

明确通过博客营销想要达成的具体目标，如提高品牌知名度、增加产品销量、推广特定服务、建立行业权威等。例如，一家新的化妆品公司，其博客营销目标可能是在半年内使品牌在目标市场的知名度提升 30%。

深入了解目标受众的特征，包括年龄、性别、职业、兴趣爱好、消费习惯等，以便创作符合他们需求和喜好的内容。比如，上述化妆品公司的目标受众可能是 18～35 岁的年轻女性，她们注重产品的天然成分和时尚包装。

（二）选择博客平台

根据营销目标和目标受众，选择合适的博客平台。常见的有 WordPress、Blogger、Medium 等。评估因素包括平台的用户规模、流量、专业性、在目标领域的影响力等。如科技类产品更适合在专业的科技博客平台或 Medium 上进行推广。为扩大覆盖面，可以同时选择多个博客平台进行营销，但需根据各平台特点制定相应的内容策略和发布计划。

（三）制定内容策略

结合营销目标和目标受众，确定博客的主题范围和具体话题。话题要具有吸引力、实用性和相关性，能够解决受众的问题或满足他们的兴趣。比如，化妆品公司的博客可以涵盖化妆技巧、新品试用、护肤知识、美容趋势等话题。强调内容的质量和价值，提供有深度、有见解、独特的信息，避免单纯的广告宣传。可以通过分享专业知识、经验教训、案例分析、行业动态等，树立专业形象，赢得受众信任。选择合适的内容形式，如文字、图片、视频、音频等，以丰富阅读体验，提高内容的吸引力和传播力。例如，化妆教程可以通过视频形式呈现，更直观地展示步骤和效果。

（四）创建与优化博客

如果选择自建博客，需进行域名注册、服务器选择、博客程序安装等操作，确保博客页面的设计简洁美观、易于导航，符合品牌形象，让用户有较好的体验。对博客的标题、描述、关键词等进行优化，以提高在搜索引擎中的可见性和排名。同时，设置合理的分类、标签，方便用户查找和浏览相关内容。

（五）创作与发布内容

按照内容计划和策略，撰写具有吸引力和价值的博客文章。文章应结构清晰、逻辑连贯、语言通顺、字数适中，并合理运用标题、段落、列表等元素，提高可读性。根据目标受众的上网习惯和平台的流量规律，选择合适的时间发布博客文章，以获得更多的曝光和关注。如针对上班族的内容，可选择晚上或周末发布。定期更新博客，保持一定的发布频率，让受众养成关注和阅读的习惯。可以制订发布计划，如每周发布 1～3 篇文章，并要确保每篇文章的质量。

（六）推广与互动

利用社交媒体平台宣传博客文章，吸引更多的潜在读者。在微博、微信、Facebook、Twitter 等平台上分享博客链接，并与用户进行互动，引导他们访问和关注博客。与同领域或相关领域的知名博主进行合作，互相推荐、转载文章，扩大影响力和受众群体。具体操作上可以通过客座文章（guest post）等方式，在对方的博客上发表优质内容，同时邀请对方为自己的博客撰稿。积极与读者互动，回复读者的评论和留言，解答他们的疑问，建立良好的沟通和互动关系。还可以通过举办问答活动、投票、抽奖等，增强读者的参与度和黏性。

第 3 节　即时通信营销

即时通信（instant messaging，IM）营销的起源可以追溯到即时通信工具的普及。20 世纪 90 年代末，随着互联网的迅速发展，ICQ、MSN Messenger、Yahoo Messenger 等即时通信工具相继问世。这些工具最初是用于个人之间的即时消息传递，但随着用户数量的增加和功能的扩展，企业开始意识到这些工具具有巨大的营销潜力。21 世纪初，随着社交媒体平台如 Facebook 和 Twitter 的崛起，即时通信工具逐渐整合了社交网络的功能，使得企业可以更加直接地接触到潜在客户。

一、即时通信营销的概念

（一）即时通信营销的发展历程

1. 早期萌芽阶段（20 世纪 90 年代初至 2005 年）

随着互联网的逐渐普及，以 ICQ 为代表的即时通信工具开始出现，它主要是作为一种个人之间的即时信息交流工具，方便人们在线聊天、交流情感等，此阶段的即时通信还未被应用于商业营销领域。但到了 21 世纪初，国内的 QQ 等即时通信工具迅速崛起并积累了庞大的用户群体，一些敏锐的企业开始意识到即时通信工具背后所蕴含的巨大营销潜力，尝试在 QQ 群中发布产品信息、促销活动信息，但这种营销方式较为粗放，缺乏精准性和系统性。

2. 快速发展阶段（2005—2010 年）

各大企业纷纷加大在即时通信营销上的投入，除了发布广告信息外，还开始注重与用户的互动交流，如设置企业客服账号，及时解答用户咨询，提高客户满意度和购买转化率。同时，即时通信工具也不断推出新的功能和应用，如 QQ 空间、QQ 秀等，为企业提供了更加多样化的营销载体和创意空间。企业可以通过打造个性化的品牌空间、推出与品牌相关的虚拟形象等方式，增强品牌的趣味性和吸引力，进一步拉近与用户的距离。

3. 多元化拓展阶段（2010—2015 年）

随着移动互联网的快速发展，以微信为代表的移动端即时通信工具成为主流，即时通信营销的渠道和形式更加丰富多样。微信公众号、微信小程序等功能的出现，为企业提供了全新的内容营销和电商营销平台，企业可以通过发布优质的图文、视频内容吸引用户关注，建立品牌忠诚度，并直接在公众号内或通过小程序实现产品销售和服务预订等功能。此外，基于位置服务、社交关系链等技术和特性的应用，使得即时通信营销能够更加精准地定位目标用户和进行个性化推荐，如微信朋友圈广告可以根据用户的年龄、性别、地域、兴趣爱好等多维度数据进行定向投放，提高广告的效果和回报率。

4. 深度融合阶段（2015 年至今）

即时通信营销与其他营销方式和技术的融合更加紧密，形成了全方位、立体式的营销矩阵。例如，与社交媒体营销、内容营销、大数据营销、人工智能营销等相结合，通过整合不同渠道和平台的数据资源，实现对用户的全生命周期管理和精准营销。企业可以借助大数据分析用户的行为习惯、消费偏好等，利用人工智能技术实现智能客服、智能推荐等功能，为用户提供更加个性化、贴心的服务和体验，同时提高营销效率和效果。此外，随着短视频、直播等的兴起，即时通信工具也成为内容传播和互动的重要平台。企业通过在即时通信平台上开展短视频营销、直播带货等活动，进一步拓展了即时通信营销的边界和影响力。

（二）即时通信营销的定义

即时通信指可以在线实时交流的工具，也就是通常所说的在线聊天工具。其核心是通过即时的、互动性的沟通方式，与客户进行双向交流，以提高品牌知名度、客户参与度和销售转化率。与传统的广告或电子邮件营销不同，即时通信营销具有更高的实时性和互动性，能够通过个性化的沟通方式与客户建立更紧密的联系（吴红光，2015）。

即时通信营销不仅限于传统的即时通信工具，还包括现代社交媒体平台中的聊天功能、企业应用程序中的即时通信功能，以及移动端的消息推送服务等。它的目标不仅是促进销售，还包括提升客户服务质量、增强客户满意度和忠诚度。

（三）即时通信工具的分类

1. 根据即时通信工具属性分类

根据即时通信工具属性的不同，可以分为：个人即时通信工具、商务即时通信工具、企业即时通信工具和行业即时通信工具。

个人即时通信工具主要是以个人用户为主，非盈利目的，方便聊天、交友、娱乐。例如 QQ、微信、MSN、雅虎通、网易 POPO、新浪 UC、百度 HI、移动飞信（PC 版）的即时通信软件。

商务即时通信工具（此处的商务泛指买卖关系）通常以阿里旺旺贸易通、阿里旺旺淘宝版为代表。商务即时通信工具的主要作用是便于寻找客户资源或建立商务联系，以低成本实现商务交流或工作交流。

企业即时通信工具主要有两种：一种是以企业内部办公用途为主，旨在建立员工交流平台；另一种是以即时通信为基础，系统整合各种实用功能，如企业通。

行业即时通信工具主要局限于某些行业或领域使用的即时通信软件，不被大众所知，如盛大圈圈，主要在游戏圈内盛行。行业即时通信工具也包括行业网站所推出的即时通信软件，如化工类网站推出的即时通信软件。行业软件主要依赖于单位购买或定制。

2. 根据即时通信工具应用场景分类

根据即时通信工具应用场景的不同，可以分为：通用型即时通信工具、专用型即时通信工具和嵌入式即时通信工具。

通用型即时通信工具以 QQ、MSN、Skype 等为代表。这类即时通信工具应用范围广，使用人数多，并且捆绑服务较多，如邮箱、博客等。由于应用人数多，使得用户之间建立的好友关系组成一张庞大的关系网，用户对其依赖性较大。例如，很多专业用户不舍得放弃使用 QQ，主要是由于不能放弃多年来积累的 QQ 好友，以及依托好友关系建立的关系网。通用型即时通信工具属于网络营销利益主体外第三方运营商提供的服务，具有寡头垄断地位，进入门槛高，后来者难以与已成熟的市场主导者抗衡。

专用型即时通信工具以阿里旺旺、慧聪发发、移动飞信、联通超信、电信灵信等为代表。这类即时通信工具的主要特点是，应用于专门的平台和客户群体，如阿里旺旺主要应用于阿里巴巴及淘宝、口碑等阿里巴巴下属网站，移动飞信则限于移动用户之间，这类即时通信工具与固有平台结合比较紧密，拥有相对稳定用户群体，在功能方面专用性、特殊性较强，但由于应用人数主要是自身平台的使用者，所以在应用范围、用户总量方面有一定限制。一般应用于有稳定客户群体和专业平台，并且有相当实力的大企业。

嵌入式即时通信工具的主要特点是嵌入网页中，并且不需要安装客户端软件，直接通过浏览器就能实现沟通。这种软件适合企业网站使用，以便客服人员为用户提供即时的服务，是传统客服、客服热线功能的延伸和拓展，较多应用于中小企业。

二、即时通信营销的特点与优势

（一）即时通信营销的特点

1. 即时性强

实时沟通互动是即时通信营销的显著特点，能够实现品牌与用户之间的实时交流。用户在看到品牌信息后可以立刻询问相关细节，品牌方也能及时回应。例如，消费者对某款电子产品的功能有疑问，通过即时通信工具向品牌客服询问，客服可以即时给予答复，就像面对面交流一样高效。这种即时互动有助于快速解决用户的问题，提高用户的满意度。同时，企业可以通过即时通信工具迅速获取市场反馈。当推出新产品或新活动时，能够马上收到用户的意见和建议。比如，一家服装品牌在即时通信平台上发布新品预告后，用户可以即时反馈对款式、颜色等的喜好，企业根据这些反馈能够及时调整产品策略，使产品更符合市场需求。

2. 精准性高

即时通信工具拥有大量的用户数据，包括用户的年龄、性别、地域、兴趣爱好、消费习惯等。品牌可以利用这些数据进行精准的广告投放和营销活动。例如，运动品牌可以针对经常浏览运动资讯、加入运动群组的用户推送新品运动鞋广告。这种精准投放能够提高广告的相关性和吸引力，增加营销效果。同时，企业可以根据用户的不同特征将其划分为不同的细分群体，然后针对每个群体制定个性化的营销策略。比如，对于年轻时尚的女性群体，可以重点推荐时尚美妆、潮流服饰等产品；对于中年男性群体，则可以侧重于电子产品、汽车用品等营销，精准满足不同用户群体的需求。

3. 成本相对较低

与传统的电视广告、户外广告等相比，即时通信营销的广告投放成本相对较低。在即时通信工具内投放广告，尤其是针对特定用户群体的定向广告，费用通常较为合理。例如，在QQ或微信等平台上投放小型企业的广告，不需要像电视广告那样支付高额的制作和投放费用，而且可以根据预算灵活调整投放范围和时间。即时通信营销的运营成本主要集中在内容创作、客服人员等方面。企业可以根据自身规模和营销目标，合理配置资源。例如，一个小型电商企业通过即时通信工具进行营销，只需要安排少量的客服人员和文案编辑人员，就可以开展有效的营销活动，不需要像大型线下营销活动那样投入大量的人力、物力和财力。

（二）即时通信营销的优势

即时通信作为互联网的一大应用，其重要性日益突出。有数据表明，即时通信工具的使用已经超过了电子邮件的使用，成为仅次于网络浏览器的第二大互联网应用工具。早期的即时通信只是个人用户之间信息传递的工具，而随着即时通信工具在商务领域内的普及，即时通信营销也日益成为不容忽视的话题。调查显示，即时通信已经成为人们工作上沟通业务的主要方式，有50%的受调查者认为每天使用即时通信工具的目的是方便工作交流，49%的受调查者在业务往来中经常使用即时通信工具，包括更便捷地交换文件和沟通信息（赵丹宁，2022）。即时通信营销的优势具体表现如下。

1. 互动性良好

即时通信营销提供了丰富的互动方式，除了文字交流外，还包括语音通话、视频通话、发送图片和表情符号等。品牌可以通过多样化的互动形式与用户建立更紧密的联系。例如，旅游公司在推广旅游线路时，可以通过发送目的地的精美图片、旅游视频等吸引用户的兴趣，然后与用户进行语音通话，详细介绍行程安排，这种多维度的互动能够增强用户的参与感。用户不仅是营销的接受者，还可以参与到营销过程中。品牌可以通过举办互动活动，如抽奖、问答、用户共创等，让用户积极参与。例如，食品品牌可以在即时通信平台上举办新品口味投票活动，让用户参与选择下一季的主打口味，这种用户参与式的营销能够提高用户的忠诚度和品牌的认同感。

2. 营销效率高

一方面，通过对用户的注册信息（如年龄、职业、性别、地区、爱好等）以及由兴趣相似的人组成的各类群组进行分析，针对特定人群专门发送他们感兴趣的品牌信息，能够诱导用户在日常沟通时主动参与信息的传播，使营销效果达到最佳。另一方面，即时通信传播不受空间、地域的限制，类似促销活动这种消费者普遍感兴趣的实用信息，通过即时通信能在第一时间传递给消费者。

3. 传播范围大

即时通信有无数庞大的关系网，这些关系网中的好友之间有着很强的信任关系。企业任何有价值的信息，都能通过即时通信方式扩散传播，产生的口碑远非传统媒体可比。有强大的用户规模作为后盾，即时通信蕴含的巨大市场营销价值已经为越来越多的企业所认可，而即时通信承载的传播形式也变得越来越丰富。未来的营销战场，即时通信营销必不可少。

4. 信息即时传递

即时通信工具最基本的特征就是即时信息传递。对于被动展示信息模式的网站营销而言，即时通信营销能够弥补其不足。在即时通信营销模式下，企业可以与潜在访客进行即时互动，并能够主动发起沟通，从而有效扩大营销途径，使流量利用最大化。由此可见，即时通信营销不是简单的营销，而是以即时通信为载体获取商机的高级营销活动。

三、即时通信营销的基本流程

（一）明确营销目标与定位

企业首先要明确即时通信营销想要达到的目标，这可以是提高品牌知名度、增加产品销量、收集客户线索、促进用户参与等。例如，企业希望通过即时通信营销在三个月内将品牌在目标用户群体中的知名度提升 20%，或者获取 1 000 名潜在客户的联系方式。对目标市场进行深入分析，包括目标受众的年龄、性别、地域、消费习惯、兴趣爱好等。例如，一家运动品牌的目标受众可能是 18～35 岁、热爱运动、关注时尚的年轻人。他们主要分布在一二线城市，喜欢通过社交媒体和即时通信工具分享自己的运动生活。通过精准定位，企业可以更好地制定营销策略，满足目标受众的需求。

（二）选择合适的即时通信平台

不同的即时通信平台有不同的用户群体和功能特点。企业需要根据自身的营销目标和目标受众来选择合适的平台。例如，微信拥有庞大的用户群体，涵盖各个年龄段和社会阶层，适用于多种类型产品的营销；而钉钉主要面向企业用户，适合开展 B2B 业务的营销，如企业服务、办公设备等产品的推广。同样还要考虑即时通信平台所提供的功能是否满足营销需求，如广告投放功能、公众号/频道功能、群组管理功能等。企业如果想通过内容营销来吸引用户，就需要选择具有强大内容推送功能的平台，像微信公众号可以定期发布图文、视频等多种形式的内容，方便企业进行品牌宣传和产品推广。

（三）收集与分析用户数据

利用即时通信平台提供的数据收集工具，或者通过其他合法途径，收集用户的基本信息、行为数据和兴趣爱好等。例如，通过用户注册信息获取年龄、性别、地域等基本数据；通过分析用户在平台上的聊天记录、浏览历史、参与活动记录等行为数据，了解用户的兴趣偏好和购买意向。运用数据分析技术对收集到的数据进行深入挖掘，以洞察用户需求和行为模式。例如，通过数据分析发现用户经常在某个时间段讨论特定类型的产品，或者对某一类促销活动参与度较高。企业可以根据这些洞察结果制定更有针对性的营销策略，如在用户活跃时间段推送相关产品信息，或者设计用户感兴趣的促销活动。

（四）制定即时通信营销策略

根据营销目标和用户需求，制定内容策略。内容可以包括品牌故事、产品介绍、使用教程、用户案例、行业资讯等。例如，一家美妆企业可以制作化妆教程视频、分享美妆新品试用体验等内容，吸引用户关注并建立信任。同时，要注意内容的形式，如文字、图片、视频等的合理搭配，以提高内容的吸引力和可读性。规划互动策略，增强与用户的互动性。可以通过举办问答活动、抽奖、投票、用户共创等方式，鼓励用户参与。如果要进行广告投放，需要制定广告策略。包括确定广告形式（如横幅广告、弹出广告、信息流广告等）、广告投放位置、投放时间和频次等。例如，针对上班族用户，企业可以选择在晚上 7—9 点这个用户使用即时通信工具较为频繁的时间段，在聊天窗口的信息流位置投放广告，以提高广告的曝光率和点击率。

（五）内容创作与活动策划

根据内容策略，创作有吸引力、有价值的内容。内容要符合品牌形象，语言风格要贴近目标受众。例如，针对年轻用户群体的内容可以采用活泼、时尚的语言风格。同时，要确保内容的准确性和真实性，避免夸大宣传。按照互动策略和广告策略，策划具体的营销活动。活动要具有吸引力和可操作性，同时要考虑活动的规则、奖励设置、时间安排等细节。例如，策划一场限时折扣活动，要明确活动的起止时间、折扣力度、适用产品范围等，同时要设计吸引人的活动海报和宣传文案。

（六）效果评估与持续优化

建立一套完整的评估指标体系，用于衡量即时通信营销的效果。指标可以包括内容的阅读量、点赞数、评论数、分享数，广告的点击率、转化率，活动的参与人数、参与度、销售额等。可以通过分析广告的点击率和转化率，了解广告投放的效果；通过活动的参与人数和销售额来评估营销活动的有效性。定期对营销活动进行效果评估，通过分析评估指标的数据，找出营销过程中的优点和不足。例如，如果发现某篇内容的阅读量很高，但分享数较低，可能需要分析内容是否缺乏分享价值或者分享引导不够。根据效果评估的结果，对即时通信营销策略、内容、活动等进行持续优化调整。例如，如果广告点击率较低，可以尝试调整广告创意、投放位置或时间；如果营销活动参与度不高，可以优化活动规则或奖励设置，以提高营销效果。

第 4 节　在线社区营销

在数字时代，在线社区营销已成为企业推广和品牌建设的关键策略之一。随着社交媒体和在线平台的普及，企业通过与目标群体互动，创建并参与在线社区，以达到品牌传播和用户参与的目的。这种营销模式利用了互联网的社交性和互动性，打破了传统营销的单向传播方式，实现了多方参与与协作的效果。在线社区营销的起源可以追溯到互联网的早期阶段。最初的在线社区形式为论坛和电子邮件列表，这些平台为拥有共同兴趣的人们提供了交流和分享信息的机会。随着互联网的发展和社交媒体的兴起，在线社区从简单的兴趣讨论逐渐演变为品牌和消费者之间的互动平台。企业意识到，通过加入这些在线社区或创建自己的社区，可以更直接地与消费者进行交流，从而增强品牌忠诚度并推动销售增长。

一、在线社区营销的概念

（一）在线社区营销的发展历程

1. 早期探索阶段

互联网诞生初期，在线社区以 BBS、新闻组、聊天室等形式出现，一些具有敏锐市场洞察力的营销人员开始尝试利用这些平台进行产品推广和品牌宣传，如在相关主题的 BBS 上发布产品信息等，成为在线社区营销的雏形。此阶段的营销手段较为简单直接，主要是通过大量发布广告帖、宣传语等方式来吸引用户关注，但效果并不理想，还容易引起社区用户的反感，甚至被视为干扰信息而遭到抵制。

2. 成长发展阶段

随着互联网技术的不断发展，在线社区的功能逐渐丰富，出现了如论坛、博客、社交网络等多种形式，为企业开展营销活动提供了更广阔的空间和多样化的手段。企业开始注重在社区中与用户建立互动关系，通过发布有价值的内容、举办线上活动等方式来吸引用户参与，提高品牌知名度和用户黏性。一些企业开始意识到精准定位目标用户的重要性，并尝试根据用户的兴趣爱好、行为习惯等数据进行精准营销。例如，一些论坛开始根据用户的浏览历史和发帖内容进行分类，企业可以针对特定兴趣领域的用户群体投放广告和开展营销活动，以提高营销效果。

3. 成熟深化阶段

以 Facebook、Twitter、微博、微信等为代表的社交媒体平台迅速发展，成为在线社区的重要组成部分。这些平台拥有庞大的用户基数和强大的传播能力，为企业提供了前所未有的营销机遇。企业纷纷在社交媒体上开设官方账号，建立品牌社群，通过发布图文、视频等多种形式的内容，与用户进行深度互动和沟通，塑造品牌形象，推广产品和服务。同时，企业更加注重内容的质量和价值，将内容营销作为在线社区营销的核心策略之一。通过创作优质、有趣、有深度的内容，如行业分析报告、使用教程、用户故事等，吸引用户的关注和分享，从而扩大品牌影响力。利用大数据和人工智能技术，对用户的兴趣和行为进行精准分析，实现个性化的内容推荐，提高用户对营销内容的接受度和转化率。

4. 创新拓展阶段

短视频和直播技术的普及为在线社区营销带来了新的活力。企业开始利用短视频平台和直播渠道进行产品展示、新品发布、互动直播等营销活动，以更加直观、生动的方式与用户进行沟通和销售。抖音、快手等短视频平台以及淘宝直播、抖音直播等直播平台成为了企业营销的新阵地，通过网络红人带货、直播抽奖等方式，有效提升了产品的销量和品牌知名度。此外，企业越来越重视私域流量的建设和运营，将用户从公域流量池引导至自己的私域社区，如微信社群、企业APP等，通过精细化的运营和个性化的服务，提高用户的忠诚度和复购率。私域流量的运营使得企业能够更加直接地与用户进行沟通和互动，及时了解用户需求，为用户提供更加贴心的产品和服务，增强用户的归属感和认同感。

随着虚拟现实（VR）和增强现实（AR）技术的不断成熟，一些企业开始尝试将这些技术应用于在线社区营销中，为用户带来全新的沉浸式体验。例如，通过VR技术让用户虚拟试穿服装、体验家居装修效果等，通过AR技术在现实场景中展示虚拟产品，增强用户对产品的感知和兴趣，为在线社区营销注入了新的创新元素和发展动力。

（二）在线社区营销的定义

Web2.0时代，新兴的在线社区逐渐显示出强大的营销功能。通过在线社区这个平台，企业可以更大范围搜索消费者和传播对象，将分散的目标顾客和受众精准地聚集在一起，利用新的网络手段扩大口碑传播，并且在日趋明显的消费模式（需求—搜索—行动—共享）中实现即时信息传输和回馈。在线社区是网上特有的一种虚拟社会，社区主要通过把具有共同兴趣的访问者集中到一个虚拟空间，达到成员相互沟通的目的。在线社区是用户常用的服务之一。由于有众多用户的参与，因而在线社区已不仅仅具备交流的功能，实际上也成为一种网络营销场所。

在线社区营销是指企业利用互联网平台，特别是社交媒体、论坛、群组等，创建或参与在线社区，通过与用户的互动和交流，实现品牌推广、用户参与以及销售转化的营销活动。这种营销方式不仅仅是向用户传播信息，更重要的是通过建立情感联系和互动，让用户成为品牌的拥护者（吴炯，2019）。在线社区是网站所提供的虚拟频道，让网民产生互动、情感维系及资讯分享。从网站经营者的角度来看，在线社区经营成功，不仅可以带来稳定及更多的流量，增加广告收入，注册会员还能借此拥有独立的资讯存放与讨论空间。会员多、人气旺，这也给在线社区营销造就了良好的场所。

二、在线社区营销的特征

（一）在线社区营销的特点

1. 互动性与持续性高

在线社区营销建立在用户之间以及用户与品牌之间互动的基础之上。社区内成员可以自由交流讨论、分享内容、提出意见等，形成双向沟通。这种互动性有助于增强用户的参与度和黏性。在线社区营销是一个长期的过程，需要企业持续投入资源进行运营和管理。社区的发展需要经过培养、维护、优化等阶段，不是一次性的营销活动。品牌可以通过定期更新内容、参与讨论和活动等方式，增加用户的黏性和参与度。

2. 数据收集与分析便利

在线社区平台积累了大量的用户数据，包括用户的基本信息、行为数据、兴趣爱好、消费偏好等，这些数据为企业提供了丰富的资源，帮助企业更好地了解用户的需求和行为模式。企业通过对这些数据的分析，可以深入了解市场动态、竞争对手情况以及用户对产品或服务的反馈，为企业制定营销策略、优化产品设计、改进服务质量提供有力的依据，使企业能够更加灵活地应对市场变化，提高市场竞争力。

3. 口碑传播效应显著

在社区中，用户之间基于共同的兴趣和长期的交流互动，往往会建立起一定的信任关系。当企业的产品或服务得到部分用户的认可和好评时，这些正面信息更容易在社区内传播，引发其他用户的关注和兴趣，从而产生口碑效应。这种基于信任的口碑传播具有较高的可信度和影响力。此外，在线社区的信息传播速度非常快，一条有价值的产品推荐或使用体验分享，可能在短时间内被大量用户浏览和讨论。这样一来，企业能迅速扩大品牌的知名度和影响力，吸引更多的潜在客户。

（二）在线社区营销的优势

1. 降低营销成本

相比传统的大众营销方式，在线社区营销能够更精准地定位目标受众，避免向不相关人群广泛投放广告所带来的资源浪费，从而降低营销成本。企业可以根据社区的用户特征和营销目标，选择合适的社区平台和营销方式，提高营销资源的利用效率。

用户的口碑传播和自主分享在一定程度上可以替代企业的广告宣传，为企业节省了大量的广告费用。当用户对产品或服务感到满意并主动向他人推荐时，这种免费的宣传方式能够为企业带来更多的潜在客户。

2. 促进销售转化

通过在社区中与用户的长期互动和沟通，企业能够与用户建立起深厚的情感连接和信任关系，这种情感因素在用户做出购买决策时往往会起到重要的作用，增加用户购买产品或服务的可能性。企业也可以在社区中直接推广产品或服务，通过提供优惠活动、限时折扣、购买链接等方式，引导用户进行购买，实现从品牌推广到销售转化的闭环，提高销售业绩和市场份额。

3. 增强用户互动与参与度

用户之间以及用户与企业之间可以实时地进行交流和互动，通过帖子、评论、私信等方式分享观点、经验和建议。企业能够及时回复用户的咨询和反馈，增强用户的参与感和对品牌的认同感，建立起良好的品牌形象和用户关系。这种互动不限于表面的信息传递，还可以深入到产品体验、使用心得、改进建议等方面，有助于企业更好地了解用户需求，优化产品和服务，同时也让用户感受到企业的关注和重视，提高用户对品牌的忠诚度。

三、在线社区营销的基本流程

（一）目标设定与市场定位

企业需要确定在线社区营销想要达成的具体目标，这些目标可以是提高品牌知名度、增加网站流量、获取潜在客户线索、促进产品销售、提高客户忠诚度等。例如，企业希望在接下来的六个月内将品牌在目标市场的知名度提升 30%，或者将产品的在线销售额提高 50%。企业应对目标市场进行深入研究，了解目标受众的年龄、性别、地域、消费习惯、兴趣爱好、在线行为模式等。

(二) 平台选择与渠道规划

根据营销目标和目标受众，选择与之匹配的在线社区营销平台。常见的平台包括社交媒体平台（如微信、微博、Facebook、Twitter 等）、搜索引擎（如百度、谷歌等）、电子商务平台（如淘宝、京东、亚马逊等）、在线社区（如知乎、豆瓣小组、行业论坛等）、视频平台（如抖音、YouTube 等）。要确定多个营销渠道的组合方式，以发挥不同渠道的优势。例如，企业可以将搜索引擎营销用于吸引潜在客户，通过社交媒体营销来增强品牌互动和口碑传播，利用电子邮件营销来维护客户关系和促进重复购买。同时，要考虑不同渠道之间的协同效应，确保营销信息在各个渠道之间的一致性和连贯性。

(三) 用户数据收集与分析

利用各种工具和技术收集用户数据，包括网站分析工具（如百度统计、谷歌分析等）、社交媒体平台的洞察工具、电子邮件营销工具等。可以收集的数据类型有用户的基本信息（如注册信息）、行为数据（如浏览历史、购买行为、点击行为等）、兴趣爱好（如关注的话题、参与的社区等）。例如，通过在网站上设置 cookie，企业可以追踪用户的浏览路径和行为习惯。运用数据分析方法，如数据挖掘、机器学习等技术，对收集到的数据进行深入分析。通过分析用户行为模式、偏好和需求，企业可以发现潜在的市场机会和用户痛点。例如，通过分析发现用户在购买某类产品时经常关注的产品特点和价格区间，企业可以据此优化产品策略和定价策略。

(四) 内容策略与创作

根据营销目标、目标受众和平台特点，制定内容策略。内容策略包括确定主题范围、内容形式（如文字、图片、视频、音频等）、发布频率、风格特点等。按照内容策略进行高质量的内容创作。内容要具有价值、吸引力和相关性，能够解决用户的问题或满足他们的兴趣。例如，为了推广一款美容产品，企业可以创作一个详细的美容教程，在教程中自然地融入产品的使用方法和效果展示，让用户更容易接受和理解。

(五) 营销活动策划与执行

根据营销目标和平台特点，策划各种在线营销活动，如线上促销、抽奖、竞赛、限时优惠、直播活动等。活动策划方案要明确活动目标、目标受众、活动时间、规则流程、奖励设置等内容。例如，策划一场电商平台的“双 11”促销活动，活动目标是提高销售额，针对全体平台用户，活动时间为“双 11”当天，规则包括满减、折扣、赠品等，奖励为优惠券、现金返还、礼品等。在选定的在线平台上执行营销活动，并进行有效的推广。通过发布活动预告、推送通知、社交媒体宣传等方式，吸引用户参与活动。

(六) 客户关系管理与维护

建立良好的客户沟通机制，及时回复用户的咨询、评论和反馈。通过在线聊天工具、电子邮件、社交媒体私信等方式与用户进行互动，提升用户体验和满意度。例如，企业可以设置客服团队，在社交媒体平台上及时回复用户关于产品或活动的问题，解决用户的困惑。采取措施培养客户忠诚度，如提供优质的客户服务、建立会员制度、给予常客奖励等。

（七）效果评估与优化调整

建立一套完整的评估指标体系来衡量在线社区营销的效果，包括网站流量指标（如访问量、页面浏览量等）、用户参与度指标（如点赞数、评论数、分享数等）、销售指标（如销售额、转化率等）、客户忠诚度指标（如复购率、客户满意度等）。例如，通过分析网站访问量和转化率，评估在线社区营销的效果。定期对在线社区营销活动进行效果评估，通过分析评估指标的数据，找出营销过程中的优点和不足。根据效果评估的结果，对在线社区营销策略、内容、活动、渠道等进行持续优化调整。

数字营销实践

小红书：完美日记的社交媒体营销之旅

完美日记成立于2017年，是一个主打年轻时尚群体的彩妆品牌。在竞争激烈的美妆市场中，完美日记凭借对社交媒体营销的精准运用，尤其是在小红书平台上的出色表现，迅速崛起成为国货美妆的代表品牌之一。其目标受众主要是18～35岁的年轻女性，她们追求时尚、乐于尝试新鲜事物，并且活跃于社交媒体平台。

小红书是一个以分享生活方式、美妆时尚、旅游美食等内容为主的社交平台，聚集了大量年轻、时尚且具有较高消费潜力的女性用户，与完美日记的目标受众高度契合。这些用户对美妆产品有着强烈的兴趣和需求，并且乐于分享和交流自己的使用心得。小红书的内容形式以图文和短视频为主，用户通过分享真实的产品使用体验、化妆教程、好物推荐等内容，形成了一种“种草”文化。这种口碑传播的力量对其他用户的购买决策产生着重要影响。

基于小红书的平台优势，完美日记选择与小红书上的知名美妆博主合作。这些博主拥有庞大的粉丝群体和极高的影响力，他们对完美日记产品的推荐能够迅速引起广泛关注。例如，有知名美妆博主在直播中对完美日记动物眼影盘的详细介绍和试用，展示了眼影盘丰富的色彩、细腻的质地和高显色度，吸引了大量粉丝纷纷下单购买。除了头部KOL，完美日记还注重与腰部和尾部KOL合作。这些博主虽然粉丝数量相对较少，但他们与粉丝之间的互动更加紧密，其推荐往往更具可信度。腰部和尾部KOL会发布更详细的产品使用心得、不同妆容搭配以及与其他品牌产品的对比评测等内容，从多个角度为用户种草完美日记的产品。例如，一位拥有几万粉丝的美妆博主会分享自己使用完美日记唇釉一周的体验，包括颜色持久性、滋润度以及在不同场合的适用度等，让用户能够更全面地了解产品特点。

在内容营销与创意策划方面，完美日记围绕不同的产品系列或季节、节日等主题，策划创意内容。例如，在推出与《国家地理》联名的眼影盘时，创作以“探索自然之美”为主题的内容，展示眼影盘中的色彩灵感来源于世界各地的自然景观，如沙漠的金黄、森林的翠绿、海洋的湛蓝等，并邀请KOL用这些眼影盘打造出相应的自然主题妆容，通过图文和视频的形式呈现给用户，激发用户的购买欲望。同时，开展各种用户互动活动，如“完美日记妆容挑战赛”，鼓励用户使用完美日记的产品创作独特的妆容，并在小红书上发布带有特定话题标签的照片或视频。参与者有机会获得丰厚的奖品，包括产品套装、优惠券、与品牌合作的机会等。这种活动不仅提高了用户的参与度和黏性，还为品牌带来了大量的用户生成内容（UGC），进一步扩大了品牌的传播范围。

在品牌官方账号的运营方面，完美日记官方小红书账号定期发布产品信息，包括产品特点、成分、使用方法等详细介绍，让用户能够更好地了解品牌的全线产品。同时，提前发布新品预告，通过透露新品的部分特点、包装设计或概念灵感，引发用户的好奇心和期待。例如，在新品粉底液上市前，发布一些关于其遮瑕力、持妆时长以及适合肤质的测试小视频，吸引用户关注并在新品上市时第一时间购买。积极与粉丝互动，回复用户的评论和私信，解答用户关于产品的疑问，增强用户对品牌的好感度。定期举办粉丝专属福利活动，如抽奖、问答互动送礼品等，增加粉丝的黏性和忠诚度。例如，每周固定时间开展抽奖活动，奖品为热门产品或限量版周边，用户关注官方账号、点赞并评论指定的帖子即可参与，这种方式有效地提高了官方账号的活跃度和粉丝增长速度。

通过在小红书上的持续营销推广，完美日记的品牌知名度得到了极大提升。在小红书上搜索“美妆品牌”相关话题，完美日记的相关内容频繁出现，成为用户讨论的热门品牌之一，其品牌话题浏览量累计达数亿次。小红书的营销活动直接带动了完美日记产品的销量增长。据统计，在与头部 KOL 合作推广的高峰期，相关产品的销售额在短时间内实现了数倍甚至数十倍的增长。例如，在头部 KOL 推荐动物眼影盘后的一周内，该产品在各大电商平台的销量突破了数十万件。通过众多 KOL 的长期“种草”以及品牌官方账号的运营和用户互动活动的开展，完美日记整体的线上销售额呈现出持续稳定增长的态势，在国货美妆品牌中名列前茅。完美日记在小红书上形成了良好的用户口碑，大量用户分享自己使用完美日记产品的正面体验，进一步促进了品牌的传播和产品的销售。用户的忠诚度也得到了有效建立，许多用户成为了品牌的长期粉丝，不仅自己持续购买完美日记的产品，还积极向身边的朋友推荐。通过对用户评论和反馈的分析发现，用户对完美日记产品的满意度较高，主要体现在产品质量、性价比、时尚感以及品牌的创新能力等方面。

完美日记在小红书上的社交媒体营销案例为众多品牌提供了一个成功的范例，展示了如何通过精准定位、KOL 合作、内容营销、用户互动等多种策略的综合运用，在竞争激烈的市场中脱颖而出，实现品牌知名度提升、产品销量增长以及用户口碑与忠诚度建立等多项目标。

讨论题

1. 完美日记成功的原因有哪些？
2. 完美日记的营销实践对其他品牌是否有借鉴意义？

// 本章小结 //

本章全面阐述了社交媒体营销的核心内容，揭示其在网络营销中的关键作用与多元实践路径。社交媒体营销伴随互联网发展兴起，历经多阶段演变，成为企业与消费者沟通的核心桥梁。其概念强调利用各类网络平台，通过内容发布、互动及广告投放等手段，实现品牌推广与客户关系管理。社交媒体营销具有精准定位、强互动性、大数据助力、低成本组织及预算优化等优势，并可依内容、平台、受众、策略等进行分类。博客营销发端于博客的兴起，历经发展变革，融合多元技术与渠道。其基于个人知识资源，细分受众精准、口碑传播强、引导舆论且成本低廉，涵盖从目标确定、平台选择、内容创作到推广互动等系列流程。即时通信营销起源于即时通信的普及，在发展中整合多元功能。以即时互动为核心，精准触达用户，成本效益显著，兼具即时性、精准性、低成本优势，实施流程包括目标定位、平台筛选、数据分析、策略制定、内容创作及效果评估优化。在线社区营销源起早期网络社区，随技术革新持续演进。借用户互动与情感联结，实现品牌传播与销售转化，特点为互动持续、数据丰富、口碑强劲，优势体现在成本控制、销售促进、用户参与提升，操作流程涉及目标设定、平台规划、数据运用、内容创作、活动策划、客户维护及效果优化。

// 思考题 //

1. 阐述社交媒体营销的主要目的和方式。
2. 阐述不同社交媒体营销方式之间的联系和共同点。
3. 阐述社交媒体营销的主要实施方式和相关流程。
4. 以互联网行业为例，阐述社交媒体营销的发展过程。

// 第8章 //

内容营销与移动营销

学习目标

1. 了解内容营销与移动营销在数字营销领域的作用。

2. 掌握文本内容营销的概念，理解文本内容营销的特征，熟悉文本内容营销的基本流程。

3. 掌握视频营销的概念，理解视频营销的特征，熟悉视频营销的基本流程。

4. 掌握移动营销的概念，理解移动营销的特征，熟悉移动营销的基本流程。

在当今数字化浪潮汹涌的时代，营销格局发生了翻天覆地的变化，内容营销与移动营销的崛起成为这一变革历程中的关键标志。移动设备的普及如同一股强劲的东风，彻底改变了人们获取信息与沟通交流的方式。如今，智能手机和平板电脑已经成为人们生活中不可或缺的一部分，人们随时随地都能通过这些移动终端连接网络，畅游于信息的海洋。这一巨大转变为营销开辟了一片崭新且潜力无限的天地，移动营销应运而生。内容营销始终坚守着为受众提供有价值、相关性强且引人入胜的信息这一核心使命。内容营销可以分为文本内容营销和视频营销。无论是深入剖析行业趋势的专业文章，还是生动有趣、富有创意的视频、图片、音频等多媒体内容，都旨在吸引目标受众的目光，激发他们的兴趣，进而在品牌与消费者之间构建起一座坚实的沟通桥梁。通过持续不断地输出优质内容，企业能够塑造独特的品牌形象，培养消费者的忠诚度，将潜在客户逐步转化为实际购买者，并促使他们成为品牌的长期拥护者。本章将从文本内容营销、视频营销以及移动营销三个方面介绍它们如何驱动数字营销的发展，为数字营销带来更加广阔的应用前景和发展空间。

第 1 节　文本内容营销

一、文本内容营销的概念

（一）文本内容营销的发展历程

1. 萌芽阶段（印刷媒体时代）

文本内容营销的起源可以追溯到古代的商业宣传。在印刷术发明后，最早的文本内容营销形式主要是通过传单、海报和简单的产品手册来传播商品信息。这些早期的文本内容相对简单直接，主要目的是告知消费者产品的存在、特点和价格。例如，在 18 世纪的欧洲，一些商家会在街头张贴传单，上面用简单的文字描述即将上架的新布料的颜色、质地和价格，吸引路人的注意。

随着报纸和杂志的出现和普及，文本内容营销进入了一个新的阶段。商家开始在报纸和杂志上刊登广告文案，这些文案的风格更加多样化，除了简单的产品介绍，还会加入一些吸引人的话术，如产品的独特卖点、使用后的效果等。例如，在 20 世纪初的美国，化妆品品牌会在女性杂志上刊登广告，文案会强调产品能够让女性肌肤变得更加光滑细腻，使用前后的对比描述会让文本内容更具吸引力。

2. 发展阶段（互联网初期）

互联网的兴起为文本内容营销带来了巨大的变革。企业开始建立自己的网站，网站上的文本内容成为营销的重要手段。除了产品介绍，还包括公司新闻、行业动态、客户案例等内容。比如，一些科技公司的网站不仅会详细介绍自己的产品参数，还会发布技术博客，分享产品研发背后的故事以及最新的行业技术趋势，通过这些内容来吸引潜在客户，建立品牌权威形象。

电子邮件营销也成为这个时期文本内容营销的重要组成部分。企业会收集客户的电子邮件地址，然后定期发送包含产品促销信息、新品推荐、独家优惠等内容的邮件。例如，电商平台会在重要节日前向会员发送电子邮件，文案中会有节日促销活动的详细信息，如折扣力度、满减规则等，同时还会配上精美的产品图片，通过文字和图像的结合来提高邮件的吸引力。

3. 繁荣阶段（社交媒体和移动互联网时代）

社交媒体平台的出现使得文本内容营销更加多元化。品牌在微博、微信、Facebook、Twitter 等平台上发布各种类型的文案，包括短文、长文、故事性文案等。这些文案需要根据不同平台的特点和用户群体进行定制。例如，在微博上，品牌会发布简洁明了、带有话题标签的文案来吸引用户关注和互动；而在微信公众号上，则会发布深度长文，如行业分析报告、品牌理念阐述等，以培养用户的忠诚度。

随着专门的内容营销平台（如知乎、今日头条等）不断涌现，品牌可以在这些平台上发布高质量的文本内容，通过回答用户问题、分享知识来吸引流量。以知乎为例，许多品牌会安排专业人员在相关话题下回答问题，将产品知识巧妙地融入回答中，通过有价值的文本内容来引导用户关注品牌，实现营销目的。同时，移动互联网的发展也使得用户可以随时随地获取这些文本内容，进一步推动了文本内容营销的繁荣。

（二）文本内容营销的定义

文本内容营销是一种以文本内容为核心的营销策略。从本质上讲，它是企业通过创造、发布有价值、相关性高、持续性强的文本内容，如文章、博客、故事、白皮书、案例分析、社交媒体文案等，以吸引并留住潜在客户，目的是推动有利可图的客户行为，同时提升品牌形象和影响力。

这些文本内容不是直白的广告宣传，而是围绕用户的兴趣、需求、痛点展开。例如，一家健身器材公司可以撰写一系列关于如何在家高效健身的文章，文中详细介绍各种健身动作、健身计划，同时巧妙地提及自家健身器材在这些健身场景中的优势。这种内容为用户提供了真正有价值的健身知识，同时也在用户心中植入了品牌和产品的印象。

文本内容营销还注重在合适的渠道进行分发。比如利用公司官网、社交媒体平台、电子邮件等多种渠道将内容传递给目标受众。通过在官网发布深度行业报告，在社交媒体分享有趣的品牌故事，在电子邮件中推送产品使用案例等方式，使目标受众能够在不同的场景下接触到与品牌相关的文本内容，从而建立起对品牌的认知、好感，最终购买产品或服务。

（三）文本内容营销的方式

1. 博客

博客是一种个人或企业用来发布文章，分享观点、经验和知识的平台。通过定期更新博客内容，企业可以吸引并留住潜在客户，同时提升品牌形象和影响力。博客内容可以涵盖行业趋势、产品介绍、使用技巧、案例分析等多个方面。

2. 电子书与白皮书

电子书是一种数字化的书籍形式，通常以 PDF 或其他电子格式存在。企业可以制作与自身产品或服务相关的电子书，通过免费下载或付费购买的方式提供给受众。电子书内容通常比博客文章更为深入和全面，能够提供更丰富的信息和见解。

白皮书是一种权威的、详细的技术或业务文档，通常由企业或行业专家撰写。白皮书旨在向受众介绍某一领域的最新趋势、技术解决方案、市场分析等内容，具有较高的专业性和可信度。

3. 社交媒体内容

微博是一种短文本社交媒体平台，用户可以在上面发布短消息、图片、视频等内容。企业可以通过微博发布与自身品牌相关的内容，与受众进行互动和交流。

微信公众号是微信平台上的一个重要功能，允许企业或个人发布文章、图片、视频等内容。企业可以通过微信公众号向订阅者推送有价值的信息和优惠活动，增强与受众的黏性和互动性。

除了微博和微信公众号外，还有许多其他社交媒体平台，如抖音、快手、小红书等。企业可以根据自身特点和受众喜好选择合适的平台进行内容营销。

4. 电子邮件

电子邮件营销是一种通过电子邮件向潜在客户或现有客户发送营销信息的手段。企业可以定期向订阅者发送电子邮件通信（如新闻简报、产品更新、优惠信息等），以维护与客户的关系并促进销售。

5. 内容聚合与分发

内容聚合是指将多个来源的内容整合到一个平台上进行展示和推广。内容分发则是指将内容通过不同的渠道和平台传播给更广泛的受众。企业可以通过建立自己的内容聚合平台或利用第三方平台来整合和分发内容。企业可以通过搜索引擎优化、社交媒体推广、广告投放等方式来提高内容的曝光度和传播效果。

6. 深度报告与案例分析

企业可以针对特定行业、市场或产品领域发布深度报告。这些报告通常包含详尽的数据分析、市场趋势预测、行业洞察等内容，旨在向受众展示企业的专业性和权威性。通过分享企业自身的成功案例或行业内的典型案例，企业可以向受众展示产品或服务的实际效果和价值。案例分析不仅有助于增强受众的信任感，还能为受众提供实用的参考和借鉴。

7. 新闻稿与媒体发布

企业可以通过撰写新闻稿来发布最新的产品动态、企业活动、行业合作等信息。新闻稿通常以正式、客观的语言风格呈现，旨在向媒体和公众传递企业的正面形象和品牌价值。除了直接发布新闻稿外，企业还可以与媒体机构合作，通过媒体渠道发布相关内容。这有助于扩大内容的传播范围和影响力，提高品牌的知名度和美誉度。

8. 评论与观点文章

企业可以针对行业内的热点事件、政策变化等发表评论文章。这些文章应体现企业的专业性和独到见解，以吸引受众的关注和讨论。企业也可以撰写一些具有争议性或前瞻性的观点文章，以引发受众的思考和讨论。这些文章可以展现企业的独特视角和创新思维，增强受众对企业的认同感和好感度。

9. 问答与知识库

企业可以在官方网站、社交媒体或问答平台上设置问答专区，回答用户关于产品或服务的问题。这种方式不仅可以解决用户的疑虑和困惑，还能展示企业的专业性和服务态度。

企业还可以建立知识库或 FAQ（常见问题解答）页面，将常见的问题和答案整理成文档或列表形式供用户查阅。这有助于提升用户体验和满意度，同时减轻客服团队的工作压力。

10. 交互式文本内容

企业可以通过发布问卷或调查来收集用户反馈和意见。这些问卷和调查可以设计成文本形式或结合其他多媒体元素（如图表、图片等）以增强互动性和趣味性。企业还可以创作互动式的故事内容，让用户通过选择不同的选项来推动故事情节的发展。这种形式不仅能够吸引用户的注意力，还能增强用户的参与感和忠诚度。

二、文本内容营销的特征

（一）价值导向性

1. 提供实用信息

文本内容营销旨在为受众提供具有实际应用价值的信息，这些信息能够帮助受众解决问题、获取知识或做出决策。例如，在一篇关于家庭装修攻略的文本中，详细介绍了不同装修风格的特点、装修材料的选择、装修预算的规划以及装修过程中的注意事项等实用内容。读者可以根据这些信息，在自己进行家庭装修时，做出更明智的选择，避免一些常见的错误。

对于企业而言，提供实用信息的文本内容有助于树立专业形象，增强受众对企业的信任。以一家科技公司为例，其发布的关于智能手机选购指南的文章，通过对各种手机品牌和型号的性能、价格、功能等方面进行客观分析和比较，为消费者提供有价值的选购建议。这不仅满足了消费者的需求，也让消费者认为该公司在智能手机领域具有专业的知识和经验，从而提升了公司的品牌形象。

2. 传递情感与价值观

除了实用信息，文本内容营销还注重传递情感与价值观，以引起受众的共鸣。通过讲述故事、分享经历等方式，文本内容可以唤起受众的情感反应，如喜悦、感动、共鸣等。例如，一篇关于宠物与主人之间深厚情感的文章，通过描述宠物与主人日常生活中的温馨瞬间，以及宠物在主人生命中的重要陪伴作用，触动了许多养宠物人士的内心，使他们产生强烈的情感共鸣。

传递特定的价值观也是文本内容营销的重要方面。企业可以通过文本内容表达自己的品牌价值观，吸引那些有相同价值观的受众。例如，一家环保企业在其宣传文案中强调环境保护、可持续发展的价值观，呼吁人们关注环境问题，采取行动保护地球家园。这种价值观的传递不仅能够与目标受众建立情感连接，还能使企业在社会中树立积极的形象。

（二）形式多样

1. 文章类型丰富

文本内容营销涵盖了多种类型的文章，以满足不同受众的需求和喜好。

新闻资讯类文章可以及时传递行业动态、企业新闻等信息，让受众了解最新的市场情况。例如，一则关于新款汽车上市发布会的新闻报道，详细介绍了新车的特点、性能、价格以及上市时间等信息，吸引了对该品牌汽车感兴趣的消费者的关注。

教程指南类文章，如前文提到的家庭装修攻略、智能手机选购指南等，通过提供详细的步骤和方法，帮助受众解决实际问题。

案例分析类文章通过对实际案例的深入剖析，总结经验教训，为受众提供参考和启示。例如，一家市场营销公司分享的成功营销案例分析，详细介绍了某个品牌的营销活动策划、执行过程以及取得的效果，让其他企业可以从中学习到有效的营销策略。

故事类文章通过讲述生动有趣的故事，吸引受众的注意力，传递品牌信息。比如，一个咖啡品牌创始人在创业过程中坚持品质、追求卓越的故事，可使消费者在感受故事魅力的同时，也对品牌的理念和文化有更深入的了解。

2. 语言风格多变

根据目标受众和营销目的的不同，文本内容营销可以采用多样化的语言风格。

在面向专业人士的内容中，语言通常较为严谨、专业，使用行业术语和精准的表达方式，以确保信息的准确性和专业性。例如，在一篇关于医学研究进展的文章中，会使用专业的医学术语，引用科学研究文献，来阐述最新的研究成果和发现。

针对普通消费者的内容，语言风格则更加通俗易懂、生动有趣。使用日常用语、口语化表达和形象的比喻等手法，使文章更易于理解和接受。例如，一家食品企业在其产品推广文案中写道："这款饼干就像阳光一样，每一口都充满了温暖和幸福的味道。"这种生动形象的语言能够吸引消费者的注意力，激发他们的购买欲望。

幽默风趣的语言风格也常常被运用在文本内容营销中，它可以增加文章的趣味性和可读性，让受众在轻松愉快的氛围中接受信息。例如，一家互联网公司在其宣传文案中调侃自己的程序员团队："我们的程序员就像魔法师一样，用代码编织出一个个神奇的互联网世界，虽然他们有时候也会被代码'施咒'，但总能找到破解的方法。"这样的语言风格不仅能够让读者会心一笑，还能让他们对企业的文化和团队有深刻的印象。

（三）传播渠道多元性

1. 自有媒体平台

企业的官方网站是文本内容营销重要的自有媒体平台之一。企业可以在网站上发布各种类型的文本内容，如产品介绍、企业新闻、行业动态、技术文章等，全面展示企业的形象、产品和服务。通过优化网站结构和内容，提高网站在搜索引擎中的排名，吸引更多的潜在客户访问网站。例如，一家电商企业在其官方网站上发布了关于夏季时尚穿搭指南的文章，同时展示了相关的服装产品链接，方便读者在阅读文章的同时进行购买。

企业博客也是一个非常有效的文本内容营销平台。企业可以通过博客定期发布有深度、有价值的文章，与受众进行更深入的交流和互动。博客文章可以涵盖更广泛的主题，如企业的发展历程、企业文化、行业见解等，不仅可以吸引潜在客户，还可以增强现有客户对企业的了解和信任。例如，一家软件企业的博客经常发布关于软件开发趋势、技术创新等方面的文章，吸引了众多软件开发者和技术爱好者的关注，同时也提升了企业在行业内的知名度和影响力。

电子邮件营销也是利用自有媒体平台进行文本内容营销的一种方式。企业可以通过向订阅用户发送个性化的电子邮件，传递有价值的信息，如新品推荐、促销活动、专属优惠等。电子邮件内容可以根据用户的兴趣和行为进行定制，提高邮件的打开率和转化率。例如，一家旅游公司根据用户的旅游偏好，向他们发送定制化的旅游线路推荐邮件，邮件中包含详细的行程安排、景点介绍、客户评价等文本内容，吸引用户预订旅游产品。

2. 社交媒体平台

社交媒体平台如微信、微博、Facebook、Twitter 等为文本内容营销提供了广阔的传播渠道。企业可以在这些平台上发布短文、图片配文、视频文案等各种形式的文本内容，吸引用户的关注和互动。由于社交媒体平台用户数量庞大、传播速度快，文本内容在这些平台上可以迅速扩散，触达大量潜在客户。例如，一家化妆品企业在微博上发布了关于新品口红试色的短文和图片，同时邀请知名博主进行试用和分享，引发了大量用户的关注和讨论，迅速提高了新品的知名度。

社交媒体平台的互动性强，用户可以对发布的文本内容进行点赞、评论、转发等操作，形成口碑传播。企业可以通过回复用户的评论和私信，与用户进行实时互动，增强用户的参与感。例如，一家餐饮企业在微信公众号上发布了关于新菜品研发过程的文章，用户在评论区提出了自己的意见和建议，企业及时回复并表示感谢，同时根据用户的反馈对新菜品进行了改进，这种互动让用户感受到了企业的重视，提高了用户对企业的好感度。不同的社交媒体平台具有不同的特点和用户群体，企业可以根据目标受众的特点选择合适的平台进行文本内容营销。例如，微信适合与消费者进行深度沟通和服务，企业可以在微信公众号上发布长文章、开展会员活动等；微博则更适合发布即时性、热点性的内容，吸引用户的关注和讨论；抖音以短视频内容为主，企业可以通过制作有趣的短视频文案，展示产品的特点和使用场景，吸引年轻用户群体。

3. 行业论坛与社区

行业论坛和社区是特定领域的专业人士和爱好者聚集的地方，企业可以在这些平台上发布与行业相关的文本内容，如技术分享、经验交流、问题解答等，树立企业在行业内的专家形象，吸引潜在客户的关注。例如，一家摄影器材企业在摄影论坛上发布关于摄影技巧分享的文章，详细介绍了不同场景下的拍摄参数设置、构图方法等专业知识，同时展示了使用本企业摄影器材拍摄的优秀作品，吸引了众多摄影爱好者的关注，他们在阅读文章的同时，也对企业的产品产生了兴趣。

在行业论坛和社区参与讨论和互动，企业可以与潜在客户建立直接的联系，了解他们的需求和痛点，为产品研发和营销策略制定提供参考。例如，一家互联网金融企业在金融社区中积极参与关于个人理财规划的讨论，回答用户提出的问题，分享专业的理财知识和经验，同时了解用户在理财过程中遇到的问题和对金融产品的需求，为企业开发更符合市场需求的产品提供了依据。企业在行业论坛和社区发布的文本内容可以通过用户的分享和推荐，传播到更广泛的人群中，扩大企业的影响力和知名度。例如，一篇在专业设计论坛上发布的关于设计趋势分析的文章，由于内容质量高、观点独到，被用户广泛分享和推荐，不仅在论坛内获得了高人气，还被其他相关网站转载，进一步扩大了文章的传播范围、提升了企业的品牌形象。

三、文本内容营销的基本流程

（一）目标受众定位

1. 市场调研

首先需要对市场进行全面的调研，包括行业趋势、竞争对手情况、消费者需求等。可以通过收集行业报告、分析竞争对手的文本内容营销方式，以及开展消费者调查来获取信息。例如，一家化妆品公司在推出新的护肤品系列前，会研究当前护肤市场流行的成分、消费者对不同肤质护肤品的需求，以及竞争对手的主打产品特点等。

2. 创建用户画像

根据市场调研的结果，创建详细的用户画像。用户画像包括目标受众的年龄、性别、职业、兴趣爱好、消费习惯、痛点和期望等诸多要素。以健身品牌为例，其目标受众可能是年龄在 20～40 岁之间、热爱运动、注重健康生活方式，以及平时有在健身房锻炼或者户外运动习惯的青年人。他们的痛点可能是缺乏高效的健身计划或者合适的健身装备，期望通过专业的指导和优质的装备提升健身效果。

（二）内容策划

1. 确定主题和目的

根据目标受众的需求和品牌营销目标确定文本内容的主题和目的。如果品牌的目标是提高产品知名度，那么可以策划一些介绍产品特点和优势的主题内容；如果是为了建立品牌权威，就可以围绕行业知识、技术创新等来创作。例如，一家科技公司为了展示其技术实力，可能会策划一系列关于人工智能技术前沿应用的主题内容。

2. 内容形式选择

选择合适的文本内容形式，如博客文章、白皮书、案例研究、电子书、故事等。不同的内容形式适用于不同的营销目的和受众。对于想要传达复杂技术概念的情况，白皮书可能是比较好的选择；如果是为了吸引受众的情感共鸣，故事类内容则更具优势。比如，一个旅游品牌可以通过讲述游客在目的地的奇妙经历来吸引潜在游客。

（三）内容创作

1. 撰写高质量内容

在创作过程中，要确保内容的质量。内容应该有深度、有价值，语言风格要符合目标受众的喜好。使用简洁明了、通俗易懂的语言，避免过于专业或晦涩难懂的词汇，除非目标受众是专业人士。例如，为普通消费者撰写的智能家居产品介绍，应该用简单的语言解释产品的功能和使用方法，而不是堆砌技术术语。

2. 优化内容结构

优化内容结构，包括合理的段落划分、清晰的小标题设置、适当的引用和举例等。这有助于读者更好地理解内容，提高阅读体验。例如，在一篇长文博客中，使用小标题将内容分成几个逻辑清晰的部分，每个部分围绕一个小主题展开，并且在文中适当引用相关的数据和案例来支持观点。

（四）内容审核与优化

1. 内部审核

内容创作完成后，需要进行内部审核。由品牌内部的专业人员，如营销专家、产品经理等对内容进行审核，检查内容是否符合品牌形象、营销目标，是否存在事实错误、逻辑漏洞等问题。例如，审核一篇关于产品性能的文章时，产品经理要确保文中描述的产品性能与实际情况相符。

2. 外部测试

有些品牌还会进行外部测试，如邀请部分目标受众提前阅读内容，收集他们的反馈意见，根据反馈对内容进行优化。例如，一家教育机构在发布新的课程介绍文案前，邀请一些学生和家长阅读，根据他们提出的关于内容清晰度、重点突出等方面的意见进行修改。

（五）内容分发

1. 选择分发渠道

根据目标受众和内容类型选择合适的分发渠道。常见的渠道包括品牌官网、社交媒体平台、电子邮件、内容营销平台等。如果是面向年轻消费者的时尚内容，那么像微博、抖音等社交媒体平台可能是主要的分发渠道；对于专业的 B2B 内容，公司官网和行业特定的内容营销平台可能更合适。

2. 制订分发计划

制订详细的分发计划，包括发布时间、发布频率等。研究表明，不同类型的内容和受众在不同的时间点活跃度不同。例如，对于上班族来说，晚上和周末可能是比较适合发布内容的时间；对于面向企业客户的内容，周一到周五的工作时间可能更有效。同时，要保持一定的发布频率，以维持受众的关注度，如每周发布一篇博客文章或每天在社交媒体上发布一定数量的文案。

（六）效果评估与反馈

1. 设定评估指标

设定评估文本内容营销效果的指标，如内容的阅读量、分享量、点赞量、评论量、转化率等。这些指标可以帮助品牌了解内容的受欢迎程度和对营销目标的贡献程度。例如，通过分析一篇产品推荐文章的转化率，可以知道有多少读者在阅读文章后购买了产品。

2. 收集和分析数据

定期收集和分析这些数据，根据数据分析结果调整营销策略。如果发现某一类主题的内容阅读量和转化率都很高，那么可以考虑增加这方面的内容创作和分发；反之，如果某一渠道的效果不佳，就可以考虑调整分发策略或者放弃该渠道。例如，发现某品牌在微信公众号上发布的技术类文章分享量很低，经过分析可能是因为内容过于专业，与公众号粉丝的兴趣不符，那么就可以调整内容风格或者更换分发内容的类型。

// 微案例 8-1 //

可口可乐“昵称瓶”：一次成功的文本内容营销

可口可乐作为全球知名的饮料品牌，在竞争激烈的饮料市场中一直致力于保持品牌的新鲜感和与消费者的紧密连接。在社交媒体兴起、消费者个性化需求凸显的时代背景下，传统的营销方式已难以满足品牌发展需求，可口可乐急需创新营销策略，进一步提升品牌的亲和力与话题性，巩固其在市场中的地位。

“昵称瓶”活动以个性化为核心创意概念，打破传统可口可乐包装单一的局面。通过在瓶身印上各种流行、有趣且富有亲和力的昵称，如“学霸”“吃货”“小清新”“高富帅”“白富美”等，将产品转化为一种社交货币，使消费者在购买和饮用可口可乐时，能够找到与自己身份或个性相符的专属标签，从而激发消费者的认同感和分享欲望。可口可乐广泛收集了网络流行语、年轻人常用的昵称以及具有代表性的社会群体标签，确保了昵称的多样性和时代感。在包装设计上，采用简洁明了的字体印刷昵称，与可口可乐经典的红色瓶身和品牌标识相得益彰。既突出了昵称的个性表达，又保持了品牌的整体视觉形象。同时，围绕“昵称瓶”活动，可口可乐在社交媒体、官方网站等平台上创作了一系列相关的宣传文案、图片和视频内容，进一步丰富了活动的内容生态。

可口可乐在微博、微信等主流社交媒体平台上发起大规模的线上推广活动。发布创意海报、趣味短视频，展示各种昵称瓶的设计和应用场景，吸引用户关注。同时，邀请知名演员、歌手等意见领袖参与互动，他们纷纷晒出自己与昵称瓶的合影，带动粉丝购买和分享，引发了社交媒体上的“晒瓶”热潮，话题热度持续攀升。在线下，可口可乐在各大商场、超市、学校、写字楼等人流量密集的场所开展主题促销活动。设置特色展示区，摆放各种昵称瓶供消费者现场选购，并举办互动游戏，如“寻找你的专属昵称瓶”等，参与者有机会获得定制的昵称瓶或其他周边礼品。线下活动与线上推广相互呼应，形成全方位的营销覆盖。

可口可乐与多家知名企业、品牌进行跨界合作，将昵称瓶融入不同的消费场景中。例如，与快餐连锁店合作推出联名套餐，购买套餐即可获得定制昵称瓶；与电影院合作，在影厅内售卖昵称瓶，并举办观影活动，为观众提供独特的观影体验。这些跨界合作不仅扩大了昵称瓶的曝光渠道，还为消费者带来了更多的惊喜和价值，进一步提升了品牌的影响力。

第 2 节　视频营销

一、视频营销的概念

（一）视频营销的发展历程

1. 初创期（2004—2007 年）

受 YouTube 等国外网络视频平台商业模式的启发，我国开始涌现出网络视频平台。初创期的视频拍摄设备尚未普及，少数人能掌握视频拍摄与剪辑技术，高品质用户生成内容（UGC）的产出难成规模。内容模式上，初创期的视频平台以 UGC 形式获取视频内容，但受限于内容质量，平台主要通过转载电视台节目来吸引用户。此时的视频营销还处于起步阶段，品牌方在视频平台上的广告投放方式与传统媒体类似，主要通过页面广告位的售卖获得收益。信息传播呈自上而下的单向特征，平台内容和广告内容相对割裂，互动性较弱。

2. 发展期（2008—2017 年）

随着媒体、移动互联网等技术的进步，视频平台的内容形态和业务模式逐渐丰富。长视频平台开始重视内容版权的购买，并布局上游影视内容的生产，以合作或自制的方式参与影视内容的制作，内容逐渐正规化和精品化；短视频平台开始兴起，凭借"爆点"内容获得业界和大众的广泛关注，并涌现出大量 UGC 创作者，平台急需与多频道网络（muti-channel network，MCN）机构合作，以管理用户内容和对接资源。长视频平台的营销模式基于自制内容向品牌方提供定制化的品牌服务，品牌方可以通过赞助平台自制内容，将品牌植入节目内容中。短视频平台的营销模式则通过话题挑战、创意挑战等方式，激励用户利用品牌元素创作视频，实现品牌与用户的互动。

3. 成熟期（2018 年至今）

短视频平台如抖音、快手等快速发展，使得短视频平台成了品牌内容营销的主战场。视频营销的形式和渠道更加多元化，呈现出品牌视频化、视频网络化、广告内容化等趋势。成熟期的短视频平台形成了成熟的内容生态，包括短视频、直播、电商等多种形式。平台通过算法推荐、内容分发等手段，提高用户黏性和内容传播效率。在成熟期，品牌方将短视频平台作为主要的营销渠道，通过短视频内容传递品牌信息和产品优势。短视频平台通过 MCN 机构和平台商务对接系统，为品牌方和创作者提供便捷的营销合作方式，从而使视频营销逐渐呈现出互动性强、传播速度快、成本低廉等特点，成为企业营销的重要手段之一（顾恩澍和姚林青，2023）。

（二）视频营销的定义

根据美国市场营销协会（American Management Association，AMA）的定义，视频营销指的是"将视频元素整合到市场营销活动当中，服务于构建顾客关系和提升品牌、产品、服务的形象等市场营销目标（王永贵和郭笑笑，2022）。

随着数字技术的迅猛发展，消费者的生活方式和消费习惯以及企业的营销模式都发生了深刻变革。在这一过程中，视频营销作为企业与消费者之间的重要沟通工具，逐步从传统的固定平台转向多样化的移动平台。这一变化不仅推动了数字视频用户数量的激增，也为企业提供了更广泛的营销机会。根据第 54 次《中国互联网络发展状况统计报告》发布的数据，截至 2024 年 6 月，中国数字视频用户已近 11 亿，庞大的用户基础促使越来越多的企业加大在视频营销上的投入。2021 年，中国视频营销市场规模已达到 3 229 亿元，较 2017 年实现了 23.5%的年复合增长率。这表明，视频营销作为数字技术应用的有效手段，不仅将视频元素与市场活动相结合，还为消费者带来了娱乐、社交和沉浸式的全新体验（王永贵、肖海舰和洪心如，2024）。

数字技术为传播技术、传播形式和传播属性带来了全新的特征。传统的传播方式依赖有线网络设备，视频观看通常受限于固定的空间场景。而在数字时代，消费者可以通过各种移动平台灵活观看视频，不再受限于特定场所。如今，视频内容已广泛存在于视频分享平台（如抖音）、社交媒体（如微博）、品牌网站、门户网站及新闻平台（如新浪）上，观众不仅是视频的消费者，还是内容的创作者。观众可以通过评论区或弹幕区与发布者及其他观众互动交流，增强参与感。例如，哔哩哔哩的共同观影功能允许用户与他人同步观看并即时互动，从而提升了观看体验并促进了平台的活跃度。

在数字经济时代，视频营销在不断演进的数字技术支持下，实现了视频元素与营销活动的有效融合，深化并提升了企业的数字营销能力，为用户提供了兼具娱乐性、社交性和沉浸感的创新体验。因此，视频营销已成为数字营销领域中不可或缺的重要组成部分（王永贵和郭笑笑，2022）。

（三）视频营销的分类

1. 品牌宣传视频营销

品牌宣传视频营销具体分为品牌故事视频营销和品牌形象视频营销。品牌故事视频营销主要讲述品牌的起源、发展历程和核心价值观，通过生动的画面、感人的情节以及富有感染力的讲述，让消费者深入了解品牌背后的故事，建立情感连接。例如，可口可乐经常制作品牌故事视频，展示其发展历程，包括早期的配方研发、标志性的瓶身设计起源等情节，让消费者感受到品牌的历史底蕴和文化内涵。品牌形象视频营销侧重于展示品牌的形象和风格，通过展示品牌的产品使用场景、品牌活动、员工风貌等来塑造品牌在消费者心目中的整体形象。比如，苹果公司的形象视频常常会出现其简洁大气的专卖店设计、用户在店内愉快体验产品的场景，以及产品精致的外观和流畅的操作画面，给消费者传递出高端、时尚、易用的品牌形象。

2. 产品介绍视频营销

产品介绍视频营销分为产品功能演示视频营销和产品使用教程视频营销。产品功能演示视频营销主要通过详细介绍产品的功能和操作方法，让消费者更直观地看到产品是如何工作的，这比单纯的文字或图片说明更具说服力。例如，电子产品品牌会制作产品功能演示视频，如手机品牌展示其新手机的拍照功能，从相机的各种拍摄模式、像素效果、夜景拍摄能力等方面进行演示，让消费者清楚地了解产品的优势。产品使用教程视频营销主要通过详细讲解产品的使用步骤、注意事项等，帮助消费者更好地使用产品。以家居产品为例，一款新型的智能扫地机器人的使用教程视频会介绍如何安装、如何设置清洁模式、如何充电以及日常维护的方法，让消费者在购买后能够快速上手使用。

3. 客户见证视频营销

客户见证视频营销分为用户评价视频营销和案例分析视频营销。用户评价视频营销主要是邀请真实用户分享他们使用产品或服务的体验和评价。这些用户的真实反馈能够增加产品的可信度和吸引力。例如，电商平台上的一些品牌会邀请购买过产品的消费者录制视频，讲述他们对产品质量、性能、售后等方面的真实感受，如美容产品品牌让消费者分享使用后的肌肤改善效果，这种来自用户的好评能够有效促进产品的销售。案例分析视频营销主要针对企业客户或有复杂购买决策的产品，通过案例分析视频展示产品或服务在实际场景中的应用效果。比如，一家软件公司会制作案例分析视频，展示其企业资源规划（ERP）软件如何帮助某一制造企业提高生产效率、降低成本、优化供应链管理等具体案例，让其他潜在企业客户看到产品的实际价值。

4. 活动视频营销

活动视频营销分为活动预告视频营销和活动回顾视频营销。活动预告视频营销用于提前宣传即将举办的品牌活动，如新品发布会、促销活动、线下体验活动等。活动预告视频营销可以激发消费者的兴趣和参与欲望。例如，汽车品牌在举办车展前会发布活动预告视频，展示即将亮相的新款车型的部分亮点，以及车展现场的精彩活动安排，吸引消费者前来参观。活动回顾视频营销在活动结束后开展，主要是对活动进行总结和展示活动的精彩瞬间。它可以延长活动的影响力，同时也为未参加活动的消费者提供了解活动的机会。比如，一场大型音乐节结束后，主办方会制作活动回顾视频，包括舞台表演的精彩片段、观众的热情反应等，通过社交媒体等渠道传播，让更多人感受到活动的氛围。

5. 社交媒体短视频营销

社交媒体短视频营销分为趣味短视频营销和知识分享短视频营销。趣味短视频营销主要是为了吸引用户的注意力，通过有趣的情节、创意的画面或流行的元素来增加视频的趣味性。例如，一些品牌会制作搞笑的宠物短视频，在其中巧妙地植入品牌元素，在社交媒体上广泛传播，吸引大量用户点赞、评论和分享。知识分享短视频营销以分享知识、技巧或信息为主要内容，视频通常时长较短、内容精练。例如，美妆品牌会制作短视频分享快速化妆技巧，美食品牌会分享简单易做的食谱。这些知识分享短视频不仅能够吸引用户关注，还能让用户在学习知识的过程中对品牌产生好感。

二、视频营销的特征

（一）信息传播：速度与质量并重

随着互联网、计算机和图像技术的迅速发展，人们获取信息的方式发生了巨大变化。在数字时代，数字视频逐渐取代文字和图片，成为首选的资讯传播方式。与文字、图片和 GIF 动画等传统媒介相比，数字视频更为快捷，能承载更多信息，且更容易吸引受众的注意力。使用包含文字、图像和动画的数字视频，信息的传递更加清晰和高效，受众对内容的理解和接受度也更高，尤其在介绍复杂或科技感强的内容时，图形和立体形象能显著提高传播效果，减少信息误解。此外，数字视频可精准传递信息，尤其适用于需要转述的场景。数字视频能够以高清晰度、动态和 360 度的方式展示产品，同时，通过背景音乐提供更多感官刺激，这对信息的处理和消费者决策有着显著的影响。数字视频的互动功能，如放大、缩小、暂停和回放，允许受众按需查看产品的不同特性。

基于这些优势，营销人员可以利用数字视频更高效地推广企业产品、品牌和文化。首先，一个 10～15 秒的视频可以将产品的文字、图形、外形、功能、声效、使用方法、操作流程以及品牌形象等多维信息综合呈现，使受众对产品有全面的了解。其次，信息展示的效果非常重要，文字的字体、大小、位置，声音的音调和响度，图形的颜色和比例，动画的切换速度，都会影响视频信息传播的效果。通过合理设计，数字视频能够实现视觉、听觉以及多感官的联动，从而提升受众的认知体验。最后，消费者的观看体验同样关键。视频的质量和格式，以及分辨率等因素，都会直接影响信息的传递效果。

（二）精准满足：个性化需求为核心

克里斯·安德森（Chris Anderson）在《长尾理论》中区分了规模经济和范围经济

两种经济模式。在产品多样化方面，规模经济强调品种越少，成本越低；而范围经济则认为品种越多，成本越低。大众市场代表规模经济，而个性化市场则代表范围经济。长尾理论的核心观点是，多样化的产品可以满足更多个性化需求，从而有效避免价格战，是一种增值策略。同时，个性化需求的总和通常大于大众需求。

现代媒体平台的传播门槛低、渠道多样。数字视频因其内容简洁且富有表现力，能够迅速扩散，具备强大的传播力、广泛的覆盖面和高互动性。传统营销受限于经济规模和技术，主要依靠大众传播方式。而数字时代的数字视频能够满足个性化传播需求，借助大数据算法实现精准的信息推送。在这种背景下，数字视频平台企业必须重视其营销方式的多样性。对于大多数企业来说，利用数字视频进行精准营销，能够更好地满足消费者需求，从而培养忠诚顾客。

（三）品牌传播：实现卓越影响力

视频营销的一个常见误区是，企业认为仅仅将产品或服务植入视频中就算是有效的营销，这种做法延续了传统的广告植入思维。真正有效的视频营销应当是在特定的场景中自然地融入品牌和产品，使消费者自然而然地接受品牌价值。因此，成功的视频营销关键在于通过场景化的品牌传播，创新符合大众文化的场景，并将品牌核心文化与之融合，以满足用户的审美需求，获得情感认同，并建立品牌与用户之间的紧密联系。

以 vivo 手机在 2022 年春节期间的视频营销为例，品牌通过将产品巧妙融入春节团圆的场景，成功吸引了大量用户的点赞、转发和评论。该视频在抖音上于除夕前发布，契合了回家过年的时机，视频中通过红色灯笼、投壶游戏、团圆聚会等喜庆元素，再加上背景音乐，创造了温馨的节日氛围。视频还通过呈现现代社会子女与父母难团圆的现实，将 vivo 手机塑造成春节期间亲人间联系的纽带，体现了品牌的情感价值。此外，视频清晰展示了产品和品牌形象，巧妙地将品牌文化与春节场景结合，深刻打动了用户的情感，达到精准的传播效果。

此外，数字视频和传统广告类似，也需要注重品牌曝光，数字视频的制作仍需加入丰富的品牌元素。如在视频开头和结尾加入品牌介绍、在显眼位置放置品牌标志，或者在视频中添加水印，同时与平台合作进行定期推送，以强化品牌的印象。

（四）分享欲望：把握消费者动机

数字视频的发展满足了消费者的分享需求，主要表现在交互和自我表达两个方面。交互是指消费者通过数字视频与朋友分享信息、情感、知识或寻求意见；而自我表达则是消费者借助数字视频展示个人爱好和思想。对于企业来说，消费者的分享欲望既是机遇也是挑战。有效利用这种欲望，企业不仅可以加速产品信息的传播，还能提升品牌形象和无形资产，带来更高收益。然而，若企业遭遇负面新闻，消费者的病毒式传播特性可能会对品牌造成严重损害。此外，不同类型的视频会激发消费者不同的反应，一些内容能增加分享意愿，而另一些则更能促进购买决策。因此，企业需要了解并把握消费者分享数字视频的动机。

根据 Unruly 公司对 4 300 亿次视频浏览和 10 万条消费者数据的分析，分享动机可以分为社会动机和情绪动机两类。社会动机涵盖以下 10 个方面：寻求意见、共同的激情、线下社交、社交效用、荣誉-消息达人、荣誉-权威人士、时代先锋、打开话题、自我表达、公益形象。在情绪动机方面，积极情绪和消极情绪都会影响视频分享。Unruly 公司通过分析 Puppyhood 数字视频发现，排名前四的积极情绪是温暖（58%）、幸福（56%）、狂欢（31%）和惊喜（10%）；消极情绪则包括困惑（8%）、蔑视（8%）、厌恶（4%）和愤怒（1%）。因此，企业在设计数字视频时，应该针对用户的分享动机，创作能够激发积极情绪的内容，以增强共鸣并提高传播效果。

三、视频营销的基本流程

（一）目标设定

1. 明确营销目标

视频营销的目标可以多种多样，包括提高品牌知名度、增加产品销量、促进客户参与、提升品牌形象等。例如，如果是一款新推出的智能手机，目标可能是在上市后的三个月内通过视频营销使品牌知名度提升 30%，并促进产品销量达到一定数量。

2. 确定目标受众

通过市场调研来确定目标受众的特征，如年龄、性别、兴趣爱好、消费习惯等。以一款智能家用投影仪为例，目标受众主要为 25～45 岁的年轻夫妻和有孩子的家庭，他们追求家庭娱乐品质，对影视、游戏等感兴趣。

（二）视频策划

1. 创意构思

根据营销目标和目标受众，构思视频的创意主题。例如，为了吸引年轻消费者购买运动饮料，创意主题可以是“运动达人的活力之源”，通过展示运动达人在各种极限运动场景下饮用该饮料后活力满满，来体现产品的特点。

2. 内容规划

规划视频的具体内容，包括情节、场景、人物、台词等。对于产品介绍视频，要明确产品的哪些功能和优势需要重点展示。如一款智能手表的视频，要规划好展示其健康监测功能（如心率、睡眠监测）、时尚外观设计、智能交互（如语音助手）等内容的场景和方式。

3. 风格确定

确定视频的风格，如搞笑、严肃、科技感、温馨等。风格要与品牌形象和目标受众的喜好相匹配。例如，面向年轻人的时尚品牌视频可能采用潮流、酷炫的风格；而金融服务品牌的视频可能更倾向于专业、稳重的风格。

（三）视频制作

1. 脚本撰写

将策划的内容转化为详细的脚本，包括镜头序号、景别、画面内容、台词、时长等。脚本是视频制作的蓝图，例如，一个美食视频的脚本会详细描述每个烹饪步骤对应的镜头，如特写镜头展示食材细节，中景镜头展示烹饪过程等。

2. 拍摄准备

包括场地布置、设备准备（如摄像机、灯光设备、麦克风等）、演员选角（如果需要）等。以拍摄一个汽车广告视频为例，需要选择合适的拍摄场地，如风景优美的公路或现代化的城市街道，准备专业的拍摄设备来捕捉汽车的外观和性能细节，以及挑选形象气质与品牌相符合的演员作为驾驶员。

3. 拍摄过程

按照脚本进行拍摄，注意光线、画面稳定性、声音质量等因素。在拍摄过程中，可能需要根据实际情况对脚本进行微调。例如，在拍摄户外旅游视频时，如果天气突然发生变化，可能需要调整拍摄计划，增加一些关于应对天气变化的镜头或改变场景顺序。

4. 后期制作

对拍摄的素材需要进行剪辑、添加特效、配音、配乐等。剪辑要使视频节奏紧凑、逻辑连贯；特效可以增强视觉效果，如为科技产品视频添加炫酷的光影效果；配音和配乐要与视频内容和风格相契合，如在温馨的家庭产品视频中配上舒缓的背景音乐。

（四）视频分发

1. 选择分发渠道

根据目标受众和视频内容选择合适的渠道。常见的渠道包括品牌官网、社交媒体平台（如抖音、微博、微信视频号等）、视频分享平台（如哔哩哔哩、优酷等）、电子邮件等。以推广一款针对年轻女性的时尚彩妆产品为例，选择分发渠道时，可重点投放于小红书和抖音。小红书以年轻女性用户居多，适合发布图文和短视频介绍彩妆产品的使用教程、效果等；抖音用户基数大、传播力强，可以通过创意短视频展示产品特色，能快速吸引流量，实现高效推广。

2. 制定分发策略

分发策略包括发布时间、发布频率等。通过研究目标受众的行为习惯来确定最佳发布时间。例如，以推广一款面向大学生群体的学习类 APP 为例，大学生课余时间集中在晚上 8—11 点，且周末使用手机频率更高。因此制定分发策略时，可选择工作日的晚上 9 点发布学习技巧分享视频，周末下午 3 点发布 APP 功能深度解析视频，每周发布 3～4 条，以此提升视频曝光度和 APP 下载量。

（五）效果评估

1. 设定评估指标

评估指标包括视频播放量、观看时长、点赞数、评论数、分享数、转化率等。例如，通过分析一款电子产品视频的转化率，可以了解有多少观众在观看视频后购买了该产品。

2. 数据分析与优化

定期收集和分析数据，根据评估结果调整视频营销的各个环节。比如，某个视频在某一平台的播放量很低，分析后发现可能是因为标题不够吸引人、内容不符合平台用户喜好，那么可以针对性地进行优化，如修改标题、调整内容风格。

微案例 8-2

健身 APP“活力燃动”

健身 APP“活力燃动”瞄准年轻上班族与学生群体，他们追求健康生活，渴望高效健身却常受时间场地限制，期望实现碎片化健身。活力燃动以“随时随地，活力觉醒”为核心理念，打造“都市健身侠的 24 小时”创意概念。将健身融入日常生活场景，如清晨公交站台的拉伸、午休办公室的椅上运动、傍晚公园的慢跑与力量训练组合等，展现 APP 助力用户无缝对接健身的魅力。

在制作视频时，模拟第一人称视角，增强临场感与代入感。运用特写镜头捕捉肌肉发力、汗水滴落瞬间，凸显健身效果与努力付出；慢动作回放关键动作，强化视觉冲击力与艺术美感；自然采光结合柔光灯补光，营造真实、温暖视觉氛围。剪辑节奏依健身动作快慢巧妙调整，快动作切换展示高效紧凑，慢动作抒情强调细节感受。背景音乐选动感电子乐，节奏契合动作韵律，鼓点激发运动激情；音效添加真实环境音（公交嘈杂声、办公室空调声、公园鸟鸣风声）与健身动作音效（呼吸声、脚步声、器械摩擦声），丰富感知层次。字幕设计简洁时尚，关键动作标注简洁说明，品牌标识适时巧妙呈现，强化记忆。

在推广环节，选择社交媒体平台（微信朋友圈、微博、抖音）作为首发阵地，制作系列短视频片段、图文海报、话题标签吸引用户关注参与，鼓励用户分享健身日常打卡赢积分兑换课程优惠券。与健身达人、网络红人合作，邀其体验创作内容分享。嵌入 APP 开屏页、社区首页、课程推荐页推广，精准触达目标用户，提升品牌知名度与 APP 下载量。

第 3 节　移动营销

一、移动营销的概念

（一）移动营销的发展历程

1. 早期阶段（1G 和 2G 时代）

1G 时代主要是语音通信，移动广告形式非常有限，类似于电话营销，通过接线员或录音信息向消费者促销产品和服务。由于技术限制和成本高昂，移动营销在这一阶段并未得到广泛应用。这个阶段的广告形式主要是一对一营销，通过电话直接向消费者推销产品和服务。

2G 时代，随着短信（SMS）的普及，短信营销成为移动广告的主要形式。无线应用协议（wireless application protocol，WAP）和通用分组无线服务（general packet radio service，GPRS）技术的发展提升了互联网接入能力，使得 2G 广告逐渐发展起来。广告形式上，短信营销成为主流，广告商可以通过短信向大量目标客户发送广告信息。WAP

广告也开始出现，用户可以通过点击短信中的 WAP 链接上网收集更多信息。

早期阶段面临的挑战是纯文本短信广告形式单一，互动性差，且易被视为垃圾信息。同时，消费者对移动广告的认知度较低。因此，相关法规和法律也开始出现，以应对垃圾信息和隐私保护问题。

2. 快速发展阶段（3G 时代）

3G 时代技术的进步带来了更高的传输速率和更大的带宽，支持传输图片、音乐和视频等多媒体内容。移动广告形式更加丰富，如彩信、手机电视广告、游戏、动画等。彩信广告尤其受欢迎，因为它可以提供更丰富的内容和更好的用户体验。随着智能手机的普及和移动互联网的发展，移动营销市场迅速扩大。广告商开始利用大数据技术收集和分析用户行为数据，以实现更精准的投放和个性化推荐（徐树华和王娇，2011）。

3. 成熟与创新阶段（4G 时代及以后）

4G 时代网络速度的大幅提升使得用户体验更加流畅，为移动营销提供了更好的环境。智能手机和移动互联网的普及使得用户可以随时随地进行网络访问和互动。大数据和人工智能等关键技术的应用使得移动营销更加精准和个性化。通过分析用户数据，营销人员可以制定更精准的营销策略，提高营销效果和用户满意度。广告形式上，APP 营销、社交媒体营销等成为主流。APP 作为移动营销的主要载体，提供了个性化、互动性的营销服务。社交媒体平台如微信、微博等成为品牌传播和用户互动的重要阵地。

5G 技术的引入将进一步提升网络速度和带宽，为移动营销带来更多可能性。实时互动、沉浸式体验等将成为移动营销的新趋势。物联网、AR/VR、区块链等前沿技术将与移动营销深度融合，开拓更广阔的营销场景和用户体验。

随着技术的发展和市场环境的变化，移动营销将面临更多的挑战和机遇。数据安全与隐私保护、跨平台整合与流量获取等问题需要得到解决。同时，技术创新和内容创新将为移动营销注入新的活力。

综上所述，移动营销的发展历程是一个技术驱动、市场推动和消费者行为变化相互作用的过程。从早期的短信营销到如今的 APP 营销、社交媒体营销以及未来可能的物联网营销、AR/VR 营销等，移动营销的形式和手段不断丰富和完善，为企业提供了更多元化、更精准的营销选择。

（二）移动营销的定义

根据移动营销协会（Mobile Marketing Association，MMA）关于移动营销的最新定义，移动营销指的是企业以各种可移动的无线媒介作为载体，用以发布信息和接收反馈，在此过程中，以这些媒介实现即时沟通的营销传播，并为终端用户传递符合当下场景的、满足其个性化需求的、最合适的营销信息。随着互联网和智能终端的快速发展，新媒体已深入日常生活，超越了传统媒体如报刊、广播和电视。新媒体通过互联网、移动互联网和人工智能等形式，采用创新的媒介经营模式，创造新的内容、表现形式和用户体验。在这个时代，消费者的价值观和消费行为因新媒体的普及而发生变化，越来越多的企业借助新媒体开展市场营销，利用其个性化、即时性和互动性特点，快速接触并影响消费者。移动营销在这种背景下，通过定向传递个性化信息和互动方式，满足消费者需求，提升品牌形象、产品宣传及消费者满意度，从而增强营销效果并提高企业效益。

（三）移动营销的分类

1. 短信营销

（1）普通短信营销。

普通短信营销是最基本的短信营销方式，企业通过向用户手机发送包含产品信息、促销活动、服务提醒等内容的短信来进行营销。例如，电商平台在“双11”期间向用户发送短信，告知用户全场折扣、满减优惠等活动信息。短信内容一般要求简洁明了，在有限的字数内突出关键信息，如“[品牌名] 双11狂欢，全场5折起，快来选购！”。

（2）个性化短信营销。

个性化短信营销是基于用户的消费行为、偏好、地理位置等数据，发送个性化的短信。比如，一家连锁咖啡店会根据用户的历史订单记录，向喜欢拿铁的用户发送“您最爱的拿铁买一送一活动正在进行中”的短信。同时，也可以结合用户位置信息，当用户靠近咖啡店时，发送附近店铺的优惠短信，增强营销的针对性。

2. 移动应用营销

（1）应用内广告营销。

应用内广告营销是指在移动应用内部展示广告，包括横幅广告、弹出广告、激励视频广告等。横幅广告通常显示在应用界面的顶部或底部，如新闻类应用中会出现一些品牌的广告横幅。弹出广告会在应用的特定场景下弹出，如游戏类应用在关卡切换时弹出广告。激励视频广告则是用户可以通过观看广告获取应用内的奖励，如游戏中的虚拟货币或道具。

（2）应用内购买营销。

应用内购买营销主要针对付费应用或应用内提供增值服务的情况。企业通过优化应用内购买流程，提供有吸引力的付费内容来促进用户购买。例如，一些健身应用会提供免费的基础课程，同时推出更高级的个性化健身计划、专业教练指导等付费服务，通过在应用内展示这些付费内容的优势和试用体验，引导用户进行购买。

3. 移动社交媒体营销

（1）社交媒体平台广告营销。

社交媒体平台广告营销是指企业在移动社交媒体平台（如微信、微博、抖音等）投放广告。这些广告形式多样，包括信息流广告、开屏广告等。信息流广告会融入用户的社交信息流中，根据用户的兴趣爱好和行为数据进行精准推送。例如，在微信朋友圈中，用户会看到一些品牌的广告，这些广告可能是根据用户的朋友圈内容、关注的公众号等信息进行匹配推送的。开屏广告则是在用户打开应用时展示，具有较高的曝光率。

（2）社交媒体内容营销。

社交媒体内容营销是指企业通过在移动社交媒体平台发布有价值的内容，如图文、短视频、直播等来吸引用户关注，建立品牌形象，促进产品销售。例如，美妆品牌在小红书上发布化妆教程短视频，在视频中巧妙地展示自家产品的使用效果，通过内容吸引用户点赞、评论和分享，进而引导用户购买产品。直播营销也是社交媒体内容营销的一种热门形式，品牌通过直播展示产品的使用过程、性能特点等，实时与用户互动，解答用户疑问，促进下单。

4. 基于位置的移动营销

（1）地理围栏营销。

地理围栏营销是指企业利用地理围栏技术，当用户进入或离开特定的地理区域（如商场、店铺周围等）时触发营销活动。例如，当用户进入某大型商场的地理围栏范围，会收到商场内各店铺的优惠券、活动通知等短信或应用推送。这种营销方式可以精准地吸引周边潜在客户，提高店铺的客流量。

（2）本地化移动营销。

本地化移动营销是指根据用户所在的地理位置，提供本地化的产品或服务信息。比如，一个旅游类应用会根据用户当前所在的城市，推荐当地的热门景点、特色美食、酒店优惠等信息。这种方式能够更好地满足用户在本地的消费需求，增强用户与品牌之间的联系。

二、移动营销的特征

（一）时效性

在移动经济平台上，企业能够实时获取特定用户的公共信息，并进行精准的市场推广，这是移动营销在数字时代的重要特点。与传统营销需要大量调研不同，移动数据作为现代生活的一部分，使商家的营销速度大大提升，顾客也能更容易地参与移动社交网络中的推广活动。基于位置的服务（LBS）结合 GPS 和 4G 等技术，能够帮助商家准确定位客户，快速实现互动式市场推广。例如，商家可以通过社交媒体收集用户位置信息，基于不同地理位置和主题，开展个性化营销。移动经济平台的社交空间提供了丰富的内容（如软件、视频等），使得移动社交媒体注册成为成功的市场推广手段。虽然这一过程看似简单，但实际上它是一种有效的用户数据收集方式，能够帮助商家了解用户的地理位置、活动以及对产品的兴趣。此外，抽奖活动已成为一种流行的推广手段，尤其在手机游戏中，能显著提高广告效果。通过这种方式，企业能够快速获得用户信息并做出反馈，在社交网络的开放环境中实现精准推广。

（二）跨越性

“跨越”指的是手机销售向数字化转型的趋势。与传统营销相比，数字化手机市场面临更多挑战，尤其是智能手机系统的兼容性问题。由于市面上的智能手机系统不同，企业在宣传时不仅依赖信息传播，还需创新推广手段。近年来，O2O（online to offline）模式逐渐成为一种新型的销售方式，解决了线上和线下销售的衔接问题。自 2014 年起，O2O 模式被广泛采纳，它的核心是将线上销售与消费结合，并通过线下或终端提供服务。

与传统电子商务相比，O2O 营销通过整合商品与服务，提升了消费者体验，并能够实时监控销售和服务质量。目前，微信在 O2O 领域迅速发展，商家可以通过微信公众号吸引顾客，结合二维码或微信购物等方式进行促销。许多大型企业已在官方公众号上设立专属账户，并通过线上线下结合的方式推出各种优惠活动。这样的互动促销有助于企业的持续增长，同时也为消费者带来了全新的购物体验。

（三）内容性

在网络市场中，内容问题一直是关注的焦点，尤其是在数字时代，手机市场的快速发展使得内容的特性成为影响营销效果的重要因素。高质量的内容能否推动市场推广并满足消费者需求，已成为关键问题。

现代手机用户的审美和需求在不断变化。网络时代的到来使得人们可以随时随地获取信息和购物，打破了时间和空间的限制。因此，商家除了需要与消费者沟通外，还必须提供高质量的产品来吸引顾客并满足他们的需求，从而实现销售目标。

在智能手机市场中，高质量产品应遵循几个关键准则：首先，满足用户的实际需求。由于广告泛滥，用户容易感到厌烦，因此需要通过软性营销吸引受众。其次，由于信息过载，手机用户的注意力趋向于简洁明了的内容，因此简洁的营销信息更能有效沟通。最后，内容的活跃性和趣味性也至关重要，尤其是在信息爆炸的时代，缺乏有趣内容的营销难以吸引用户，因此必须抓住受众的兴趣。

随着技术的进步，创新的智能手段也成为推动市场销售的重要工具。例如，视频投影、裸眼 3D 和虚拟影像等技术可以为消费者提供新奇的体验。同时，互动性和个性化的内容也是不可或缺的。在手机市场的快速变化中，营销策略必须灵活应对，注重即时性和信息互动。例如，苹果和小米的成功关键之一就是其有效的营销策略融合。在当今个性化消费趋势下，市场营销更需要关注“以人为本”，并通过有针对性的策略来提高客户忠诚度和激发购买欲望。

（四）大数据性

在大数据时代，数字经济的发展趋势是通过采集、分析和整理消费者信息，精准还原其购买习惯，从而实现消费人群的细分。借助大数据技术，商家可以更好地满足消费者的个性化需求，提升购物体验。事实上，手机市场与传统市场的边界已经被手机网络打破，两者正在融合为一种新型的整合市场模式。特别是在大数据驱动的精准销售过程中，传统的销售方式正在逐步转变为更加现代化的市场营销策略，即通过提供更高质量的服务来满足顾客需求。

在大数据时代，用户数据可以通过 cookie 进行收集。同时，网络环境中的专业网站也为数据获取提供了渠道。通过手机端和平台工具，商家可以实时将信息传输到企业数据库中，进一步优化营销决策。例如，微博上的用户数据以及相关商业应用对商家的市场推广具有重要意义。如今的大数据处理方式已不仅仅局限于筛选用户不感兴趣的信息，而是通过整合不同数据，深入分析用户需求，帮助商家精准识别目标受众。一则个性化的消息便能最大化营销效果，尤其是通过手机应用程序提供定制化的信息，能够满足消费者需求，从而推动市场销售。

三、移动营销的基本流程

（一）明确营销目标与受众定位

1. 确定营销目标

企业首先要明确开展移动营销想要达成的目标，例如提高品牌知名度、增加产品销量、促进用户参与、提升客户忠诚度等。如果是一款新推出的手机游戏，可能将提高下载量和用户留存率作为主要目标；若是一家连锁餐饮企业，或许希望通过移动营销增加到店客流量和外卖订单量。

2. 受众分析与定位

深入研究目标受众的特征，包括年龄、性别、职业、兴趣爱好、消费习惯、地理位置分布以及移动设备使用行为等。通过市场调研、数据分析工具以及社交媒体洞察等手段，构建详细的用户画像。例如，一款时尚美妆产品的目标受众可能是年龄在 18～35 岁之间、女性为主、关注时尚潮流、经常使用社交媒体且热衷于网购的群体。

（二）选择移动营销渠道与策略

1. 渠道评估与选择

根据目标受众的特点和营销目标，评估并选择合适的移动营销渠道。常见的渠道有短信平台、移动应用、社交媒体平台（微信、微博、抖音等）、移动网站等。如果目标受众是年轻的游戏爱好者，那么专注于游戏类应用内广告投放，以及在抖音等受年轻人欢迎的社交媒体平台上开展营销活动可能更为有效；而对于面向企业客户的服务，可能通过移动邮件营销以及在专业 B2B 移动应用或网站上推广更合适。

2. 制定营销策略

针对选定的渠道制定具体的营销策略。例如，在短信营销中，确定短信内容的风格、发送频率以及个性化策略；在移动应用营销中，规划应用内广告的展示形式（如横幅广告、弹出广告、激励视频广告）和应用内购买的促销方案；对于社交媒体平台营销，则要设计广告创意、内容发布计划（包括图文、视频、直播等形式的安排）以及互动策略，如举办线上活动、话题讨论等以增强用户参与度。

（三）内容创作与设计

1. 内容策划

依据营销目标和受众需求，策划移动营销的内容。内容要具有吸引力、相关性和价值性。如果是推广一款健身器材，内容可以包括健身教程视频、用户使用案例分享、产品功能介绍图文等。同时，要考虑内容的格式和长度，以适应移动设备的浏览习惯，例如短视频在移动营销中往往更受欢迎，因为它们能够在短时间内快速传递核心信息，且易于在社交媒体平台上分享。

2. 设计与制作

对策划好的内容进行设计和制作，确保视觉效果和用户体验良好。在设计移动广告时，要注重色彩搭配、图像质量、排版布局等，使其在小屏幕上也能清晰醒目且美观。

对于视频内容，要保证画面稳定、音质清晰、剪辑流畅。例如，在制作一个移动电商产品展示视频时，要从多个角度拍摄产品，添加合适的特效和音乐，制作简洁明了的字幕说明，以吸引用户的注意力并有效传递产品信息。

（四）活动执行与推广

1. 活动启动与执行

按照计划在选定的移动营销渠道上启动营销活动。例如，按时在社交媒体平台上发布广告和内容，启动短信群发任务，在移动应用内上线新的促销活动等。在活动执行过程中，要密切关注各项活动指标的变化，如广告的点击率、内容的阅读量和分享量、应用的下载量、购买转化率等，及时发现问题并进行调整。

2. 推广与传播

为了扩大活动的影响力，需要进行推广与传播。可以利用社交媒体的分享功能，鼓励用户将营销内容分享给他们的朋友和社交圈子；与一些有影响力的博主、达人合作，让他们帮助推广产品或服务；开展线上线下联动推广，如在线上发放线下门店的优惠券，吸引用户到店消费并在店内引导用户参与线上活动，如扫码关注公众号、下载应用等。

（五）效果监测与评估

1. 数据收集与整理

通过各种数据分析工具和平台，收集与移动营销活动相关的数据，如来自移动应用的用户行为数据（包括注册、登录、浏览、购买等行为的详细记录）、社交媒体平台的互动数据（点赞、评论、转发等）、短信营销的送达率和回复率等。对这些数据进行整理和分类，以便进行后续的分析。

2. 效果评估与分析

根据收集的数据，对移动营销活动的效果进行全面评估。对比活动前设定的营销目标，分析各项指标的完成情况，如是否达到了预期的品牌知名度提升效果、产品销量是否增长、用户参与度和忠诚度是否提高等。深入分析数据背后的原因，找出活动成功或失败的因素。

3. 优化与改进

根据效果评估与分析的结果，对移动营销活动进行优化和改进。调整营销策略，如优化广告投放的目标受众定位、改进内容创作和设计、完善活动流程和互动环节等。例如，如果发现某个社交媒体平台上的广告点击率较低，可能需要重新设计广告创意或调整投放时间；如果移动应用内的用户留存率不高，可以考虑增加新的功能或优化用户体验，然后开展新一轮的移动营销活动，不断提高营销效果。

微案例 8-3

凡客诚品的营销策略

VANCL（凡客诚品）由卓越网创始人陈年创办于 2007 年，产品涵盖男装、女装、童装、鞋、家居、配饰、化妆品七大类，支持全国 1 100 个城市货到付款、当面试穿、30 天无条件退换货。2011 年 1 月，由耶客开发的“凡客诚品” APP 在安卓应用商店和苹果

APP Store 上线，用户可以直接在 APP 上购买。“凡客诚品”APP 内容涵盖了七大类商品信息，它与 PC 平台上的上万产品库对接，拥有商品搜索、浏览、查物流、购物车等功能，保持用户的体验与 PC 端毫无差异。“凡客诚品”APP 在保证用户良好的购物体验的同时，更了解用户的个性化需求。

最初，凡客诚品对这款 APP 的预期是一年内做到日过万单，但用户移动购物的数量让企业感到吃惊。在移动端，凡客诚品竟然提前 6 个月实现了日过万单的目标。到了 2012 年初，凡客诚品宣布来自 APP 的订单已经占到总订单数的 10%。凡客诚品手机客户端的营销取得了如此大的成功，归功于其出色的 APP 营销策略。

凡客诚品特别重视移动客户端的营销策略。为了吸引更多的用户在手机客户端下单，凡客诚品在 APP 营销端砸下重金，采取多种促销优惠手段，提升用户在手机端购物的体验。例如，凡客诚品在销售同样一款产品时，会特别提示用户在手机上下单能得到更多的优惠；此外，凡客诚品在提供优惠券时也会特别规定，用户只能在手机端进行使用；最后，为了给手机端客户带来更多的惊喜，凡客诚品每天会在手机端开展促销活动。凡客诚品在手机端推出的多种优惠促销活动，引来了大量客户的关注，令其移动平台销售量快速增长。

在移动端的订单数量稳定之后，凡客诚品关心的目标是客户关系管理。2012 年，“凡客诚品”APP 端有 500 万用户，凡客诚品想要做的是提升他们的二次购买率。

客户关系管理一直是零售商，特别是线下零售商比较头疼的一件事。凡客诚品却展现出独特的智慧，它把 APP 当作客户关系管理的工具，充分利用移动 APP 可实现消息推送的便利优势，借助 Push 功能，及时向客户传递新品、活动或优惠的消息。此外，凡客诚品还利用 LBS 的签到功能，收集了更多的用户信息，为二次及多次用户的培养创造了机会。

数字营销实践

花西子海外突围之道：独特策略与短视频营销助力全球化拓展

花西子作为国内知名本土彩妆品牌，秉持着“东方彩妆，以花养妆”的企业理念，诞生于江南人文之都杭州。杭州是南宋的都城，西湖是杭州的名片——西子之韵，同源杭州；以花为姓，西子为名。这个品牌命名既是对本土文化的肯定和发扬，也是取宋代诗人苏轼的千古名句“欲把西湖比西子，淡妆浓抹总相宜”来宣扬东方之美。尽管立足于东方彩妆，却能在短短的时间内成功开拓海外市场。在彩妆界，不同地区、国家的消费群体所处的气候条件和地形存在差异，他们的面部比例、皮肤水分结构、皮肤状态以及审美喜好也各不相同。花西子能快速突破这些难关并且迅速吸引海外流量，其关键因素有哪些呢？

花西子给自己制定的发展策略与国内其他企业不同。在国内企业普遍想要在国内市场站稳脚跟，再谋求向海外扩张时，花西子选择走了一条更加具有挑战性的道路：先在国内市场留下起步的身影，以混淆同类企业的判断，然后迅速将重心转向海外市场。因为国内的短视频市场和社交媒体营销在国际上处于领先地位，而短视频具有“快速性”“侵略性”等特点，短短几年，短视频便已经抢占了大部分其他内容形式的社交媒体的板块。国内的社交媒体视频以及创作者营销行业已经出现饱和迹象。在国内的短视频营销市场已经成红海状态的情况下，花西子选择利用处于蓝海的海外短视频营销市场，给自己的品牌“镀一层金”，再转战国内市场，从而成为难以撼动的彩妆企业代表。

一开始，花西子只是与海外本土的社交媒体红人展开合作，在海外的社交网络上打出了知名度。花西子紧紧扣住品牌的核心卖点，在对海外用户进行宣传的时候，主要选择“东方美学”、精致包装等海外受众群体喜爱的宣传点进行曝光。同时，充分利用网络红人（KOL）的自身流量和大规模覆盖面，很快将一部分达人的粉丝和平台用户转化为品牌的消费者。另外，在社交媒体平台投放一定规模的官方广告，也是它打入海外市场的第一阶段进程中的策略。加之它首推的产品配色艳丽夸张，贴合海外的美妆和创意妆市场，很快找到了撬开海外市场的正确角度。在拥有一定的知名度后，花西子就开始着手打造自己品牌的海外官方店铺以及网站等。这项举措可以很好地向消费者传达出品牌价格稳定、没有胡乱定价的信号，又能进一步巩固粉丝，使其成为品牌的忠实用户，在后续的营销策略中，这些忠实用户可自然实现关键意见消费者（KOC）的身份转变。

在社交媒体达人营销阶段，必不可少的是在各大社交媒体平台培育自己的官方账号。这不仅便于发布新品资讯、优惠政策，还能进行一些活动的宣传、预热以及与品牌潜在客户形成良好的互动，提高转化率。品牌也可以利用 KOC 的力量带动忠实用户自发进行图文和视频的分享，吸引更多携带小型流量的微型博主进入品牌的流量池。这相当于利用有同样兴趣爱好的圈子之间的社交媒体关系网络，将各个圈子集合起来，进行资源共享。

在进行营销宣传的商业战略部署时，品牌首先需要确定的是品牌文化、品牌定位以及品牌基调，以便给受众留下更深的印象，在行业的同类别品牌中给潜在客户产生一个“先入为主”的效应。当时，国内大部分彩妆品牌都没有固定的品牌调性，风格多变，不同产品线价格参差不齐，包装设计也天差地别，在消费者群体中难以形成稳定的品牌粉丝。而花西子独树一帜，明确品牌调性，并始终围绕该定位开展定价、设计以及生产线扩充等工作。

做品牌出海的企业都知道，通过社交媒体推广宣传，尤其是短视频营销是品牌出海的最佳选择。然而，许多品牌在进行营销活动时，设定的主题主次不明，导致受众对于品牌的营销内容没有深刻记忆点，虽然能提升知名度，但很难切实带来转化率。面对这种情况，花西子选择的是在营销初期就对所有营销活动内容的主题进行了统一，突出其华丽包装、“中国艺术品彩妆”等极具品牌独特色彩的切入点。

成功出海的信息传回国内，花西子就着这股热度打出了“国货出海，为国争光”的名号，迅速在国内市场再度圈下一大批粉丝。

讨论题

1. 花西子的发展战略发挥了自身什么优势？
2. 花西子的成功要素有哪些？
3. 花西子的实践案例对其他企业有什么启示和挑战？

// 本章小结 //

本章围绕内容营销与移动营销展开。内容营销分为文本内容营销和视频营销。第 1 节文本内容营销，介绍了文本内容营销的概念和特征，包括价值导向性、形式多样性、传播渠道多元性；说明了文本内容营销的基本流程，依次为目标受众定位、内容策划、创作、审核优化、分发及效果评估反馈。第 2 节视频营销，介绍了视频营销的概念和特征，包括信息传播速度与质量并重、精准满足个性化需求、通过场景化传播提升品牌影响力、把握消费者分享动机；说明了视频营销的基本流程，先设定目标，再进行视频策划、制作、分发，最后评估效果。第 3 节移动营销，介绍了移动营销的概念和特征，包括时效性、跨越性、内容性、大数据性；说明了移动营销的基本流程，先明确目标与受众定位，接着选择渠道和策略，然后创作设计内容，再执行推广活动，最后监测评估效果并优化改进。

// 思考题 //

1. 阐述文本内容营销的定义、分类和特征，说明文本内容营销的流程。
2. 阐述视频营销的定义、分类和特征，说明视频营销的流程。
3. 阐述移动营销的定义、分类特征，说明移动营销的流程。

// 第 9 章 //

直播营销与元宇宙营销

学习目标

1. 掌握直播营销的定义，理解直播营销的特征。
2. 熟悉直播营销的基本流程。
3. 掌握元宇宙营销的定义，理解元宇宙营销的特征。
4. 熟悉元宇宙营销的应用场景。
5. 熟悉元宇宙营销的基本流程。

当今的营销领域正经历着深刻的变革与创新，直播营销与虚拟营销犹如两颗耀眼的新星，强势崛起并重塑着传统的营销格局。随着互联网技术的飞速发展以及智能手机的高度普及，直播应运而生，它打破了时空的限制，为品牌与消费者搭建起了一座实时互动的桥梁。与此同时，虚拟营销借助 VR、AR 等前沿技术，将消费者带入一个全新的虚拟营销世界。元宇宙营销是虚拟营销的进阶形态，元宇宙营销基于元宇宙概念，利用虚拟营销的高度沉浸、交互及经济系统等特性进行营销。直播营销与虚拟营销的融合与发展，正引领着营销行业迈向一个充满无限可能的新时代，引领企业在激烈的市场竞争中开辟出全新的营销路径与增长机遇。本章将围绕直播营销与元宇宙营销两个方向介绍数字营销新时代的发展，探讨它们为数字营销带来的全新互动模式、增长机遇与创新思维。

第 1 节　直播营销

一、直播营销的概念

（一）直播营销的发展历程

1. 早期起步阶段

直播营销最早可追溯到广播电视时代。新闻报道（如央视的新闻联播）、大型文艺节目央视春节联欢晚会等内容为主的直播，为大众提供了一种实时获取信息和娱乐的方式，这也是直播形式的雏形。随着互联网的发展，以“YY”“六房间”等为代表的聊天室秀场直播逐渐兴起。这些平台以主播展示才艺、与观众互动聊天等为主要内容，吸引了大量用户关注，培养了用户的观看习惯和对直播这种形式的认知，为直播营销的发展奠定了用户基础。

2. 发展阶段

随着“斗鱼”“虎牙”等游戏直播平台的出现，游戏直播推动了直播行业的进一步发展。游戏主播通过直播自己玩游戏的过程，吸引了众多游戏爱好者观看，形成了庞大的用户群体和稳定的直播市场。同时，游戏直播也开始探索与游戏相关产品的营销合作，如游戏设备、游戏周边等的推广，开启了直播与营销结合的初步尝试。随着移动互联网的普及和社交媒体的发展，移动直播、社交直播平台如“花椒”等应运而生。这些平台借助移动设备的便捷性和社交媒体的传播性，使直播可以随时随地进行，进一步扩大了直播的用户范围和影响力。此时，直播的内容日趋多元化。

3. 快速增长阶段

2016年被视为电商直播的元年，淘宝等电商平台率先推出直播功能，开启了“直播＋电商”的新模式。商家通过直播展示商品、介绍产品特点和使用方法，与消费者实时互动，解答疑问，极大地提高了消费者的购买意愿和转化率。例如，美宝莲纽约在2016年4月14日举行新款唇露发布会时，通过淘宝直播邀请知名人物站台，并邀请50位网络红人开启化妆间直播，在两个小时内就销售出10 000支唇露，取得了显著的销售业绩。除了电商直播，以内容为核心的直播营销也开始兴起。

4. 爆发阶段

新冠疫情期间，“宅经济”盛行，人们的消费习惯和生活方式发生了巨大变化，更多的人依赖线上购物和娱乐。这一时期，直播营销凭借其互动性、实时性和直观性的优势，成为商家与消费者沟通和销售的重要渠道，实现了爆发式增长。生活服务业商家纷纷通过直播来推广自己的产品和服务，如餐饮企业推出外卖套餐直播、健身机构开展线上健身课程直播等，将消费需求转化为购买力。与此同时，5G、人工智能、大数据等技术的不断发展和应用，为直播营销提供了强大的技术支持。5G技术的低延迟、高带宽特性，使直播画面更加清晰流畅，提升了用户的观看体验；人工智能技术可实现智能推荐、智能客服等功能，提高了直播营销的精准度和效率；大数据技术则能够帮助商家更好地了解消费者需求和行为，为直播内容策划和产品推荐提供依据。

5. 成熟稳定阶段

随着直播营销的快速发展，我国相关部门和行业组织开始加强对直播行业的监管和规范。中国商业联合会制定了《直播营销服务规范》团体标准，旨在规范商家在网络直播过程中的行为与方式，促进直播产业的健康发展。这一阶段，直播营销逐渐走向规范化、专业化，淘汰了一些不良商家和低质量主播，行业整体质量得到提升。直播营销与其他行业和领域的融合更加深入，形成了多种创新的营销模式。如“直播＋文旅”，通过直播推广旅游景点、文化活动等，促进了文化旅游产业的复苏和发展；“直播＋教育”，使在线教育更加生动有趣，提高了教育的普及度和效果；“直播＋娱乐”，不断推出各种新颖的娱乐节目和互动形式，满足了用户多样化的娱乐需求。

（二）直播营销的定义

直播营销是一种互动性强的互联网营销模式，主要依托移动端，通过各大互联网和电商平台进行产品推广、资讯传播和服务提供。其涵盖的垂直领域包括电商、体育、财经、教育、娱乐等多个能够创造经济效益的行业。目前，电商直播已显著改变传统商品营销方式，带动了线上消费和带货热潮，吸引了地方官员、知名演员等参与，成为电子商务的重要收入来源。截至 2024 年 12 月，我国网络直播用户已达 8.33 亿人，较 2023 年增加了 1 737 万人，占总网民的 75.2%。如今，网络直播已广泛被认可和接受，成为主流商业模式，涵盖多个行业，规模庞大。

我国的网络直播平台结构多样，不同平台服务于不同的受众群体。大多数直播平台采用 B2C 模式，允许企业直接与消费者互动，并选择多个平台进行推广，从而吸引各类消费者，体现出直播营销的潜力和广阔前景。从行业政策来看，直播电商发展迅速，政策法规的滞后曾一度影响服务质量和消费者权益。近年来，相关政策逐步完善，逐渐加强了对直播电商及主播的规范，明确了职业道德要求，强化了产品质量责任和隐私保护，净化了直播营销环境（肖志梅，2024）。

（三）直播营销的分类

1. 电商直播营销

（1）品牌自播营销。

品牌自播营销是指品牌商自己组织直播活动，由品牌内部员工或专业主播代表品牌进行产品介绍和销售的营销活动。这种直播营销能够直接展示品牌形象和产品特点，精准传递品牌价值观。例如，小米公司的品牌自播，主播会详细介绍小米手机、智能家居等产品的最新功能、技术亮点，还会分享产品背后的设计理念和品牌故事。同时，品牌可以根据自身的营销计划和产品库存，灵活安排直播时间和促销活动。

（2）达人合作直播营销。

达人合作直播营销是指品牌商与网络达人、知名演员等合作来开展的直播营销活动。网络达人拥有庞大的粉丝群体和较高的人气，能够吸引大量观众进入直播间。达人凭借自身的影响力和专业的产品推荐能力，能有效提高产品的知名度和销售量。例如，美妆博主在直播间推荐口红，通过生动的语言、真实的试用展示以及极具感染力的表达方式，能够在短时间内让粉丝对产品产生兴趣并下单购买。达人合作直播还可以借助达人的粉丝画像，精准定位目标消费群体，实现品牌产品与潜在消费者的高效对接。

2. 内容直播营销

（1）知识分享直播营销。

知识分享直播营销是指以传播知识、技能、经验等内容为主要目的的直播营销活动。主播通常是某一领域的专家或资深人士，通过直播分享专业知识，具体的形式包括学术讲座、职业技能培训、投资理财建议等。例如，在金融领域，一些专业的理财顾问会在直播间讲解股票投资策略、基金选购技巧等知识。在直播过程中，品牌可以通过冠名、植入等方式进行营销，将品牌与知识内容相结合，让观众在学习知识的同时，对品牌产生好感和信任。

（2）生活方式直播营销。

生活方式直播营销主要通过展示各种生活方式和生活场景，包括但不限于美食制作、家居装饰、健身运动、旅行体验等来开展的营销活动。主播通过分享自己的生活经验和生活情趣，吸引具有相似生活追求的观众。例如，美食博主在直播中展示烹饪美食的过程，从食材准备、烹饪步骤到成品展示，详细地为观众呈现。品牌可以将相关产品自然地融入直播内容中，如在美食直播中推荐厨房用具、食材品牌等，使观众在欣赏生活方式的同时，接受品牌的营销信息。

3. 事件直播营销

（1）新品发布会直播营销。

新品发布会直播营销是指品牌在推出新产品时，通过直播的方式向全球观众展示新品的营销活动。这种直播能够及时、广泛地传播新品信息，包括产品的外观、功能、性能等方面的亮点。例如，苹果公司的新品发布会直播，会吸引全球数以百万计的观众观看。在直播过程中，品牌可以营造出强烈的科技感和仪式感，激发观众的购买欲望。同时，还可以通过互动环节，如观众提问、线上抽奖等，增加观众的参与感和对新品的关注度。

（2）活动直播营销。

活动直播营销是指对各类线下活动，如展会、音乐会、体育赛事、庆典仪式等进行直播的营销活动。这种直播可以扩大活动的影响力和受众范围，让无法亲临现场的观众也能参与其中。例如，一场大型国际车展的直播，观众可以通过直播镜头浏览不同品牌的汽车展品，了解汽车行业的最新动态。品牌可以在直播中进行广告投放、产品展示等营销活动，提高品牌曝光度，吸引潜在客户。

二、直播营销的特征

（一）实时互动：增强参与体验

直播营销的最大特点在于其实时互动性。与传统营销方式相比，直播营销能够实现消费者与主播、商家之间的实时互动。消费者可以在直播间提问、点赞、评论，甚至参与投票、抽奖等活动，这种即时反馈机制极大地增强了消费者的参与感和购物体验。同时，主播也能根据消费者的反馈及时调整直播内容和营销策略，形成了一种双向互动、共同参与的营销氛围。

（二）直观展示：真实感知商品

直播营销通过视频直播的形式，将商品或服务以真实、直观的方式呈现给消费者。消费者可以清晰地看到商品的外观、质地、颜色等细节，甚至可以通过主播的演示了解商品的功能和使用方法。这种直观、真实的展示方式，有助于消费者更全面地了解商品信息，减少购物决策中的盲目性和不确定性。

（三）灵活营销：策略多样创新

直播营销在营销手段上表现出极高的灵活性。主播可以根据不同的商品特性和消费者需求，采用多种营销手段，如限时折扣、优惠券发放、秒杀活动等，以吸引消费者的关注和购买欲望。同时，主播还可以通过与消费者的互动，了解消费者的需求和偏好，进而调整营销策略，实现精准营销。

（四）广泛传播：扩大品牌影响力

直播营销依托于社交媒体和电商平台，具有强大的传播力和影响力。主播可以通过社交媒体平台邀请好友、合作推广等方式，扩大直播间的知名度和影响力。同时，电商平台也会为热门直播间提供流量支持，进一步提升直播间的曝光率和用户黏性。这种广泛的传播力和影响力，使得直播营销成为品牌推广和产品销售的重要渠道。

（五）高信任度：提升购买信心

直播营销中的主播通常具有一定的知名度和粉丝基础，他们在直播过程中会对商品进行严格筛选和推荐，从而提高了消费者对商品的信任度。此外，直播营销中的实时互动和真实展示也有助于增强消费者的购买信心。因此，直播营销的转化率往往较高，能够为企业带来可观的销售额和利润增长。

（六）规范发展：专业化趋势明显

随着直播电商行业的不断发展，规范化、专业化的趋势日益明显。市场监管部门不断加强对直播带货的监管力度，严厉查处侵权假冒等违法行为。同时，行业头部企业也积极响应，主动优化直播标准化的策略。此外，针对直播电商诞生的各种新兴职业，如电商主播、直播间包装师、直播间调音师等，开始进行更加专业化的培训，进一步推动了直播电商行业的专业化发展。

三、直播营销的基本流程

（一）直播前的策划与准备

1. 明确直播目标与主题

首先要明确直播营销的目标，如提高品牌知名度、增加产品销量、推广新品、增强用户互动等。例如，若想增加某款化妆品的销量，直播目标可以设定为在直播结束后的一周内使该产品销量提升 30%。然后根据目标受众的兴趣和品牌特点来选择直播主题。主题要具有吸引力，能够引起观众的关注。比如，针对年轻女性消费者的化妆品品牌，可以选择“春日焕彩妆容教程”作为直播主题。

2. 市场与受众分析

通过市场调研，研究市场趋势、竞争对手的直播策略以及行业动态。了解当前市场上类似产品的直播营销方式，分析其优势和不足。以直播售卖智能扫地机器人为例，经市场调研发现，智能家居市场呈高速增长趋势。然而，该品牌的竞品多在直播中突出清洁效果，却忽视了操作演示。因此，该品牌可在直播时着重展示清洁力，同时详细讲解 APP 操控、避障设置等，以弥补不足，打造差异化直播营销。

3. 内容策划与脚本撰写

根据主题和受众需求，策划直播内容，包括产品介绍、演示环节、互动环节等。例如，在化妆品直播中，要规划好介绍产品成分、展示上妆效果、分享化妆技巧以及与观众互动抽奖等环节。通过脚本撰写，将内容转化为详细的脚本，明确每个环节的时间分配、主播台词、产品展示方式等。脚本可以帮助主播更好地把握直播节奏，确保直播顺利进行。比如，在脚本中详细写出主播在介绍某款口红时，要提到的颜色特点、适用场景、品牌故事等内容以及相应的展示动作。

4. 人员与设备准备

要选择合适的主播，主播可以是品牌代言人、内部员工或专业主播。如果是内部员工，需要进行直播技巧培训，包括语言表达、产品知识、互动能力等方面。例如，让化妆品品牌的美妆顾问接受培训，提升他们在镜头前的表现力。做好设备准备工作，确保直播设备的正常运行，如摄像头、麦克风、灯光设备、网络设备等。高质量的设备可以保证直播画面清晰、声音清楚。对于化妆品直播，要保证灯光能够真实地展示产品颜色和妆效。

5. 直播平台选择与设置

根据目标受众和直播内容，选择合适的直播平台。不同平台有不同的用户群体和功能特点。例如，淘宝直播适合电商，抖音直播更易吸引年轻用户群体。同时，对选定的直播平台直播间进行设置，包括背景布置、商品展示区设置等。直播间的背景要符合品牌形象，商品展示区要方便主播展示和介绍产品。以化妆品直播为例，直播间背景可以是时尚的美妆柜台风格，商品展示区要整齐摆放各类化妆品。

（二）直播过程的执行与互动

1. 直播开场

直播开始时，主播要通过热情的开场白、有趣的互动或引人注目的开场表演来吸引观众的注意力。例如，在化妆品直播开场时，主播可以先展示自己精致的妆容，然后询问观众是否想知道是用哪些产品打造的。

2. 产品展示与介绍

主播按照脚本内容详细展示产品细节，包括产品的外观、功能、使用方法等。在展示化妆品时，要将产品的包装、质地、颜色等细节展示清楚，让观众有直观的了解。在讲解时要突出产品的优势和卖点，如化妆品的成分天然、持妆效果好等特点。可以通过对比、试用等方式让观众更清楚地认识产品的优势。

3. 互动环节

通过问答互动及时回答观众的提问，解决他们对产品的疑问。例如，观众询问某款化妆品是否适合敏感肌，主播要详细地给予解答。同时，通过抽奖、发放优惠券、赠品等方式，提高观众的参与度和留存率。比如，在化妆品直播中，每隔一段时间进行一次抽奖，奖品可以是化妆品小样或正装。

4. 引导购买与转化

在直播过程中，适时地进行产品推荐，引导观众购买产品。主播可以通过介绍产品的优惠活动、购买链接等方式，促进观众下单。例如，告诉观众化妆品现在有折扣，下单购买还有额外赠品，引导观众点击购买链接。也可以通过限时优惠、限量抢购等方式，营造购买的紧迫感，促使观众尽快做出购买决策。比如，强调化妆品的折扣活动只在直播期间有效。

（三）直播后的跟进与评估

1. 订单处理与售后服务

直播结束后，及时处理观众的购买订单，确保产品能够尽快发货。对于化妆品订单，要仔细核对产品信息和收货地址，保证发货准确无误。提供良好的售后服务，及时处理顾客的退换货请求、咨询等问题。例如，顾客对收到的化妆品质量有疑问，要及时解答并处理。

2. 数据收集与分析

收集直播过程中的各项数据，如观看人数、观看时长、点赞数、评论数、分享数、商品点击量、购买转化率等。分析通过直播平台的后台工具获取的数据，评估直播营销的效果。例如，通过分析购买转化率，了解有多少观众在观看直播后购买了产品，从而判断直播对销售的促进作用。同时，分析观众的评论和反馈，了解他们对直播内容、产品、主播等方面的意见和建议。

3. 总结与改进

根据数据分析的结果，总结直播营销的成功经验和不足之处。例如，如果发现某个互动环节观众参与度很高，就可以在下次直播中继续采用；如果发现产品介绍环节观众流失较多，就要考虑改进介绍方式。随后针对不足之处制定改进策略，包括调整直播内容、优化主播表现、完善互动环节、改进产品展示方式等。通过不断改进，提高直播营销的效果。

微案例 9－1

李子柒：以内容带电商，深度拓展达人矩阵，促成品销双增长

李子柒品牌起步于内容创作，早在抖音平台就已建立自媒体账号，目前粉丝超过 5 000 万。在多个电商平台中，抖音凭借其独特的内容特色，成为李子柒品牌的重点渠道。自 2020 年 6 月入驻抖音以来，李子柒通过自营团队深耕达人矩阵，成功吸引了超过 2 000 位达人进行带货。截至 2021 年，该品牌在抖音平台的月销量稳定在千万级别。品牌通过持续输出高质量内容，并依托广泛的达人矩阵，推动了品牌知名度和销售的双重增长。

在战略层面，李子柒采用了内容驱动与达人矩阵相结合的模式。既保持了品牌调性，又满足了销售需求。李子柒自媒体专注于 IP 建设，已积累了千万粉丝；而产品内容的传播与转化则通过达人矩阵和企业账号完成。品牌通过三个关键点推动达人矩阵的成功。首先是撮合能力。李子柒借助丰富的达人资源，稳定地进行长期合作，成功的带货案例吸引了更多达人加入，推动了矩阵的扩展。其次是达人选择。李子柒品牌拓宽了达人合作类目，不再局限于食品领域。在确保粉丝匹配的基础上，拓展了合作空间，增加了与更多达人的合作机会。最后是对接效率。通过建立内部数据系统，李子柒优化了达人筛选流程，根据达人在人群匹配和转化效果上的表现，提高了合作效率，减少了人力成本。

由于抖音电商的独特属性，李子柒对其高度重视，成立了专门团队负责运营该平台。该团队整合了内容 IP 营销、达人运营和电商运营的核心能力，并不断强化自播能力，确保内容生产主导，同时借助经验丰富的服务商提升店铺运营能力。

第 2 节　元宇宙营销

一、元宇宙营销的概念

（一）元宇宙营销的发展历程

1. 概念萌芽与技术奠基阶段（20 世纪 80—90 年代）

1984 年，美国科技达人杰伦·拉尼尔（Jaron Lanier）首次提出了 virtual reality（虚拟现实）的概念，并创立了第一家 VR 创业公司——VPL 研究公司，将 VR 技术应用于头戴装备、眼镜、手套等设备，为元宇宙的发展奠定了技术基础。1989 年，英国计算机科学家蒂姆·伯纳斯·李（Tim Berners Lee）发明了万维网，为全世界的科学家提供了一个自动化的信息共享平台，使得互联网开始走向普通民众，为元宇宙的后续发展提供了必要的网络基础。1992 年，科幻作家尼尔·斯蒂芬森（Neal Stephenson）在其科幻巨作《雪崩》中创造了“元宇宙”（metaverse）一词，书中描绘了一个庞大的虚拟世界，与现实世界平行且相互影响，激发了人们对虚拟世界的无限遐想，被认为是元宇宙概念的开端。

2. 技术积累与探索阶段（20 世纪末至 21 世纪初）

随着计算机技术、网络技术、图形图像技术等的不断发展，VR、AR 等相关技术逐渐成熟，为元宇宙的构建提供了更有力的技术支持。例如，VR 设备的分辨率不断提高，佩戴舒适度也有所改善；AR 技术开始应用于一些简单的场景，如游戏、教育等。一些游戏开始尝试构建具有一定开放性和交互性的虚拟世界，如《第二人生》等。用户可以在其中创建自己的虚拟角色，进行社交、交易等活动，这可以看作是元宇宙营销的早期探索形式。

3. 初步应用与市场关注阶段（21 世纪 10 年代）

在 21 世纪 10 年代，社交媒体和移动互联网的快速发展，为元宇宙营销提供了更广阔的平台和用户基础。一些品牌开始尝试在虚拟世界中进行营销活动，如在游戏中植入广告、举办虚拟活动等。例如，可口可乐在《魔兽世界》中举办了虚拟的音乐会，吸引了大量玩家参与。2016 年，任天堂推出的《宝可梦 GO》将 AR 技术与游戏相结合，引发了全球范围内的热潮，让人们看到了元宇宙技术在现实世界中的应用潜力，进一步推动了元宇宙相关技术的发展和市场关注。2018 年，电影《头号玩家》的上映，再次激发了人们对元宇宙的向往和关注。影片中呈现的虚拟世界“绿洲”，融合了游戏、社交、娱乐等多种元素，为元宇宙的未来发展提供了一种想象蓝本，也让更多品牌意识到元宇宙营销的巨大潜力。

4. 快速发展与多元化应用阶段（2021 年至今）

2021 年被称为“元宇宙元年”，元宇宙概念在全球范围内迅速走红，众多科技巨头纷纷布局元宇宙领域，加大了对相关技术的研发和投资力度。例如，Facebook 更名为 Meta，表明了其对元宇宙的战略重视；微软、谷歌、苹果等公司也在虚拟现实、增强现实、人工智能等领域不断探索和创新，推动元宇宙技术的快速发展。在这一阶段，元宇宙营销的应用场景不断拓展和多元化。品牌开始利用虚拟人、数字藏品、元宇宙场景等元素进行营销创新，如天猫首位数字主理人 AYAYI，作为品牌的虚拟代言人，与消费者进行实时互动。还有一些品牌推出了自己的数字藏品，通过限量发行、独特设计等方式，吸引消费者购买和收藏，增强品牌与消费者之间的互动和情感联系。元宇宙在游戏、社交、教育、娱乐、零售等多个领域的应用不断深化，为品牌提供了更多的营销机会。例如，沃尔玛在游戏平台 Roblox 推出“沃尔玛乐园”和“沃尔玛的娱乐世界”等元宇宙体验项目，将游戏、社交媒体和电商等元素融合在一起，以此触达年轻消费者；一些教育机构开始探索元宇宙在在线教育中的应用，通过创建虚拟教室、沉浸式教学等方式，改进教师的教学效果和学生的学习体验。

（二）元宇宙营销的定义

自元宇宙概念被提出以来，由于聚焦领域和研究视角的差异，学界对它的界定可谓众说纷纭。相关定义见表 9－1。综合而言，依托网络数据、虚拟现实、区块链等技术，平行于现实世界的虚拟空间，能与现实世界互动融合，是元宇宙概念的基本要素（关乐宁，2022）。底层技术的丰富与变革，使元宇宙在交互方式、营运模式、参与体验等方面都有别于现存经济生态系统，有着公认的、一般经济生态所不具备的特征（杨勇、窦尔翔和蔡文青，2022）。

表 9－1　元宇宙的相关定义

类别		元宇宙定义	观点来源
聚焦领域	教育教学	相关主体通过创建数字身份，以信息技术在其中建构正式与非正式教学互动场景，与现实教育体系相连接的镜像虚拟、兼具自由性和创造性的数字空间	刘革平等，2021
	运动健康	依托新兴网络信息技术，以人的运动为核心，以现实和虚拟空间融合发展为存续方式的沉浸式、多层次的运动体验空间	郭铁群等，2022
研究视角	技术发展	对当前数字网络、虚拟现实、区块链等技术综合集成运用，对现实空间更广域维度的扩展	Tao et al.，2022
	行为主体	作为社会化主体的人发挥其主观能动性，利用数据信息拓展自我表达而创造性建构的全新虚拟空间	Par & Kim，2022

续表

类别		元宇宙定义	观点来源
研究视角	经济发展	依托新兴技术将现实经济产业和虚拟经济产业相连接的重构性经济模式	何哲，2022
	媒介工具	一种以三维方式呈现现实世界的工具，通过模拟个体感观形成虚拟形象，使个体能以所创造的可信图像对世界进行精准体验的虚拟空间	Hemmati，2022

综上所述，以网络信息技术为基础，由技术建构的，通过镜像映射还原现实、延伸现实或创造原生数字场景生成的，有别于现实但与现实交互融合的虚拟数字空间，即为元宇宙（张宇东和张会龙，2023）。

（三）元宇宙营销的分类

1. 虚拟场景营销

（1）虚拟店铺营销。

品牌在元宇宙中搭建具有高度真实感的 3D 虚拟店铺，消费者可以通过虚拟现实设备或电脑、手机等终端进入店铺。这些店铺在设计上可以突破现实世界的物理限制，创造出极具创意的空间布局。例如，时尚品牌可以打造一个未来感十足的店铺，陈列架的形状、灯光效果都可以根据品牌理念进行定制，消费者能够在虚拟店铺中自由穿梭，浏览商品。

品牌利用虚拟场景优势，全方位展示商品。与现实店铺相比，虚拟店铺中的商品展示可以更加生动和细致。例如，对于电子产品，消费者可以通过交互操作查看产品内部结构、体验不同的功能模式；对于家居产品，消费者可以将其放置在虚拟的家居环境中，查看搭配效果，甚至可以改变家具的颜色、材质等属性，这种沉浸式的商品体验能够有效激发消费者的购买欲望。

（2）虚拟活动空间营销。

品牌在元宇宙中举办虚拟展会和新品发布会，可以打破地理限制，吸引来自全球的观众。这些虚拟活动可以营造出宏大的场景，如汽车品牌的虚拟发布会，可以设置在一个充满科技感的未来城市赛道上，汽车在赛道上飞驰展示性能，同时配合虚拟主持人和嘉宾的讲解，让观众仿佛身临其境。观众还可以与品牌代表、其他观众进行实时互动、提问和交流产品信息。

此外，品牌可以围绕特定主题举办虚拟主题活动，如节日庆典、粉丝见面会等。以游戏品牌为例，在游戏发布周年庆时，在元宇宙中创建一个充满游戏元素的主题乐园，玩家可以在其中参与各种游戏任务、赢取奖品，而品牌可以在活动中推出限量版商品或进行促销，增加品牌曝光度和用户黏性。

2. 虚拟人营销

（1）虚拟代言人营销。

品牌打造具有独特个性和形象的虚拟代言人，可以根据品牌目标受众和品牌理念进行设计。例如，美妆品牌可能会设计一个时尚、美丽且精通化妆知识的虚拟代言人；运动品牌则可能塑造一个充满活力、具有运动天赋的虚拟形象。虚拟代言人的形象可以通过精美的3D建模和动画制作，使其在外观上极具吸引力。

虚拟代言人在元宇宙中承担品牌传播的任务，它们可以通过在虚拟社交平台发布内容、参加虚拟活动等方式与消费者互动。比如，虚拟代言人可以在元宇宙的社交中心分享品牌故事、产品使用心得，还可以与消费者进行一对一的对话，解答消费者对品牌和产品的疑问，从而提高品牌的知名度和亲和力。

（2）虚拟客服营销。

品牌利用虚拟人作为客服，通过自然语言处理和人工智能技术，为消费者提供实时的咨询服务。在元宇宙中，虚拟客服可以以更加生动的形象出现。例如，以一个穿着品牌制服的虚拟人物形象来解答消费者的问题。它们可以快速响应消费者的咨询，无论是关于产品功能、价格还是售后服务，都能提供准确的信息。

与传统客服相比，虚拟客服在元宇宙环境中可以为消费者提供更加个性化的服务。例如，当消费者在虚拟店铺中浏览商品时，虚拟客服可以主动询问是否需要帮助，并根据消费者的浏览历史和行为偏好，提供针对性的产品推荐和购买建议，从而提升消费者的购物体验。

3. 数字藏品营销

（1）品牌数字藏品发行。

品牌可以设计具有自身特色的数字藏品，这些藏品可以是品牌标志、产品形象或与品牌相关的创意元素的数字化呈现。例如，奢侈品牌可以将其经典的手袋款式制作成3D数字藏品，并且限量发行。数字藏品的设计通常会融入独特的创意元素，如动画效果、互动功能等，使其具有较高的收藏价值。消费者购买数字藏品后，会获得一种独特的拥有体验。品牌可以为数字藏品的拥有者提供特殊权益，如专属的虚拟徽章、优先参加品牌活动的权利等。这种购买体验不仅满足了消费者的收藏需求，还增强了消费者与品牌之间的情感联系，同时数字藏品在元宇宙中的交易和展示也能为品牌带来额外的曝光。

（2）数字藏品与产品营销相结合。

品牌可以将数字藏品与实体产品进行捆绑销售，作为一种促销手段。例如，购买某一高端电子产品的消费者，可以同时获得一个与之配套的数字藏品，这个数字藏品可能是该产品的概念设计图或纪念版模型。这种方式可以吸引消费者购买产品，同时也为数字藏品市场提供更多的流通机会。

品牌还可以利用数字藏品的技术特性，实现产品溯源和数字孪生。例如，对于一些高端消费品，品牌可以为每个产品创建一个对应的数字藏品，记录产品的生产过程、原材料来源等信息。消费者可以通过数字藏品追溯产品的来源，同时数字孪生技术可以让消费者在元宇宙中将产品的虚拟模型与现实产品的实时状态进行对应查看，增加产品的可信度和科技感。

二、元宇宙营销的特征

（一）沉浸感与互动性

1. 沉浸感

元宇宙营销能够为用户创造高度沉浸式的虚拟环境。通过 VR 和 AR 技术，用户仿佛置身于一个与现实世界不同的虚拟空间。例如，品牌可以在元宇宙中构建一个梦幻般的购物街区，用户戴上 VR 设备后，能看到街道两旁精美的店铺外观、闪烁的霓虹灯以及虚拟的行人，听到周围环境的声音，如店铺的音乐、人群的交谈声等，这种身临其境的感觉使营销场景更加真实和吸引人。除了视觉和听觉，元宇宙还能提供触觉反馈等多感官体验。一些高端的 VR 设备配备了触觉手套，当用户在虚拟商店中拿起一件商品时，能感受到商品的重量、质地，这种多感官的刺激进一步增强了用户的沉浸感，让他们更容易与品牌所营造的营销场景产生情感连接。

2. 互动性

在元宇宙中，用户与品牌、用户与用户之间的互动是实时的。例如，在品牌的虚拟展厅里，用户可以随时向虚拟客服或品牌代表提问，了解产品详情，并且能够立刻得到回复。用户还可以与其他参观者交流看法，分享自己对产品的感受，这种实时互动的氛围类似于现实世界中的线下活动，但不受时间和空间的限制。用户能够自主参与品牌举办的各种营销活动。以虚拟新品发布会为例，用户不仅可以观看产品展示，还可以通过互动操作，如投票选择产品颜色、功能等，参与产品的设计环节。这种高度的互动性使消费者从被动接受营销信息转变为主动参与营销过程。

（二）个性化与定制化

1. 个性化服务体验

元宇宙营销可以利用先进的数据分析和人工智能技术，深度挖掘用户画像。通过分析用户在元宇宙中的行为轨迹、兴趣偏好等数据，品牌能够为每个用户提供个性化的服务。例如，当用户进入虚拟商场时，根据他们之前的购物记录和浏览习惯，为其推荐可能感兴趣的店铺和商品，这种个性化的推荐能够提高用户的购物效率和满意度。

用户在元宇宙中有自己的虚拟形象和空间，品牌可以根据用户的个性特点为其提供定制化服务。比如，为时尚爱好者提供服装、配饰等虚拟物品，让他们能够按照自己的风格打扮虚拟形象；为家居爱好者提供虚拟家居定制服务，用户可以根据自己的喜好设计虚拟家居环境。品牌可以根据这些定制需求，精准地推送相关产品和服务。

2. 定制化营销内容

元宇宙中的营销内容可以根据用户的反馈和偏好进行动态调整。通过内容生成算法，品牌可以为不同的用户生成定制化的广告、品牌故事等内容。例如，对于喜欢科技产品的用户，品牌可以生成以科技参数、创新功能为重点的产品介绍视频；对于注重情感体验的用户，则可以制作以品牌背后的情感故事为主题的营销内容。

品牌能够根据用户的个性化需求，对产品进行定制化推广。以汽车品牌为例，对于追求高性能的用户，重点推广汽车的动力系统和驾驶体验；对于关注环保的用户，则强调汽车的新能源技术和可持续发展特点，这种定制化的推广能够更好地满足用户的需求，提高营销效果。

（三）跨时空与融合性

1. 跨时空营销活动

元宇宙营销不受地理位置的限制，全球各地的用户都可以参与品牌的营销活动。例如，一个品牌在元宇宙中举办的国际时装秀，无论用户身处亚洲、欧洲还是美洲，只要通过网络接入元宇宙，就能在同一时间观看时装秀的现场直播，与来自世界各地的观众一起交流时尚见解，这种跨地域的营销活动极大地扩大了品牌的受众范围。此外，元宇宙中的营销活动也不受传统时间的约束。品牌可以将营销活动设置为长期开放的形式，用户可以根据自己的时间安排随时参与。比如，在一个虚拟艺术展览中，用户可以在展览开放的时间段内，选择任意时间进入参观，而不必像现实中的艺术展览一样受到开放时间的限制。这种时间上的灵活性增加了用户参与营销活动的便利性。

2. 虚实融合营销模式

元宇宙营销可以与现实世界的营销活动紧密结合，形成虚实融合的营销模式。例如，品牌可以在现实店铺中设置元宇宙体验区，让消费者在购物的同时体验元宇宙中的虚拟产品展示或虚拟活动；或者在元宇宙中举办促销活动，引导消费者到线下店铺兑换奖品或体验产品，这种线上线下的联动能够为消费者提供更加丰富的购物体验，也增强了品牌的营销效果。

品牌还可以利用数字孪生技术，将现实产品与元宇宙中的虚拟产品进行融合。对于制造业企业来说，每一个实体产品都可以在元宇宙中有一个对应的数字孪生模型，消费者在购买实体产品的同时，可以获得数字孪生模型的访问权限。通过数字孪生模型，消费者可以在元宇宙中对产品进行虚拟操作、维护和升级，这种虚实融合的方式不仅增加了产品的附加值，还为品牌的营销提供了新的思路。

三、元宇宙营销的应用场景

（一）教育领域

1. 沉浸式学习环境

元宇宙凭借其先进的 VR 和 AR 技术，能够构建出极其逼真的历史场景。例如，在学习古代文明时，学生仿佛瞬间穿越时空，置身于古埃及的金字塔建造现场。他们可以目睹巨大的石块是如何被搬运和堆砌的，听到工匠们的劳动号子，甚至能与虚拟的古埃及工匠进行互动，询问建造工艺的细节。这种身临其境的体验，让学生不再局限于书本上枯燥的文字描述和二维图片，能够更加直观、深刻地理解历史事件发生的背景、过程和意义。

在科学教育方面，元宇宙可以模拟出各种复杂的科学实验室场景。比如，在化学实验课上，学生可以在虚拟实验室中安全地操作各种化学试剂和仪器，观察化学反应的全过程，不用担心实际实验中的危险和错误操作带来的后果。而且，通过调整实验参数，学生可以反复进行实验，深入探究化学反应的原理和规律，培养科学探究精神和实践能力。

2. 个性化学习路径

借助强大的人工智能算法，元宇宙平台能够对每个学生的学习行为和知识掌握情况进行实时监测和分析。以数学学习为例，如果系统检测到某个学生在代数方程的求解上存在困难，它会自动为该学生推送一系列由浅入深的辅导资料，包括详细的解题步骤演示、相关知识点的动画讲解以及针对性的练习题。这些练习题会根据学生的答题情况动态调整难度，确保学生在适合自己的难度水平上进行学习和巩固。

对于对文学创作有浓厚兴趣的学生，元宇宙可以提供丰富的文学资源库，包括经典文学作品的虚拟现实演绎、著名作家的创作心得分享会等。同时，还会为学生安排个性化的写作任务，并通过智能评估系统给予及时的反馈和建议，帮助学生不断提高写作技巧和文学素养。

3. 远程协作学习

无论学生和教师身处世界的哪个角落，只要通过互联网接入元宇宙的虚拟教室，就能实现实时的交流。在虚拟教室中，学生可以分组进行项目合作，比如共同完成一个关于环境保护的研究报告。他们可以利用虚拟白板分享各自收集的资料和观点，通过语音和视频交流进行深入讨论，甚至可以使用虚拟工具共同制作演示文稿。这种跨越地域限制的协作学习方式，促进了不同文化背景和知识水平的学生之间的交流与合作，拓宽了学生的视野，培养了团队合作精神和全球视野。

（二）医疗健康领域

1. 虚拟手术培训

医学生和外科医生在元宇宙的虚拟手术环境中，面对的是高度仿真的人体模型和手术场景。例如，在进行心脏搭桥手术的培训时，虚拟手术平台能够精确模拟人体心脏的结构、血管分布以及血液流动情况。医生使用的手术器械也具有真实的操作手感，当他们进行血管缝合等操作时，能够感受到器械与组织的接触和力度反馈。如果操作出现失误，系统会及时提示并给出正确的操作建议，帮助医生不断改进手术技巧。

通过在虚拟环境中进行大量的手术练习，医生可以熟悉各种复杂的手术情况，提高手术的熟练度和精准度。这不仅有助于缩短实际手术的时间，减少患者在手术台上的风险，还能增强医生在面对突发状况时的应对能力，为患者提供更安全、高效的医疗服务。

2. 远程医疗会诊

身处大城市的医学专家可以通过元宇宙与偏远地区的患者建立起紧密的联系。借助高清的虚拟现实视频技术，专家能够全方位地观察患者的症状和体征，仿佛就在患者身边进行现场检查。同时，患者的病历、检查报告、影像资料等都可以在元宇宙的会诊平台上以三维立体的形式展示，专家可以更加直观地分析病情，与当地的医生进行深入的交流和讨论，共同制定出最适合患者的治疗方案。

这种远程医疗会诊模式，使得医疗资源相对匮乏地区的患者也能享受到优质的医疗服务，打破了地域和医疗资源分布不均的限制，提高了医疗服务的可及性和公平性，对于改善全球医疗健康状况具有重要意义。

3. 康复治疗辅助

对于因意外事故或疾病导致肢体运动障碍的患者，元宇宙可以为他们量身定制个性化的康复训练场景。例如，创建一个虚拟的运动康复公园，患者在其中可以进行各种有趣的康复训练活动，如虚拟的篮球投篮、平衡木行走等游戏。在患者进行这些活动时，系统通过传感器实时监测患者的肢体运动数据，包括关节活动角度、肌肉力量、运动轨迹等，并根据这些数据为患者提供实时的反馈和指导。

如果患者的某个动作不规范或力量不足，系统会通过语音提示和虚拟教练的示范，帮助患者及时纠正错误，调整训练强度。这种充满趣味性和互动性的康复训练方式，能够极大地提高患者的参与积极性和康复信心，促进患者身体功能的恢复。

（三）工业制造领域

1. 产品设计与虚拟原型制作

在元宇宙中，工程师可以利用先进的三维建模软件和虚拟现实技术，快速创建产品的虚拟模型。以汽车设计为例，设计师可以在虚拟环境中轻松地调整汽车的外观线条、车身结构和内部装饰，从不同角度、在不同光照条件下观察汽车的整体效果，甚至可以模拟汽车在不同路况和行驶速度下的性能表现。

在虚拟原型制作过程中，工程师可以对产品进行各种测试和优化。例如，通过虚拟的碰撞测试，分析汽车在碰撞时的结构变形和安全性能，及时发现设计中的薄弱环节并进行改进。这种虚拟设计和原型制作方式，大大减少了物理原型制作的成本和时间，缩短了产品研发周期，使企业能够更快地将新产品推向市场，提高市场竞争力。

2. 生产流程模拟与优化

企业可以利用元宇宙技术对整个生产流程进行全面的模拟。从原材料的采购和运输，到生产线上的加工、装配环节，再到产品的质量检测和包装出货，每一个环节都可以在虚拟环境中进行详细的展示和分析。通过模拟生产过程，企业可以发现潜在的生产瓶颈和效率低下的环节，比如某台生产设备的产能不足、物流配送路线不合理等问题。

针对这些问题，企业可以在元宇宙中进行不同方案的模拟优化，比较不同设备配置、人员安排和生产调度策略对生产效率和成本的影响，从而选择最优的生产方案。这种基于元宇宙的生产流程优化方法，有助于企业提高生产效率，降低生产成本，提高产品质量，实现可持续发展。

3. 远程设备维护与管理

技术人员在元宇宙的远程设备维护平台上，可以实时连接到工厂的各种设备，实现对设备的远程监控和管理。例如，在一家大型化工工厂中，技术人员可以通过元宇宙查看反应釜、管道、泵等设备的实时运行数据，包括温度、压力、流量等参数。如果设备出现异常情况，系统会自动发出警报，并通过增强现实技术在技术人员的虚拟视野中显示设备的故障位置和可能的原因。

技术人员可以利用虚拟工具对设备进行远程诊断和维护操作，如远程调整设备参数、启动备用设备、指导现场工作人员进行简单的维修等。这种远程设备维护方式，减少了技术人员的出差次数和现场维护时间，提高了设备的维护效率和生产的连续性，降低了企业的运营成本。

（四）文化艺术领域

1. 虚拟博物馆与艺术展览

世界各地的博物馆和文化机构可以在元宇宙中创建数字化的虚拟展厅，展示其珍贵的文物和艺术品收藏。观众只需戴上虚拟现实设备，就可以瞬间进入这些虚拟博物馆，仿佛置身于艺术的殿堂。在虚拟博物馆中，观众可以近距离欣赏到古代书画、雕塑、陶瓷等文物的每一个细节，通过互动式的展示了解文物背后的历史故事、制作工艺和文化内涵。

艺术家也可以利用元宇宙的无限空间和创意工具举办各种形式的虚拟艺术展览。与传统展览不同，虚拟艺术展览不受场地和时间的限制，艺术家可以展示更加大型、复杂和多样化的作品。观众可以在展览中自由穿梭，从不同的角度欣赏艺术作品，甚至可以与作品进行互动，如改变作品的颜色、形状或触发特定的艺术效果，为观众带来全新的艺术体验。

2. 数字艺术创作与表演

元宇宙可以为艺术家提供丰富多样的数字创作工具和素材库，激发艺术家的创作灵感。例如，数字艺术家可以利用三维建模软件在元宇宙中创作精美的数字雕塑，这些雕塑可以具有动态的效果和互动性，观众可以通过触摸或操作虚拟界面来欣赏雕塑的不同形态和细节。在音乐创作方面，音乐家可以在元宇宙中利用虚拟乐器进行演奏和创作，与来自世界各地的音乐家进行即兴合作，创作出融合不同文化和风格的音乐作品。

在表演艺术领域，元宇宙为虚拟音乐会、舞蹈表演等提供了全新的舞台。观众可以在虚拟的音乐厅或剧院中观看演出，选择最佳的观看位置，甚至可以进入表演场地与表演者进行互动。表演者也可以利用元宇宙的特效和互动功能，创造出更加精彩和独特的表演效果，为观众带来前所未有的艺术享受。

3. 文化遗产保护与传承

对于那些面临自然侵蚀、人为破坏或战争威胁的文化遗产和历史建筑，元宇宙可以通过三维扫描和建模技术创建其高精度的数字化副本。这些数字化的文化遗产可以在元宇宙中永久保存，供后人研究和欣赏。例如，对于已经部分损毁的古希腊帕特农神庙，可以通过元宇宙技术重建其完整的建筑模型，让人们能够领略其昔日的辉煌。

同时，通过在元宇宙中举办文化遗产保护的宣传活动和教育项目，可以提高公众对文化遗产保护的意识和重视程度，促进文化遗产的传承和发展。人们可以在虚拟环境中参与文化遗产的修复工作，了解文化遗产保护的方法和意义，培养对传统文化的热爱和责任感。

（五）房地产领域

1. 虚拟房产展示与销售

房地产开发商可以利用元宇宙技术创建逼真的虚拟房产项目，购房者无需亲自前往实地，只需通过虚拟现实设备就能进行沉浸式的看房体验。在虚拟房产中，购房者可以自由地在各个房间走动，查看房屋的布局、装修风格、采光情况等细节。他们还可以打开窗户，感受虚拟环境中的阳光和微风，甚至可以与虚拟的房产中介进行交流，询问关于房产的各种问题。

这种虚拟房产展示方式不仅为购房者提供了更加便捷和直观的购房体验，还可以帮助开发商更好地展示房产的优势和特色，提高房产销售的效率和成功率。同时，开发商可以根据购房者在虚拟看房过程中的反馈，及时调整房产的设计和装修方案，满足市场需求。

2. 社区规划与设计

城市规划者和房地产开发商可以在元宇宙中构建虚拟社区模型，对社区的规划和设计进行全面的模拟和评估。在虚拟社区中，他们可以尝试不同的建筑布局方案，如高层公寓与别墅的搭配比例、建筑之间的间距和朝向等，观察其对社区空间利用、采光和通风的影响。

同时，还可以模拟社区的交通规划，包括道路的宽度、走向、停车场的位置和容量等，以及公共设施的配置，如学校、医院、公园、商场等的位置和规模。通过收集居民在虚拟社区中的反馈和意见，如对社区环境的满意度、对公共设施的需求等，对社区规划进行优化和完善，打造更加宜居、舒适和可持续发展的社区环境。

3. 房产投资与金融服务

在元宇宙中，虚拟房产作为一种新兴的投资资产逐渐受到关注。投资者可以通过元宇宙平台了解虚拟房产市场的动态，包括不同地区、不同类型虚拟房产的价格走势、租金收益等信息。他们可以利用数据分析工具对虚拟房产投资进行风险评估和收益预测，制定合理的投资策略。

金融机构也可以为虚拟房产交易提供相关的金融服务，如为投资者提供虚拟房产贷款，帮助他们扩大投资规模；为虚拟房产提供保险服务，降低投资风险。此外，还可以开发基于虚拟房产的金融衍生品，如虚拟房产期货、期权等，丰富金融市场的产品种类，满足不同投资者的需求。

四、元宇宙营销的基本流程

（一）元宇宙营销战略规划

1. 市场与受众分析

深入研究元宇宙市场的规模、增长趋势、主要平台及用户分布等情况。例如，分析Decentraland、Roblox等热门元宇宙平台用户的活跃度、年龄层次、地域分布等数据，了解不同元宇宙生态中的市场机会与竞争态势。在此基础上，构建元宇宙中的目标受众画像，包括他们在元宇宙中的身份特征、兴趣爱好、消费习惯及行为模式等。比如，针对年轻游戏爱好者群体，分析他们在元宇宙游戏中对虚拟道具、皮肤等的消费倾向，以及他们参与虚拟社交活动的方式和频率，以便精准定位营销对象。

2. 目标设定与策略制定

确定在元宇宙中的营销目标，如提升品牌知名度、增加产品销量、促进用户参与、培养品牌忠诚度等。例如，计划在元宇宙中推出一款新的时尚单品，目标是在特定时间段内，使该单品在元宇宙时尚社区中的知晓度达到一定水平，并实现一定数量的虚拟销售或预订单。

制定营销策略组合，包括产品策略、价格策略、渠道策略和促销策略。产品策略是指根据元宇宙的特点对产品进行优化或创新。对于实体产品，可以考虑推出对应的虚拟版本或数字孪生产品，如针对实体运动鞋品牌推出限量版虚拟运动鞋，这类虚拟运动鞋具有独特的虚拟外观设计和在元宇宙中的特殊功能。价格策略是指制定适合元宇宙的价格体系，包括虚拟产品的定价、虚实产品捆绑销售的价格策略等。例如，对于虚拟房产等稀缺性虚拟资产，采用拍卖或限量抢购等定价方式；对于虚实结合的套餐产品，给予一定的价格优惠以吸引消费者。渠道策略是指选择合适的元宇宙营销渠道，如在主流元宇宙平台开设官方店铺、举办虚拟活动，或与元宇宙中的网络红人、意见领袖合作进行产品推广。例如，在 Roblox 平台上创建品牌专属的游戏体验空间，通过游戏内的互动环节推广产品；与元宇宙中的知名时尚博主合作，让其在虚拟时装秀中展示品牌产品并进行推荐。促销策略是指设计元宇宙特有的促销活动，如虚拟抽奖、限时免费体验、虚拟货币补贴等。比如，在品牌的元宇宙店铺开业期间，开展虚拟货币抽奖活动，奖品包括虚拟商品、实体产品兑换券等，吸引用户参与并关注品牌。

（二）元宇宙营销创意与内容创作

1. 创意构思

挖掘元宇宙营销的创意源泉。结合元宇宙的虚拟性、互动性和沉浸感等特点，从品牌故事、产品功能、用户体验等方面寻找创意灵感。例如，利用元宇宙的虚拟场景，将品牌的历史故事以沉浸式的叙事方式呈现，让用户仿佛穿越时空亲身经历品牌的发展历程；或者基于产品的创新功能，设计独特的虚拟互动体验，如一款智能手表品牌在元宇宙中创建一个虚拟的健康监测挑战空间，用户通过佩戴虚拟手表模型参与挑战，体验产品的健康监测功能。

确定创意概念与主题。根据营销目标和受众喜好，确定元宇宙营销的创意概念和主题。比如，针对年轻消费者的元宇宙音乐活动营销，主题可以是“元宇宙音乐狂欢节”，围绕这个主题打造一个充满音乐元素、具有未来感和科技感的虚拟活动空间，融入品牌的音乐产品推广和互动环节。

2. 内容创作与制作

利用 3D 建模、虚拟现实技术等创建元宇宙营销所需的虚拟场景，包括品牌店铺、活动场地、产品展示空间等。例如，为美妆品牌打造一个梦幻般的虚拟美妆沙龙，内部装修风格时尚精致，设有产品试用区、化妆教程演示区、用户交流互动区等，每个区域都通过精心设计的 3D 模型和动画效果呈现，营造出高度真实和吸引人的虚拟环境。

此外，还需设计品牌在元宇宙中的虚拟代言人、客服人员等形象，以及与营销活动相关的虚拟角色。这些虚拟人物的形象设计要符合品牌形象和元宇宙的风格特点，同时具备生动的表情、动作和交互能力。例如，为运动品牌设计一个充满活力、具有专业运动形象的虚拟代言人，其可以在元宇宙的运动赛事直播中进行产品演示和品牌宣传，与观众进行实时互动。

最后，制作各种形式的元宇宙营销内容，如虚拟广告视频、互动式产品介绍、品牌故事动画等。这些内容要充分利用元宇宙的技术优势，注重交互性和趣味性。例如，在互动式的汽车产品介绍中，用户可以在虚拟场景中自由选择查看汽车的外观、内饰、性能参数等，还可以通过虚拟试驾体验汽车的操控感，同时在体验过程中了解品牌的历史文化和售后服务等信息。

（三）元宇宙营销活动执行与运营

1. 活动筹备与技术准备

详细规划元宇宙营销活动的流程、环节和时间安排。例如，对于一场元宇宙新品发布会，确定开场秀、产品展示、嘉宾互动、抽奖环节等的具体顺序和时间节点，同时安排好活动主持人、嘉宾的邀请和彩排工作。此外，还需确保元宇宙营销活动所依托的技术平台稳定运行，进行服务器容量评估、网络带宽优化、软件兼容性测试等工作。例如，在举办大规模元宇宙音乐会时，要保证平台能够承载大量用户同时在线观看和互动，避免出现卡顿、掉线等技术问题；对活动中使用的虚拟现实设备、交互工具等进行测试和优化，确保用户能够顺畅地参与活动。

2. 活动上线与实时监控

按照计划在元宇宙平台上启动营销活动，并通过多种渠道进行推广。在元宇宙平台内，可以利用平台的广告投放功能、社交群组传播等方式开展宣传活动；在元宇宙之外，可以借助社交媒体、电子邮件、官方网站等渠道吸引用户参与。例如，在品牌的官方微博、微信公众号上发布元宇宙活动的预告和链接，邀请用户注册并参与活动；在元宇宙平台的热门社交区域投放活动海报和广告，引导平台用户关注活动。

在活动进行过程中，实时监控活动的各项数据指标，如参与人数、用户停留时间、互动频率、转化率等，根据监控结果及时调整活动策略和内容。例如，如果发现某个互动环节的参与度较低，可以及时修改互动规则或增加奖励力度，提高用户的参与积极性；如果活动的流量超出预期，导致平台出现卡顿，要迅速采取技术措施进行优化，如增加服务器资源或调整数据传输方式。

（四）元宇宙营销效果评估与优化

1. 数据收集与整理

收集与元宇宙营销活动相关的各种数据，包括用户行为数据（如在虚拟场景中的浏览路径、交互操作记录）、业务数据（如产品销售数据、虚拟货币交易数据）、平台数据（如活动页面访问量、平台用户活跃度）等。例如，通过元宇宙平台的数据分析工具，获取用户在品牌虚拟店铺中的商品点击量、购买转化率、购物车放弃率等数据，以及用户在活动中的参与时长、分享次数等信息。

对收集到的数据进行分类整理，以便进行深入分析。将数据按照不同的营销环节（如广告投放、产品展示、互动环节）、不同的用户群体（如新用户、老用户）、不同的时间阶段（如活动预热期、活动进行期、活动后期）等进行分类，建立数据仓库或数据分析模型，为后续的效果评估和优化提供数据基础。

2. 效果评估与分析

根据设定的营销目标，评估元宇宙营销活动的实际效果。对比活动前后品牌知名度的提升情况、产品销量的增长幅度、用户参与度和忠诚度的变化等指标，判断营销活动是否达到预期目标。例如，分析在元宇宙新品发布会后，产品在元宇宙和现实世界中的销售数据，以及品牌在元宇宙社交平台上的粉丝增长数量和用户口碑变化，评估活动对产品推广和品牌建设的效果。

深入分析用户在元宇宙营销活动中的反馈信息和行为模式，了解用户对活动内容、产品、品牌形象等方面的满意度和意见建议。通过用户在活动中的评论、私信、问卷调查等方式收集用户反馈，结合用户行为数据进行综合分析。例如，分析用户在虚拟产品试用后的反馈，判断用户对产品功能、设计、价格等方面的认可度；研究用户在活动中的浏览和互动行为，发现用户的兴趣点和需求痛点，为进一步优化营销活动和产品提供依据。

3. 优化与改进

根据效果评估与分析的结果，对元宇宙营销策略进行调整和优化。如果发现某个营销渠道的效果不佳，可以调整渠道投放策略或更换渠道。如果产品在元宇宙中的定价不合理，影响了销售，可以重新制定价格策略。如果发现元宇宙广告投放的点击率较低，可以优化广告创意、调整投放时间或更换投放平台。如果发现某类虚拟商品的库存积压，可以通过促销活动、产品功能升级或与其他产品捆绑销售等方式进行处理。

针对用户反馈和行为分析中发现的问题，对元宇宙营销活动的内容和体验进行优化。例如，如果用户反映活动中的某个互动环节过于复杂或缺乏趣味性，可以简化互动流程或增加奖励机制，提高用户的参与体验。如果发现品牌虚拟店铺的布局和导航不清晰，影响用户购物体验，可以重新设计店铺布局，优化商品分类和搜索功能，方便用户查找和浏览商品。同时，根据元宇宙技术的发展和用户需求的变化，不断创新营销活动形式和内容，提升元宇宙营销的效果和竞争力。

// 微案例 9－2 //

国民级数字藏品发布工具：魔盒及超级数字藏品

MoWa 科技将区块链理念与技术应用于区块链金融，融合虚拟与现实，突破行业和企业的认知界限，吸引了大量有志之士共同推动 Web3.0 生态的建设，形成具有中国特色的数字经济模式。通过魔盒工具，用户可以发布“数字藏品”并存入蚂蚁链。魔盒是 Web3.0 时代中国元宇宙的基础，具备“娱乐＋社交＋市场＋财富＋传播”多重功能，其中“超级数字藏品”作为一种创新工具，将数字藏品、品牌营销和线下活动结合，轻松融入 MoWa 生态。

元宇宙为品牌数字化提供了理想的切入点。借助元宇宙营销系统，品牌可以在虚拟空间中开发、运营和迭代，建立自有渠道。随着数字化规模的扩展，虚拟空间逐渐成为品牌推广的核心阵地，有助于提升品牌知名度、改善品牌形象，并推动商业利益的转化（周思程，2023）。

数字营销实践

花漾美颜的直播营销实践

花漾美颜为提升新品粉底液销量、拓展年轻消费群体、提高品牌知名度，展开了一系列深入的市场调研工作。通过剖析竞品优劣势，洞察年轻受众的喜好（如追求自然妆感、关注成分安全、热衷社交媒体分享）及行为习惯（常活跃于美妆社交平台、易受KOL影响），精准锚定直播营销方向，为后续策略制定筑牢了根基。

内容规划上，融合产品特性与受众需求，包含新品介绍、知名化妆师示范上妆、实时互动抽奖及用户分享妆效点评环节。主播选定拥有百万粉丝、具备美妆专业背景且风格活泼亲民的头部意见领袖“美妆精灵悦悦”，其粉丝画像与目标受众高度契合，专业素养与影响力为直播添彩。专业团队筹备高清摄像头、优质麦克风、多光源照明设备确保画质音效。在主流美妆直播平台“美尚直播”设专属直播间，背景装饰契合品牌风格，产品陈列吸睛，营造沉浸式购物场景，平台功能丰富利于互动交易，为直播技术支撑赋能。

直播执行与互动方面，主播悦悦以活力四射的开场白，分享个人与品牌的机缘，以及对此次新品的期待，瞬间聚集人气。展示新品时，全方位呈现包装外观的精致细节以及独特的滴管设计；现场试用配合特写镜头捕捉粉质细腻度、涂抹延展性及遮瑕持久力，直观彰显产品优势，吸引观众目光。问答环节中，观众踊跃提问产品成分、适用肤质等，悦悦专业解答并抽取幸运观众赠试用装；互动抽奖设多轮，奖品丰富诱人，参与规则简单，激发分享传播，大幅提升直播间热度流量，增强用户黏性与活跃度。直播适时推出限时折扣、满减优惠、赠品套餐组合拳，悦悦结合妆容效果强调产品性价比与独特价值，屏幕滚动播放购买链接，弹幕提示库存紧张营造紧迫感，强力驱动观众下单转化，实现销售爆发式增长。

直播结束后，对数据进行深度剖析。直播观看量超百万，点赞数达50万，评论分享量可观，转化率高达15%。多渠道引流中，社交媒体达人推荐流量转化率表现最优。观众画像显示新用户增长显著，地域和年龄分布契合目标，为营销优化锚定了方向。系统梳理评论私信反馈后发现，好评聚焦在产品效果与包装，差评涉及物流延迟、色号选择困扰，于是品牌迅速优化物流合作，发布色号选择指南视频，为不满意的用户补偿安抚，借反馈改进和提升用户体验与品牌形象。

趁着直播热度，花漾美颜策划了系列主题直播，定期推出新品预告、美妆教程、粉丝专属活动，巩固热度拓展用户；加强与网络红人合作的深度和广度，借KOL口碑辐射多元圈层；根据地域、年龄、偏好差异进行精准营销，在细分市场深耕细作，持续驱动品牌发展壮大。

讨论题

1. 花漾美颜的直播营销流程是什么？
2. 花漾美颜的成功因素是什么？
3. 花漾美颜的直播营销实践对其他企业有什么启示？

// 本章小结 //

本章深入剖析了直播营销和元宇宙营销的相关知识，分为直播营销和元宇宙营销两小节。第1节介绍了直播营销的概念和特征，包括实时互动性、直观展示商品、营销手段灵活多样、传播广泛、主播影响力带来高信任度、行业发展日趋规范专业化；说明了直播营销的基本流程，依次为直播前需明确目标与主题、分析市场与受众、策划内容与撰写脚本、准备人员与设备及选择与设置直播平台；直播过程中要做好开场吸引观众，详细展示介绍产品，积极互动并引导购买；直播后及时处理订单和售后，收集分析数据，总结经验改进不足。第2节元宇宙营销介绍了元宇宙营销的概念和特征，包括创造沉浸感与互动性的虚拟环境、提供个性化服务体验和定制化营销内容、突破时空限制、融合线上线下营销活动；介绍了元宇宙的应用场景，在教育、医疗健康、工业制造、文化艺术、房地产等领域均有应用，为各行业带来新发展可能；说明了元宇宙营销的基本流程，战略规划阶段要分析市场与受众，设定目标并制定策略组合；创意与内容创作阶段要挖掘创意，制作虚拟场景、角色和营销内容；活动执行与运营阶段做好筹备和技术准备，活动上线并实时监控；效果评估与优化阶段要收集整理数据，评估分析效果并进行优化改进。

// 思考题 //

1. 阐述直播营销的定义和分类。
2. 阐述直播营销的特征。
3. 阐述元宇宙营销的定义和分类。
4. 阐述元宇宙营销的具体应用场景。
5. 阐述元宇宙营销的特征。

// 第 10 章 //

数字顾客关系管理

学习目标

1. 掌握虚拟数字人的概念、特征和类型。
2. 理解虚拟数字人的营销应用场景。
3. 掌握基于“数据驱动”的数字获客策略及人工智能营销。
4. 认识数字忠诚及其影响因素。
5. 理解顾客保留和顾客拓展的相关方法。
6. 掌握数字顾客关系管理策略的实践应用。

第 1 节　虚拟数字人

伴随娱乐、个性化服务需求的增加，人工智能等技术不断迭代，中国虚拟数字人产业高速发展。《虚拟现实与行业应用融合发展行动计划（2022—2026 年）》显示，未来我国虚拟数字人产业将得到进一步发展，到 2026 年，总体规模有望超过 3 500 亿元。艾媒咨询发布的《2024 年中国虚拟数字人产业发展白皮书》显示，2023 年，我国虚拟数字人核心市场规模和带动周边产业市场规模分别为 205.2 亿元和 3 334.7 亿元，预计 2025 年将分别达到 480.6 亿元和 6 402.7 亿元。以人工智能技术为支撑的虚拟数字人在数字顾客关系管理中的应用逐渐向纵深推进，涉及虚拟客服、虚拟导购、虚拟主播、虚拟医生、虚拟代言与品牌推广，并拓展至客户培训、客户关怀等环节，能够促进顾客关系管理提质增效，正在成为赋能各行业高质量发展的新质生产力。

一、虚拟数字人概述

（一）虚拟数字人的概念

虚拟数字人作为一种新兴的人工智能技术，以逼真的外貌、神情等物理外观和丰满的人物设定，快速吸引了大规模用户群体，催生出崭新的人与技术相处模式（李力、张弘和郑方圆等，2025）。“虚拟数字人”一词，最早源于 1989 年美国国家医学图书馆发起的“可视人计划”（visible human project，YHP）。2001 年，我国以“中国数字化虚拟人体的科技问题”为主题的香山科学会议第 174 次学术讨论会提出了“数字化虚拟人体”的概念。近年来，相关调研机构和学术界也给出了相关的定义，分别见表 10－1 和表 10－2。综合上述定义的核心观点，“虚拟数字人”是指以数字形式存在于数字空间中，由计算机图形学、深度学习等手段创造及使用，具有拟人或真人外貌、行为和特点并具有多重人类特征的综合产物。“虚拟数字人”还可称为“虚拟人”“数字人”等，英文称谓有“metahuman”“digital human”“virtual human”“AI being”等。

表 10－1　调研机构有关“虚拟数字人”的概念梳理

主要观点	资料来源
从技术层面看，虚拟数字人可以理解为是通过计算机图形学、语音合成技术、深度学习、类脑科学、生物科技、计算科学等聚合科技创设，并具有“人”的外观、行为甚至思想（价值观）的可交互的虚拟形象	中国传媒大学 & 头号偶像，《中国虚拟数字人影响力指数报告（2021 年度）》
存在于非物理世界中，由计算机图形学、图形渲染、动作捕捉、深度学习、语音合成等计算机手段创造及使用，并具有多重人类特征（外貌特征、人类表演能力、人类交互能力等）的综合产物	量子位，《虚拟数字人深度产业报告（2021）》
虚拟数字人为“具有数字化外形的虚拟人物”，与具备实体的机器人不同，虚拟数字人依赖显示设备存在，并且拥有类人的生理构造（模仿人的形象、肢体构造）、人的行为（能说话、能运动）以及人的思想（基本的逻辑能力，可以输出内容，如书写、与人交谈）	知乎，《2022 年中国虚拟数字人行业研究报告》

表 10－2　学术界有关“虚拟数字人”的概念梳理

主要观点	资料来源
综合利用各种新技术，对人的生理属性和社会属性的全方位模拟和系统性仿真，是具备社交功能的社会人	李力等（2025），《需求驱动下虚拟数字人用户在线参与行为研究》
以人类外貌、心智等元素为设计底本，借助信息技术构建出的虚拟人物形态	叶秀端（2024），《虚拟数字人短视频传播中华优秀传统文化的影像叙事逻辑》；曾一果和昂振（2024），《从“智人”到“数字人”：数字生命的概念嬗变与表征形态》

续表

主要观点	资料来源
由第三方科技公司或品牌方应用计算机技术创建的虚拟形象	孙雨笛等（2024），《品牌与虚拟代言人兴奋个性一致性对社交媒体参与的影响》
以人类外貌、心智等元素为设计底本，借助信息技术构建出的虚拟人物形态。可以对人们显现具体外貌，也可以仅用语音来与人交流，总之，只要能具有特定的类人的功能，就能被归入该范畴	简圣宇（2023），《“虚拟数字人”概念：内涵、前景及技术瓶颈》

（二）虚拟数字人的特征

从技术层面看，虚拟数字人是依托数字技术生成和呈现，通过图形渲染、动作捕捉、深度学习、语音合成、神经网络渲染等综合技术手段建构的虚拟人物。从存在形式看，虚拟数字人以数字形式存在于数字空间中，不具有物质实体，而是由技术塑造的技术身体，可与现实生活场景中的人物以一种跨时空“共在”的方式进行具身交互。从可感特征看，虚拟数字人具有类人的外貌、声音、动作、表情甚至思想（叶秀端，2024）。因此，虚拟数字人具有虚拟性、具身性及人格化三大特征。

1. 虚拟性

虚拟数字人作为新型媒介和传播载体，其虚拟性主要表现在三个方面。

（1）身体虚拟性。虚拟数字人是存在于非物理世界中的虚拟人物，由三维建模和动画技术构建并模拟人类外貌、语言、动作和情感的技术身体，没有物质性实体“肉身”，以图片、视频、实时直播、VR 设备与全息投影等方式呈现。例如，中国国家博物馆的数字讲解员“艾雯雯”、浙江卫视宋韵文化推广人“谷小雨”、陕西秦腔艺术虚拟人“秦筱雅”等。

（2）交互虚拟性。借助计算机图形技术、动作捕捉技术、自然语言处理技术和深度学习算法等数字技术驱动，实现虚拟数字人与真人之间的实时交互，模仿人类的语言、动作、情感和反应。例如，2022 年，“虚拟邓丽君”亮相江苏卫视跨年演唱会，和身旁的歌手周深一同深情演唱。2023 年，杭州亚运会发布创意视频《功成》，数字人“筱竹”与武术演员、青年运动员共同参演，诠释千年传承的中国功夫文化。

（3）社会文化身份虚拟性。虚拟数字人是诞生于元宇宙的虚拟人物，可通过精心设计的背景故事、个性特征和社会互动，在虚拟世界中建立自己的身份和地位，形成特定文化现象和社会影响力。例如，国内首位国风虚拟艺人“秦佑之”担任 2023 年北京时装周推广大使，《王者荣耀》游戏中的首位国风虚拟人“婉儿”登场，数字人“雨笙”参演文化短剧《姑苏琐记·天仙子》等，借势国风虚拟数字人再现中华优秀传统文化灵韵。

2. 具身性

技术与身体共同创生了一种新的身体形式——技术身体。虚拟数字人的具身性体现在作为技术化的身体，具有人类的外貌特征和行为特点，甚至能够模仿人类的思维；改变了人的存在状态，人类的身体通过技术转化为虚拟数字人的“形”和“神”。特别地，根据虚拟数字人与人的关系尺度，具身性存在虚拟型、数字型两大形态。“虚拟型”指的是几乎完全依靠人工智能技术赋予身份与交互能力的数字生命，如虚拟偶像“洛天依”、微软人工智能“小冰”、人工智能合成主播等形象。其中，“雪域任运”是网龙天诺旗下的虚拟音乐人，活跃于抖音等大型平台。2023 年至今，已发行原创歌曲《曾经的忘记》《白色月光》《走过这座桥》等，在 QQ 音乐播放量达 737 万次，多次进入当日榜单 TOP3。“数字型”通常是指代理了某一真人的数字化身，以特定人物（主要是名人）形象为模型的数字人，如“梅兰芳孪生数字人”“数字人苏轼”等。

虚拟数字人正逐步成为人与世界的中介替身，在某些场合能够代替人类的某些行为（如新闻播报、表演和交互），影响人们的感知经验。此外，虚拟数字人可以在与真实世界或元宇宙的互动中不断迭代、扩充，以跨时空“共在”的方式实现虚拟和现实的具身交互。例如，中国音乐人包小柏借助人工智能技术“复活”已故女儿包容，数字人“包容”是一个搭载在聊天软件上的语言交互模型，具备合成的声音和形象，能够与父亲对话、唱歌，甚至表达情感。

3. 人格化

虚拟数字人是由数据和代码构建的非生物体，其技术智能身体被赋予了声音、色彩、材质等特征，能给人们带来新奇的感官刺激。数字人在多个方面高度拟人化，不仅有“人性”，还有“人格”，具有温度、情感和个性，从而拉近了虚拟数字人与受众之间的心理距离。随着以 ChatGPT 为代表的人工智能大模型开始进入爆发期，“强人工智能”时代来临，进一步推进了技术加持的虚拟数字人的“人格化表达”进程，在文本、图像、视频、音频等多模态信息上展现出类人化的特点，提升“真”度和真实性。

从模因论的视角看，虚拟数字人在外观造型、语言表达、动作行为、性格特征和世界观基调方面的“人格化表达”，概述为“形模因、声模因、行模因、神模因”四维要素（见表 10－3）。

表 10－3　虚拟数字人四大模因的分类及特征

形模因	外观和形象层次：涵盖虚拟数字人的外观、造型、配饰等形象设计，是虚拟数字人在视觉上产生影响的基本元素，对用户第一印象的形成起着关键作用
声模因	语言和对话层次：包含虚拟数字人的音色、语调、语速、用词、语种等声音设计和语言表达，是虚拟数字人与用户交流的主要方式，直接影响用户对其的感知和情感体验
行模因	动作和行为层次：包括虚拟数字人的表情、动作、互动方式等，这对于创造生动、有吸引力的用户体验至关重要，也是与用户建立联系的重要手段
神模因	文化和社会层次：主要涉及虚拟数字人的世界观设计，在文化多样性的背景下，世界观建构的文化适应性影响其生命力与价值张力 情感和人格特质层次：如何让虚拟数字人拥有“灵魂”，进行自我学习、自我展示、高效交互，甚至自我进化，是神模因的发展方向

资料来源：张丽锦，吕欣．虚拟数字人：模因论的新“锚点”．学术探索，2024（3）：57－66.

“形模因”为外观和形象层次，是虚拟数字人在视觉上产生影响的基本元素。例如，跨次元新星豹“爱饱”的外形是一只海豹，人设为虚构的“豹米星”流量歌手；虚拟偶像“星瞳”是超写实的虚拟时尚博主，外形比例与真人接近。“声模因”为语言和对话层次，是虚拟数字人与用户交流的主要方式。例如，在抖音、快手、哔哩哔哩、小红书等虚拟数字人聚集平台，萝莉音、大叔音、游戏音，乃至“广西老表语音包”等“通用模型”成为流行的声模因。“行模因”为动作和行为层次，主要通过表情、微表情、肢体动作、标志性行为、技能等进行表达。例如，“初音未来”经常与粉丝进行“眨眼”互动，会捉妖的虚拟美妆达人“柳夜熙”的招牌动作是盲打键盘，敦煌“天好”的标志性动作为飞天、弹琵琶。“神模因”为社会文化、情感表达和人格特质层次。例如，可将陪聊型虚拟数字人的人物设定为“男朋友、幽默、有耐心、金融男”，或者“男朋友、霸道总裁、电竞爱好者”等关键词，实现与各自角色和习惯的契合。“苏小妹”作为在元宇宙中苏醒的虚拟古代人物，性格聪慧机灵，热爱诗词歌赋、国风舞蹈，在现实世界中不断学习中华文化，因其亲和力、同理心和守护文化的使命感而广受欢迎。这四类模因复制从低维到高维、从初级到高级、从人工驱动到智能驱动，以“人格化”增强了虚拟数字人的吸引力和亲和力。

（三）虚拟数字人的发展历程

虚拟数字人的发展历程可以概括为萌芽阶段、探索阶段、初级阶段和成长阶段，各阶段所处时期、进展情况和技术特点如图 10-1 所示。虚拟数字人最早可追溯至 20 世纪 80 年代，制作技术以手工绘制为主。21 世纪初，随着计算机图形学、动作捕捉技术的不断升级，虚拟数字人技术得到了颠覆性突破，开始在影视领域大放异彩。2007 年，日本推出虚拟歌手“初音未来”，掀起了虚拟偶像的热潮，深受年轻群体喜爱。从 2015 年开始，深度学习算法等人工智能技术进一步突破，大幅简化了虚拟数字人制作过程，降低了制造成本，缩短了生产周期。2020 年以来，虚拟数字人产业发展步入成长阶段，热度持续攀升。

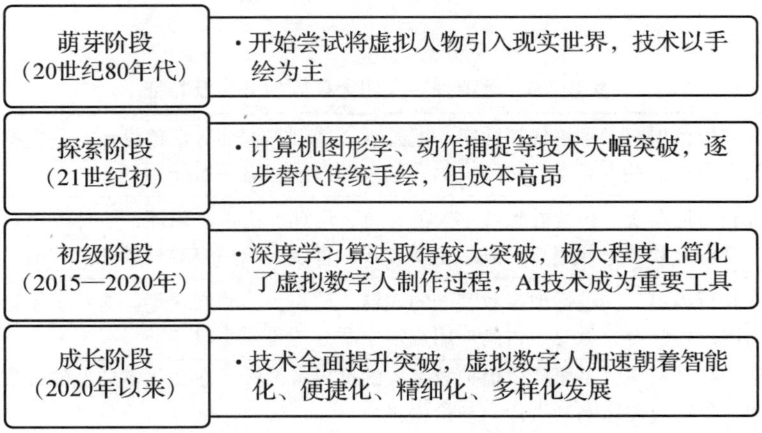

图 10-1　虚拟数字人的发展历程

二、虚拟数字人的类型

2001 年，《指环王》创造了影史第一个动作捕捉角色“咕噜”；2007 年，日本制作了第一个被广泛认可的虚拟偶像“初音未来”——主要以 CG 技术合成的二次元风格少女偶像。

近年来，得益于人工智能技术的突破进展，虚拟数字人逐渐具备与用户交互的功能，获得了人格化的“生命”。目前，虚拟数字人有着丰富的产品类型与应用场景，可从多个维度对虚拟数字人予以分类。按照技术分类，可分为算法驱动型（人工智能算法）和真人驱动型（真人结合动作捕捉技术）；按照视觉维度分类，可分为 2D 型和 3D 型；按照结构组成分类，可分为数字型（用户线上观看）和全息型（用户现场裸眼观看）；按照呈现方式分类，可分为卡通型和超写实型。下面主要介绍按照历史发展顺序分类和按照核心功能分类。

（一）按照历史发展顺序分类

按照其历史发展顺序进行分类，虚拟数字人至少包括以下七种类型（简圣宇，2023）。

1. 数字活体

数字活体（digital human models）即以数字化形式存在，用以模拟真实人体的形态、机能等特征的虚拟人体。例如，医学用途的虚拟人，被开发出来用于医疗培训、手术模拟及药物开发。制药公司、医院等先按照患者人体模型构建出一个虚拟人，然后对这个虚拟人进行参数测试，以此来预估药物和治疗手段可能在真实人体身上产生的反应。在汽车行业，汽车碰撞试验也开始引入“数字活体”进行评估。

2. 数字化身

数字化身（digital avatar）即人类在虚拟世界里的数字映像。例如，现阶段的游戏玩家可在游戏世界里有自己的映像，未来元宇宙出现后，每个人也将在其中拥有自己的映像。基于区块链技术突破，数字化身将具有唯一性和不可更改性，作为人们在数字世界的映射，连接物理世界人的身份开展各种活动。曾获得第 78 届威尼斯影展最佳 VR 体验奖的《巴黎舞会》是一款品牌定制型虚拟体验产品，用户可以自由选择香奈儿虚拟高级定制礼服，用以装扮自己的虚拟化身，并在空间内自由移动和探索，与自己的同伴共舞。

3. 数字人物形象

数字人物形象（digital characters）即模仿人类外观，通过数字建模而成的各种人物形象，构建时不需要以现实生活中的真实人物为模板。这类形象的大量出现让“虚拟数字人”成了目前公众高频率接触的热词。例如，电影人物“阿丽塔”，会弹琴的虚拟大学生“华智冰”，与法国娇兰、路易斯威登等开展广告代言和宣传合作的“AYAYI”，花西子打造的东方佳人虚拟形象“花西子”，博物馆、美术馆、图书馆里的数字导游，以及开始在现实中陆续出场的虚拟主播、虚拟偶像、虚拟主持人等由设计师自由创作的形象。

4. 数字仿象

数字仿象（digital mimics）是一种特殊的数字人物形象，即根据特定人物（主要是名人）的外貌通过数字建模而成的人物“仿象”，是以现实人物为蓝本设计的。例如，《速度与激情 7》里借助“AI 换脸”技术制作出的已故演员保罗·沃克（Paul Walker）、《终结者：创世纪》里 1984 年青年时期的施瓦辛格（Schwarzenegger）形象、《双子杀手》里虚拟的年轻版威尔·史密斯（Will Smith），以及 2023 年《流浪地球 2》里被复原的已故演员吴孟达等。

5. 数字伪像

数字伪像（digital deepfake characters）即经过机器算法制作出的深度伪造人物形

象，也有学者使用较为中性的称谓“深度合成”。深度伪造作为深度学习和伪造的结合，会引发虚假信息、网络安全、造谣诽谤等问题。例如，2024 年 2 月，中国香港警方发现有诈骗分子利用人工智能深度伪造技术，通过公司的 YouTube 视频和从其他公开渠道获取的媒体资料，成功地仿造了英国公司高层管理人员的形象和声音，在网络会议中冒充多名人士，骗取 2 亿港元。

6. 数字副本或数字幽灵

数字副本或数字幽灵（digital copy or digital ghost）特指在“弱人工智能”条件下人类活动在数字世界里留下的印迹，可以如同影子一样将主人的行为和思想的真实轮廓还原出来。与侧重于塑造虚拟数字人面貌、身体和声音等外在特征的“数字仿象”不同，“数字副本”体现在行为、观念、思想等内在特征上。例如，《黑镜》等科幻影视剧里设想出的未来技术就用来打造“数字副本”。

7. 数字人类

数字人类（digital human）即随着未来科技的发展，最终造出的具有与自然人类相同智能甚至超越自然人类智能的数字生灵，成为具有“自我意识”的生命体，在赛博空间里演化为“智能的、有感情的、活的虚拟人”。例如，科幻片《流浪地球 2》里设计了“数字生命计划”的内容，上传意识并创造“数字人类”。

需注意的是，上述类型划分并非孤立存在，彼此之间并不存在绝对的界限。并且，随着今后的技术升级，很可能会彼此融合产生新的类型。

（二）按照核心功能分类

按照虚拟数字人的核心功能和应用，主要分为服务型虚拟数字人和身份型虚拟数字人。服务型虚拟数字人具有功能性，能够替代真人服务，完成内容生产以及一些简单的工作，可以降低已有服务型产业的成本。身份型虚拟数字人具有身份性，多以虚拟 IP 或偶像呈现，能够为未来的虚拟世界提供更多的可能性。根据《2024 年中国虚拟数字人产业发展白皮书》，服务型和身份型虚拟数字人的定位、核心功能、主要赛道、代表应用和产业价值等总结如表 10－4 所示。

表 10－4　虚拟数字人核心功能分类及对比

	服务型虚拟数字人	身份型虚拟数字人
定位	功能性，提供服务	身份性，用于娱乐/社交
核心功能	替代真人服务，完成内容生产、简单功能 多模态 AI 助手，提供日常陪伴、关怀等服务	虚拟 IP/偶像，推动虚拟内容生产 个人在虚拟世界中的第二分身，用于社交娱乐及元宇宙
主要赛道	传媒、教育、零售/电商、医疗、金融等	文娱、互联网社交、游戏等
代表应用	虚拟客服、虚拟助手、虚拟主播、新闻播报、电商购物、医疗康复、导航导览等	广告代言、品牌推广、直播、虚拟社交、元宇宙等

续表

	服务型虚拟数字人	身份型虚拟数字人
产业价值	降低已有服务型产业的成本，为存量市场降本增效 提升 AI 助手的交互效果，扩展其接受度与适用场景	为未来的虚拟化世界提供人的核心交互中介，在增量市场创造新的价值增长点；降低虚拟内容的制作门槛
数字人图例	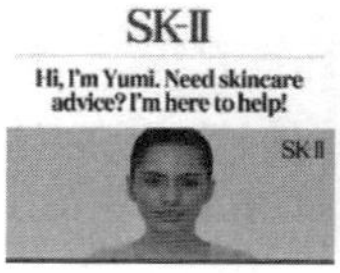 虚拟护肤专家  虚拟老师  虚拟主播  虚拟理财顾问	 AYAYI  苏东坡  雪域任运  华智冰

资料来源：艾媒咨询《2024 年中国虚拟数字人产业发展白皮书》。

三、虚拟数字人在数字顾客关系管理中的应用

目前，虚拟数字人广泛应用于游戏电影、虚拟现实、教育培训、客户服务等领域（张丽锦和吕欣，2024）。在游戏中，虚拟数字人是与玩家互动的角色；在电商直播间，以高度拟人化、可交互的虚拟形象进行直播活动；在电影和动画中，可以用来代替真实演员进行特效表演；在教育领域，作为教学辅助工具，为学生提供自主学习的资源和陪伴；在文旅场景，扮演城市代言人、博物馆虚拟员工、虚拟导游等角色（王蔷馨和李静，2023）。演唱会、综艺、代言、走秀、脱口秀、短剧、直播……元宇宙概念下的虚拟数字人发展进入快车道。接下来，将结合在数字顾客关系管理中应用广、商业化价值高的两大场景“虚拟主播”与“虚拟员工”，阐述虚拟数字人的应用实践。

（一）虚拟主播：数字获客阶段促进销售转化

虚拟主播作为一种重要的营销和传播工具受到大量关注。比如，天猫超市虚拟主播“小铛家”与虚拟偶像“洛天依”现身直播商务场景等。学者大多认为，虚拟主播是由 AI 所驱动，能够自主完成与真人主播相似的直播任务，属于虚拟数字人在直播带货、新闻播报领域的应用。按照业务类型，虚拟主播可以分为虚拟 UP 主、虚拟主持人和虚拟助播三类。调查数据显示，虚拟主播在传媒、游戏、文旅以及影视行业运用广泛，随着虚拟主播不断发展，其和人们的生活将进一步密切融合。

相比真人主播，虚拟主播形象更加清晰、稳定和可控，能有效吸引消费者注意力，刺激用户参与，更容易打造竞争优势，顺应时代潮流。以哔哩哔哩的数据为例，作为国内虚拟主播聚集度最高的平台，截至 2022 年底，共有 23 万名虚拟主播开播，而在 2018 年 6 月底，仅有 23 名虚拟主播开播；直播弹幕互动量达 14.2 亿次，全年稿件播放量达

292亿次，同比增长112%，“虚拟数字人”正在引领新一轮的信息传播及文化变革。同时，虚拟主播也是降本增效的重要手段。如今的电商直播平台上，基于神经网络渲染的数字分身数字人已经大规模上岗，取代真人主播，7×24小时无休进行销售，大大盘活闲置时间。以蓝色光标推出的蓝标智播产品来测算，运营一个数字人主播的成本仅为每小时20元（含电费和网络费用），这意味着只要一小时获得20元的销售分佣就能覆盖成本，批量带货效果非常可观（郭晓喆，2024）。

然而，虚拟主播也存在灵活性差、情感认知不足等问题，严重影响用户参与感。在视频平台上，大量主播在外形、声音以及行为特征上相似，甚至就是“同一张皮”。极端的例子是真人2D虚拟主播，商家为了节约成本，选择同样的“模板”，不少主播顶着同样的“脸”和动作，更换不同的“声音”，出现在不同的直播间，引发消费者投诉。还有一些虚拟主播存在虚假宣传、诱导非理性消费、推销假冒伪劣商品、接受未成年人打赏以及其他违背公序良俗的行为，扰乱了市场秩序，污化了直播营销环境，侵犯了消费者的合法权益，也影响了直播行业乃至电商市场的健康发展。因此，需不断提升数字人直播质量，强化落实对虚拟主播的监管。

// 微案例10-1 //

“采销东哥”与京东言犀数字人

在当下的直播电商领域，AI数字人正逐渐展现出独特的影响力。例如，AI俄罗斯美女带货月收入高达20万元；刘强东AI数字人直播带货，肢体动作“以假乱真”，近一小时观看量超2 000万；两会期间，央视财经新媒体也启用了两位AI主播“上岗”。在直播电商竞争焦灼之际，数字人也成为了直播间进一步提升竞争力的着力点。与真实主播相比，数字人成本低、复制快、可24小时“待机”，还能延续主播流量。

近期，京东加快了对于直播业务的投入和布局，对引入数字人直播态度积极。2024年4月16日，以京东创始人刘强东为形象的数字人“采销东哥”亮相京东直播间。随后至“618”期间，京东发起了一场“总裁数字人直播”活动。格力董明珠、海信胡剑涌、LG（中国）李东善、名创优品叶国富、洁丽雅石展承，以及科沃斯、vivo等企业的18位创始人、CEO、高管纷纷化身数字人，参与直播。此前，京东推出了言犀大模型，目前已接入京小智、虚拟主播、智能外呼等AI产品。言犀虚拟主播成本不足真人主播的1/10，并且可与真人主播接力打造“日不落”直播间。

但值得注意的是，各平台对于数字人直播的规范仍在不断完善之中。数字人技术整体较为初级，真实感缺失，大多依赖预录脚本，难以应对复杂互动，动作衔接生硬、表情单一，导致用户体验远低于真人主播。而且，直播带货的成功需人、货、场三者良好的经营与协同配合。未来应在技术优化、平台规则透明化、市场监管这三方面协同发力，方能将“风口”转化为可持续的商业模式。

资料来源：更低成本、更高转化，京东言犀数字人打破直播行业困局．（2025-03-24）．http：//news.cnfol.com/chanyejingji/20250324/31216727.shtml；AI总裁数字人、京东Apple Vision Pro版亮相京东618技术创新助推“又便宜又好”．（2024-06-20）．http：//www.jjckb.cn/2024-06/20/c_1310779035.htm.

（二）虚拟员工：数字忠诚阶段提升顾客生命周期价值

虚拟员工是由企业推出的“数字员工”，对外展示企业产品、文化，提供相关服务。可以说，从经济到文化教育等各个行业和领域，都需要能与人类实现协同合作的虚拟员工。当用于驱动虚拟员工的技术在未来不断升级，虚拟员工所具备的重要生产价值及潜力，将产生巨大的人力资源优势（不亚于 17 世纪末蒸汽机的发明）。因此，“虚拟数字人”技术在未来甚至可能具有战略意义。

虚拟员工对生产力有着积极推动作用，应用前景广阔。随着计算机图形学、深度学习、语音合成、类脑科学等聚合科技的进步，以及企业对效率、成本控制的要求越来越高，越来越多行业开始引入虚拟员工，虚拟数字人向更加智能化的方向发展，成为各行各业数字化转型的重要组成部分。例如，小冰公司协助万科构建了第一个虚拟员工“崔筱盼”，该员工自入职以来一直保持高效的工作状态，所负责的预付应收逾期单据的核销率达到 91.44%，超越一般的人类员工。“奶思”是全网首个游牧民族虚拟人，现任蒙牛集团未来星管培生。从人设定位上说，“奶思”是“蒙牛集团第一虚拟员工”，同时也是“中国乳业第一虚拟主播”和“元宇宙第一游牧民族电商主播”，承担的责任复杂多样，涵盖直播电商新媒体推广、品牌 IP 宣传、真人同场互动等多场景多平台应用。

虚拟员工的商业应用领域分布如表 10－5 所示，在文旅、银行、教育等行业应用最广、最具人气，虚拟顾问、虚拟助手、虚拟客服、虚拟导游等角色较为常见。这表明，虚拟数字人已经渗入大众生活的各个领域，形成多场景、多应用、多角色加快落地的格局。

表 10－5　虚拟员工应用场景和角色

行业	应用场景和角色
文旅	虚拟讲解员、虚拟导游、虚拟酒店前台
银行	手机银行助手、虚拟大堂经理、智慧银行柜员
券商	智能理财顾问、投资者教育讲师、私人财富管家
公共交通	候机（车）大厅服务助手、交通导览员、智慧票务柜员
教育	虚拟教师、虚拟助教、智能陪练
零售/电商	虚拟主播、线下商超导购、虚拟销售、AI 客服
运营商	5G 视频客服、虚拟营业厅经理、AI 迎宾大使
居家/健康	智能管家、家庭医生、家庭陪护
保险	智能投保顾问、保险业务培训师、AI 理赔顾问
政务	虚拟前台、党建培训师、政务咨询助手

微案例 10－2

远程银行虚拟员工应用

《远程银行虚拟数字人应用报告》显示，中国银行业协会于 2023 年底对 42 家主流银行的客服中心和远程银行开展调研，已有 11 家客服中心与远程银行实现了虚拟数字人应用落地，包括工商银行、建设银行、交通银行、邮储银行、光大银行、招商银行、浦发银行、民生银行、平安银行、杭州银行、长沙银行；5 家银行正在筹建中。在应用场景方面，虚拟数字人广泛应用于对客服务、风险控制、新媒体运营、内部赋能等领域（见表 10－6），同时探索在金融前台坐席、中台运营、后台管理的应用，全面提升远程银行智能化水平与客户体验。

表 10－6　虚拟数字人主要应用领域

应用领域	细分场景	举例
对客服务	咨询服务	中国工商银行远程银行中心等
	理财经理	中国邮储银行远程银行中心、招商银行网络经营服务中心等
	生活娱乐	交通银行等
	特殊客群关爱	中国建设银行远程智能银行中心等
风险控制	交易面签	中国光大银行零售与财富管理部远程银行中心等
	远程审核	平安银行客服中心等
	风险提示	中国民生银行运营管理部等
新媒体运营	金融教育	杭州银行客户服务中心等
	品牌推广	交通银行等
内部赋能	员工辅助	中国工商银行远程银行中心等
	员工培训	交通银行等
	内部宣传	中国光大银行零售与财富管理部远程银行中心等
	办公助手	中国建设银行远程智能银行中心等

已落地的银行虚拟数字人使用情况见表 10－7。

表 10－7　银行机构虚拟数字人应用情况（部分）

序号	机构名称	银行类型	上线时间	虚拟数字人
1	中国工商银行远程银行中心	大型商业银行	2023 年	工小征、工小程
2	中国建设银行远程智能银行中心	大型商业银行	2023 年	龙知微、龙知远
3	交通银行	大型商业银行	2021 年	姣姣、小姣
4	中国邮政储蓄银行远程银行中心	大型商业银行	2023 年	数字吉祥物、数字客户经理、数字客服

续表

序号	机构名称	银行类型	上线时间	虚拟数字人
5	中国光大银行零售与财富管理部远程银行中心	股份制商业银行	2020 年	小璇
6	招商银行网络经营服务中心	股份制商业银行	2021 年	招晓霖
7	浦发银行信用卡客服中心	股份制商业银行	2017 年	小浦
8	中国民生银行运营管理部	股份制商业银行	2022 年	智能柜员
9	平安银行客服中心	股份制商业银行	2022 年	小安
10	杭州银行客户服务中心	城市商业银行	2022 年	杭小美
11	长沙银行远程银行部	城市商业银行	2022 年	乐乐、盈盈

综上所述，AIGC 大模型将赋能虚拟数字人“智能进化”，使得沉浸式交互体验更加拟人，降本增效更加显著。虚拟数字人作为金融元宇宙的入口，未来将为远程银行带来数字化转型新契机，进而为客户带来更丰富的数字化体验。

资料来源：中国银行业协会．远程银行虚拟数字人应用报告，2023.

第 2 节　数字获客

与顾客建立长期关系对于任何企业的可持续发展都至关重要。数字营销的出现，为深入洞察用户需求、建立高效信息沟通、提升顾客忠诚度和降低流失率提供了新的机遇。过去，关系营销、直复营销和数据库营销相结合，催生了顾客关系管理（customer relationship management，CRM）。近年来，营销自动化技术作为一项强大的数字技术，用于开展“一对一营销”（one-to-one marketing），通过结构化、自动化的方法为顾客提供更相关、更贴切的信息及个性化互动、定制化沟通。新一代人工智能正在重塑营销生产力和生产关系，拓展了洞察能力、创意能力和媒介效能，整合多渠道触点和用户联结策略，极大赋能顾客生命周期管理。

一、顾客生命周期的阶段划分

顾客生命周期（customer life cycle）是指企业在与顾客形成长期关系的过程中，会经历顾客选择、获取、保留和拓展四个阶段（见图 10－2）。其中，顾客选择（customer selection）指划分并识别不同的顾客群体，确定企业目标顾客类型，以便在获取、保留和拓展顾客阶段明晰顾客定位。顾客获取（customer acquisition）指开展市场营销活动以与新顾客建立关系，同时尽量降低获取成本并瞄准高价值顾客。顾客保留（customer retention）指为保留现有顾客而采取的营销行动，鼓励其再次购买或续签服务合同。顾客拓展（customer extension）指增加顾客从企业购买产品的深度和范围，也称为顾客发展（customer development）。“数字获客”聚焦顾客选择与顾客获取阶段数字技术的运用。

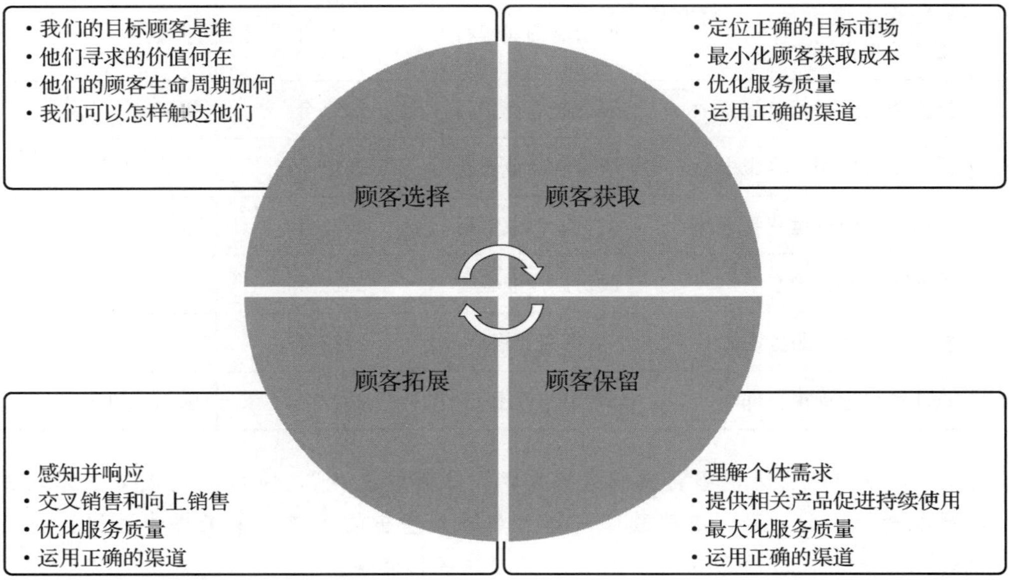

图 10-2　顾客生命周期的阶段划分

资料来源：戴夫·查菲，菲奥纳·埃利斯-查德威克．数字营销：战略、实施与实践：第 7 版．王峰，韩晓敏，译．北京：清华大学出版社，2022.

二、营销大数据与数字获客

（一）营销大数据的特征和来源

大数据描述了企业营销人员所捕获的大量数据信息并用以分析的技术和系统。大数据对市场营销的贡献主要有两点：一是通过分析大量复杂、相互关联的数据集，明确趋势和模式等，可以为未来的营销战略和战术决策提供信息支持；二是弄清开展营销活动的成功因素，改进信息传递，使沟通更有针对性，在合适的时间、地点和场景为合适的人展示合适的内容。

由于大数据和智能终端技术的广泛应用，智能化地记录、识别、分析消费者得以实现，而且可以与其随时随地进行互动和相互影响。从 2010 年前后开始，移动互联网环境的大数据技术有了突破性进展，为掌握用户行为提供了强大的新工具（卢泰宏，2017）。从技术层面看，营销大数据有四个特征：

（1）数据量（volumn）：在数字媒体、数字平台生成的数据量不断增加。

（2）数据速度（velocity）：营销人员能实时访问和分析网站、移动端、社交媒体互动等产生的数据。

（3）数据多样性（variety）：新型的非结构化数据（文本、图片、视频、音频）逐步发挥潜力，这也表明集成不同数据来源以获得更多顾客信息的重要性。

（4）数据价值（value）：大数据的真正价值在于从大量多源、看似不相关的数据中挖掘出对未来趋势与模式预测有价值的信息。

关于顾客的营销大数据大多来自以下方面：

（1）用户属性数据：刻画顾客背景条件的指标。包括个人和组织用户的联系方式、顾客特征等，如年龄与性别（B2C 市场）、业务规模、行业领域和在购买决策中的角色（B2B 市场）。

（2）交易和支付数据：显示实际购买行为。包括各个渠道每次购买交易的记录，如购买的具体产品、数量、类别、地点、日期、时点以及购买渠道。

（3）数字空间行为数据：涵盖搜索引擎、社交媒体、短视频直播平台等数据来源。其中，搜索引擎数据根据顾客主动搜索行为映射其当前的关注和需求；社交媒体数据根据顾客兴趣、生活方式和社交圈层揭示其个性类型和偏好；短视频直播平台数据根据顾客的观看、点赞、评论、分享等“数字足迹”反映其情感、态度和价值取向。

（4）实体空间行为数据：涉及地理位置、运动轨迹和消费活动。如购物中心移动轨迹、各门店停留时长、与员工的互动、商品浏览等。

企业汇集这些数据，就可以得到用户画像。用户画像（consumer profile）是依据大数据平台和大数据分析，整合各种碎片化信息，通过标签和模型化产生的对特定用户全景、实时的精准描述。数字用户画像是对以前用户画像（标签）的数字化升级。营销大数据使识别和触达个体的成本大幅降低，可精准、快速地洞察顾客购买行为，回答诸如“谁买了产品?”“买了多少?”“怎么购买?”等问题，为企业实现数字获客提供了基础支撑。

（二）基于营销大数据的顾客选取

在营销大数据的基础上，数字技术创新提供了精准、实时、高效的营销沟通，从而实现“一对一”精准广告、基于位置的高效促销、数据驱动的营销自动化及社交媒体顾客关系管理等，成就了全新的数字化广告模式和数字化营销沟通模式，并且上升到数字化营销战略（曹虎、王赛和乔林等，2017），数字营销呈现出前所未有的崭新一页，赋能顾客选择和顾客获取。

1. 营销大数据与顾客选择

数字化消费的突出特征是供需之间的交互性大大增强，顾客需求被精准识别和满足，从而颠覆性地改变了顾客行为和预期。一方面，以往依靠家庭生命周期、生活方式、个性、心理图像和社会阶层等变量对顾客进行市场细分的方式，逐步被整合了行为属性和基础标签的精细化“用户画像”（如 80 后女白领、自有住房还贷中、晚 12 点/早 7 点起居、喜欢瑜伽、在学车、关注时尚、家有幼儿期孩子等）所替代。另一方面，通过收集并分析用户的搜索记录、浏览行为、购买历史、社交媒体互动等多维度信息，企业可以深入了解消费者的兴趣偏好、消费习惯乃至潜在需求。基于这些洞察，实现对目标顾客的精准定位，将有限的营销资源投放到最有可能产生转化的群体中，从而提高营销效率和投资回报率。

例如，美国零售商塔吉特（Target）的“孕妇营销”即为利用海量数据挖掘出有价值信息的例子。该公司通过分析女性顾客购买记录，“猜出”哪些是孕妇。其发现女性会在怀孕四个月左右，大量购买无香味乳液；几个月后，她们又会购买镁、钙、锌等营养补充剂。由此，塔吉特挖掘出 25 项与怀孕高度相关的商品，编制出“怀孕预测”指数。

在推算出预产期后，塔吉特就抢先一步将孕妇装、婴儿床等优惠券寄送给顾客。

2. 营销大数据与顾客获取

营销大数据和用户画像为精准营销提供了坚实的信息基础。从产品维度看，用户画像用以指导产品研发及用户体验优化，通过人群细分，确定核心人群，明确产品定位，根据用户标签优化产品设计。通过事先对顾客数据的分析、处理、组合，评估顾客喜好，统计功能需求，提供更加良好的体验和服务，完善产品运营。从企业营销维度看，基于实时收集的顾客行为数据，精准锚定顾客群体，实时推送相应的营销广告和服务信息，避免传统营销中的“广撒网”策略，转而采用“精准捕鱼”的方式。在移动互联环境下，根据消费者所处的地点、时间和情境，进行场景分析和信息沟通，精准识别顾客场景化需求，并以场景触发消费行为，开展场景化营销，为企业赢得顾客（于萍，2019）。

例如，国内某商超生鲜部门基于实时销售数据反馈发现，当天螺丝椒销售偏离预期、积压库存过大。于是，及时采取应对措施，增加堆头陈列，并检测增加堆头后的销售变化，不断调整营销方案。又如，针对需求各异的房地产市场，贝壳依托平台上的海量房源数据，借助腾讯社交广告 LBS 动态商品广告功能，根据用户的地理位置，给未安装贝壳 APP 的用户推荐距离其 3 公里范围内的房源，并传递用户关心的价格、首付金额等信息，吸引潜在用户点击附近房源，实现用户拉新。通过精准定向有租房、买房需求的房源附近人群，贝壳广告投放效果明显，曝光量提升 40%，点击率（CTR）提升 100%。

三、营销自动化及人工智能营销

大数据在营销中的主要应用是使用营销自动化技术来提高沟通的相关性。此时，预测模型等技术被用于向顾客发送更有针对性的电子邮件或个性化弹出广告。自大数据概念首次提出以来，新一代人工智能和机器学习等技术有了极大发展，帮助营销人员分析和应用这些信息。企业基于人工智能等数字技术从数据中发现隐含的信息、规律或机会，使得管理模式逐步趋向智能化。

（一）营销自动化和个性化营销沟通

全球头部计算机技术咨询和评估集团 Gartner 对营销自动化（marketing automation）的定义为：帮助营销人员进行顾客细分、顾客数据管理和营销活动管理的软件，为营销人员提供实时、有针对性、以数据为导向的营销履行能力，提高了效率、敏捷性和生产力。与此相关，Gartner 还提出了“数字营销中心”（digital marketing hub）的概念，认为数字营销中心的四个基本能力即数据管理、内容管理、策划和营销自动化、统计分析。

有学者（Homburg & Wielgos，2022）通过访谈研究提出，数字营销能力是社交媒体营销、移动营销、内容营销、搜索引擎营销、网络分析、营销自动化和电子邮件营销等方面能力的集合。随着人工智能等新兴数字技术的蓬勃发展，具备智能化、自动化的数字营销工具及平台大量出现（王永贵、张二伟和张思祺，2023）。营销自动化技术通常涉及一系列规则，这些规则通过电子邮件、智能手机通知或网络个性化触发与顾客的交互。例如，机器学习可以分析顾客交互数据，并确定何时是最有效的联系时间、主题行中哪些词最有效等。

营销自动化需在合适的时间，通过合适的渠道，自动化地为顾客提供其所需内容，提升顾客黏性和满意度，实现业务目标。结合顾客生命周期、需求和偏好设计营销场景，把潜在用户转化为新用户，实现流量获取、经营和变现。例如，Salesforce 的 Social Studio 基于社交倾听的理念，对品牌各大社交媒体账号进行统一账号设置、内容排期、自动发布等，确保品牌对外发声保持一致。神策数据旗下“营销云”产品能通过流程画布的形式，实现消费者旅程的搭建与串联，以触发器、节点和规则命令等元素串联消费者旅程的全部流程，在关键节点自动化地推送相关内容或信息，从而为自动化营销提供可执行的路径。微博通过“鹰眼”系统进行视觉和文本的处理和理解，辅助聚合热点全貌信息，帮助编辑生成相关子话题聚类及热搜素材库，动态化智能分发，提高热点覆盖率（龙思薇和周艳，2021；王佳玫和武晓宇，2022）。

（二）人工智能生成内容

人工智能生成内容的应用场景为：内容标签化、图片生成、文字生成、短视频生成、音频生成、剧本生成、广告创意开发、文案撰写、互动海报设计、仿真模特生成等。具体而言，基于人工智能的自动生成工具可以快速生成广告文案、图片和视频，从广告主需求和目标受众出发，生成吸引力强、与品牌调性一致的创意素材，提高创意生产效率和质量。同时，人工智能可以自动分析图文和视频内容，有助于内容分析洞察、提高内容搜索引擎排名和用户发现度。

例如，Phrasee 是一个利用人工智能技术优化营销语言的平台，专为品牌的电子邮件营销、社交媒体帖子、推广广告等文案创作提供支持。Phrasee 通过使用大量有关电子邮件主题行效果方面的数据进行分析和学习，使得与人工撰写邮件相比，人工智能技术生成的邮件被打开和点击的概率更高。阿里妈妈“万相实验室”是阿里用以提升商家素材制作和投放效率的智能创作平台。“万相实验室”自 2023 年 6 月份上线以来，已经累计为超过 100 万商家提供过服务。该平台每天为这些商家生成几十万个图片和视频，累计生成量达到 1 亿多。欧舒丹借助“万相实验室”，通过人工智能技术 30 秒内就能批量创作高规格商品图，为新品沐浴露上新素材，并结合阿里妈妈品牌特秀产品，快速测试和优化素材生产，打通了创意素材高效迭代的闭环。

（三）倾向性建模及智能推荐

倾向性建模（propensity modeling）指评估顾客的特征和行为（特别是过去购买产品或服务），由此为其未来推荐合适的产品。倾向性建模是机器学习的目标，机器学习算法依托大量历史数据创建倾向性模型，从而能够对现实世界的顾客行为做出较准确的预测。倾向性建模广为人知的应用是为现有顾客推荐“下一个最佳产品”。此外，倾向性建模及智能推荐还表现在以下几个方面：陈列关联产品为顾客快速购买产品提供便利，在顾客结账时向其推荐相关产品，促进向上销售和交叉销售，使用关联产品“触发词”（如“相关产品”“购买此商品的顾客也同时购买”“专属你的推荐”）等。

智能推荐可以根据用户的行为和喜好，在私域、社群、电商、社交媒体等环境下，为顾客推荐高匹配度的产品和服务，提高转化率。例如，在电子商务领域，亚马逊利用用户的浏览历史、购买记录和评分数据，向其推荐相关产品，其“看了这个商品的顾客还看了”功能，正是基于协同过滤算法实现的。在在线娱乐行业，Netflix 通过分析用户的观看历史和评分，推荐用户可能感兴趣的电影和电视剧；而 Spotify 则利用用户的听歌习惯，生成个性化的播放列表。社交媒体平台如 Facebook 和 Instagram 也广泛应用智能推荐系统。通过分析用户的互动行为（如点赞、评论和分享），向用户推荐可能感兴趣的内容和朋友。这些个性化推荐增强了用户的参与感，提高了平台的活跃度和黏性，还显著提升了销售额。

（四）智能客服和聊天机器人

随着 AI 技术的迅速发展，智能客服系统在网络零售平台大规模推广。智能客服是利用 AI 技术模拟人类对话与用户互动的计算机程序，诸如京东推出的“小咚”，淘宝推出的“阿里小蜜”等，电商平台购物场景中的智能客服应用已达到 42%（张鹏，马俊和董绍增等，2023）。智能客服可通过自然语言处理和机器学习技术，提供 7×24 小时在线服务（如坐席辅助、智能呼叫、商品咨询解答、订单管理、投诉与建议处理、产品推荐与营销、服务质量监控、业务流程自动化、数据搜集与分析），解决顾客问题，在处理“程序化”问题上具有人工所无可比拟的效率优势，能有效提高顾客满意度。基于顾客购买历史和浏览行为，智能客服能为顾客提供个性化产品推荐，还能发送促销信息、优惠券等以促进销售。

“淘宝问问”是淘宝推出的大模型原生 AI 应用，背后接入通义大模型底座，可以认为是一个内嵌在淘宝里的 ChatGPT，融合了电商平台用户“逛”和“买”的心智。在淘宝搜索栏输入“问问”就可跳转到淘宝问问页面。可以看到，淘宝问问具备“资深导购员”“生活小能手”“美食达人”“旅行策划人”“灵魂写手”等功能，能提供商品挑选攻略、生活建议、行程建议、文案写作等方面的帮助。比如，当提问“去露营该准备什么”，显示的答案是建议准备帐篷、睡袋、露营灯等，攻略信息下方就是对应商品，点击可跳转到商品详情页；提问也可更宽泛，比如“小白鞋怎么洗”，淘宝问问会给出具体的生活解决方案。

（五）预测分析与动态定价

数字经济时代的机器学习方法能有效挖掘消费者行为数据之间的内在联系，预测消费者决策行为（陈晓红、李杨杨和宋丽洁等，2022）。消费者的传统决策模式被互联网大数据和算法推荐所代替，且这种基于分析和预测的决策效率随着人工智能等技术快速升级。大数据思维正逐渐支配消费者原有的主观判断，使消费者基于主观判断的偏好与大数据决策下的偏好呈现“趋同化”（何大安，2020）。实际上，数据驱动的预测分析可以应用于很多不同领域，如预测某个消费者转化的可能性，在哪个价格上有可能转化，或哪个顾客更可能重复购买。

另外，企业借助大数据算法和大量用户数据进行用户画像，一方面降低了用户的搜索成本，提高了产品或服务的匹配效率；另一方面为企业基于消费者特征、顾客群体的不同需求开展动态定价提供了可能。例如，优步等打车平台会根据顾客出行时间进行差别化定价。由于早晚高峰的存在，平台经常会采用动态/峰时定价（dynamic/surge pricing），一方面可以即时调节供需，另一方面可以为平台赚取更大的利润。有研究发现，司机和乘客在动态定价策略下均能受益（Cachon et al.，2017；朱晗，2021）。但同时，动态定价策略也饱受争议，这引起了许多学者的关注。有研究者（Xu et al.，2024）基于国内某大型打车平台的数据分析表明，需求高峰时段的动态定价（加价）会使司机更可能收到投诉，并负面影响其未来收入。因此，打车平台实施动态定价策略时，也开始将价格波动率设置在合理的范围内，明确价格波动上限，并降低价格波动的频率（仅在早晚高峰时段或周末晚间）。

微案例 10-3

数据驱动助力瑞幸“涅槃重生”

2016 年，瑞幸研发了移动端 APP、门店选址、运营、供应链管理等数字化管理系统，并打通这些系统，构建了一个线上获客、线下履约的新零售系统。瑞幸所有交易都通过 APP 完成。当客户通过 APP 交易时，瑞幸能获得客户所有过程数据，也能随时随地向客户营销，实现数据驱动。

一是数据驱动精准营销。瑞幸用户标签已超过 100 组，且标签内容详细、用户画像精准，不仅了解客户的口味情况，还可推测周一到周日的消费偏好，做到“一切效果皆要可溯源”。详尽的数据也使瑞幸咖啡获客成本更低，营销方式更加智能，包括：(1) 精准推送：比如顾客两周没喝咖啡，平常喜欢喝冰咖啡，就送冰咖啡优惠券。让用户想啥来啥，所想即所得。(2) 定制化 APP 界面：在 APP 端实现“千人千面”。

二是数据驱动密集推新品。在瑞幸研发体系中，各种原料和口味都以数字标识，比如 1 代表香，2 代表奶等。研发产品方案是不同数字的组合，而选择不同数字的依据，是这些数字在市场上的流行趋势，研发团队持续跟踪市场而得。产品分析部门负责从消费者大数据分析出产品能成为爆款的底层逻辑，再进行产品研发、测试和优化。在过去几年，瑞幸推出了生椰拿铁、丝绒拿铁等多款爆款产品，获得了实质性增长。

三是数据驱动客户留存。瑞幸数字化管理系统能监控门店服务质量和每一杯咖啡的客户体验。客户下单后，系统会提醒客户做点评，客户评价会关联到门店 KPI，如果客户不满意，客服人员会迅速去解决客户问题，而门店则会被追责。此外，瑞幸将品牌营销和用户运营整合成一个部门（品运合一），让营销根据用户运营的导向去投入，把营销获得的流量通过用户运营进行有效转化；在 APP、微信小程序和企业微信群中建立私域流量池，并根据用户特点进行个性化营销和定价，以提升用户复购率和活跃度。

资料来源：林宸．瑞幸咖啡：星巴克的中国挑战者．(2019-07-16)．中国工商管理国际案例库；梁超，朱琼．瑞幸：“涅槃重生”之路．(2023-07-18)．中国工商管理国际案例库．

第 3 节　数字忠诚及顾客拓展

根据 Apadmi 的《2024 年数字客户忠诚度报告》，97.8%的品牌所有者认为，顾客忠诚度一直很重要，现在比以往任何时候都更加重要。在过去 20 多年里，忠诚度计划经历了从塑料卡片、纸质凭证到网络和移动应用的数字化革新。顾客有了更多互动参与、赚取积分和兑换奖励的途径和方式。企业也能从营销科技所带来的深层次顾客洞察力、忠诚度计划覆盖范围和顾客留存率中受益，“购买者黑箱”被逐渐打开。数字体验对忠诚度的影响不断放大，能够出色利用数字产品和平台为顾客创造价值，是让企业“基业长青”的关键。

一、数字忠诚及其影响因素

（一）数字忠诚与顾客满意

数字忠诚指在数字时代，顾客或消费者对某一品牌、产品或服务的忠诚度和黏性。这种忠诚不仅体现在购买行为上，还包括对品牌的信任、推荐意愿以及持续参与品牌活动的倾向。数字忠诚成为企业维系顾客、解锁利润增长的重要因素之一。

顾客忠诚（customer loyalty）是管理学和营销学中的重要概念，其形成过程大致经历了行为学派主导、态度学派主导和两者融合的阶段（邓爱民、陶宝和马莹莹，2014）。美国学者奥利弗（Oliver）对该概念界定做出了开创性贡献，认为顾客忠诚是顾客对其偏爱的企业或品牌的深刻承诺，在未来持续一致地重复购买和消费，进而产生的反复购买同一企业（或品牌）产品和服务的行为。奥利弗又进一步从心理学角度出发，将顾客忠诚分为态度忠诚和行为忠诚两个维度。态度忠诚包括认知、情感和意向忠诚三个层面，前一阶段形成的某种忠诚度会影响后一阶段的忠诚度。态度忠诚体现于顾客的积极感知、观点、偏好和推荐（包括社交分享）等，行为忠诚则体现于重复购买、网站访问、社交互动及对营销活动的响应等。奥利弗关于顾客忠诚的概念界定以及构成维度的划分，涵盖面广且实用性强，成为顾客忠诚理论走向成熟的重要标志。

顾客满意（customer satisfaction）指顾客对产品或服务质量的满意程度，来源于顾客对产品或服务的预先期望和实际消费后所感知到的绩效之间差距的一种评价与心理反应。通常情况下，随着顾客对产品或服务的满意度提高，其态度忠诚和行为忠诚也会增加。然而，通过对顾客满意与顾客忠诚关系的分析发现，存在背叛、冷漠和热爱三种类型。背叛关系存在于满意度低的情况下，除了没有选择余地或转换成本高之外，顾客通常会转换供应商。冷漠关系（无所谓）出现在中等满意的情况下，顾客一旦发现有更好的卖主就会离开。热爱关系则建立在高度满意的基础上，顾客成为企业的追随者和倡导者，不断重复购买，并且为企业说好话或推荐新顾客。

例如，20 世纪 80 年代，施乐公司通过顾客研究发现：在顾客满意等级表上，给施乐公司打 5 分（非常满意）的顾客比打 4 分（基本满意）的顾客再次购买施乐公司产品的可能性大 6 倍。同样，Enterprise Rent-A-car 通过研究表明，为租车体验打最高分的顾客比打第二高分的顾客再次租车的可能性大 3 倍。TARP 通过对众多行业的 8 000 名消费者进行研究，发现 96%的“非常满意”的消费者一定会重复购买，这个比例在“比较满意”的消费者中下降到 52%，在回答“一般或者非常不满意”的消费者中，只有 7%的消费者会再次购买。这说明，顾客满意与忠诚并不一定能够对应。

（二）数字忠诚的影响因素

影响顾客忠诚度的因素有很多，既有企业方面的，也有竞争对手、顾客自身、社会环境方面的。从企业层面看，提高顾客忠诚度可以从以下方面着手：让顾客满意，建立顾客信任感，确保企业与顾客之间信息和情感的有效沟通，降低顾客购买的不便程度，制定各种顾客忠诚奖励政策，重视企业内外各种相关组织和个人的互动作用。

尤其值得注意的是，当下数字经济浪潮正在不知不觉地影响和改变着人们的生活方式、生存习惯、消费方式，基于数字环境的顾客满意度和忠诚度驱动因素很多（见图 10－3）。一方面，理性的产品/服务评估、情感联系、承诺的顾客体验将影响顾客线上体验和满意度，进而影响顾客忠诚度。另一方面，顾客满意只是顾客忠诚的前提条件，只有非常满意的顾客才会重复购买并传播好口碑。因此，为了提高顾客的数字忠诚度，企业可以通过数字顾客关系管理，将顾客满意度和顾客忠诚度联结起来。例如，通过会员制与顾客忠诚度计划、个性化营销沟通、游戏化机制、多渠道触点与顾客互动等。

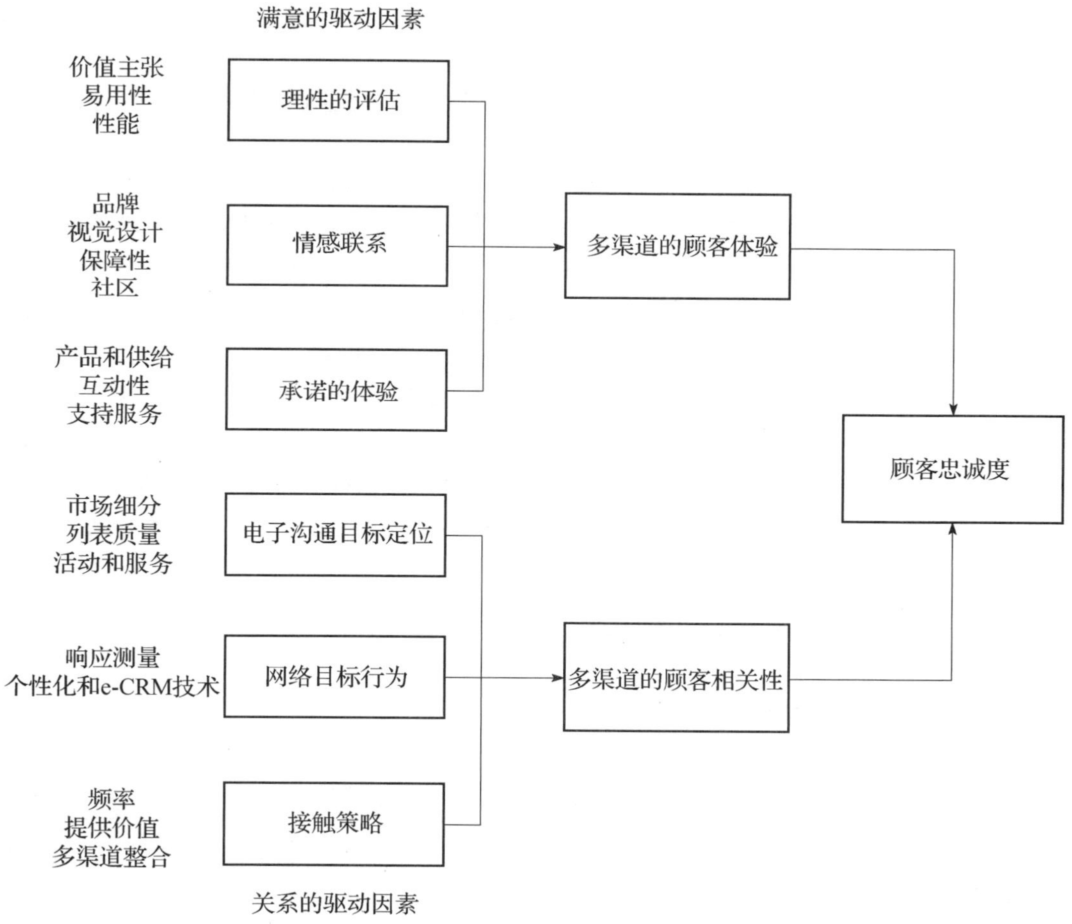

图 10－3　顾客满意度和忠诚度的驱动因素

资料来源：戴夫·查菲，菲奥纳·埃利斯-查德威克．数字营销：战略、实施与实践：第 7 版．王峰，韩晓敏，译．北京：清华大学出版社，2022.

二、顾客保留和顾客拓展策略

顾客保留涉及企业选择并保留最有价值的顾客，理解促使他们购买的忠诚度要素，制定响应策略来鼓励顾客忠诚，并巩固顾客关系。顾客拓展则强调开发顾客，通过让顾客尝试更广泛的产品和服务，将最具增长性的顾客转化为最有价值的顾客。随着竞争加剧和经营风险加大，零售业、餐饮业、旅游业、银行业等运用了一系列的顾客保留和拓展策略，大体分为：

（1）重复销售（re-sell）。向现有顾客销售类似产品。这在某些 B2B 环境中尤为重要，如再次购买或修正重购。

（2）交叉销售（cross-sell）。发现现有顾客的多种相关需求，为满足其需求而销售额外的多种相关产品或服务，这可能与最初购买密切相关（刘秋生和张春，2010）。

（3）向上销售（up-sell）。交叉销售的一个子集，在销售过程中引导顾客购买更昂贵的产品，或向顾客推荐比原计划更好的产品。

（4）重新激活（reactivation）。对于一段时间未购买或已经流失的顾客，鼓励他们再次购买。

（5）顾客推荐（referrals）。通过现有顾客的推荐来产生新的顾客并增加销售机会。例如，老会员推荐新会员可获得折扣。

顾客保留与顾客拓展需要基于顾客价值分析，使用多种渠道来平衡成本和质量。数字技术驱动了顾客保留和拓展，从而更高效地开展个性化营销，确保生产效率和服务质量，这一过程可以概括为“5I 阶段”，即识别（identification）：尽可能了解顾客特征，以便进行顾客沟通和对话。个性化（individualisation），即根据对每位顾客需求的识别为其提供相应利益，通过大规模定制和个性化明确顾客策略，且对每位顾客所投入的努力应与其对组织的价值相一致。互动（interaction），即持续对话以了解顾客需求和顾客的战略价值。整合（integration），即在全公司所有部门整合顾客关系和顾客知识，有效利用来自不同系统的集成数据。诚信（integrity），即所有关系都建立在信任基础上，因此，绝不能失去顾客信任。从顾客那里获取信息的行动不会被视为侵犯隐私，而应维护顾客隐私（Peppers & Rogers，1997）。

三、数字化顾客关系管理策略

（一）通过价值和参与度区分顾客

通过价值和参与度区分顾客是数字顾客关系管理的一项至关重要的策略，有助于企业更有效地分配资源，把有限资源和营销活动集中在最有价值的顾客身上，提升顾客满意度和忠诚度，从而增强市场竞争力。例如，Tesco 的会员卡就是一个结合数字科技，创建和分析消费者数据库，并据此来指导和获得更精确的消费者细分、更准确的消费者洞察和更有针对性的营销策略的顾客关系管理系统。Tesco 根据消费者购买偏好识别了 6 个细分群体，根据生活阶段分出了 8 个细分群体，根据使用和购买速度划分了 11 个细分群体，而根据购买习惯和行为模式来细分的目标群体更是达到 5 000 组之多。这带来了极大好处，Tesco 优惠券的实际使用率达到 20%，而行业平均使用率仅为 0.5%。

1. 依据顾客价值区分顾客

顾客价值主要从顾客盈利性的角度对顾客进行分类。根据帕累托“80/20 法则”，一家企业 80%的盈利往往来自最重要的 20%的顾客。高价值顾客通常具有更高的购买频率、更大的购买金额和更强的品牌忠诚度。例如，顾客金字塔是根据顾客为企业提供的利润贡献对顾客进行细分，由高到低把顾客分为白金层顾客、黄金层顾客、铁层顾客和铅层顾客四种类型。也有以顾客份额[①]为分类标准，将顾客划分为最有价值的顾客（most-valuable customers，MVC）、最具增长性的顾客（most-growable customers，MGC）和负值顾客（below-zero customers，BZC）。

顾客终身价值（customer lifetime value，CLV）是实践中理解顾客价值的关键。顾客终身价值衡量了每个顾客/顾客群在整个关系期内能为企业带来的收益总和。根据顾客对企业重要性的评估，企业在长期盈利最大化的目标下为顾客提供优质的产品或服务。针对线上顾客的终身价值分析，大多采用 RFM 模型，包括最近交易时间 R（recency）、购买频率 F（frequency）、购买金额 M（monetary）三个变量。

最近交易时间 R 表示顾客最近一次的购买时间和间隔天数，如果该值较小，表明顾客在短期内刚有过购买行为，可以认为顾客响应速度更快、重复购买可能性较大，这类顾客的价值较高。购买频率 F 表示计算期内顾客购买产品或服务的次数，如每年购买 10 次、每周登录网站 5 次。一般而言，顾客购买频率越高，顾客价值越大。购买金额 M 表示计算期内顾客的购买金额，如京东、淘宝的“年度账单”。一般来说，购买金额越高的顾客往往具有较高的忠诚度和潜在顾客价值。对 RFM 模型中各变量的分析为企业制定个性化营销策略和服务方案提供了依据。如果顾客的 RFM 分数较高，表明他们正在积极购买，可以将这些顾客排除在特殊促销活动之外。

// 微案例 10－4 //

电商“仅退款”新规催生“羊毛党”：商家如何应对负值顾客

近年来，多家电商平台先后宣布支持“仅退款”功能。这一服务有效劝退了不良商家，但也有商家表示遭遇了“羊毛党”。一方面，“仅退款”提升了一些不良商家的经营成本。淘宝启用“仅退款”模式后，消费者退款流程更加方便快捷。商品本身出现质量问题时，只需点击“仅退款”，就可以直接获得退款，这约束了商家，维护了绝大多数消费者的合法权益。有网友表示，“只要质量够好，就不用担心退款问题”。另一方面，“仅退款”也滋生出恶意行为，成为少数人“薅羊毛”“白嫖”的捷径。例如，有商家晒出五花八门的“仅退款”申请原因，表示“刚发货客户就‘仅退款’了，包裹追不回来”“自家商品被‘仅退款’，打折出现在二手平台”；也有“羊毛党”网上公开售卖“薅羊毛”课程，价格从 38 元到 288 元不等，严重扰乱了电商生态。

根据网络消费纠纷调解平台“电诉宝”联合网经社电子商务研究中心发布的《2024 年电商平台“仅退款”调查报告》，在商家层面，有 7.9%的商家近一年遭遇“仅退款”比例达八成，10.09%的商家遭遇“仅退款”比例占一半，34.31%的商家有三成“仅退款”，46.65%的商家有一成“仅退款”，仅有 1.06%的商家未遭遇“仅退款”。在消费者层面，有 25%的人会因“薅羊毛”而使用“仅退款”服务，高频使用“仅退款”服务的消费者占 13.39%。

---

① 顾客份额指顾客在特定企业消费的产品或服务支出占其同类产品或服务消费总支出的比重。

随着“仅退款”相关话题多次登上热搜，逐渐走偏，监管层面迅速出手整治。2024年5月，国家市场监督管理总局发布《网络反不正当竞争暂行规定》，全面梳理了网络不正当竞争行为，如自动跟价、仅退款、破价等，明确了经营者和平台的法律责任。2024年7月30日召开的中共中央政治局会议也指出，要强化行业自律，防止“内卷式”恶性竞争。据悉，“仅退款”服务并非面向所有消费者，而是对信用相对较好的大部分消费者提供。针对不合理的“仅退款”现象，一些电商平台已经开始行动。如淘宝于2024年8月9日面向全体商家上线“仅退款”优化策略，减少对优质服务商家的售后干预，持续升级“仅退款”异常行为识别模型，甄别并打击“羊毛党”“黄牛党”。此外，拼多多也支持商家对异常订单、恶意投诉订单等进行申诉，商家申诉成功后将由平台对相关订单进行赔付，并且对申诉次数不设限。由此可见，电商平台“仅退款”仍在不断探索和完善中。只有在平台、商家和消费者共同努力下，此举才能平衡各方权益，带来更便捷的售后保障，营造更公平健康的经营环境。

资料来源：电商“仅退款”新规催生“羊毛党”?.（2024-01-09）. https：//news. cctv. com/2024/01/09/ARTIB52svbjfiihaLjZW532D240109. shtml；“仅退款”变“0元购”，网上公开售卖“薅羊毛”课程.（2024-11-14）. https：//www. bjnews. com. cn/detail/1731574553168333. html.

2. 依据顾客参与度区分顾客

鉴于数字媒介碎片化及顾客选择多样化所带来的挑战，顾客参与度（customer engagement）被视为新的、关键的营销战略指标。顾客参与度强调顾客与企业互动及共同创造价值时产生了全新的顾客体验，这包括浏览网站、社交媒体互动、参加促销活动、提供反馈、形成口碑或其他用户生成内容等。从表面上看，顾客参与度体现在单一接触点上吸引顾客，如是否在网站停留了较长时间。实际上，该概念更多指向顾客的长期关注及对品牌的情感、心理和物质投入。

福里斯特（Forrester）开发了一个框架用以衡量顾客生命周期线上线下的参与度，通过持续互动实现盈利水平更高的顾客关系，最大化顾客价值。该框架分为四个部分：

（1）参与（involvement），线上参与衡量指标包括网站访问量、浏览时间、页面数，线下参与衡量指标如店铺停留时间。

（2）互动（interaction），衡量指标包括在博客发表评论、撰写口碑的数量和频率，在交互性服务中提出看法。

（3）亲密度（intimacy），衡量指标包括追踪发帖和评论涉及的情感及在客户服务电话中的观点表达。

（4）影响力（influence），衡量指标包括推荐可能性、转发内容、与品牌的情感联结等。

综上所述，随着社会网络和其他一些新型媒体的出现，非交易型顾客行为在顾客关系管理中变得日益重要。顾客对企业的价值不仅来自交易，还来自影响他人的行动及由此引发的品牌传播效应和市场影响力。那么，一旦顾客参与度成为营销的核心，营销信息就会变成沟通和对话，营销投入也将从媒体购买转向顾客理解。

（二）应用数字顾客关系管理系统及平台

1. 电子顾客关系管理

电子顾客关系管理（electronic customer relationship management，e-CRM）指利用数字技术和营销大数据支持顾客关系管理，通过数据库、个性化网页消息、顾客服务、电子邮件、社会媒体等手段鼓励现有顾客继续使用、最大化销售额。这是因为，交互性数字技术为开发顾客关系提供了理想的技术环境，而营销大数据和数据库则为更好的个性化服务提供了信息基础。电子顾客关系管理在顾客保留和拓展中的营销应用主要包括：

（1）销售队伍自动化（sales force automation，SFA）：销售人员通过数字工具来安排和记录顾客访问，更好地管理每个顾客的账户信息，实现人机劳动分工与协作。

（2）销售过程管理：通过电子商务网站、内部数据库等记录销售过程及与顾客有关的询问信息，为销售人员提供全面支持。通过移动网络、电子邮件和社交网络等管理顾客联系方式，支持重复销售、交叉销售和向上销售。

（3）顾客沟通管理：管理跨渠道沟通（如直邮、电子邮件、手机短信、个性化网页消息、社交网络和短视频直播），结合顾客在购买过程中和顾客生命周期不同阶段的数字媒介使用，集成多渠道顾客体验。

（4）顾客服务管理：提供网络平台自助服务选项，提升交易效率，带给顾客便利。加强在线顾客服务设施（如常见问题解答、电话回访和聊天支持），管理在线服务质量，确保首次购买的顾客体验良好，从而鼓励他们再次购买。

（5）顾客数据分析：通过数据库和数据挖掘等技术分析顾客特征、购买行为和营销活动的有效性，提高目标定位的精准度，优化营销组合。

2. 社会化顾客关系管理

随着社交媒体的日益普及，社交媒体营销成为燎原之势，社会化顾客关系管理（social CRM）应运而生。社会化顾客关系管理指将社交媒体应用于顾客关系管理，通过管理 C2C 社会化互动，吸引现有顾客、潜在顾客和其他利益相关者，基于社交媒体放大效应以发展顾客关系、提升顾客价值的过程。

社会化顾客关系管理涉及的业务功能范围如图 10－4 所示，包括：（1）营销。通过社交倾听工具监测、分析和响应顾客对话。（2）销售。确定影响营销沟通的关键社交媒介，以恰当的方式参与顾客互动，促进产品销售和销售转化。（3）服务和支持。通过企业论坛和第三方网站为顾客提供自助服务。（4）创新。根据消费者反馈、评论激发创意生成、新产品开发，邀请用户参与新产品测试。（5）合作。通过企业内联网和外联网，鼓励价值链网络成员的各种形式合作。（6）顾客体验。利用社会化顾客关系管理来增强顾客体验，并为品牌增值，促进口碑宣传。

（三）个性化和大规模定制

数字化重新定义企业的商业模式及与顾客互动的方式。越来越多的企业应用数字技术收集大量个人数据，分析和使用顾客信息，为企业与顾客之间的个性化交互提供支持，也为提供更好的定制化产品或服务带来便利。

从个性化沟通层面看，企业可以利用营销大数据开发个性化沟通信息，依托网页、

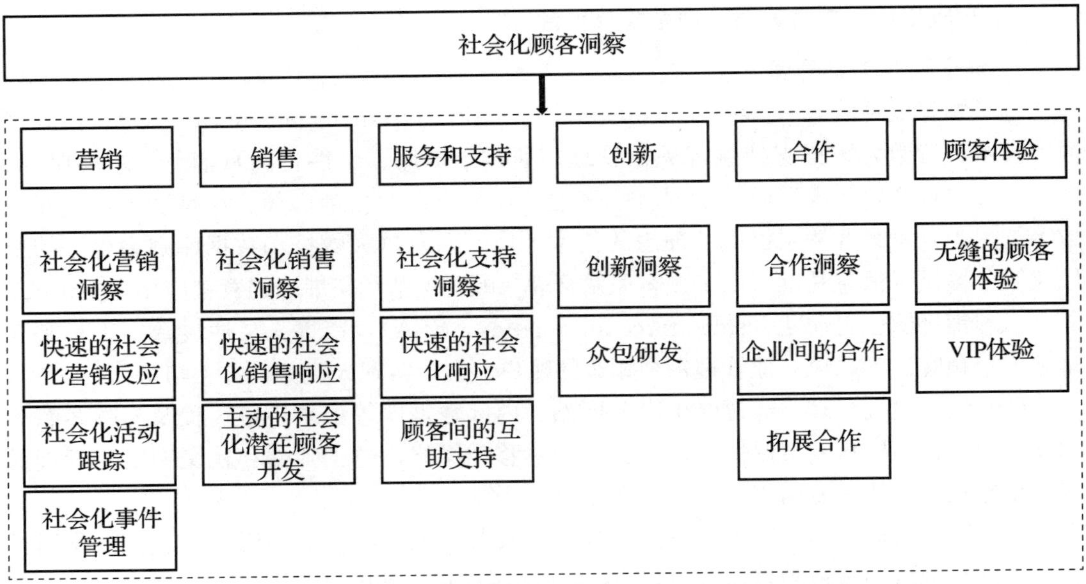

图 10-4　社会化顾客关系管理的业务功能范围

资料来源：戴夫·查菲，菲奥纳·埃利斯-查德威克．数字营销：战略、实施与实践：第 7 版．王峰，韩晓敏，译．北京：清华大学出版社，2022.

电子邮件、视频等推送技术为个体定制内容，从而使传播内容更具个性化，更符合个人偏好。然而，并非所有人都会对此做出积极回应；事实上，一些人会对采取这种方法的企业或品牌产生消极看法，因为他们担心个人数据的安全性，并感觉自己被操纵。研究发现，当个人对隐私设置拥有更多控制权时，更可能对个性化沟通信息做出积极回应（Tucker，2014）。因此，如何调和个性化沟通与隐私担忧之间的矛盾，实现两者的平衡还有待深入研究。

从定制化产品层面看，大规模定制指利用技术保持规模经济以及大规模营销或生产的能力，为单个顾客或顾客群体打造量身定制的产品。这是以顾客需求为导向，以大规模生产的成本和速度为目标，以先进的制造技术、信息技术和管理技术为手段，实现顾客个性化定制的产品或服务的一种生产方式（张余华，2010）。大规模定制强调定制的柔性、经济可行性和即时性，以数据为核心投入，促进供需之间动态匹配。当前，基于大数据分析技术的 C2M（customer to manufacturer）模式蓬勃发展，通过在终端消费者与上游制造商和产品设计者之间建立数字联系，缩短供应链信息流程，实现更具细粒度和更精确、实时的顾客定制（王永贵、洪傲然和郭笑笑等，2023）。

例如，尚品宅配通过线上互联网和线下实体门店跟消费者对接，根据消费者居住/办公空间的实际状况和需求喜好，为其提供不同颜色、风格，根据空间定制的复合板材家具。尚品宅配的家具制造彻底颠覆了传统厂商的生产方式，采用定制化的柔性生产技术，日生产能力提高 6 倍以上，材料利用率从 70%提高到 90%以上，出错率从 30%下降到 10%，交货周期从 30 天缩短到 7 天。通过数码化流程管理，以销定产，库存为零，年资金周转率提升到 10 次以上（周文辉、王鹏程和陈晓红，2016）。

（四）创新会员制与顾客忠诚度计划

会员制和顾客忠诚度计划是企业把与顾客零散的交易关系转化为稳定的会员关系，根据顾客重复购买行为奖励顾客的营销计划。企业往往给予长期购买的顾客一定优惠（如价格折让、利益累积），采用顾客忠诚卡引导重复消费。1981 年，美国航空（American Airlines）首次推行飞行常旅客计划。此后，以提高顾客忠诚度为目标的各种积分计划、俱乐部营销等，从航空公司、酒店等行业，迅速普及到电信、金融、零售等各行各业，呈现出跨行业、跨国家、线上线下联合的趋势。

然而，越来越多的企业在顾客忠诚度计划实施中面临巨大挑战，传统的顾客忠诚度计划正在失去原有的作用，难以达到预先计划的效果。由于消费者受教育程度越来越高，很多消费者从情感型忠诚顾客转变为理智型消费者，且他们的信息来源和渠道越来越多，这让消费者更易在不同企业提供的产品和服务之间做出比较和判断。同时，企业与企业之间顾客忠诚度计划的雷同性，以及竞争升级使得顾客忠诚度计划的优势被侵蚀殆尽。然而，数字科技的运用与顾客信息/知识的洞察，为创新顾客忠诚度计划提供了基础。Apadmi 对 91 家欧洲企业有关"企业未来希望更多采用哪些忠诚度策略"的调研发现，忠诚度策略的优先事项包括个性化体验（48%）、专属优惠（40%）、分级奖励（37%）、专享定价（37%）、游戏化（36%）、付费会员（30%）等。这些是创新顾客忠诚度计划的着力点。

数字营销实践

哈尔滨啤酒的数字顾客关系管理战略

哈尔滨啤酒集团有限公司创建于 1900 年。作为中国最早的啤酒制造商，哈尔滨啤酒创立之初，便以优质的品质风靡哈尔滨。哈尔滨啤酒于 2004 年被百威集团收购，成为其旗下强劲的啤酒品牌之一。近年来，哈尔滨啤酒紧跟时代步伐，在生产、运输、品牌宣传等方面都进行数字化、智能化升级转型。以年轻消费者为导向，开展了一系列创新型的数字顾客关系管理实践。这当中，离不开哈尔滨啤酒基于"数据驱动"的用户洞察，以用户为出发点进行的营销活动。

"一物一码"＋"云店"形成线下线上营销闭环

哈尔滨啤酒借助"一物一码"的数字化工具和形式，为每一瓶啤酒的拉环附上专属二维码。消费者在购买带有"拉环有礼，千万红包天天送，周日大奖积分赢"活动字样的哈尔滨啤酒并对拉环进行扫码时，即可进入哈尔滨啤酒官方商城参与活动。这就将原本分散在线下渠道、线上电商的用户流量聚集到官方商城中。品牌官方商城开发用户"会员体系"，每月利用"会员日""邀请好友获 20 积分"等活动，促进产品复购、品牌宣传和推广。哈尔滨啤酒还利用"社交云店"模式，打通线下与线上之间的壁垒。线下门店通过注册成为云店，品牌商为线下终端搭建线上虚拟店铺小程序。线上用户"搜索"产品即可被分配到最近的线下店铺进行自提，由此帮助店铺线下引流，形成线下线上营销闭环。

基于用户洞察的产品创新和场景营销

2022 年世界杯期间，哈尔滨啤酒推出特别的“小哈凳”包装，这是一款由风琴纸和瓦楞纸制成的可拉伸长凳，适合年轻人在有限空间内进行聚餐、看球等活动。这一创意来源于对现代年轻人租房生活的洞察，解决了他们聚会空间不足的问题。为了让人们能随时享受世界杯期间与家人、朋友的欢聚，哈尔滨啤酒设计了“小哈凳”包装，内含10罐哈尔滨啤酒，还可以展开为一个 8 人座的长凳。不管是空间狭小的室内，还是缺少配置的室外，都能让球迷们有酒喝、有地坐，放松地沉浸在世界杯带来的欢乐中。“小哈凳”限量包装推出后，在 1 分钟内就被抢购一空。在“小哈凳”影响力加持下，哈尔滨啤酒在世界杯营销期间取得了亮眼的销量和品牌双增长：核心铝罐产品在线上电商渠道销量较 2021 年同期增长 51.4%，核心品牌指标认知增长 16%，帮助品牌在消费者心中留下富有创新、为年轻人而生、与朋友共享的形象印记。

借力数字人、VR 等新兴技术联结 Z 世代消费者

2019 年，哈尔滨啤酒就上线了虚拟代言人“哈酱”，“哈酱”以公益大使身份“出道”，全程参与“哈啤不酒驾”系列公益活动。例如，“哈酱”在与故宫合作的音乐片《切莫冲动酒驾》中出演女主角，出现在无醇啤酒罐身上，还以“首位上海市虚拟交通安全宣传志愿者”身份现身“明智饮酒，拒绝酒驾”公益盛典，与说唱歌手宋秉洋、东方少女以及参演公益片的上海交警代表一同献唱活动主题曲。“哈酱”还出现在英雄联盟 LPL 夏季赛的决赛舞台上，助力哈尔滨啤酒与 LPL 以“跨界搞事，一起哈啤”为主题的营销活动。此外，2018 年世界杯观赛期间，三只松鼠和哈尔滨啤酒开展卤味辣味食品与啤酒品牌的首次跨界合作，并依托 AR 黑科技为品牌传播赋能。通过精准洞察到球迷们“普遍热衷猜球”的心理，推出 AR 进球游戏。消费者使用支付宝扫哈啤礼包正面的 IP 形象（哈啤或松鼠小贱）即可参与互动小游戏，有机会赢取智能电视大奖，吸引了年轻目标人群参与猜球游戏。

作为具有百年历史的啤酒品牌和中国最早的啤酒制造商，哈尔滨啤酒无疑在“老树开新花”方面成为了佼佼者。基于数字化赋能，该品牌紧跟时代趋势，从定位、传播、产品三大板块展开了一场名为年轻化的拉力赛，深度洞察发掘新用户、新场景、新增量，以更高品质的产品和更年轻化的方式与新生代消费者沟通，从而在获取新顾客、保留老顾客及顾客生命周期管理上，实践着数字化“破局”与“破圈”。

讨论题

1. 该案例中的数字营销与传统营销是如何配合的？

2. 哈尔滨啤酒运用了哪些手段实现数字获客、顾客留存和拓展？

3. 在数字人“哈酱”的营销应用中，你认为有何成功之处？你还能想到哪些新玩法？

资料来源：品百年醇香味道 哈尔滨啤酒匠心传承始于 1900！（2023－07－22）. http://www.hlj.xinhuanet.com/20230722/6571c5e0f22c4f269f511a28de523c7b/c.html；哈酱，一场从 0 到 1 的尝试（2022－03－31）. http://www.bmronline.com.cn/index.php?m=content&c=index&a=show&catid=23&id=6947；当啤酒行业都在谈论年轻化，哈啤在做什么?.（2023－09－17）. https://cj.sina.com.cn/articles/view/6141084077/16e0981ad01902agxw；汪哲慧 . 让年轻人享受一种简单的快乐：对话 BBDO“小哈凳”团队 . 中国广告，2024（1）：8－11.

// 本章小结 //

关于数字顾客关系管理，本章首先分析了虚拟数字人的概念、特征和发展历程，根据历史发展顺序、核心功能对虚拟数字人予以分类，并从虚拟主播与虚拟员工两大场景出发，阐述了虚拟数字人在数字顾客关系管理中的应用。其次，基于顾客选择、获取、保留和拓展四个阶段的顾客生命周期划分，分别论述了顾客选择和获取阶段的数字获客策略，顾客保留和拓展阶段的数字忠诚及拓展策略。在数字获客策略中，探讨了营销大数据的特征和来源、数据驱动的顾客选取、营销自动化及人工智能营销。在数字忠诚及拓展策略中，探讨了数字忠诚及其影响因素、顾客保留和顾客拓展策略，并详细论述了数字化顾客关系管理策略，包括通过价值和参与度区分顾客、应用数字顾客关系管理系统及平台、个性化和大规模定制、创新会员制与顾客忠诚度计划。

// 思考题 //

1. 阐述虚拟数字人的概念和特征。
2. 虚拟数字人的分类有哪些？结合实例进行阐释。
3. 举例说明虚拟数字人在虚拟主播与虚拟员工两大场景的营销应用。
4. 营销大数据有哪些特征？关于顾客的营销大数据有哪些来源？
5. 结合一家你所熟悉的企业，谈谈数据驱动的智能自动化与人工智能营销。
6. 什么是数字忠诚？数字忠诚的影响因素有哪些？
7. 简述顾客保留和顾客拓展的方法。
8. 结合实例说明数字顾客关系管理的具体策略。

// 第 11 章 //

数字化品牌建设管理

学习目标

1. 认识数字化品牌的概念和特征。
2. 理解数字化品牌相关的核心议题。
3. 掌握品牌数字化的实践策略。
4. 理解借助各种数字媒介和渠道实现品牌数字化的途径。

第 1 节　数字化品牌

品牌作为一种品质保证和服务承诺，对于消费者而言，能够简化购买决策；对于企业而言，可以形成长期稳定的竞争优势；从更宏观的经济发展而言，可以调节供需关系（王苗、曲韵和陈刚，2020）。随着全球信息的数字存储量在 2002 年超过非数字存储量，人类社会正式进入了数字时代。数字化带来了品牌与消费者的关系变化，数字化品牌也表现出与传统品牌不同的数字化特征，有其新的、独有的品牌构建逻辑，进而重塑了企业的数字化品牌资产。

一、数字化品牌的概念和特征

（一）数字化品牌的概念

品牌是企业为其产品或服务所设计并树立的一种形象标志（白长虹、范秀成和甘源，2002），包括名称、形象图案、标志符号等要素，具有识别、保护和促进作用。品牌能塑造消费者的信念和行动，并提供功能性、情感性和自我表达利益。

随着以人工智能、区块链、大数据、云计算为核心的数字技术迅猛发展，数字技术革命性地把传统意义上的“产品”转化为网络化的安排，以及更广泛的工件、人、过程和界面的组合（Ramaswamy & Ozcan，2018），通过数字化交互平台实现多方价值共创。

因此，数字化品牌是数字技术赋能的品牌表达形式，被视作能联结消费者和其他利益相关者共创体验的载体。例如，携程旅行通过数字化平台聚集来自全球的顾客、旅行社、酒店、出行订票和用车服务机构。另外，数字化品牌不仅是表面上看到的一个名称或符号，其本质是数字化品牌产品和服务体验的集合体，代表品牌的数字全景体验，包含传播沟通、企业内核以及用户价值的数字化（赖立，2023）。近年来，中国人寿打造“数字平台＋智能服务＋运营服务”科技国寿品牌（欧阳桃花、蔡家玮和伊婷等，2024），以数字化品牌统领企业数字化战略制定与实施。

（二）数字化品牌的特征

数字技术的发展以及社交媒体、虚拟社群等数字平台的出现，改变了品牌创建环境，数字环境拥有更丰富的信息、更广泛的传播、更活跃的互动，让参与者拥有更大的能力（朱良杰、何佳讯和黄海洋，2017），信息性和互动性成为品牌最重要的识别元素。总体来看，数字化品牌具有社群式交互、精准化流通、共创型价值这三大特征。

1. 社群式交互

进入数字社会，数字化媒介为数字生活空间里的社会成员对话和互信提供了数字基础设施，消费者从真实身份中分化出“数字身份”，人的社会交往关系变得愈加复杂，数字化品牌社群也随之形成。通常来讲，品牌社群是由某一品牌的消费者所构成、建立在一定社会关系之上、不受地域限制的消费者群体。数字化品牌社群则主要是通过小程序、APP 等数字平台实现与企业、其他社群成员多方互动的品牌社群（王满四、霍宁和周翔，2021）。与传统品牌社群相比，数字化品牌社群规模更大，传播权力结构更扁平，进入门槛较低，成员对数字平台有深度涉入，交互程度更高，具体见表 11－1。例如，对“孩子王”数字化品牌社群的案例研究发现，数字平台、意见领袖和追随者是社群的三大行为主体。其中，意见领袖根据自身专业素养，会将自我个性、生活方式、价值理念融入品牌产品，并在平台中分享经验和故事，加深与社群成员的联系，增强个人影响力。而追随者具有热情慷慨的特质，能对意见领袖所发起的活动或话题热烈响应，将获取的经验进行二次传播，营造特定的社群氛围。

表 11－1　数字化品牌社群和传统品牌社群在价值共创活动方面的对比

对比维度	传统品牌社群	数字化品牌社群
社群规模	小	大
准入门槛	较高	较低
社群成员交互程度	低	高
传统权力结构	偏金字塔型	扁平型
时空限制	大	小
数字平台的涉入	无	深度涉入
应用范围	仅限于少数高端品牌	普遍存在于不同层次的品牌

资料来源：王满四，霍宁，周翔．数字品牌社群的价值共创机理研究：基于体验主导逻辑的视角．南开管理评论，2021，24（3）：92－103.

2. 精准化流通

大数据、智能算法等数字技术的发展增进了对消费者真实需求的捕捉，是解决供需不匹配的关键。一方面，数字化品牌能根据消费者反馈、产品销量等各类反馈数据不断改善产品质量，灵活应对消费需求的变化研发新产品，大幅提升匹配精准度。例如，京东与康佳携手启动 C2M（customer to manufacturer）反向定制，基于消费大数据，对消费趋势予以深入研究，从消费习惯、消费喜好、地域特征等多维度分析，推出个性化定制产品。另一方面，数字化品牌还可以精准捕捉小众群体消费需求，生产出符合不同消费者个性化、多样化需求的产品，形成“长尾效应”。“长尾理论”指出，物品（网站、网页或产品）的相对流行程度表现出系统模式：排在第 k 位物品的流行度是排在第 1 位物品的 $1/k$，由此形成“长尾”（见图 11－1）。区别于“头部”，“长尾”部分单独来看并不热门，但合起来访问量/销量会很高。这一理论部分解释了为何互联网上产品种类不断增加，在线零售商会对大量产品进行编目、推荐与供应。对亚马逊书店的数据分析发现，估计有 40%的销售额来自销量排名超过 10 万、相对冷门的书籍。同时，因不太畅销的书籍在实体书店不易获得，亚马逊可以制定更高的价格。因此，对这些小众群体消费需求的精准满足为企业带来了市场机会和经济价值。

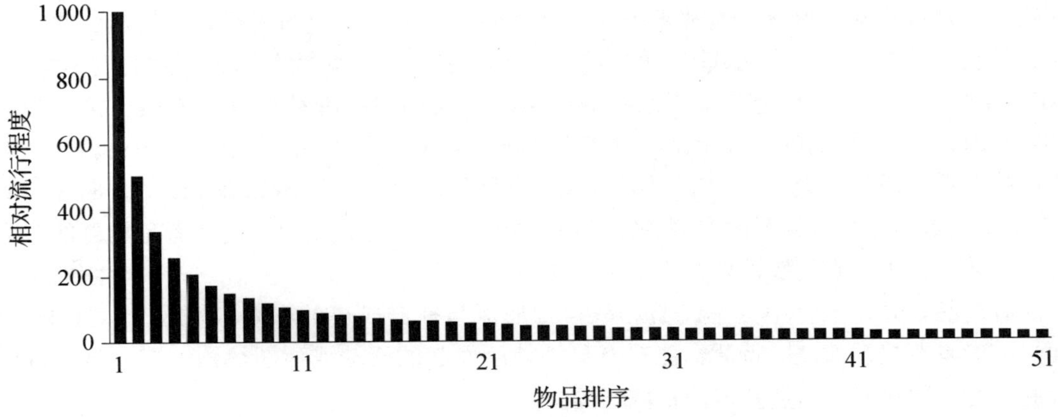

图 11－1　长尾理论：物品流行程度按顺序下降

资料来源：戴夫·查菲，菲奥纳·埃利斯-查德威克．数字营销：战略、实施与实践：第 7 版．王峰，韩晓敏，译．北京：清华大学出版社，2022.

3. 共创型价值

围绕数字化品牌，消费者与企业、其他消费者等利益相关者通过多个数字化设备或渠道相互连接、彼此互动，表达对品牌的看法、建议，以体验分享、口碑传播、问题改善等方式参与数字化品牌的价值共创，一起塑造品牌的独特意义。这表明，数字化品牌的创建不再是企业控制的单向价值传递，而是多向进程的联合共创行为。例如，2016 年初，有网友在故宫淘宝微博下留言，能否出一款冰箱贴叫“冷宫”，这样面对吃剩的饭菜就可以说“给朕打入冷宫”。后来，故宫淘宝发了一条微博：“有人建议做一款冰箱贴，既充满历史感又言简意赅，冰箱上就贴两大字：冷宫!”随后，又有网友@海尔，建议海尔和故宫淘宝合作，“出一个外观是宫殿的迷你冰箱，宫牌打上冷宫”。海尔官微大方回应“容我考虑一下”。半年后，故宫淘宝正式上线了“冷宫”冰箱贴。而海尔也考虑用户的热烈反响，结合其提供的冷宫冰箱设计图，一周内冷宫冰箱问世，并将冰箱第一时间送到提供设计图的用户手上。这充分体现了数字世界中品牌化的新逻辑，多方共创价值。

二、数字化品牌的核心议题

无论是线上还是线下环境，品牌塑造都至关重要，有助于客户区分不同企业提供的产品和服务。品牌是企业将自身与竞争对手区分的重要方式，品牌还能够影响感知，“百事大挑战”就已说明，在产品盲测中，消费者无法辨别不同的品牌。并且，在品牌名可见与品牌名不可见的情形下对产品味道的评价不同。尤其对于数字化品牌，如何在数字环境下更好开发、展示品牌尤为关键。这是因为，在形成关于数字化品牌的态度时，消费者基于虚拟环境（如在线购物网站、小程序、公众号、数字化身、智能语音助手）进行评价。此时，品牌有形线索较为有限，比如，难以感受实体店铺氛围，无法置身其中与销售代表交谈，无法亲手触摸商品等。因此，数字化品牌仍然需要加强品牌建设，为生产、分配、交换和消费各个环节增加价值，充当竞争壁垒，增强消费者信任，并带来高水平的盈利能力。

（一）数字化品牌定位

品牌是企业连同其提供的产品、服务在消费者心目中的总体印象和形象。品牌定位指在市场中创建一个独特位置，涉及对目标市场的仔细选择并在人们心目中形成明显差异。长久以来，企业把产品和服务开发成品牌，以便创造独特、有价值的市场定位（Jobber & Ellis-Chadwick，2013）。原因在于，市场上存在诸如洗衣粉、电脑、汽车、酒店、主题公园等基本产品或服务类别，以满足消费者不同方面的需求。而从企业角度来看，为了在这些基本产品或服务类别中独树一帜，应围绕核心产品塑造品牌。例如，上汽通用五菱旗下包含五菱红标、五菱银标、宝骏汽车三大品牌，品牌定位分别为“致敬每一代奋斗者”“升级人民的出行品质”“智能汽车普及者”。

为了突出差异化定位，品牌需通过品牌名称、术语、标记、符号、图案设计，让消费者直观地识别出企业及其产品、服务。品牌名称是品牌中可以被读出声音的部分，如“小米”（Xiao Mi）、“大疆”（Da Jiang）。研究发现，品牌名称中的“小”“大”会引发“女性”“男性”关联，进一步影响品牌认知（Zhang et al.，2022）。品牌标志是品牌中可以识别但不能读出声音的部分，常为某种独特的符号和图案设计，如 Twitter 品牌标志由经典“蓝色小鸟”变为“X”，苹果公司产品标志为“被咬了一口的苹果”。商标也是品牌的一部分，代表商标所有者对品牌名称、标志的使用权。在数字环境下，品牌命名通常选取专有名称而非大众名称，容易记忆和发音，能够代表品牌特性。好的品牌名称是让品牌“出圈”的法宝之一，可以快速抢占消费者心智，引起消费者关注，增加消费者与品牌互动的意愿并影响消费行为（Vitevitch & Donoso，2011）。一个好的品牌名称，相当于节省了50%的广告费，让品牌具备一定先发优势。例如，“喜茶”就采用“情绪＋品类”的命名方式令其从众多新式茶饮品牌中脱颖而出。

构建独具特色的品牌个性也是品牌定位的主要手段。品牌个性是品牌拟人化的结果，指与品牌相关的一系列人格特征，称作“品牌身份棱镜”。品牌个性是品牌识别框架的核心，詹妮弗·艾克（Jennifer Aaker）最早开展品牌个性维度研究，发现品牌个性具有真诚（sincerity）、活力（excitement）、能力（competence）、高雅（sophistication）以及粗犷（ruggedness）五个维度。举例来说，淄博烧烤与淄博城市品牌的爆火就与“真诚”“温暖”城市品牌个性塑造相关。随着“大学生组团去吃淄博烧烤”事件以及“进淄赶烤”等热点话题引爆网络，淄博热情好客的山东文化、充满烟火气和生活氛围的城市体验、游客与当地居民友善融洽的人际互动，使得淄博成为数字媒介下旅游者的热门打卡点。类似地，哈尔滨官媒对南方游客爱称“南方小土豆”，网友对哈尔滨亲切地称“尔滨”，通过拟人隐喻突出城市人格（夏杰长和张雅俊，2024）。在品牌个性基础上，有学者提出品牌意义概念，认为品牌意义的范围比品牌个性广泛很多，有多种潜在类型，如精致与力量、高贵与粗俗、性感与安全、自然与非正式、教养与自信、社会责任与真实性等，远远超出典型品牌个性维度所代表的含义（王雪冬、陈晓宇和孟佳佳，2020）。

需强调的是，数字化品牌建设应以精准定位为核心，由用户画像指向精准营销，并由精准营销制定“引爆点”。具体而言，根据大数据分析，企业洞察消费者需求、喜好和行为模式，精准定位目标市场。在合适的时间、地点、场景和环境下，将合适的产品、服务、信息推送给合适的人。注重创新、体验和数据驱动，不断优化调整营销策略，以适应市场和消费者需求变化。由此，利用数字技术赋能，实现个性化品牌形象与消费者深度互动，提升品牌影响力。

（二）数字化品牌资产

品牌资产是公司的重要资产，代表一个品牌所拥有的一切，无论有形还是无形，都有助于利润持续增长（郭锐、罗杨和周敏等，2024）。营销视域下，品牌资产可分为基于消费者的品牌资产（customer-based brand equity，CBBE）和基于公司的品牌资产（firm-based brand equity，FBBE）。前者关注消费者对品牌的认知、感受与态度；后者关注品牌为公司创造的货币价值。

品牌资产模型用以衡量无形品牌在消费者心智中的价值。早期研究中，载维·阿克（David Aaker）认为，品牌资产模型包含五个要素：品牌认知度（brand awareness）、感知质量（perceived quality）、品牌联想度（brand associations）、品牌忠诚度（brand loyalty）和其他专有品牌资产（other proprietary brand assets）。也有学者按照品牌与消费者的关联程度，构建品牌金字塔模型。其中，CBBE 模型将品牌与消费者的关系划分为普通关系“显著性、绩效、形象”、深层次关系“评价、感觉和共鸣”递进层次，不同层次对应品牌发展的不同阶段。品牌动力金字塔模型则将品牌与消费者之间的关系概括为存在（presence）、相关（relevance）、表现（performance）、优势（advantage）和绑定（bonding）五个阶段。

在此基础上，互联网平台借力自身的数据资源优势，纷纷构建数字化品牌资产模型，以精准量化品牌和消费者的关系（见表 11－2）。例如，爱奇艺提出 AACAR 模型，分为：引起注意、产生联想、共鸣共识、购买行为、口碑分享五个阶段。BCG（波士顿咨询）联合天猫提出 DeEP 模型，包括：发现（消费者被有效触达、了解品牌）、探寻（消费者与品牌积极互动)、热爱(消费者成为品牌粉丝、乐意分享传播)阶段,最终实现品牌资产规模向实际销售表现和销售体量的转化。可以看到,利用互联网平台海量数据,可以得出品牌资产精确总值、品牌与消费者关系结构,并运用相关指标进行横向比较(同品类品牌)和纵向比较(同品牌不同时期),从而为数字化品牌建设提供决策依据。

表 11-2　互联网平台的数字化品牌资产模型

互联网企业	数字化品牌资产模型	品牌与消费者关系阶段
爱奇艺	AACAR	引起注意(attention)、产生联想(association)、共鸣共识(consensus)、购买行为(action)、口碑分享(reputation)
字节跳动	O-5A-GROW	5A:aware(感知)、appeal(好奇)、ask(询问)、act(行动)、advocate(拥护)
京东	GOAL	靶向人群(targeting group)、渗透增长(osmosis)、价值增长(advancing)、忠诚增长(loyalty)
阿里巴巴	AIPL	认知(awareness)、兴趣(interest)、购买(purchase)、忠诚(loyalty)
天猫	DeEP	发现(discover)、探寻(engage)、热爱(enthuse)、品效合一(perform)
腾讯	CIT	认知(cognition)、兴趣(interest)、转化(transaction)

资料来源:王苗,曲韵,陈刚.数字化变革与品牌资产概念与模型研究.贵州社会科学,2020(8):137-143.

数字化品牌能够通过一系列品牌元素与数字生态融合,进而增加品牌资产(Chaffey & Ellis-Chadwick,2016)。可总结为以下几个方面:

(1)品牌领域——品牌竞争的关键目标市场。例如,百度树立了"用科技让复杂的世界更简单"的公司使命,在搜索引擎市场中确立并保持领先地位。

(2)品牌传承——品牌的背景和文化。不同于传统老字号品牌,数字化品牌需以数字技术为消费者赋能等创新方式来发展品牌传承。例如,创立于 2006 年的"好大夫在线"是中国领先的互联网医疗平台之一,致力于改变普通人看病难看病贵的问题,受到医生、患者的广泛信赖。

(3)品牌价值——品牌核心特征,包含价格、质量、性能等。这强调了数字化品牌向顾客交付的核心产品、服务和价值,让其感知品牌提供的利益。例如,拼多多广告语"拼多多,拼多多,拼得多,省得多……",宣传了其带来的"低价""省钱"价值。

(4)品牌资产——独特的品牌名称、符号、标志和视觉美学。品牌名及标识是消费者与数字化品牌交互的多个接触点,应传递一致、标准化的品牌信息。例如,网易云音乐 logo 在继承网易公司传统红色的同时,图形部分以"留声机"和"音符"组合设计而成,展现"音乐的力量"。

(5)品牌个性——品牌的人格特征。品牌个性是品牌为消费者带来的附加价值,通过与品牌联结表达自我个性。数字化品牌要从消费者角度理解品牌意义。例如,年轻人形容抖音品牌个性凸显“魔性”，优酷品牌个性凸显活力。

（6）品牌反思——消费者购买该品牌后如何看待自己。数字化品牌如想建立正面品牌联想，保持品牌信息的真实性和透明度就极为重要。例如，Facebook 5 亿用户数据遭泄露，该丑闻使 Facebook 面临巨大的用户信任危机。

（三）数字化品牌体验

互联网和数字技术的出现，彻底重塑了全球品牌格局。自 20 世纪末，数字化品牌纷纷涌现，短时间内便家喻户晓（国外品牌如谷歌、亚马逊、eBay、Facebook、YouTube，国内品牌如百度、淘宝、京东、小红书、哔哩哔哩等）。数字化品牌与传统线下品牌在很多方面是相似的，均由品牌名称、符号、产品和服务组件所构成。但是，数字化极大变革了消费者体验品牌的方式、内容和环境，带来了全渠道、元宇宙、数字孪生等因数字化而呈现的新景象和新特征。

数字化创造了虚拟品牌体验。从消极角度看，数字环境的虚拟性意味着缺乏有形线索，环境的无形性增加了品牌体验的不确定和感知风险。然而，从积极角度看，数字环境也孕育了丰富、动态、多样的信息流与技术创新，这为提升消费者与品牌的互动性和实时品牌体验提供了机遇。因此，数字化品牌需要传递积极的虚拟品牌体验，与消费者建立联结，提升其满意度及未来主动与品牌交互的意向。

特别地，专业品牌网站有助于营造数字化品牌体验。根据组织目标不同，品牌网站分为交易型网站、关系建设型网站、门户网站和社交网站等。无论何种品牌网站，企业都寻求能基于品牌网站为消费者提供良好的品牌体验，这就要求网站设计精良、简洁明了，帮助访问者轻松获取信息。缓慢、过时、繁杂、难以导航的网站会让人们对品牌和产品也产生同样的负面印象。因此，品牌网站会借助富媒体资源（如流媒体、声音、Flash），创造与品牌形象一致、引人入胜和互动性强的体验；在网站中设置产品试用以影响消费者购买决策，开启与高价值顾客群体的对话和沟通；打造用户与用户之间分享、评论和社交的平台。此外，伴随数字技术迅猛发展，社交媒体、短视频直播平台也是建立品牌与用户联系的重要媒介，在其中制作和分享博客文章、视频、图形、照片和其他类型的内容至关重要。

数字化也创造了新的实体品牌体验，打通线上线下渠道，提供无缝连接的个性化消费体验。中国连锁经营协会与麦肯锡共同发布的《2022 年中国零售数字化白皮书》中提出，实体零售门店的数字化转型之路关键是“人货场”重塑和“平台化”赋能。聚焦“以用户为中心”的底层商业逻辑重塑，以数据技术为纽带，借力数字化转型重构“人、货、场”，夯实前端用户运营基础能力，探索面向商户品牌端的数据开放和工具赋能，实现价值共建。这涉及“人”的链接——构建以用户为中心的全渠道“无缝”体验，深度挖掘用户全生命周期价值；“货”的匹配——数据驱动选品，“定制”精准匹配目标客群需求的产品品牌组合；“场”的重塑——借力虚拟现实/增强现实（VR/AR）等创新技术重塑物理空间，呈现全新内容及客户交互体验；“平台化”赋能——数据体系共享，助力品牌/商户提升营销及商品管理效能。

微案例 11－1

屈臣氏构建数字生态以赋能品牌

近年来，屈臣氏不断探索将自有数据平台与营销中台、内容库打通，构建数据体系开放式应用、全链路数字生态。在销售领域，获取用户画像及喜好信息赋能专柜彩妆顾问，针对性为顾客提供产品引导及衍生服务，包括精准产品推荐、优惠券发放、门店化妆护理 SPA 预约，以加强用户黏性，引导用户复购。在产品领域，开放自有数据洞察，帮助品牌决定商品销售渠道、店面和位置，与供应商共享库存管理数据，实现最优订货、库存计划和库存分配。在品牌领域，基于平台逾 2 亿用户数据，打造品牌创新增长中心，为品牌商提供消费者运营、营销策划、媒介投放等综合性营销解决方案平台，赋能品牌商进行更精准的客群筛选和营销触达。

资料来源：夏辰安，王沁．2022 年中国零售数字化白皮书．麦肯锡咨询公司，2022.

微案例 11－2

耐克数字化零售概念店

“数字化正在改变我们开展业务的方式。从我们的旗舰网站和五星级移动应用程序到社交媒体、数字营销和零售商店体验，我们的团队正在重新思考技术如何与消费者建立联系并激励他们。我们正在从事一项价值 20 亿美元的数字化商务业务，并且正在以源源不断的灵感、创新和实验推动一个全球化的品牌不断向前发展。”这段话于耐克公司官网上清晰展示。事实也的确如此，耐克正在全球各地践行着公司数字化商业实践。

2021 年，耐克数字技术（深圳）有限公司正式启动，这个被称作“创新中心”的机构总投资达到 13 亿元，目的是提升其在中国市场品牌的数字驱动能力。伴随着“创新中心”的平稳运行，耐克开始加速数字平台转型。Nike APP 更名为 Nike 耐克，应用程序和会员服务方面得到全面升级，旨在为中国会员提供独特、全面的产品及服务；SNKRS 中国和 Nike. com 以全新面貌回归，结合 Nike 微信小程序、门店企业微信和 NTC 微信小程序等，构成了耐克深扎中国市场的新数字生态系统，使品牌更加贴近消费者，进一步提升品牌产品和用户体验，贯通线上线下场景，构建更加便捷、高效的耐克数字生态，打造市场一体化。

零售概念店举例：

（1）耐克上海 001（全球首家“创新之家”）。

这家概念店定位为高度互动的沉浸式零售环境，提供全方位会员服务，同时也是一个生动展现运动创新的社区。

专门为男子、女子、儿童、球鞋爱好者设计了产品陈列区，特别为 Nike Plus 会员提供享有独家专属服务的空间。

从地下一层至第三层，有一个巨大的数字屏幕，“核心中场”是一块交互式的运动场，用于展示 Nike 最新产品创新的场所，提供产品定制体验、创新分享和创意工作坊，以及沉浸式、数字化的产品试穿和运动体验，还可举行丰富的品牌活动，接待运动员和名人等。

该店是耐克在中国首家全面启用移动支付的商店，店内没有设置收银台，消费者可以在店员的帮助下，在商店任何位置完成结账。

（2）耐克纽约 000（全球第二家“创新之家”）。

“耐克纽约 000”概念店的核心是带来由数字化驱动的体育零售创新、设计和个性化服务，通过体验式环境设计，集数字化和线下服务为一体。

首层为 Nike Speed Shop，让消费者快速挑选最喜爱的商品。根据线上销售数据，自动识别出当地消费者最喜爱的产品，并在店内大量陈列。

第二层为 Nike Arena，向消费者展示品牌在不同季节的主打产品。店内还有女性、男性和儿童产品区，运动鞋创新实验室，以及 Nike Expert Studio。Nike Plus 会员可以在此区域预约“一对一”的个性化定制服务。在数字化方面，消费者可以通过耐克应用程序，扫描人体模型和服装上的二维码，配对尺寸和颜色。随后，货物会被直接发送到试衣间或取货点，顾客在购物时无需携带衣物。

（3）Nike 淮海潮流体验店（中国首家 Nike Style 零售概念店）。

Nike 淮海潮流体验店通过创新的门店布局和场景设置，将消费者带入一个共同创作、彼此对话的互动空间，为中国本土创意崛起提供了传播平台。数字化赋能渗透到了 Nike 淮海潮流体验店服务体验的每一个环节。通过 Nike 活动体验微信小程序，会员能够预约 365 天不间断的特色服务和体验。例如，申请一对一耐克专家营服务，参与拼配实验室手工坊活动等；SNKRS Hub 也将在未来联动 SNKRS 中国 APP，为球鞋爱好者带来贯通线上线下的数字化服务，呈现本地化内容，连接本地球鞋社群；而基于企业微信号的商店直播则充当了门店的虚拟入口，消费者在此能够随时获取店铺最新潮流单品和活动资讯，享受会员线上购物体验。

其中，拼配实验室（Style Remix）满足手工达人升级改造单品、增添个性化和表达创意的需求。使用 Nike By You 服务，消费者自己动手可打造专属潮酷单品，手绘 Swoosh 图案并利用热印或刺绣技术将其呈现在所选单品上，或是选择来自本土球鞋社群创作的商店专属配件来点缀鞋服。

基于创新数字化体验打造的创作现场，成为了创作达人的互动聚集地。依托多款风格迥异的滤镜、贴纸和背景，让消费者在创作过程中充分展示个性风格，拍摄完成后还能一键发布和上传社交媒体，并有机会在店内展示，让更多人从中获取搭配灵感。

资料来源：耐克公司网站。

第 2 节　品牌数字化

伴随数智时代到来，技术、消费行为和商业模式层面发生了根本性变化，消费者拥有数字化的生活方式，新的商业模式得以创造，新旧品牌加速更新迭代。鉴于数字技术具有高创新性、强渗透性、广覆盖性的特征，数字化是品牌竞争优势的重要来源，也是品牌生存发展的关键。

一、品牌数字化策略

（一）品牌数字化的意义

从全球范围来看，纵观 20 世纪 50 年代至 20 世纪末，品牌地位上升和下降相对缓慢。从奥利奥到美国电话电报公司（AT&T），世界上最有价值的消费品牌排名几乎没有变化。即使在 21 世纪初，这种趋势仍在继续。2000 年至 2010 年间，Interbrand 排名前十的品牌中，只有 2 个品牌跌出了榜单。然而在这之后，可以很清晰地看到，科技革命促使数字新兴品牌替代了传统品牌，对各品牌的长久性存续带来了一定挑战，这深刻体现于 Interbrand 品牌排名数据（见表 11－3）。

表 11－3　Interbrand 全球最佳品牌（前十位）

2000 年	2010 年	2015 年	2020 年	2024 年
可口可乐	可口可乐	苹果	苹果	苹果
微软	IBM	谷歌	亚马逊	微软
IBM	微软	可口可乐	微软	亚马逊
英特尔	谷歌	微软	谷歌	谷歌
诺基亚	通用电气	IBM	三星	三星
通用电气	麦当劳	丰田	可口可乐	丰田
福特	英特尔	三星	丰田	可口可乐
迪士尼	诺基亚	通用电气	梅赛德斯-奔驰	梅赛德斯-奔驰
麦当劳	迪士尼	麦当劳	麦当劳	麦当劳
AT&T	惠普	亚马逊	迪士尼	宝马

资料来源：根据 Interbrand 资料整理（https：//interbrand. com/best-brands/）。

从当下我国市场来看，数字化发展日新月异，网民规模和普及率增速放缓，互联网流量红利消退，中国数字市场发展从高速量化积累转变为高质量发展。今天，中国网民的衣食住行都离不开互联网。《2024 年中国数字内容营销策略研究报告》显示，移动网民手机人均安装 APP 高达 69 个，平均每日每个 APP 的使用时长不足 5 分钟。人们生活在网络上，受众注意力分散化，品牌对注意力的竞争从“量”发展到“质”。

因此，不管是传统品牌（如可口可乐、李宁、百雀羚）还是新兴数字化品牌（如谷歌、支付宝、抖音），都投入大量资源来定义、维护和拓展品牌，开展品牌数字化建设。例如，诞生百余年的可口可乐仍然是世界上最有价值的品牌之一，该公司通过“创意转型”项目，创新了所有品牌内容（传统电视广告、病毒式传播、社交媒体内容）的采购、创作、测试和发布方式，来提升品牌叙事的吸引力，影响目标受众记忆和态度，引发广泛的口碑传播。

品牌数字化是一个长期、渐进的过程，在此过程中，企业需要多管齐下，从基于价值链的品牌数字化转型、数字化品牌形象塑造、设计数字传播内容和信息、运用平台生态增加消费者黏性等各个方面着手。很难说，存在适用于所有情境的“万能钥匙”，需考虑企业自身资源、目标和优势，探索恰当的品牌数字化策略和路径。

（二）品牌数字化的实践策略

1. 基于价值链的品牌数字化转型

美国著名战略学家迈克尔·波特（Michael Porter）在对企业各项作业进行审查、分析和分类的基础上，从创造顾客价值和管理操作的角度，将企业内外价值增加活动分为两大部分：基本活动和支持活动。基本活动包括进货物流、经营运作、出货物流、销售与市场营销、服务等；支持活动包括企业基础设施、人力资源管理、产品研发、采购等。那么，基于价值链分析模型，品牌数字化发生在基本活动与支持活动的各个环节，是全流程、全域、全员的变革。依托数字技术赋能，企业能够运用数字决策支持系统更好地理解顾客价值，构建独特品牌价值主张和定位，通过数字媒介与消费者、品牌粉丝加强互动，实施渠道改造和门店数字化以优化品牌体验，提升数字营销和销售设计管理，推进多品牌和利益相关者跨界营销。例如，“喜茶”全面协同设备、供应链、物流配送、营销等关键环节数字化，驱动品牌数字化变革实践（见表 11-4）。

表 11-4　基于价值链分析模型的“喜茶”品牌数字化实践

价值链活动	环节	数字化实践
基本活动	进货物流	重点建设门店自动补货模型，包含从门店订货、物流中心到采购的物料计划系统三级系统，最大化降低库存占用，解放店员手动下单的烦琐工作
	经营运作	打破线上线下边界，实现全渠道融合，打造智慧化数字门店，通过智能引导屏、二维码下单与支付方式，简化顾客消费流程，实现快捷便利的消费体验
	出货物流	在美团、饿了么等第三方外卖平台注册，喜茶 Go 小程序自营外卖上线“无接触配送”服务，部分城市外卖配送范围从 3 公里扩大至 10 公里，线上下单超过 80%
	销售与市场营销	利用数字化工具制定并实施精准的营销策略，包括社交媒体推广、会员体系建设和线上线下活动策划等，推出新店线上直播开业，定期在淘宝直播间直播，带领粉丝“云吃云逛”，开展跨界营销（如喜茶×Fendi）
	服务	增加除点单、出杯等流程之外的“外场”服务，如孕妇免排队规则等

续表

价值链活动	环节	数字化实践
支持活动	企业基础设施	结合传统茶饮文化，将禅意、极简、美学等元素融入门店设计，带来沉浸式多维度感官体验；自研全套茶饮智能生产设备投入门店使用，覆盖原料制备、原料管理、调饮制茶全流程环节，大幅提升产品制作的准确性和效率
	人力资源管理	与信息化服务商奥琦玮合作，围绕员工生命周期，利用喰星云人力管家的组织人事、劳动力管理与薪资核算三大模块，进行优质、专业、严谨的人力资源管理，全面升级管理数字化水平
	产品研发	坚持独立自主的产品研发模式，在深圳总部设立国际化专业实验室，致力于茶饮产品构思、配方研究及样品制造，借助数字化技术，更快速、高效地进行产品研发
	采购	布局数字化供应链，建立茶叶供应链管理系统，与原产地茶园深度合作，从茶叶种植、采摘、加工到运输等全过程实现数字化监控和管理

资料来源：陈蓓蕾．新式消费连锁品牌数字化转型战略、实践与趋势．商业经济研究，2022（10）：79－81.

2. 打造“虚拟＋实体”空间增强用户品牌体验

首先，企业应塑造强大且统一的品牌形象，以反映品牌的独特个性、使命愿景、价值观和市场定位。品牌身份和形象塑造要凸显一致性、清晰度、相关性、差异化、真实性、适应性和凝聚力等属性。其次，数字空间与品牌目标受众要加强联系。在社交媒体（如微信、微博）、公司网站（小程序、公众号）、短视频平台（如哔哩哔哩、抖音）、微电影、网络游戏等虚拟媒介上保持活跃度，持续发布品牌内容，与粉丝互动，构建动人的品牌故事，提升用户参与兴趣和积极性。最后，实体与虚拟空间联动，打通线上线下多元触点，深度挖掘消费者旅程的个性化内涵，全渠道合力以增强用户品牌体验。例如，2023 年 6 月 11 日晚，“快手村 BA”篮球赛总决赛在贵州安顺小寨村举行，赛事期间，快手发布《村 BA・全民心》纪录片，引发了大众对“村 BA”背后质朴、美好体育精神的情感共鸣；采用“线下赛事＋线上直播”联动模式，使用直播黑科技“子弹时间”提升观众观赛体验；邀请百万粉丝体育达人在现场进行赛事解读，通过官方直播间和达人直播间互动，打造泛体育圈层的整合营销。

微案例 11－3

湘西文旅联手《天涯明月刀》，创造“游戏＋文旅”融合新模式

《天涯明月刀》是腾讯北极光工作室研发的一款武侠题材的 3D 大型多人在线角色扮演游戏。2021 年 6 月，湘西文旅与《天涯明月刀》游戏携手，推动“文化＋旅游＋游戏”IP，共同打造天涯明月刀×大湘西文旅线路，将张家界、凤凰、芙蓉镇这三大湘西地区最具代表性的热门景区，开发成最具代表性的湖湘旅游名片。

在游戏虚拟端，以张家界美景和砂岩石柱林地貌为原型，将奇山异水置入其中，推出“云上之城”主题游戏地图，玩家可以通过数字体验的模式，在游戏中欣赏张家界的地理风貌。同时，以国家级非物质文化遗产湘绣为灵感，设计湘绣主题华服“天衣·未央”，将湘西的西兰卡普与蜡染元素融入游戏，让玩家在娱乐中也能感受湘西传统和人文特色。在旅游地实体端，把旅游产品和游戏内容、剧情、场景有机结合。中国首个游戏实体家园“天衣别院”落户芙蓉镇，游戏中的“天衣别院”场景被线下高度还原，融入芙蓉镇土家族建筑特色，打造了一座力度与美感兼具的国风建筑。此外，推出玩家打卡旅游线路设计，作为国风旅拍热门打卡点长线运营，为游客提供角色换装拍摄等服务。综上，围绕《天涯明月刀》的游戏IP元素，将景点、酒店、餐厅和文创商店等资源共同整合，在旅游过程中植入游戏场景和互动环节，开创了“数字旅游体验新模式”。

资料来源：阳翼．数字营销．3版．北京：中国人民大学出版社，2022.

---

3. 开展全域数字营销赋予品牌价值

品牌价值是构建品牌资产的关键。品牌数字化可围绕最大化传递品牌核心价值，从人、货、场精准匹配的角度加速品牌数字化增长。“人”：“立体化”人群洞察、塑造品牌价值、定制品牌沟通；“货”：产品布局优化、产品创新升级、改善定价和促销策略；“场”：打造线上“完美店铺”、精准营销、全渠道营销。例如，贝恩公司与天猫大快消、阿里妈妈联合发布的《溯源追本，逆势增长：GROW 2.0品牌数字化增长解决方案与应用》报告中提到，某护肤品品牌通过“价值元素”分析，基于大数据洞察，对品牌的定位强调“提高吸引力”“设计/美感”和“彰显个性”。在其核心消费人群中，性价比和基础性需求是Z世代的关键决策变量；产地、成分是新锐白领的关键决策变量。基于该发现，品牌电商和市场部门联合广告公司、合作伙伴定制化沟通方案。针对Z世代，在保持品牌调性基础上，传播内容凸显折扣优惠，定向推送的短视频以Z世代偏好的知名演员代言人为主，电商部门还牵头参与天猫聚划算活动，主攻该人群。而针对新锐白领，沟通基调注重彰显品牌调性，沟通内容强调白领看重的产地和成分。

4. 与利益相关者共建数字化品牌

与利益相关者共建表现在以下三方面：与外部利益相关者合作、调动内部利益相关者、品牌社区共创。（1）与外部利益相关者合作。品牌外部利益相关者包括供销商、联合品牌、媒体、政府、非政府组织等。《华盛顿邮报》的数字化转型策略充分展现了这一点，该老牌纸媒公司启动“合作伙伴项目”，全方位推广品牌；与亚马逊公司深度融合，撬动网络生态效应；出售后端内容管理系统，开辟全新盈利模式。（2）调动内部利益相关者。品牌内部利益相关者包括股东、员工等。其中，员工在品牌数字化进程中起着关键作用，数字支持技术可视为一种对员工的结构性授权，促使员工角色的内部化，主动传递品牌价值。例如，锦江国际酒店为激发员工积极性，鼓励他们利用微信商城开展全员营销，把员工私域流量成功转化成实实在在的销售数字。（3）品牌社区共创。数字时代背景下，用户角色从被动观众发展成价值创造者，而品牌社区为多主体共创价值提供了场所。星巴克、乐高、戴尔以及海尔等企业都建立了开放式创新社区。

二、品牌数字化的媒介和渠道

（一）用微博、微信等社交媒体联结品牌与用户

以微博、微信、社交网站、论坛为代表的社交媒体具有互动性、公开性、连通性和社群化等特征。社交媒体的崛起冲击着传统媒体塑造的品牌价值积累与呈现方式，消解了原有的品牌效力，但也使用户与品牌之间有了平等对话的机会，形成分众化、去中心化、圈层化的传播生态。越来越多的企业开始将社交媒体作为有效的营销工具，以实现品牌推广、利益相关者参与、强化与消费者关系等营销目标（王永贵、王皓月和杨江琳等，2024）。总体而言，品牌社交媒体营销需明确自身定位，加强内容建设，注重个性化与互动性，与有影响力的意见领袖（如网络红人、大 V）合作，整合其他营销方式等。

例如，2020 年 11 月 4 日晚，网易严选发布官方微博，将退出 2020 年“双 11”。“双 11”期间，网易严选不做复杂优惠玩法，不发战报，不再为销售额开庆功会，但是会有“全年最大力度补贴”。消息一出，立马冲上热搜，引发了网友的讨论，阅读量高达 1.3 亿次。2022 年 11 月 1 日，网易严选官微发布品牌片《啥是好东西 2》，并宣布罗永浩为网易严选代言人。罗永浩从技术先锋到社交媒体影响者的传奇历程和其耿直、真实的人设特点，与网易严选的价值观高度契合，这为网易严选品牌发声提供了巧妙路径。此外，罗永浩还出任网易严选“双 11”好物推荐官，在其直播间开设了网易严选品牌专场。

该案例中，网易严选选择罗永浩为代言人，反映出网易严选通过与自身品牌定位相符、有影响力的意见领袖合作，为企业带来更多曝光和口碑；实施反套路营销，传达“反对浮夸广告套路，好产品本身就是最好的广告”的品牌理念，“退出双 11”的提法吸引消费者极大关注；将社交媒体营销与传统广告、直播带货等手段进行系统化整合，充分发挥每个营销渠道的优势，努力实现最佳的营销效果。

（二）以搜索引擎定位人群并推广品牌产品

随着互联网、移动互联网的兴起，搜索成为互联网时代消费者行为模式的重要环节。搜索引擎营销精准度高，成本低廉，覆盖面广，在品牌推广、挖掘潜在用户、针对目标客户群等方面拥有优势。消费者一旦输入关键词进行搜索，就意味着由消费者驱动的需求生成，这正好符合现代拉式营销理念。研究发现，用户搜索目的性、产品或品牌知识的不确定性、卷入度、网站排名/位置、文本信息特征、前后项竞争关系都会对搜索引擎营销效果产生很大影响（姜旭平和王鑫，2011）。

但是，搜索引擎营销的竞价排名、网络广告点击付费模式会带来相应的道德风险和商业伦理问题。以魏则西事件为例，2016 年，22 岁的滑膜肉瘤癌症患者、西安电子科技大学学生魏则西去世，引发了公众对于医疗信息网上竞价排名、医院科室外包以及肿瘤患者的“生物免疫疗法”的广泛质疑。随后，国家网信办会同国家工商总局、国家卫生计生委和北京市有关部门成立联合调查组进驻百度公司调查取证。调查组认为，百度搜索相关关键词竞价排名结果客观上对魏则西选择就医产生了影响，百度竞价排名机制存在付费竞价权重过高、商业推广标识不清等问题，影响了搜索结果的公正性和客观性，

容易误导网民，必须立即整改。针对调查组的调查结果和整改要求，百度对于商业推广结果，改变过去以价格为主的排序机制，改为以信誉度为主、价格为辅的排序机制，对所有搜索结果中的商业推广信息进行醒目标识，进行有效的风险提示。

此外，2022 年底，美国 OpenAI 公司推出 ChatGPT，掀起了生成式人工智能热潮。生成式人工智能模型具备“拟人性”和“自主性”特征，生成式人工智能与搜索算法结合，使得人工智能搜索引擎与传统搜索引擎相比，在理解用户查询意图、生成精准答案、动态内容优化、创意内容生成等方面展现出前所未有的能力。目前，生成式人工智能模型与搜索引擎正在不断融合，其中，微软公司将 GPT4 和 Bing 搜索引擎相结合，推出的 New Bing 可以整合互联网中的信息，并以问答形式为用户提供搜索服务，受到广泛好评。这也意味着，营销操作系统将产生系统性变革，由“互联网＋电商平台＋搜索”（去京东找一找、逛一逛）向“人工智能＋聊天机器人＋互动”（和 DeepSeek 聊一聊、为我定制一个）演进。那么，企业如何应对新一代“人工智能＋搜索”所带来的营销创新挑战，不断提升品牌营销效益，是值得关注的问题。

// 微案例 11－4 //

携程×搜狗针对热点事件开启搜索引擎营销

搜索引擎营销已成为企业产品营销的重要方式和渠道，下面以携程×搜狗针对热点事件（开学季、春节）开启搜索引擎营销为例加以介绍。

（1）开学季营销。2014 年 9 月开学季，携程依托搜狗星云大数据分析系统，通过搜狗跨屏多平台优势，从校园新生出行票务服务等实际需求出发，为其提供点对点的校园及城市间“住、行、玩”信息，尝试全新的跨屏整合营销。双方合作涵盖了搜狗首页入口、PC 端和无线端输入法皮肤及新词推荐、PC 端和无线端搜索应用、搜狗号码通、搜狗手机助手等众多资源。当用户在搜索应用中输入自己所在地和报到学校的名称后，可分别查询“开学报到”“学校信息”两方面内容，其中开学报到内容又包括飞机票、火车票、学校所在城市的酒店住宿和旅行等四个层面信息；学校信息包括学校介绍、地图、分数线、周边信息、微博、微信等实用信息，用户点击后可直接跳转至搜狗对应的搜索结果页面或其他落地页面，为校园新生打造出一份真正实用且具有时效性的校园生活指南。

（2）春节营销。围绕春运主题，搜狗与携程联合推出了“回家，让幸福更进一步”系列活动，提供从基本的客票订购服务，到酒店、境内外旅游线路定制的一站式预订服务，在春运期间给公众出行生活带来极大便利的同时，也帮助携程成功地发掘出了更大的价值潜力。针对携程网春运期间的推广需求，搜狗搭建春运专题页面，上线 PC 端和无线端春运日历专区、搜狗春运中间页等搜索新品，整合 PC 端和无线端，汇集搜狗输入法、浏览器和搜索的众多优质资源入口，包括如输入法新词弹窗、搜狗品牌地标、搜狗首页、春节主题输入法皮肤等推广资源的运用。活动还结合搜狗创新资源进行推广，如在 PC 端搜狗抢票浏览器中为春节中间页植入入口，在无线端输入法中利用输入法灵犀功能对活动进行推广等，实现了从用户开机时刻即开始的携程网品牌信息的全程曝光和订单转化。同时，搜狗还根据春运不同时间段网民具体需求的变化，逐步调整资源投放模式。第一阶段（12 月）集中曝光，直接提供客票预订入口；第二阶段（1 月）深入接触，满足春运群体除回家外更深层次的出行需求；第三阶段（2 月）持续升温，凭借节日需求带动用户对酒店专题的关注。

资料来源：搜狗携程达成独家战略合作 大数据开启青春旅行．（2014-09-02）．http：//media. people. com. cn/n/2014/0902/c40606-25590719. html；搜狗＆携程开启春运营销 让旅客把爱带回家．（2014-12-24）．https：//tech. huanqiu. com/article/9CaKrnJGbuh；搜狗联手携程达成独家战略合作．（2014-09-03）．https：//finance. ifeng. com/a/20140903/13054929_0. shtml.

微案例 11-5

博柏利×百度搜索引擎营销

2014 年 3 月，英国奢侈品牌博柏利从英伦音乐中汲取灵感，上市一款名为 Brit Rhythm 的男性淡香水。通过对消费者群体及其特征的详细分析，该公司定位了三类受众人群：一是博柏利的忠实粉丝，属于品牌核心人群，对公司推出的各种新品均持狂热态度；二是音乐爱好者，酷爱音乐，对摇滚充满激情，乐于在社交媒体上分享新鲜有趣的事物；三是时尚爱好者，会频繁访问各类时尚网站，对时尚持有自己独特的见解和观点。随后，博柏利以“时尚、品类、品牌”为地标指引，针对这三类人群的属性、爱好及生活消费特征，选择了更为精准的投放形式、更具指向性的平台以及最具影响力的手段来达到更好的曝光效果（见表 11-5）。

表 11-5　Brit Rhythm 香水 PC 端和无线端投放渠道

投放端	聚焦人群	投放形式
PC 端	品牌忠实粉丝	PC 端广告位、百度品牌专区、百度百科
	时尚爱好者	百度品牌地标
	音乐爱好者	百度音乐定制背景、百度音乐定制歌单、百度音乐首页广告位
无线端	品牌忠实粉丝	百度无线品牌专区
	时尚爱好者	百度 LBS 定位技术
	音乐爱好者	百度音乐无线皮肤、百度无线音乐广告位、定制音乐皮肤

博柏利与中国最大的搜索引擎公司百度合作推出系列线上活动，实现全平台资源曝光和闭环管理。在品类维度上，锁定品类搜索者，基于关键词触发百度地标广告，将香水更有针对性地推广给有品类需求的搜索者；通过图文并茂的展现方式，占据百度搜索页面右侧首屏的重要位置，传达更加丰富精确的信息。在品牌维度上，锁定品牌人群，定制百度品牌专区，嵌入香水视频和动态图，制造视觉体验；搜索相关信息可直接在品牌专区填写信息获取香水“图腾”和小样，高效直接，用户参与感强，设有分享功能的社交网络服务还能实现二次社群营销。在时尚维度上，锁定时尚地标人群，特别选择与香水受众人群契合度高的百度音乐平台和时尚类音乐 APP 进行定点投放，充分利用该行业领先的综合平台全方位定位服务技术，对受众人群喜好、生活方式、年龄层、活动地点、购买能力和倾向等信息进行分析后精确定位，使投放更加精准。通过整合这些投放

资源和形式，实现对目标人群的全方位覆盖，投放人群精细化定位，从而引流最有效的人群，使 Brit Rhythm 香水备受瞩目。

资料来源：许亮亮．搜索引擎营销应用分析：以 Burberry 公司为例．传播与版权，2016（9）：84－85.

（三）借力短视频直播促使流量变现

视频直播是数字时代企业宣传和品牌建设的强大工具。随着技术进步和内容多样化，网络直播成为广大网民用户的重要娱乐和社交方式。中国互联网络信息中心第 55 次《中国互联网络发展状况统计报告》显示，截至 2024 年 12 月，我国网络直播用户规模达 8.33 亿人，较 2023 年 12 月增长 1 737 万人，占网民整体的 75.2%。视频直播具有强互动、低门槛、便捷性、受众量大的特征，能实现全民参与。直播带货的趣味性、临场感和社交性更强，能产生更高的销售转化率。运用视频直播营销可从以下三个方面着手：

1. 内容创新，融合直播内容与场景

直播内容是品牌利用视频直播与消费者进行沟通的基础和出发点。随着直播带货市场对内容质量的要求越来越高，消费者不再满足于传统直播间“低价促销”的消费欲望刺激和主播们“叫卖呐喊式”的通用话术，他们需要“眼前一亮”的新鲜感。内容创新是突围而出的关键，通常体现在：文化传播，提升直播内涵；产品溯源，增强品牌信任；知识分享，引导理性消费；娱乐综艺，激发参与热情；高品质输出，构建生态闭环。例如，在白象食品的抖音直播间，基于年轻人“玩梗”兴趣点并结合白象食品推出的新品，打造了一系列玩梗热点抖音短视频。其中，《臭豆腐拌面新品试吃》短视频就以“反向带货”与“神反转”创意内容，紧抓 Z 世代猎奇心理，激发年轻群体购买欲望，实现短视频引流和变现的复利价值增收目的。

此外，构建多场景沉浸式直播间，进行场景式营销，以“直播内容＋场景”形式增强用户黏性。围绕不同主题设置直播间场景（如产品机制展示区、户外运动区、SPA 护理区），将产品讲解和展示融入实际使用环境，让消费者在沉浸式体验中感受产品魅力。比如，珀莱雅抖音超品日活动在杭州西湖边搭建专属直播间，以西湖地标为背景，消费者在直播间内看到的，不仅仅是主播卖货的场景，更能直接实时欣赏西湖边的美景。又如，农产品独特的“田间地头”直播场景能更好地呈现农村原生态产品，给直播用户带来更加直观立体的体验。

2. 选择合适主播，营造良好直播间氛围

品牌商家要选择合适的品牌主播，提高主播形象、主播个性与品牌的契合度，使品牌商品受众与主播粉丝群体相匹配。在主播的选择上进行创新，尝试打造能体现品牌文化的虚拟主播 IP 或引入第三方虚拟影响者 IP。例如，超写实数字人“AYAYI”于 2021 年亮相小红书，其拥有一头白发、冷酷的表情，一出道便迅速走红，发布的第一张照片被称为“最美证件照”，在网络上被广泛刷屏。数字人“AYAYI”的角色从时尚博主、大厂员工再到主播，为直播间注入全新科技力量。

同时，消费者在观看直播时不仅是被动“观看”，而是注重人际沟通和信息交互的过程体验。因此，主播需借助直播技术（如弹幕、连线等功能）实现与消费者的实时在线沟通，对产品进行有针对性的解答和推荐，搭建起消费者之间的沟通交流平台，提升产品销售转化。

3. 直播＋社群＋私域运营，注重用户流量裂变

公域流量指来自开放平台，如传统媒体、搜索平台、电商平台、内容平台的流量，营销成本高且缺乏黏性。私域流量指可以在任意时间以任意频次直接触达用户的渠道，如自媒体粉丝、用户群、微信好友等。业界对私域流量的普遍看法是“免费”，一次获客后不再需要额外为流量付费，具有营销成本低廉、触达高效、便于裂变等特性。企业开展直播运营时，能通过“直播＋社群＋私域”的形式逐步实现公域流量私域化。以东方甄选为例（赵珊珊，2024），2022 年 6 月爆红出圈时期，用优质内容（“泛知识”高质量内容，幽默互动、感染用户的语言体系）从抖音庞大的公域流量中将目标用户社群化。2022 年 8 月，东方甄选独立电商 APP 上线，打造了属于“东方甄选”的私域流量池，形成“引流获客—营销变现—社交裂变—复购留存”的销售闭环，成为公域流量私域化的正确打开方式。

数字营销实践

一个主打 T 恤单品的新创品牌：“白小 T”品牌建设

白小 T 诞生于 2019 年，是一家国货服装品牌，致力于用科技重新定义服装，使用功能型定纺面料解决用户实际需求，一件 T 恤售价 199 元，以纯色为主，主要针对中年男性客群，到 2023 年公司年营收超过 13 亿元。创始人张勇是记者出身，2015 年就开始创业做服装，从开店到电商，从衬衫到裤子。白小 T 聚焦“他经济”，其产品坚持“四高”，高科技、高品质、高颜值、高社交货币属性。在品牌早期发展阶段，成功抓住抖音等内容型渠道红利，大量投放信息流短视频，成功打造出爆款 T 恤单品。“白小 T”品牌建设主要从四个方面展开。

品类品牌力

白小 T 遵循“品类即品牌”的爆款逻辑。2022 年接受《经济观察报》采访时，张勇谈到选择 T 恤作为极致单品的原因：“服装是一个很大的市场，但是我们发现所有的品牌都在做 T 恤，却很难找到一个品牌是与 T 恤这个品类相关的，比如，说起风衣会想到博柏利，说到内裤会想到 Calvin Klein，说起袜子就会想到浪莎，说起西裤就会想到九牧王，但是说到 T 恤，却很难找到关联品牌。我觉得这是巨大的机会，这种机会在成熟市场是很少见到的。其次，把目标客群定位在男性群体。他们对于服装的需求相对简单；主要集中在衬衫、T 恤、POLO 衫。更为关键的是，男性群体的消费力超级强，比如茅台酒、奢侈品手表、茶叶、汽车，男性都是消费主体。”因此，白小 T 这个品牌主打 T 恤一个品类，而将其他品类归入其他品牌之下，如未来会培育“白小宇”“白小内”等品牌。

科技产品力

白小 T 从优秀到卓越的根本是：以用户为中心，用科技重新定义服装。正如戴森吹风机、追觅扫地机器人、九号公司 AI 电动车，主打服装基本款的白小 T 通过科技加持卖出高溢价。在 2021 数字时尚峰会上，白小 T 举办了首次品牌发布会，将国家级重点实验室的创新成果搬到大会现场。例如，用世界十大新材料之首的气凝胶打造出的中国老百姓的第一件“宇航服”；防污防油防水的T恤；用金属相变材料制作的吸能储能放能的高科技鞋垫，可以在寒冷的冬季走路五分钟就能温暖一整天；用3D打印技术把羽绒压缩融合进针织面料的长袖T恤。张勇对此总结道，“创造新品类是达成新品牌最快的路径，有生命力的品牌背后，一定有着科技硬实力”“顶部才是大家看得见的品牌，冰川下面是看不见的”“顶部是品牌，中间是数据，下面是科技”。

数字营销力

白小T依托“抖音+头条”的信息流电商组合进行差异化推广。白小T由于预算有限，无法像大公司那样邀请知名人物，制作史诗级的大片。在品牌发展初期，第一条白小T抖音视频由张勇亲自上镜，亲自写脚本。这条时长只有2分47秒的视频的内容为张勇到奢侈品代工厂里聊产品，竟带来了5 500万元的商品交易总额。短视频风格契合抖音用户偏好，有新鲜感，能引发好奇（为什么要去代工厂直播），有意思（原来奢侈品品牌的T恤是这么做出来的），有价值（“涨”了知识，又能购买白小T平替大牌），总结起来就是“这怎么可能”。同时，白小T有一整套从公域到私域再到心域的打法。公域到私域是让用户加微信，把平台客户变成自己的品牌客户；而私域运营则有订单、加粉、售后等全套系统，通过系统化运营让用户产生极致体验感。白小T主张用价值感的内容去触动用户，占领消费者心智，筑起护城河。创始人张勇作为该品牌最大的个体IP，出现在短视频平台上，在工厂、原料产地出镜，能精准介绍白小T及其区别于其他T恤的特点。例如，2020年，张勇到海拔6 000米的珠峰冰川，拍摄了白小T火山岩保暖内衣及羽绒服的短视频，凭借打动人心的品牌故事塑造爆款产品。之后，他去四川宜宾的蜀林竹海拍摄竹纤维衬衫的制作过程，到佛山的牛仔裤工厂讲解一条牛仔裤的诞生过程等，不仅趣味性十足，还加深了用户对白小T品牌的理解，无形之间拉近了与用户的距离。此外，在数字人直播带货领域，白小T也有涉足，通过采用先进的数字人技术，成功打破了传统直播的界限，实现了销量的显著增长。

社会影响力

纺织服装行业是仅次于石化的全球第二大污染行业。而白小T作为一个服装品牌，积极倡导公益、环保、低碳价值观念，践行包含换衣工程、非洲易物、护海行动和环保地球四大板块的“续航计划”。其中，换衣工程是有偿向大众回收闲置旧衣，通过一系列严格的流程把控，最终运送至有需要帮助的目的地，而参与换衣的消费者将获得代金券用于购买白小T环保系列产品；经由“换衣工程”打包好的衣服将通过海运送至非洲，进行“非洲易物”，白小T将赴非洲以焕新的衣物置换具有当地人文的特色物件，并带回非洲人民给予的美好祝福；护海行动是通过建设海洋废弃物收集点、定期清理海岸线垃圾、出海捕捞海洋废弃物等方式，回收废物原料，制造再生材料；环保地球是深入研发环保系列产品，将收集的海洋废弃塑料物进行处理，制成环保成衣。著名管理学家德鲁克曾言，企业存在的意义与价值是去解决社会问题，能解决多大的问题就配有多大的企业规模。那么，白小T的“续航计划”进一步提升了其品牌意义和价值内涵。

综上所述，从产品到营销，再到以消费者为中心、用科技重新定义服装，以及发布“续航计划”，白小T通过品类品牌力、科技产品力、数字营销力和社会影响力，为竞争激烈的服装市场带来胜出的神来之笔，在数字时代重新定义了 T 恤品类和白小 T 品牌。

讨论题

1. 白小 T 品牌的数字营销策略有何亮点?
2. 对于新锐品牌来讲，品牌塑造可以从哪些方面着手?
3. 如何看待品牌创始人打造个人 IP 这一营销策略及其效果?

资料来源：年营收超 13 亿，白小 T 如何靠“不务正业”成为受尊重的中国品牌．(2024－10－22)．https：//new. qq. com/rain/a/20241022A02QK500；“白小 T”张勇：如何打造极致爆款单品，提升品牌力?．(2021－10－21)．https：//www. tmtpost. com/5771692. html；白小 T 五年破千万用户，新品发布会环保“续航计划”引关注．(2024－10－15)．https：//finance. sina. com. cn/jjxw/2024－10－15/doc－incsrcxv4491598. shtml；拇指白小 T 官宣代言人张亮，启留白美学铸品牌里程碑．(2024－03－28)．https：//ex. chinadaily. com. cn/exchange/partners/82/rss/channel/cn/columns/sz8srm/stories/WS6605363ca3109f7860dd75d3. html；许欢．“白小 T”的服装黑科技．中国纤检，2022 (1)：92－94；郑淯心，阿茹汗．白小 T 张勇：红海市场的机遇是“品类即品牌”．经济观察报，2022－08－08.

// 本章小结 //

本章尝试探讨数字经济浪潮下品牌的数字化发展、变革和重构，分为数字化品牌和品牌数字化两小节。第 1 节介绍了数字化品牌的概念和特征，包括社群式交互、精准化流通、共创型价值；阐明了数字化品牌的核心议题，包括数字化品牌定位、数字化品牌资产、数字化品牌体验。第 2 节重点探讨了品牌数字化策略：基于价值链的品牌数字化转型，打造“虚拟＋实体”空间增强用户品牌体验，开展全域数字营销赋予品牌价值，与利益相关者共建数字化品牌；品牌数字化的媒介和渠道：用微博、微信等社交媒体联结品牌与用户，以搜索引擎定位人群并推广品牌产品，借力短视频直播促使流量变现，从而为品牌管理者的品牌数字化实践提供决策支持。

// 思考题 //

1. 举例说明数字化品牌的特征。
2. 什么是数字化品牌资产? 如何测量数字化品牌资产?
3. 举例说明企业在构建数字化品牌体验时应注意的事项。
4. 结合你所熟悉的企业，分析其品牌数字化策略。
5. 结合实例说明，在企业品牌数字化实践中主要采用的数字化媒介和渠道。

// 第12章 //

数字营销生态体系管理

学习目标

1. 掌握数字产品生态体系管理策略。
2. 认识数字营销团队生态体系的变革。
3. 理解数字营销团队生态体系管理策略。
4. 明确企业数字生态的主要利益相关者。
5. 掌握数字利益相关者生态体系管理策略。

数字营销时代，营销不再是从生产到销售的线性机械输送，而是涵盖物质交换、信息传播、行业合作、关系维护等多重任务的综合运作系统。以数字技术赋能、数据驱动为主要特征的数字平台生态系统，驱动了数字产品、数字营销团队、数字利益相关者生态体系变革。在数字产品生态体系上，表现为从“固态”实物性转向“液态”体验性，从物品合法所有权转向合法使用权，产品形式和使用场景更加多元化。在数字营销团队生态体系上，基于界限分明科层结构的金字塔型组织结构逐渐被以平台为中心、多元主体耦合的生态圈结构所取代，进而引发团队沟通模式和运作流程的变革。在数字利益相关者生态体系上，数字平台生态系统帮助企业确立独特的市场定位，与其他利益相关者共同塑造数字环境这一社会化过程，实现价值共创及合理分配，以获得持续竞争优势。接下来，将阐述数字营销生态体系及其管理策略。

第1节　数字产品生态体系

科技赋能和消费需求升级的共同作用下，数字产品和各种新型消费方式蓬勃发展。技术创新沿两个维度促进“消费进化”（Morewedge et al.，2020）：一是从私人物品合法所有权转向物品和服务的合法使用权；二是从“固态”的实物性物品转向“液态”的体验性产品。进而，形成使用权/共享消费新模式及大量丰富的新产品、新服务和新消费内容。例如，在线教育、健身、互联网健康医疗服务、数字音乐/视频、用户社区等新业态。那么，何为数字产品生态体系，企业应如何优化数字产品生态体系管理？

一、数字产品生态体系概述

（一）数字产品生态体系的内涵

数字产品生态体系是一个复杂而多维的概念，涉及数字技术、数字经济、数字生态等多个方面。简言之，数字产品生态体系指在数字技术推动下，由各种数字产品、服务、平台、企业等构成的相互作用、相互依存的系统。这个生态体系涵盖了从数字产品的研发、生产、销售到消费的全过程，以及与之相关的各种服务和支持。

基于数字产品、数字基础设施、数字组件的开放性、易编辑性和可扩展性本质，数字时代企业产品策略从打造单一单品、服务向数字产品生态体系演变。平台化（platformization）及多边数字平台的盛行，意味着从个体化的产品、服务竞争过渡到以平台为媒介的交易和价值创造。在数字产品生态体系中，需要考虑产品、服务与数字网络中的平台、互补组件与消费者相联系，协调产品和关联决策尤为重要。生态化的主体间关系通过跨层次资源互补与共享促成新的产品组合与解决方案，为创新主体价值创造提供了新的路径。例如，任天堂（Nintendo）是日本一家主要从事电子游戏软硬件开发的公司，产品范围包括 Nintendo Switch 游戏机、Nintendo eShop 数字商店等。任天堂通过 Nintendo Switch 游戏机等产品，构建了以家庭娱乐和社交互动为核心的游戏生态系统。同时，Nintendo eShop 数字商店为用户带来丰富的游戏选择和购买渠道。

// 微案例 12-1 //

滴滴"纵深横阔"：由网约车筑起的出行生态

滴滴从最初的网约出租车起家，推出快车、专车等，不断丰富网约车服务品类；布局顺风车、共享单车等完善长短途出行；入局代驾、跑腿、货运等不断拓展业务广度；试水加油、充电、养车等挖掘汽车服务潜力；进军社区电商、外卖、智能汽车制造等拓展发展想象空间，向一站式平台蜕变。众多业务背后的商业生态可归纳为"四个核心战略板块"、"三大业务"及"双飞轮"。其中，被滴滴定义为构建出行未来的"四个核心战略板块"包括共享出行平台、车服网络、电动车以及自动驾驶。"三大业务"代表了滴滴的收入构成，包括中国出行业务（中国网约车、出租车、代驾和顺风车等）、国际业务（国际出行和外卖等）和其他业务（共享单车和电单车、车服、货运、自动驾驶和金融服务等）。"双飞轮"聚焦商业模型，随着整体共享出行市场的持续增长，滴滴的共享出行、车服以及电动汽车网络创造了双飞轮效应，使司机、乘客和平台均获益。

在纵深维度，滴滴完善出行生态，不断挖掘业务深度，丰富网约车服务品类，推出快车、优享、专车、豪华车；为覆盖更多消费人群，上线青菜拼车、花小猪、租车等业务；完善长短途出行，布局顺风车、共享单车、共享电单车、公交等类别。在横阔维度，滴滴持续推出与自身技术、市场发展技能相匹配的新服务，包括同城货运、社区团购和外卖等；拓展业务广度，入局代驾、跑腿、货运等领域；完善出行生态，挖掘汽车服务潜力，试水加油、充电、养车、金融、保险等领域；紧跟行业发展趋势，进军智能汽车制造等行业。此外，在未来发展方向上，滴滴坚持“安全第一”的承诺，把海外市场与自动驾驶作为战略拓展的核心。

资料来源：滴滴“纵深横阔”：由一辆网约车筑起的出行生态．(2021-07-02)．https：//m. bjnews. com. cn/detail/162519072414684. html；滴滴出行递交上市招股书：募资用于拓展海外市场和科技研发等．(2021-06-11). http：//www. xfrb. com. cn/article/focus/13414857146941. html.

（二）数字产品生态体系的产品要素

1. 数字内容产品

数字内容产品是数字技术和内容相结合的产物，指将图像、文字、影像、语音等资料运用多媒体信息技术加以数字化并整合应用的产品或服务（刘霞、董晓松和姜旭平，2014)。数字内容产品的生产、传输和销售多是利用数字信息终端设备在数字网络中完成的，是数字内容产业的主要成果，具有非实物性的特点。秒针系统《2024 中国数字内容营销策略研究》报告显示，2023 年 12 月，全网数字内容生态的渗透率表现为：视频(97.7%)、网络直播（74.7%)、网络音乐（65.4%)、网络文学（47.6%)。这说明，视频、网络直播作为主要版权数字内容，拥有广泛的受众群体，形成中心化流量。

由于互联网交易的便利性与信息传递的实时性，数字内容产品可以实现全天候销售，交易后消费者也无须等待，产品可以即时送达，不会增加物流成本。与传统实物产品相比，数字内容产品在生产、交易和运输环节的边际成本几乎为零，不受传统时空与市场的约束，这些特性使数字内容产品的网络销售潜力远远超出其他类型的产品。数字内容产品像数字音乐、电子游戏等，还具有较大的衍生市场和高度的可分割性，其产品消费具有体验性和参与性（Wu & Liu，2021)。王萌等（2009）深入讨论了数字内容产品的特点，包括互动性、产品消费的体验性和参与性、动态过程、消费者忠诚度的不确定性、衍生市场广泛存在以及高度的产品可分割性。

随着“数字中国”等概念的提出，我国更是把数字内容产业当成未来经济发展的牵动力和突破点。中宣部出版局原局长郭义强曾公开表示，“坚持守正创新，担当文化使命，推动中国数字内容产业繁荣发展”。《数字中国发展报告（2023 年）》数据表明，我国数字文化内容海外传播效果显著。网络视听平台通过打造出海 APP 的方式实现“造船出海”，成为中华文化走出去的重要窗口。截至 2023 年底，我国网文出海市场规模突破 40 亿元，海外原创作品约 62 万部，网络文学海外用户约 2.3 亿人，覆盖世界 200 多个国家和地区。

2. 数字服务

数字服务由在线服务发展而来，如在线教育、在线医疗、在线政务服务等。数字服务概念包含“数字”和“服务”两个关键词，融合了数字化/数字技术视角（即“数字技术＋”）与服务化的视角（即“服务化＋”）。可以看到，数字化越来越被认为是提升服务效率的重要驱动力，更被视为商业模式、价值创造和价值获取的使能者和驱动者。物联网和人工智能等数字技术的应用可以通过创造复杂和新颖的服务来进一步助推服务化的变革，提升服务效果（陈刚和高腾飞，2021)。

例如，许晖等（2024）选取厦门智慧医疗服务平台和微医互联网医院在线诊疗平台为分析单元，探讨了厦门“医疗健康＋互联网”（服务数字化）和微医“互联网＋医疗健康”（数字服务化）变革案例，分析其利用数字化弥合服务鸿沟，实现服务重塑的创新过程和内在规律。其中，对于“医疗健康＋互联网”服务，弥合路径包括效率型服务设计重塑、服务传递模式重塑、面向流程的服务交互重塑（如厦门建立统一预约平台进行全时预约、全科预约和全程预约）；对于“互联网＋医疗健康”服务，弥合路径包括新颖型服务设计重塑、服务传递场景重塑、面向用户的服务交互重塑，如微医将“团队医疗”概念引入医疗服务，利用数字技术组建“同学科、跨区域”的医生协作组织，将专家技术经验和基层医生时间进行有效结合，为用户方提供“对症”和“就近”的医疗资源匹配服务。

另外，在数字化与老龄化并行的时代，面向老年群体的数字服务包容策略问题受到学术界和实践界的广泛关注。从数字鸿沟到数字融入，需要老年人个体、家庭与社会层面的整体支持。例如，鼓励多元社会主体的协同参与，家庭代际的数字帮扶；加快数字服务适老化设计，提升老年人数字服务体验；用好“政府之力”与“社会之力”，高效整合和协调数字化资源，营造更适老的数字化生活场景，提高数字服务可获得性等。

3. 物理与数字结合产品

许多正在改变我们生活的数字产品是物理部件和数字技术的结合，例如，共享单车、智能汽车、智能家居等。“物理与数字结合产品”指依托传感器、区块链、5G、边缘计算等新兴数字技术对物理和数字资源进行重新组合的产品或服务，由此改变产品架构，使其具有数字特性，形成“智能产品—数字技术—智慧服务”集成的新型解决方案（谢康、李晓东和夏正豪等，2024）。此时，数字技术凝聚于传统实体产品之中，增强实体产品的核心功能及附加价值，这在本质上是一种打破传统产品惯例的数字创新。

数字技术赋能下的“物理与数字结合产品”有以下三个特征：（1）智能性。通过“实数结合”，物理部件本身的功能价值得以强化，数字技术的嵌入增强了产品的数字化、智能化功能和服务体验，使得产品与互联网上所有相关信息互联互通成为可能。（2）可拓展性。通过数字化手段，企业将原有产品各松散组件和独立的制作工艺聚合在一起，兼容产品可能适应的各类场景，产品本身功能被不断拓展，增加了传统物理部件的可扩展性能，产生足够灵活的创新型数字产品。（3）适应性。通过将数字技术作为可视化窗口，搭建用户和产品之间互动创新的桥梁，与环境持续交互。数字技术赋能传统实体产品从难以改变形态和功能逐步演化为能够根据用户需求变化进行即时调整，形成产品“随需而变”的能力（周明杰、孙新波和张明超，2024）。

例如，海尔智家打造数字家电产品（空调、洗衣机、电视机、油烟机等）、数字感知产品（血压仪、体重秤等）等多品类的高度智能性、适应性和可拓展性的数字家居产品。在数字技术组件的推动下，海尔智家的传统实体产品被创新设计。具体而言，海尔智家将 AI 自适应遗传学算法植入传统冰箱，同时应用大数据分析技术实现“保鲜高科技＋食材大数据”的结合，在食材保鲜冷藏传统功能基础上，增强了传统实体冰箱自动识别原材料、自动控温、杀菌等数字功能。此外，语音交互技术的逐步成熟推动了海尔智家对各数字家居产品的再设计，将语音交互识别技术嵌入各传统产品，海尔智家成功打造“会说话的家电”。用户将食材放入微波炉，数字微波炉会主动推荐加热时长；将食材放入冰箱，数字冰箱会语音指导食材存储位置……在保持单一产品竞争优势的同时强化产品与用户的连接，进一步增强了用户的数字体验和场景参与度。

二、数字产品生态体系管理策略

（一）提供丰富的数字产品选择

根据数字产品的内在特征，可从交付模式、粒度以及可试用性划分不同的数字产品。特别对于数字内容产品，其高度可分割性为企业提供了更多进行垂直差异化的机会，而垂直差异化是区别于竞争对手的重要元素。因此，出版商、电视媒体及其他提供数字内容产品（如文本、音乐、视频、数据等）的企业具有相当大的灵活性，能够在不同价格点上提供一系列产品购买选择。

（1）订阅模式：属于传统出版商收入模式，针对不同的时间段（如三个月、一年、两年等）以不同的价格提供产品。

（2）按次付费模式：属于按下载次数或观看次数付费的模式，其价格相对于订阅模式更高。例如，iTunes 上的音乐产品、百度文库上的文档。

（3）按内容付费模式：鉴于数字内容的可分割性，按内容付费也是常见形式。例如，行业研究报告根据数据量计费，分为 10 年数据、20 年数据或选定行业子集数据。同样，一些电子书卖家会按章节出售电子书，从而满足不同顾客群体的需求，以带来额外收入。

（4）捆绑销售：数字技术促进了信息类产品以物理和数字格式捆绑销售的机会。例如，亚马逊为纸质书购买者提供了以极低价格购买电子书的机会。美国《经济学人》杂志则对印刷版、电子版、印刷版＋电子版套餐分别制定不同价格。由于数字版本选项的边际成本很低，这为企业将实体和数字产品捆绑推出、创新产品交付及定价策略提供了条件。

（5）顾客定制：互联网还为产品大规模定制提供了更多选择。通过数字平台，企业不仅可以销售个性化产品，还可以将互联网作为信息来源，开发极有针对性的产品。例如，2021 年 6 月，网易云音乐推出了一个名为“你是什么性格主导色”的 H5 测试广告。测试共设有 8 道题目，每道题目会分配一段音乐，以此选择你联想到的场景以及感受，便可以得到你的性格主导色及一张属于自己的性格色彩海报：绿的、蓝的、金的……海报中会根据颜色通过系统算法匹配“智慧非凡的开拓者”“魅力超凡的艺术家”“夏日初升的太阳”等有积极导向的个性描述词。

此外，对于数字服务这一数字产品类别，存在多种交付方式。例如，在线医疗服务允许患者通过各种互联网平台渠道与医师沟通，包括电话交谈、互联网音视频会议、互联网文本聊天、电子邮件交流等。相关费用主要依据连接时长确定，并结合沟通方式、诊疗类型提供优惠套餐。源于服务无形性和体验品的特性，为确保在线医疗服务符合顾客期望、让患者对治疗过程有所了解，还可能给予限定时间内的免费试用，顾客与医师交谈、发送问题、查询获得在线答复而无需支付任何费用。由此，通过数字服务平台，将全球范围的医师资源和患者需求打通。

（二）开发延伸产品与互补产品

数字技术支持的三种可供性（affordance）——脱耦、去中介化与通用性，使得数字产品开发活动、创新数字产品的机会分布都发生了变化。数字化商业渠道建设极大缩短了产品与用户之间的距离，不仅有助于对市场快速响应实现敏捷创新，也能促进产品快速商业化（魏江和赵雨菡，2021）。数字基础设施与用户作为数字生态系统的核心要素，为数字产品生态体系的拓展提供了可能。

从数字基础设施层面看，随着数字平台普及，越来越多的企业需要选择特定平台获取资源支持，需要在存在互补产品和模块化组件的环境下重新理解数字产品的开发和提供过程。这涉及利用模块化资源，获取互补性资产；提供具有适配性的互补性产品满足消费者需求；与平台其他模块松散耦合，产生更多迭代创新与跨界创新。

从用户层面看，数字生态系统中的跨层次、跨领域创新合作与高频次用户参与成为可能，通过为参与主体之间数字资源协同提供条件，能够助力企业实现新的价值创造路径。无论是众筹平台的用户参与、开源社区的用户共创，还是社交媒体、在线社群等平台的用户互动，与用户及生态系统参与者建立的关系均有助于扩大资源池，提升创新效率。

数字技术赋能延伸品和互补品开发，将为消费者提供更多即插即用的选择，进一步促进跨界创新、产品生态体系完善与用户价值深度挖掘。例如，当顾客购买一部新手机，不仅包括实体手机、充电器、耳机，还包括销售人员提供的信息、使用说明书、包装、保修、后续技术服务、iOS 或 Andriod 系统，这些都是延伸产品的要素。

企业需不断为顾客创造价值，凭借数字产品生态构建顾客“磁石”，助推其从知晓、感兴趣、尝试、采纳向重复购买、交叉销售转化。以亚马逊云计算服务（Amazon web services，AWS）为例，从最初的存储和计算服务，逐步扩展到数据库、机器学习、大数据分析、物联网、安全、开发工具等多个领域，包括 Amazon RDS（关系型数据库）、Amazon Redshift（大数据分析平台）、AWS Lambda（无服务器计算）等创新服务，不仅丰富了 AWS 的功能集，也拓展了云计算技术的边界。AWS 还致力于技术创新，如容器服务 Amazon ECS/EKS、边缘计算服务 AWS Wavelength 等，持续引领云计算行业的技术潮流，成为全球云计算领导者。

（三）促进产品生态位跃迁

产品生态位是产品在战略环境中占据的多维资源空间，反映了该产品的竞争能力及对资源的独特需求。产品生态位是分析产品演绎过程和演化方向的重要基础，“态”和“势”的改变是产品成长的重要表现。对于数字产品而言，数字产品成长的数字迭代逻辑强调数字技术特性的发挥以实现产品升级迭代，重在借助大量异质性用户的参与拓展产品功能，这塑造了数字产品更新速度快的成长特征。在数字交互时代，促进数字产品及其生态体系生态位的跃迁式成长，已经成为企业撬动战略机会、建构竞争优势的重要路径。

例如，对数字拟人品“洛天依”的案例研究发现（罗兴武、孙萌和刘洋等，2024），“洛天依”及其背后的“上海禾念”均经历了“从无到有再到强”的发展过程。“洛天依”从第一首单曲发行到变成哔哩哔哩“当家花旦”只用了 9 年时间，不仅登上央视春晚，还为北京冬奥会献唱。上海禾念凭借以哔哩哔哩为主体形成的二次元生态系统，持续开发形象、内容和周边产品，获得了巨大的商业价值。事实上，二次元生态系统中，“洛天依”的成长在一定程度上表现出技术、关系、内容价值的协同，嵌入在用户、多元场景、平台社群等组成的生态系统中。通过数字技术（AI交互技术研发、VR/AR技术应用、数字技术协同等）、拟社会互动（直播、作曲、演唱会、粉丝群带动等）及商业模式内容创新（二创、同人作品、创作比赛、作品征集、跨界联动等）三大成长新路径，实现了“洛天依”生态位“态”与“势”的快速提升。

第2节 数字营销团队生态体系

实现企业组织结构数字化变革是做强做优做大我国数字经济、打通束缚新质生产力发展堵点卡点的关键所在。在数字时代，如何恰当地进行工作设计，将来自内外部的参与者整合为一个有机整体，解决彼此之间的合作和协调问题，有效实施数字化转型是一个亟待解决的问题。基于“技术革命—生产方式变革—组织结构调整”的内在机理，技术与组织变革具有双向适应赋能的“双螺旋”特征，从而驱动价值增值过程中数字化生产资料和活劳动的日趋融合，催化组织结构纵向扁平和横向贯通的趋势。

一、数字营销团队生态体系的变革

（一）组织结构变革

1. 松散化

在数字时代，随着雇佣关系发生变化，传统意义上结构严密的组织变成了一个松散的联合体（梁建、黄旭和陈威如等，2021）。在新型雇佣模式下，很多人从全职、常规工作模式转变为自由职业者，直接与客户交换技能，领取按照项目支付的报酬，而不是按期结算的工资。随着项目制合作、远程工作、兼职与外包合作、平台经济以及灵活用工的不断发展，数字营销团队的雇佣关系也呈现松散化趋势，带来更多灵活性和创新空间，但同时也带来管理和协调上的挑战。例如，某品牌可能需要策划一场线上营销活动，临时雇佣了社交媒体专家、内容创作者和数据分析师来共同完成这项任务。任务完成后，这些人员可能会回到各自的公司或继续寻找下一个项目。

2. 扁平化与分权化

在组织结构的纵向设计上，纵向信息共享的重点是优化层级安排，这催化了组织结构的纵向扁平化趋势。而传统的金字塔层级制结构管理层级多、决策重心高，决策和信息的逐层传递降低了市场反应速度，应对外部环境变化缺乏足够的灵活性和及时性。在动态、不确定的竞争环境下，为使信息反馈回路及时下放到员工，减少对数据、信息传递的阻碍，企业内部要减少管理层级，压缩职能机构，使组织结构更趋于扁平化（戚聿东和徐凯歌，2024）。

但是，在企业组织结构数字化转型实践中，推行扁平化并非易事。技术革命的外生冲击决定了组织结构的分权趋势，可当下大部分企业仍停留在传统工业时代的科层职能制，未能复刻阿里巴巴、海尔等头部企业的组织变革成功经验。扁平化固然消除了中间层级，实现决策下移，缓解信息不对称问题，但随着管理层次减少、管理幅度增大，最高管理者直接干预基层事务，某种程度上导致了更大程度的集权。组织内部能否顺利推行扁平化，与企业核心领导者的个人素质高度相关，包括领导人精力是否充沛、是否有战略高度和敏锐性、是否能够条理化管理等。

例如，泸州老窖深刻认识到营销数字化的重要性，将 2023 年定义为“营销数字化元年”，将 2024 年定义为“营销数字化攻坚年”。通过数字化转型，对品牌实行扁平化管理，上面是决策层，下面是执行层，大大提升管理效率。然而，也有企业“逆势而为”。沃尔玛经过几十年的发展，目前已经建立起全球性的信息资源管理、数据交换和分析、自动订货、自动补货等系统模块，甚至建立了自有的专用卫星通信中心来连接各个模块。但从 2014 年开始，沃尔玛放弃了以往备受推崇的分权式经营管理模式，全面转向集权。沃尔玛认为，在产品质量控制、成本节约以及统一营销等方面，集权模式可以表现出极其明显的优势。

// 微案例 12 - 2 //

数字化转型背景下的纵向权力控制：消解与强化

迈入数字时代，大数据、云计算等数字技术推动平台组织崛起。与中心化、垂直化的传统科层组织不同，数字技术催生了平台组织的网络化、扁平化特征，平台与员工的“弱关系”使个体工作者在利益导向下自我发展。但同时也应看到，数字技术并未破除形成于工业时代的科层制，平台“扁平化”背后依然存在“垂直化”的科层控制逻辑。那么，数字时代纵向权力控制的分权与集权如何体现呢？

一方面，在传统的科层制中，权力集中于上层机构，而在数字技术的影响下，数字化赋能使得权力得以分散到更多节点和平台中，形成更加扁平化和开放化的权力结构。数字技术推动传统科层组织向平台化组织逐步转型，有助于简化组织管理层级，甚至打破现有等级关系，带来科层体制的权力分散化与去中心化。例如，对我国公共体育服务从“技术赋能”到“整体重塑”的数字化进程分析表明，在组织变革层面上，通过组织结构扁平化，将全民健身活动、赛事组织、体育培训的决策权下放，使数字化平台能更快地推出新赛事、新活动，更加灵活地响应市场需求和公众需求，提高公共体育服务治理效率。

另一方面，管理者基于技术的最终控制也在加强。以外卖平台为例，平台通过智能手机及内置 GPS 实时监控，记录位置定位等数据，实现数字控制。这种方式压缩了骑手的自主性空间，隐性强化骑手的自我管理。数字平台可以利用数字技术实现信息、数据的垄断，促进管理的精细化，进而实现对劳动者的管理与控制，且数字技术使平台控制方式从显性控制朝着隐性控制方向发展。当前，以精细化数字技术推动的纵向权力控制也导致一系列社会问题。例如，平台对外卖员、网约车司机等的算法控制引发劳动者的“算法反抗”，“互联网＋”秀场“点赞微信群”“过度留痕”等形式主义的“数字化变体”，员工集体“已读不回”成为热点事件等。正如京东创始人刘强东所言：“我们所学的知识、商业模式、技术算法都不应成为压榨社会最底层兄弟的工具，企业的利润和市值更不该建立在无保障的底层生活之上。”因此，需慎重考虑数字技术重塑组织结构与权力控制模式的伦理问题。

资料来源：卢燕璇，张文杰，杨依云，等．技术、权力与控制："技术-组织"互构视角下的数字化转型与工作关系变迁．电子政务，2024（9）：51－64；戚聿东，徐凯歌．技术革命、生产方式变革与企业组织结构调整．管理世界，2024，40（10）：1－15；员工集体"已读不回"，何尝不是一次"大声量"的回复．（2024－12－04）．https：//m. cyol. com/gb/articles/2024－12/04/content_77X8pjteEN. html.

（二）沟通模式变革

1. 虚拟化

数字时代改变了营销团队的信息获取方式、生产行为方式和互动交流方式，越来越多的工作、社交活动在虚拟的数字环境中进行，如数字化社交网络、即时消息应用、视频会议平台等。从空间角度看，成员身份、角色和权力等有关社会关系的评价体系融入虚拟世界。从时间角度看，时间概念逐渐模糊，形成了一种相对平行的沟通模型。数字化沟通模式区别于传统沟通模式体现在对场域封闭性的打破和对开放多元性的拓展，以此为基础扩展了沟通实践的范围和交往形式的多样性，带来了跨时空、跨国界、跨文化的数字空间互动。"数字人"便是以此为依托的概念，具有具象化的真身、化身和主体分身等不同的存在模式，并穿插在不同的数字沟通过程中，形成一个虚拟与现实相交的复杂时空。例如，通过虚拟组织结构，数字平台将不同地域的大型场馆、健身房、健身教练、健身课程等资源进行整合，为用户提供在线预约、在线支付、在线指导等便捷服务。

2. 便捷化

数字技术的快速发展，为团队沟通交流提供了前所未有的便利和广阔的空间。人们可以在不同地点实时交流，分享屏幕，讨论项目进度，不仅提升了沟通效率，还减少了因地域限制而导致的信息隔阂。团队成员能够更快速地获取信息，进行及时反馈。在这种数字化环境中，沟通成本显著降低，团队协作得以在更广泛的范围内进行。但是，人际互动仍然不可或缺，面对面沟通能够更好地传递情感和语气，使得信息交流更加深入。因此，随着数字化工具与人际互动的结合，混合沟通模式逐渐兴起。这种模式强调在适当的场合选择最合适的沟通方式。例如，对于简单的信息传递，采用电子邮件或消息应用可以迅速解决问题；而在需要深入讨论或创意碰撞激荡的场合，面对面会议或视频会议则更为适宜，以提升工作效率和团队表现。

（三）运作流程变革

1. 从多环节线性到敏捷运行

数字营销团队运作流程是传统企业实践与当前数字环境要素相结合的产物。通常来讲，营销项目流程包含市场调研与分析、活动策划、方案讨论、资源准备、执行与实施、事后效果评估与总结等阶段。然而，多环节线性运作在数字时代饱受挑战。即时、海量、双向和互动的媒介传播特性使信息传播速度大大加快，用户参与度大大提高。在这一背景下，需要构建敏捷组织和新型平台模式（钱雨、孙新波和孙浩博等，2021），团队成员通过数字工作系统，与生态体系伙伴互动、线上线下融合高效行动，实现价值连接、协同、创造和分享。敏捷团队强调敏捷性结构（灵活的自管理结构、稳定的平台式结构）、敏捷性流程（分析性、灵活性、自动化、适应性）和敏捷性能力（快速感知、精准决策、高效执行）。例如，新冠疫情期间，海尔集团借助“卡奥斯平台”在 48 小时内搭建起医疗物资对接平台，两天时间实现了 3 个平台版本的迭代，成为第一家有效解决武汉医疗物资紧缺困境的中国企业。

2. 从经验到数字决策方式

人工智能赋能营销团队决策变革，从粗放式经验化决策方式到扁平式数字化决策方式，逐步形成敏捷化、网络化和扁平化的数字共享决策体系。利用大数据、云计算等技术手段，数字营销团队可以实时收集和分析客户数据，包括浏览行为、购买记录、社交媒体互动等，更深入了解客户需求和偏好。人工智能和机器学习技术的发展，使其能够利用这些技术进行客户画像、预测分析、精准营销，提高营销效率和效果，进而形成数据决策思维和数字企业文化。此外，数字营销团队还会使用多种数字化工具进行协同决策。例如，基于在线协作平台共享文档、讨论问题、分配任务，确保决策过程的透明度和参与度。项目管理软件也可以帮助团队跟踪项目进度、管理资源、协调团队成员，为决策提供全面信息支持。通过整合相关数字工具和平台，实现数据共享、流程协同与团队协作。

// 微案例 12－3 //

互联网公司的组织架构变迁

组织架构与产品矩阵是互联网公司两大最重要的发展逻辑，而这两大核心因素又是相互决定的。由于所处赛道不同，产品发展逻辑不同，互联网公司采用了截然不同的基础组织架构。大致可划分为两大类：事业群机制，以业务产品为核心架构；大中台小前台机制，以存储、计算、研发三大基础设施为核心架构形成大中台，支撑业务小前台。这两种组织架构的形成，取决于业务成长速度与系统业务响应速度需求。横向比较腾讯、美团、阿里巴巴、字节跳动等互联网公司，组织架构具体如下。

事业群机制

腾讯：从 BU（business unit）事业部制到 BG（business group）事业群制，形成总办、事业群、业务线和业务组的结构完整、自上而下的策略传达以及自下而上的趋势敏感捕捉。

美团：始终以外卖、酒旅、到店、交通等事业群为核心加平台化 T 形战略。

大中台小前台机制

阿里巴巴：去“IOE”化（即去掉 IBM 小型机、Oracle 数据库、EMC 存储设备），从依赖商业软件到拥抱开源软件，最终加强自主研发形成云计算的技术。2020 年底，阿里巴巴提出，要把中台变薄，变得敏捷和快速。2023 年，推出“1＋6＋N”公司治理模式。

字节跳动。“大中台小前台”驱动的轻型 APP 工厂，支持业务的快速迭代。在开发不同的业务过程中逐步构建起以大中台为支撑、轻量前台快速试错的体系。在前台方面，字节跳动单个产品的人员配置往往为几人至十几人，相比于阿里巴巴更为轻量化。

资料来源：华创证券．互联网行业深度研究报告．2021；阿里敏捷进化三部曲：中台、多元化治理、1＋6＋N.（2023－03－29）．http：//mp. cnfol. com/57062/article/1680083893－140870821. html.

二、数字营销团队生态体系管理策略

数字技术的发展使得营销团队从形式到工作内容都发生了结构性的深刻变化，精通数字化专业营销技术的团队担负着推动企业数字化增长的重任。接下来，从数字化文化、数字化组织结构、数字化人才技能、数字化基础设施、数字化沟通媒介“五位一体”，提炼重构数字营销团队生态体系的相应策略。

（一）孕育数字化文化生态

数字技术在推动生产力发展、促进资源整合的同时，也影响着企业行为、企业战略决策方式和员工的思维方式，从而逐渐形成数字企业文化；数字企业文化又会反向影响利益相关方对数据资源的交互创新。当下新生代员工是“数字原住民”，拥有非常丰富的数字体验。相对而言，他们更为早熟，眼界更宽广，更注重分享，追求自我实现，具备创新精神和崇尚个人自由，因而更愿意接受数字技术。同时，他们也更加彰显自我、重视个性，关注工作是否与兴趣爱好相一致，渴望有趣的工作和宽松的工作氛围。由于后工业化时期成长起来的新生代员工的价值取向、工作动机与以往员工有明显差异，加之雇佣关系的变化，传统企业文化难以让新生代员工产生共鸣，所以必须因地制宜、因时制宜予以调整。企业可以建立高度信任的企业文化、学习型企业文化、开放型企业文化、创新型企业文化、灵活和适应型企业文化、“以人为本”的企业文化（熊义杰、谢白雪和郑晓纯，2008），从而“以文化人”，孕育数字化文化生态。

（二）构筑数字化组织结构生态

传统营销团队运作流程过于僵化，决策缓慢，无法满足快速反应与系统化服务新商业模式的要求，致使企业运作的整体效率降低。数字化提供了完整而系统的监督反馈技术，在此基础上能充分放权，允许快速决策，以迭代方式快速更新产品和服务，满足市场需求，实现新的商业模式（戚聿东和蔡呈伟，2019）。然而，与消费端各类新型商业模式日臻成熟、生产端智能制造实践如火如荼相比，企业组织结构调整相对滞后，未能适应数字经济的根本属性和内在要求。企业数字化组织结构转型是一项系统工程，要采取“统筹规划、阶段实施、循序渐进、逐步升级”的策略。领导者要具备数字认知力、思考力、决断力、执行力、表达力，充分认识到网络化、扁平化的组织结构对新质生产力的促进作用，更加注重革新内外各部门、各群体的协作方式（陈蕾、马慧洁和周艳秋等，2024）。

（三）拓展数字化人才技能生态

企业数字化转型所面临的关键障碍不是来自技术或市场的变化，而是没有足够的数字化人才支撑企业未来战略发展需要。德勤与麻省理工学院合作的数字化变革研究发现，接受访谈的 1 000 多位 CEO 中（组织规模各异，遍及 131 个国家与 27 个产业），有 70% 的高层领导者认为需要一支全新的人才队伍来应对数字化挑战，仅有 11%认为他们当前的人才库是有竞争力的。因此，企业需关注营销团队的数字化能力发展，如数字化领导力、数字化品牌建设、数字化营销、数据分析等，概括为数字化领导力、数字化营销能力、数字化发展潜力三个层次（见图 12－1）。企业可通过文化、授权、知识分享、矩阵式管理、人才培育机制，激励员工有效利用互联网思维方式和数字技术手段，更快速、更灵活地工作，学习、实践新事物，多角度思考、行动和协作式工作，适应权力的动态变化并在高流动性、不断迭代的多个团队中工作。

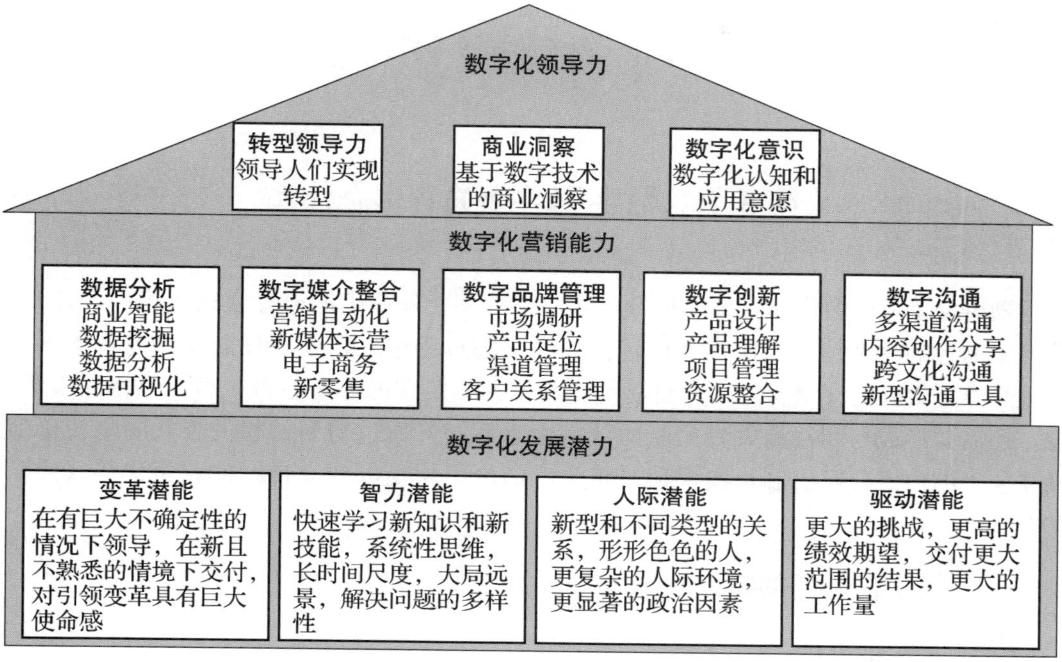

图 12－1　数字营销人才所需的能力组合

资料来源：德勤 & 华为．数字化技术加速人才转型，2017.

（四）夯实数字化基础设施生态

数字化基础设施指网络基础设施、计算基础设施、新技术基础设施（陈雨露，2023）。企业需开发支撑数字化管理的技术和软件，包括企业内部网技术、外部网技术、计算机软硬件技术、通信技术和人工智能技术等，为营销信息的识别、获取、传输和利用提供强有力工具。建立数字化营销平台和统一的数字化信息架构，使不同营销信息系统有机结合，实现营销信息系统化、网络化存储及最大限度的共享与管理。例如，雅戈尔基于用友 YoBIP 营销云打造数字营销中台，建立渠道中心、商品中心、订单中心、库存中心、结算中心、会员中心、绩效中心等，中台服务层通过分布式服务框架服务于前端应用。率先切入核心业务场景（尤其是最前端的销售环节），沉淀数据洞察要素，帮助公司各层级的日常运营决策。做到“让数据真正被用起来”，大到管理层的日常决策，小到门店导购的排班表，在日常工作中简化流程、提升效率，最终帮助管理层更好地做出决策。

（五）整合数字化沟通媒介生态

数字化沟通分为对内和对外两个层面。对外沟通层面，新媒体塑造了全新的媒介环境，随着消费者触点碎片化与海量内容信息相互碰撞，数字营销团队需更新触达理念和互动方式，以提高消费者整体体验旅程为出发点，协同售前、售中、售后阶段，整合网站、移动、社交、直接邮件、呼叫中心、数字广告和电子邮件各种触点和渠道，有目的、无缝隙地为顾客传递目标信息，提高顾客对企业和产品的满意度和忠诚度。对内沟通层面，依托开放互联协作平台，充分利用视频会议、智能机器人/助手、即时通信等新科技手段实现消息往来、流程管理、项目跟踪、客户互动、供应链协作等，加强社交沟通和团队协作。充分发挥移动社交、协作、内外部连接等科技创新的作用，充分激发团队创造力。

第 3 节　数字利益相关者生态体系

随着经济社会数字化程度的提升，建立在数字化基础上的业务模式和流程设计对企业经营的影响越来越大。在数字化转型战略实施过程中，企业不仅需要攻克技术难关，促进降本增效，转变增长方式，建立与自身资源相匹配的数字平台，确立独特的市场定位，还需要形成与利益相关者关联的数字生态系统，通过与利益相关者共同创造价值，确立公平的价值分配机制，实现利益相关者的价值均衡以建立持续的竞争优势（焦豪，2023）。

一、数字利益相关者

（一）利益相关者的划分

近年来，利益相关者价值最大化成为现代企业制度下的主流价值取向。利益相关者理论认为，企业本质上是利益相关者的合约，每个利益相关者都对“企业剩余”做出了贡献，企业生存发展取决于能否有效处理与利益相关者的关系。其核心理论基础为：企业的形成是利益相关者集体选择的结果（陈志斌、张岩和王诗雨，2024）。利益相关者之所以“利益相关”，是因为向企业投入了各自所拥有的资本。在此，沿用温素彬等（2018）的分类方式，按照资本形态的不同，将企业利益相关者划分为社会资本利益相关者、人力资本利益相关者、货币资本利益相关者、生态资本利益相关者四种类型。

1. 社会资本利益相关者

社会资本利益相关者是与企业建立了相对稳定的社会网络关系的利益相关者，进一步可分为交易型（如顾客、供应商）和制度型（如政府、社会团体）。交易型社会资本利益相关者层面，供应商是向企业及其竞争者提供生产所需资源（包括原材料、设备、能源、劳务等）的企业和个人。顾客是企业持续获得较高收益的重要保障，主要关注企业产品和服务的质量、安全、价格以及服务态度。制度型社会资本利益相关者层面，企业须充分考虑政府的发展政策，同有关政府部门协调好关系。社会团体则包括消费者组织、环境保护组织、企业所在地的社区组织等。

2. 人力资本利益相关者

人力资本利益相关者包含员工和管理者，主要向企业投入人力资本。其中，员工是企业产品和服务的直接贡献者，内部营销理论就持有“把员工当成消费者、取悦员工”的理念。例如，海尔集团创始人张瑞敏认为，企业理念应该从“股东第一”变为“员工第一”。因为股东的角色在于分享利益，并不能直接创造价值。员工第一，指员工和用户的价值合一，当员工创造出用户价值时，股东价值也就得以实现了。所以，股东价值只是企业经营的结果，不能作为企业的宗旨。对于管理者而言，他们更加关注职位晋升的机会、个人的管理能力、待遇和薪酬福利。企业需以此为抓手，激励管理者向企业持续注入人力资本，创造更多的价值。

3. 货币资本利益相关者

货币资本利益相关者包含债权人和股东，主要向企业投入货币性资源，根本需求是货币资本的保值和增值。例如，天虹创立于 1984 年，2010 年 6 月 1 日在深交所挂牌上市，是中国第一家中外合资连锁零售企业，拥有天虹、君尚、Sp@ce、微喔四大品牌，形成百货、超市、购物中心、便利店四大实体业态及以创新型零售 APP 虹领巾为统领的数字化业务。天虹在行业内率先借助数字技术突破传统百货购物模式，深入用户生活方式和应用场景，重构“人、货、场”，从单一实体百货渠道发展成以顾客为中心、线上线下相融合的多零售业态和立体生活零售服务平台。公司年报显示，2010—2018 年间，天虹股份的净利润及归属于上市公司股东的所有者权益，逐年递增且高于行业平均水平，满足了货币资本利益相关者的获利动因（蔡春花、刘伟和江积海，2020）。

4. 生态资本利益相关者

生态资本利益相关者是直接与生态环境相关的利益相关者，包括非人类物种、后代人和自然环境。但生态资本利益相关者的具体所有者缺位，其利益往往通过政府、社会团体、公众、媒体、顾客、员工等利益相关者实现。在企业数字化转型过程中，数字营销手段被视为劳动资料、劳动者、劳动对象的优化组合，通过“技术—组织—环境”多维互动（郭海、杨璐妮和黄敏，2023），发挥出强大的数字营销能力。企业可将品牌文化融入市场行动和倡议活动，通过线上线下渠道宣扬和实践环保主义，将企业文化与自然环境直接建立联系。例如，一些欧美户外运动用品企业在线上借助 Instagram、Facebook、YouTube 等社交平台发布环境问题、发起基金捐赠活动等，同时在线下鼓励消费者使用二手装备，践行环保理念（崔倩如、张小林和李元，2024）。

（二）数字利益相关者生态举例

数字经济时代，人工智能、区块链、云计算、物联网和大数据等一系列数字技术及智慧出行、跨境电商和数字会展等新场景新业态大量涌现，形成了共性与差异并存的数字利益相关者生态格局。考虑组织目的、功能属性、运作机制的不同，以下分别列举以企业、非营利组织和政府机构为主体的数字利益相关者生态。

1. 以企业为主体

基于数字技术赋能，企业可将数字技术内嵌于产品，利用数字技术实现供需多方主体和利益相关者的价值共创。搭建数字平台，形成以企业为主导的生态系统，实现更大范围的价值创造。这不仅能实现产品与服务创新，还能为利益相关者提供交互平台，在交互中产生更为丰富、可靠的数据，用以支持决策，实现更大范围的价值共创。

例如，乐普医疗成立于1999年，主营业务覆盖医疗器械、药品、医疗服务和健康管理四大类。该公司以智能医疗设备为载体，依托人工智能心电分析软件技术，支持多家医疗机构间数据采集共享、远程诊断、分级诊疗等，搭建了面向全国的互联网医疗服务平台。乐普医疗、医疗机构和患者为三大利益相关主体，价值共创行动包括：乐普医疗协同多方主体，拓展应用范围，迭代产品服务；医疗机构形成机构社群，共享云端知识，平衡医疗资源；患者形成患者社区，积极使用产品，享受服务体验。具体地，乐普医疗以生产制造商和服务集成商的身份引导服务提供商、医疗机构和患者在设计、制造、使用等方面实现交互，优化智能医疗设备的软硬件系统以畅通线上线下反馈渠道，便于医疗机构和患者主动反馈；扩大与医疗机构的合作，给患者提供更便捷、精准和专业的医疗服务，形成多方互动交流社区。智能医疗设备也可借助传感器和支撑软件，自动采集并反馈产品使用感受以及患者的病理问题（罗建强和孙嘉懿，2024）。

2. 以非营利组织为主体

社交媒体渗透社会生活各个层面，是公益主体开展价值创造行动的主要社会技术情境。当下，公益价值创造模式已由供应主导模式走向价值共创逻辑，多元主体基于数字技术协同合作。公益组织、募捐平台以及利益相关者（包括公众、捐赠者、志愿者等资源提供方）组成“需求方—中介平台—供应方”公益供应链系统（樊亚凤、胡左浩和洪瑞阳，2022），是实施公益价值共创的核心主体。非营利组织作为资源提供方，通过社交媒体向公益生态系统输入资金、知识等资源；作为内容产销者，通过内容消费、贡献和创造功能所驱动的参与可供性，参与公益信息的传播、生产等环节并贡献资源；作为社会利益寻求者，通过社会网络、社会交往、自我展示功能所驱动的社交可供性，将公益行为融入社交活动，据此开展印象管理和社会资本积累（唐范、侯俊东和周荣，2024）。

3. 以政府机构为主体

人工智能、云计算等新一代信息技术的更新应用也助推了政务服务数字化转型进程。2022年，《国务院关于加强数字政府建设的指导意见》指出，“以数字化改革助力政府职能转变，促进政府治理各方面改革创新”。2024年，国务院提出把“高效办成一件事”作为优化政务服务、提升行政效能的重要抓手，强调“注重改革引领与数字赋能双轮驱动”，构建智慧便捷的高效政务服务体系成为政府数字化转型的主攻方向。

近年来，深圳市围绕“办好群众大大小小的事”，深入推进民生诉求综合服务改革，建立了“以事件定责”、高效协同的工作机制及全流程闭环的诉求收集、分拨、处置平台。民生诉求指挥分拨体系由区一级平台、三级应用，延伸为市、区两级平台及五级应用，形成了“1（市级服务平台）＋11（区级服务平台）＋N（各市级单位业务平台）”的一体化运行架构，覆盖了多层级政府、部门、街道、社区、网格，从而全方位整合利益相关者。随着民生诉求综合服务改革不断深入，市民对城市治理的参与度、诉求处置效率、处置结果满意度均有明显提升。“@深圳-民意速办”平台上线以来，总服务量达5 754.32万件，诉求平均办理时长压缩至原来的65%，诉求事件按时办结率为99.49%，满意率高达99.96%（李慧慧和邢羿飞，2024）。

微案例 12－4

利益相关者视角下的我国智慧旅游发展

数字经济使服务业发展产生颠覆性变革，服务业结构转型升级和服务业“成本病”问题随着数字经济发展迎来新解。服务数字化表现为服务性质的转变，企业使用数字技术开发新服务或改善现有服务，从以产品为中心的商业模式转变为以服务为中心的全新商业模式。通过构建服务模块化平台进行服务重塑，实现平台内和跨平台的资源匹配，扩大创新资源组合的机会和服务创新的潜力，为价值协同创造更多的可能性。

以旅游服务为例，旅游兼具公共服务与市场化属性。近年来，我国智慧旅游蓬勃发展，涉及的利益相关者更加多元（包括政府、企业和游客），政府与市场间互动关系更加复杂。智慧旅游场景下多元主体的互动涵盖智慧营销、智慧管理、智慧服务、智慧体验等层面。智慧营销层面，利益相关主体包括目的地、涉旅企业、互联网平台、潜在游客。以抖音、快手、小红书、拼多多等为代表的新一代数字平台崛起，重塑了用户流量逻辑和营销主体话语权。智慧管理层面，分为内部管理和外部管理，利益相关者包括行业主管部门、涉旅企业、互联网平台。具体而言，内部管理更多讲求资源状态实时监测与办公流程自动化；外部管理涉及多市场主体间互动（如政府主管部门对涉旅企业的监管）。智慧服务层面，利益相关者包括目的地政府、涉旅企业、平台、游客。互联网平台企业可根据自身业务向游客提供旅游信息及预约预订门票、导航导览等功能服务。目的地政府和涉旅企业可建设区域性在线信息服务平台（如“一部手机游云南”）、酒店官网、公众号、APP、小程序等。智慧体验层面，利益相关者包括目的地、涉旅企业、平台公司和游客。提供智慧体验的前提是科技、文化、艺术、旅游等多领域的融合，打造高品质的内容赋能传统旅游业态，如新一代文博场馆展陈技术、夜游光影等。

资料来源：邓宁，张玉洁．智慧旅游：利益相关者视角下的思辨．旅游学刊，2023，38（10）：3－5.

二、数字利益相关者生态体系管理策略

基于价值链视角，数字利益相关者生态体系管理的核心在于，能够促进利益相关者全力创造价值、科学评价价值、合理分配价值。这就需要明确回答以下问题：数字利益相关者生态体系何以成功？该体系如何创造价值，关键要素是什么？如何评价利益相关者各自的价值贡献度？创造的价值如何分配，依据和标准是什么？

（一）价值创造环节的管理策略

1. 建设数字平台生态系统

价值共创是数字利益相关者生态体系形成和持续演化的重要驱动力。鉴于数字经济快速发展，企业不能简单依靠自身产品和资源获取竞争优势，而应建立数字平台作为连接和匹配利益相关者的基础设施，形成基于网络效应的持续竞争优势。通过构建与自身资源匹配、多方参与、共创共享的数字平台生态系统，与利益相关者协同关联，共同开发数字技术资源，促进平台所有者和相互依存的参与者群体共创价值。例如，三一重工是全球装备制造业领先企业之一，也是中国“智能制造”首批试点示范企业。三一重工

以灯塔工厂建设为核心，组建树根互联技术有限公司，打造根云（RootCloud）工业互联网平台。根云工业互联网平台为三一重工及其合作伙伴提供从产品研发、生产制造、销售服务到运营维护的全生命周期管理和优化解决方案。根据数据反馈和机器学习，不断优化产品设计和研发，利用平台合作伙伴之间的协同缩短交付周期，提升客户满意度。

2. 引导利益相关者的长期良性互动

当前，企业竞争优势的建立高度来源于本企业与利益相关者一起的互动行为。在电商平台、众筹平台、共享经济平台等多边市场平台中，利益相关者的积极互动推动了整体参与，进而促使平台互补者和消费者的数量呈指数级增长。企业可从“动机引导—协作设计—价值整合”治理框架出发，有效平衡控制与激励机制，实现数字利益相关者生态体系的良性互动。例如，郭润萍等（2024）对数字创意新企业的多案例研究发现，创业者和数字创业团队是数字创业的关键主体，利益相关者如用户、投资者、政府、合伙人、同行等是数字创业的“共创”者。数字创业团队应注重团队成员间的互动，不断迭代和完善产品原型，对自身团队能力和创业机会达成共识，通过验证“测试版”向利益相关者传递产品功能及愿景等信息。同时，政府、孵化载体、行业协会等相关管理部门需引导数字创业主体与利益相关者互动，建设多主体沟通交流平台（同行业或跨行业企业联盟），推动有价值的数字创业想法商业化。

（二）价值评价环节的管理策略

1. 以“负责任数字经济”理念正确评价价值

杨青峰和任锦鸾（2021）认为，数字经济已是“房间里的大象”，其技术经济范式转换的本质决定了与传统经济在思维原则、运行机制等方面存在根本性差异，并呈现出两面性。一方面，数字经济促进了经济高质量发展，激活了社会化创新，驱动了传统产业的转型升级，给大众带来了福利；另一方面，在工作（如技术性失业、工作环境监控）、创新（如技术伦理失范、掠夺创新者利益）、市场（如算法操纵、平台垄断）和社会（如虚假信息传播、规避监管）等领域产生了消极作用。由此，“负责任数字经济”的理念应运而生。由于每个人都是数字经济的联结者和参与者，治理数字经济所带来的消极影响，并非个别组织或个人的责任，而是涉及“数字经济共同体”中所有参与者和利益相关者的共同责任。责任从来不是个人的，而是嵌入网络或生态系统中的，需从负责任的数字经济发展及经济、社会、文化、环境各层面，统筹评价各利益相关者的价值创造。

2. 实施“大数据＋智能化”的价值评价手段

在数字经济情境下，海量和低成本的数据资源结合大规模数据挖掘、机器学习、可视化呈现等多种数字技术，对客观、高效、科学评价利益相关者的价值贡献与产出产生了影响。首先，揭示多维因素（运营、用户及外部宏观环境）关联模式和因果关系，能获得数字利益相关者生态体系的横向全局视图。其次，通过将历史数据与当期数据进行多期比较，能揭示多主体蕴藏的特定行为模式，获得各利益相关者的纵向全局视图。最后，算法驱动的智能管理可以实现动态决策，考虑生态体系内外部相关要素随时间的变化，体现出数据、业务或市场的动态演化情况。例如，对中国电信“云改数转”战略效应的分析表明，该企业致力提升用户综合满意度，建立“用户说了算”的评价机制；明确利润贡献主体，计算单客利润贡献率；积极拓展信息化服务市场，不断提高大数据应用和精准营销服务水平；聚焦场景，打通运营数据、业务数据和体验测评数据，落实服务管控端到端责任。

（三）价值分配环节的管理策略

1. 不同类型利益价值均衡

当面临具有复杂性、模糊性、相互关联性的情境时，利益相关者的诉求可能会发生重大转变，显现出异质性和冲突性。因此，企业需分析在复杂数字环境下多方利益相关者的需求，在不同利益相关者之间找到平衡，以撬动利益相关者资源实现共赢，即如何在业务、组织、战略上进行数字化创新以满足利益相关者的价值均衡。例如，2023 年 6 月，陕西知名餐饮企业魏家凉皮下线美团外卖业务。魏家凉皮的离开，只是美团外卖商户积怨的一次爆发。企业长期目标的实现不能忽略利益相关者的作用和利益，而要通过价值均衡、合作共赢来达成。

2. 确立公平的价值分配机制

企业不仅要强调自身在价值分配过程中的主体地位，更要重视与利益相关者协同创造价值及后续的公平分配价值。数字利益相关者生态体系是共同创造价值与合理分配价值以获得持续竞争优势的一系列综合性的、协调性的约定和行动。在一定程度上，如果企业认为利益相关者只是本企业获取竞争优势的工具和途径，而没有把其视为共同成长和长期发展的合作伙伴，该平台数字生态则较难维系。为此，价值分配的内在要求是权利与职务责任挂钩，也与高质量贡献挂钩；实时地实现“超额利润分享”，降低激励的不确定性和延迟满足损耗。例如，对于管理人员，实施直线经理评价制度，根据实际情况实施末等调整和不胜任退出制度，拉大管理人员的收入差距；对于核心技术人员，以产品线、技术线、成果线、价值线实施多线考核激励，落实骨干人员股权激励；对于员工，深化以数字化网格为基础的计提式薪酬模式，增强责任意识，强化激励引导（陈志斌等，2024）。

数字营销实践

生态共赢、模式突围：小米数字营销生态体系管理

小米集团成立于 2010 年 4 月，以“始终坚持做感动人心、价格厚道的好产品，让全球每个人都能享受科技带来的美好生活”为公司使命，2018 年 7 月 9 日在香港交易所主板挂牌上市。公司产品按照产品功能、形态及模式，大体上可以划分为智能手机、IoT 与生活消费产品、互联网服务产品。2024 年 3 月 28 日，小米汽车的首款产品小米 SU7 正式上市，开启小米布局新能源汽车市场的新篇章。作为一家以智能手机、智能硬件和 IoT 平台为核心的消费电子及智能制造公司，小米的数字产品生态、数字营销团队生态、数字利益相关者生态，构成了小米数字营销生态体系的重要组成部分。

数字产品生态体系

小米公司发展历程是从手机到 IoT，再到电动车，打造“人车家”全生态闭环。业务范围包括智能手机、互联网服务、IoT 与生活消费产品、小米汽车等。其中，智能手

机板块，智能手机出货量稳居全球前三；互联网服务板块，截至 2024 年 6 月，全球 MIUI 月活跃用户 6.76 亿人；IoT 与生活消费产品板块，小米 AIoT 平台已连接的设备达到 8.22 亿台；小米汽车板块，2024 年第二季度，Xiaomi SU7 系列交付新车达 27 307 辆。小米公司 2023 年的主要收入来源是智能手机，其次是 IoT 与生活消费产品以及互联网服务。智能手机业务作为公司最早推出的业务之一，始终是公司重要的主营板块，充当着公司发展的核心驱动力。小米不仅依赖智能手机销售，还通过 IoT 与生活消费产品、互联网服务实现了收入的多元化，形成了结构完整、发展均衡的小米生态链。

2023 年，小米公司宣布“人车家全生态”的集团战略。2024 年，首款小米汽车小米 SU7 正式上市，打造“人车家”全方位生态，加速新零售布局。可见，产品生态是小米公司塑造差异化竞争优势的关键，核心打法仍是“占领硬件流量入口—打造生态圈—强化黏性—转化付费”。基于澎湃 OS 全面打通人、车、家场景，实现硬件设备无缝连接与实时协同。从用户角度看，Xiaomi HyperConnect 的跨端互联框架，打通了包括小米手机、智能电动车、AIoT 在内的 200 多个品类，连接全球超 8 亿台设备，覆盖用户 95% 以上的生活场景，有助于培养消费者心智与习惯。从产品迭代角度看，生态为人提供智能服务，人再把智能带给生态，让生态变得更聪明，加速智能思考中枢 Xiaomi HyperMind 的迭代。由此，以手机为核心打造一个覆盖家居、出行等万物互联的生态产品圈，扩大公司业务的可触达市场。

数字营销团队生态体系

在管理结构上，相比于传统企业通过制度和流程来保证企业控制力，小米的组织结构是扁平化的，层级很少，分为三级：核心创始人、部门领导、员工。同时，小米的组织结构也有其不同于其他实行扁平化改革的公司的特点。创始人雷军在获得 2019 年复旦企业管理杰出贡献奖时，总结了“去管理、去 KPI、去 title”这三点管理经验。去管理：找到志同道合的人才是最核心的事情，有能力、责任心和自驱力三大特质的人往往不需要管理；去 KPI：业务的本质是为用户提供价值，简单机械的 KPI 制度不可行，真正的 KPI 应该与企业的使命和价值观紧密相连；去 title：坚持扁平化，在相对平等的氛围里面，每一个业务单元都具备非常强的主动性。

具体而言，一是建设优秀团队。小米对员工有三点要求：专业技能、团队协调能力、责任感和担当。公司强调员工的主人翁意识，不实施硬性的打卡和 KPI 考核制度。同时建立透明的利益分享机制，小米于成立之初就实行了全员持股、全员投资的计划。二是组织架构极致扁平化。小米将扁平化组织的优势发挥到了极致。其七个核心创始人各自分管一块业务，与基层工程师直接沟通交流，第一时间获知产品的好坏。小米的扁平化管理方式还体现在例会少、决策快，最显著的特点是其扁平化建立在充分的信息化基础之上，内部交流通常基于内部聊天交流平台“米聊”完成，而非集体大会。三是以一般员工为核心。在小米公司，除了七个创始人之外，其他员工都是“工程师”。小米公司在创立初期刻意模糊层级，在很长时间内没有级别概念，截至 2019 年，作为拥有两万多名员工的企业，小米集团副总裁以上的管理者只有十三四人。在这样相对平等的氛围下，每一个业务单元都具备非常强的主动性。

数字利益相关者生态体系

在众多利益相关者中，用户和供应商是最为重要的利益相关者。

在用户方面，小米公司经过从手机到智能硬件产品等诸多产品多年的累积，已逐步让消费者相信可以不用关心价格，也不用担心品质。只要小米之家有合适的产品，就可以“闭着眼睛买”。小米一直以“购物体验＋社交属性”构建全方位消费生态。小米之家将粉丝从线上引流到线下体验，深度联结粉丝群体，集展示、体验、销售、社交于一体，提升品牌忠诚度与用户体验，从而实现线上流量有效转化与聚合。根据电动汽车用户联盟针对小米 SU7 锁单用户的调研数据，小米 SU7 首批用户中，80%的锁单用户认为自己是米粉，64%的用户拥有 10 个以上米家生态产品，使用小米手机的比例为 67%。在购车决策因素方面，生态互联和品牌是用户选择小米 SU7 的主要因素。

在供应商方面，小米的 IoT 与生活消费品业务采取“自研核心产品＋培育生态链企业”的商业模式。根据《小米生态链战地笔记》信息，一方面，公司内部部门研发设计的硬件终端只有手机、电视、平板、路由器（包括盒子），自研产品卡位 IoT 关键流量入口；另一方面，其他小米品牌产品均由生态链企业代工生产，“投资＋孵化”生态链企业，迅速扩张产品品类。小米生态链覆盖手机周边（如耳机、音箱和移动电源）、智能硬件（如空气净化器、净水器、电饭煲等白色家电及无人机、平衡车、机器人等智能玩具）、生活耗材（如毛巾和牙刷）三大圈层。公司自 2024 起，对 IoT 生态链采取“SAN 分级管理策略”，S 类、A 类、N 类分别为规模在 50 亿～100 亿元、突破 10 亿元、10 亿元以下的品类，强调资源向大规模品类倾斜。小米投资生态链企业并为其提供全方位的支持。小米公司秉持“投资但不控股”的准则，一般持股 15%～20%，旨在保证生态链企业的积极性和灵活性。为保证企业理念和产品风格的一致性，小米会参与定义产品、主导设计、协助研发、背书供应链，最后对通过小米内测后的产品，按类别开放米家和小米两个品牌，并提供渠道与营销支持，负责销售与售后。生态链公司在成熟后会反哺小米，一方面直接提供销售流水支持，另一方面间接为小米带来新用户，保持品牌热度。

讨论题

1. 小米公司的数字产品生态体系策略有哪些创新之处？
2. 小米公司的数字营销团队生态体系策略有什么特点？
3. 小米公司的数字利益相关者生态体系有什么亮点？

资料来源：“去管理、去 KPI、去 title”的小米，让雷军拿了企业管理奖．(2019－10－21)．https：//www.yicai.com/news/100370040.html；能力、责任心、自驱力 小米雷军：有这三大特质的人无需管理．(2019－10－21)．https：//www.nbd.com.cn/articles/2019－10－21/1380114.html；小米生态链谷仓学院．小米生态链战地笔记．北京：中信出版社，2022；公司深度报告：小米集团：生态共赢，模式可期．(2024－10－23)．https：//wap.eastmoney.com/report/AP202410231640446507.html.

// 本章小结 //

本章立足于数字营销生态体系管理，系统地阐述了数字产品生态体系、数字营销团队生态体系、数字利益相关者生态体系，并详细地介绍了相关知识点。具体而言，第 1

节概述了数字产品生态体系的内涵、产品要素与管理策略。第 2 节聚焦数字营销团队生态体系，分析了数字时代营销团队生态体系的变革，并从文化、组织架构、人才技能、基础设施、沟通媒介五方面，提炼了重构数字营销团队生态体系的相应策略。第 3 节围绕数字利益相关者生态体系，阐明了利益相关者的划分和数字生态的利益相关者。进而，基于“价值链”价值创造、价值评价、价值分配三个环节，介绍了数字利益相关者生态体系管理策略。

// 思考题 //

1. 举例说明数字产品生态体系的产品要素。
2. 结合你所熟悉的企业，分析其数字产品生态体系管理策略。
3. 在数字时代，数字营销团队生态体系发生了哪些变革？
4. 阐释企业的数字营销团队生态体系管理策略，结合实例说明。
5. 什么是利益相关者？利益相关者有哪些分类？
6. 请列举一个数字平台或数字生态系统，试对其中的数字利益相关者生态体系管理策略进行解释和分析。

参考文献

［1］ 汪旭晖．新时代的“新零售”：数字经济浪潮下的电商转型升级趋势．北京工商大学学报（社会科学版），2020，35（5）：38－45.

［2］ 朱逸，赵楠．数字营销的多重关键性面向．商业经济研究，2021（15）：72－76.

［3］ 王羽璇．数字劳动发展的纵向趋势：从 Web1.0 到 Web3.0. 品位・经典，2024（10）：66－68.

［4］ 武丽志，张妙华．从 Web1.0 到 Web3.0：区域文化网络传播的模式演替．科技传播，2015，7（3）：10－13.

［5］ 黄一凡．Web1.0 到 Web3.0 互联网媒介演进特征探究．数字通信世界，2023（2）：33－35.

［6］ 秦彦琰．互联网技术变革下的媒介受众分析：基于 Web1.0 到 Web4.0 媒介进化下的思考．全媒体探索，2024（4）：130－132.

［7］ 刘畅．Web1.0 到 Web2.0 的转变对互联网营销的影响．科技和产业，2008，8（10）：53－55.

［8］ 罗裕梅．网络营销的发展历程及未来发展趋势．企业导报，2010（8）：121.

［9］ 史玉倩，白茹玉．Web1.0 到 Web3.0 演变之路的探析．电子技术与软件工程，2014（22）：35－36.

［10］ 孙立会．从 Web1.0 到 Web3.0：网络技术思想的变革与影响．云南民族大学学报（哲学社会科学版），2008，25（6）：104－107.

［11］ 严建援，李凯，邓智文．搜索引擎营销的发展及盈利模式探讨．当代财经，2014（9）：73－83.

［12］ 李莎．搜索引擎营销的原理与发展趋势．现代情报，2005，25（10）：198－199.

［13］ 商婧玄．社交媒体营销在企业网络营销中的应用研究．老字号品牌营销，2024（20）：74－76.

［14］ 简羽．社交媒体营销对消费者购物意愿的影响：基于小红书 KOL 营销策略分析．科技传播，2024，16（19）：96－99.

［15］ 陈秀．社交媒体营销对消费者绿色购买意愿的影响：基于绿色知识获取和绿

色品牌形象的链式中介效应．商业经济研究，2024（19）：51－54.

［16］张幸，吴琼．社交媒体营销中达人主播特质对消费者购买意愿的影响研究．商业经济研究，2024（16）：70－73.

［17］杨颖，牛成英．基于社交媒体的精准营销策略研究．老字号品牌营销，2024（16）：18－20.

［18］韩永丽．社交媒体营销的价值及发展趋势．新闻战线，2014（5）：138－139.

［19］饶田桢．博客营销在企业中的应用研究．中国商贸，2009（17）：34－35.

［20］吴炯．在线社区营销策略研究．中国市场，2019（18）：127－128.

［21］赵丹宁．即时通讯工具在企业营销中的应用研究．商展经济，2022（11）：59－61.

［22］张闯，郭乐．社交媒体营销在企业推广中的应用．中国市场，2024（4）：127－128.

［23］顾恩澍，姚林青．网络视频平台内容营销模式的演进．青年记者，2023（6）：113－115.

［24］王永贵，郭笑笑．数字视频营销的价值与效果评价．清华管理评论，2022（12）：41－47.

［25］王永贵，肖海舰，洪心如．视频营销研究的整合框架与未来展望．西安交通大学学报（社会科学版），2024，44（5）：39－50.

［26］王永贵，郭笑笑．视频营销的变革、问题与应对．企业管理，2022（12）：116－118.

［27］徐树华，王娇．移动营销及营销模式的发展历程．移动通信，2011,35（23）：60－63.

［28］肖志梅．数字经济背景下企业直播营销优化策略探讨．全国流通经济，2024（10）：44－48.

［29］关乐宁．元宇宙新型消费的价值意蕴、创新路径与治理框架．电子政务，2022（7）：30－41.

［30］杨勇，窦尔翔，蔡文青．元宇宙电子商务的运行机理、风险与治理．电子政务，2022（7）：16－29.

［31］张宇东，张会龙．消费领域的元宇宙：研究述评与展望．外国经济与管理，2023，45（8）：118－136.

［32］周思程．基于元宇宙视角的营销模式应用研究．商场现代化，2023（24）：66－68.

［33］曹虎，王赛，乔林，等．数字时代的营销战略．北京：机械工业出版社，2017.

［34］陈晓红，李杨扬，宋丽洁，等．数字经济理论体系与研究展望．管理世界，2022，38（2）：208－224＋13－16.

［35］邓爱民，陶宝，马莹莹．网络购物顾客忠诚度影响因素的实证研究．中国管理科学，2014，22（6）：94－102.

[36] 何大安．大数据革命与经济学创新．社会科学战线，2020（3）：47-59+282.

[37] 简圣宇．“虚拟数字人”概念：内涵、前景及技术瓶颈．上海师范大学学报（哲学社会科学版），2023，52（4）：45-57.

[38] 李力，张弘，郑方圆，等．需求驱动下虚拟数字人用户在线参与行为研究．情报资料工作，2025，46（1）：90-99.

[39] 刘秋生，张春．基于客户价值的企业营销策略研究．商业研究，2010（6）：75-78.

[40] 龙思薇，周艳．营销云：以客户体验为中心的新型营销．现代传播（中国传媒大学学报），2021，43（12）：132-136.

[41] 卢泰宏．消费者行为学50年：演化与颠覆．外国经济与管理，2017,39（6）：23-38.

[42] 王佳玫，武晓宇．价值链重构与资源战略重组：新媒介生态下数字营销的创新路径．编辑学刊，2022（3）：36-42.

[43] 王蔷馨，李静．非遗旅游的虚拟性体验模式与数字化保护路径．社会科学家，2023（12）：35-40.

[44] 王永贵，洪傲然，郭笑笑，等．顾客定制：文献述评、整合研究框架与未来展望．系统工程理论与实践，2023，43（6）：1686-1708.

[45] 王永贵，张二伟，张思祺．数字营销研究的整合框架和未来展望：基于TC-CM框架和ADO框架的研究．商业经济与管理，2023（7）：5-27.

[46] 叶秀端．虚拟数字人短视频传播中华优秀传统文化的影像叙事逻辑．中国编辑，2024（6）：71-76.

[47] 于萍．移动互联环境下的场景营销：研究述评与展望．外国经济与管理，2019，41（5）：3-16.

[48] 张丽锦，吕欣．虚拟数字人：模因论的新“锚点”——模因论视域下的虚拟数字人：概念、特征和应用．学术探索，2024（3）：57-66.

[49] 张鹏，马俊，董绍增，等．人工还是智能？AI时代电商在线客服策略选择．管理评论，2023，35（11）：166-178.

[50] 张余华．大规模定制的内涵及其分类研究．国际经贸探索，2010，26（4）：78-83.

[51] 周文辉，王鹏程，陈晓红．价值共创视角下的互联网+大规模定制演化：基于尚品宅配的纵向案例研究．管理案例研究与评论，2016，9（4）：313-329.

[52] 朱晗．O2O背景下的共享经济研究．系统工程理论与实践，2021，41（2）：411-420.

[53] 白长虹，范秀成，甘源．基于顾客感知价值的服务企业品牌管理．外国经济与管理，2002，（2）：7-13.

[54] 郭锐，罗杨，周敏，等．品牌标识的中国文化象征性对品牌资产的影响：以英国市场为例．系统管理学报，2024.

[55] 姜旭平，王鑫．影响搜索引擎营销效果的关键因素分析．管理科学学报，

2011，14（9）：37－45.

［56］ 赖立．数字品牌的生成背景、演变规律及风险防控．技术经济与管理研究，2023（11）：71－75.

［57］ 李凯，邓智文，严建援．搜索引擎营销研究综述及展望．外国经济与管理，2014，36（10）：13－21.

［58］ 欧阳桃花，蔡家玮，伊婷，曹鑫．数字赋能品牌价值提升研究：以国任保险为例．保险研究，2024（5）：12－23.

［59］ 王满四，霍宁，周翔．数字品牌社群的价值共创机理研究：基于体验主导逻辑的视角．南开管理评论，2021，24（3）：92－103.

［60］ 王苗，曲韵，陈刚．数字化变革与品牌资产概念与模型研究．贵州社会科学，2020（8）：137－143.

［61］ 王若佳，范科鸣，刘智锋，王继民．生成式人工智能环境下用户信息检索式行为研究．数据分析与知识发现，2024，8（Z1）：20－30.

［62］ 王雪冬，陈晓宇，孟佳佳．数字化时代的品牌意义：内涵、研究议题与未来展望．外国经济与管理，2020，42（9）：47－62.

［63］ 王永贵，王皓月，杨江琳，等．社交媒体营销研究与展望：基于 Web of Science 核心数据库和 CNKI 数据库的综合分析．管理评论，2024，36（8）：146－160.

［64］ 夏杰长，张雅俊．数字媒介与具身体验：旅游城市品牌的构建路径．学习与探索，2024（3）：87－94.

［65］ 赵珊珊．直播带货创新样态发展研究：以“东方甄选”为例．传媒，2024（18）：70－72.

［66］ 朱良杰，何佳讯，黄海洋．数字世界的价值共创：构念、主题与研究展望．经济管理，2017，39（1）：195－208.

［67］ 蔡春花，刘伟，江积海．商业模式场景化对价值创造的影响：天虹股份2007—2018年数字化转型纵向案例研究．南开管理评论，2020，23（3）：98－108.

［68］ 陈刚，高腾飞．数字服务化：回顾与展望．北京大学学报（哲学社会科学版），2021，58（1）：136－146.

［69］ 陈蕾，马慧洁，周艳秋．企业数字化转型的前因组态、模式选择与推进策略．改革，2024（7）：65－79.

［70］ 陈雨露．数字经济与实体经济融合发展的理论探索．经济研究，2023，58（9）：22－30.

［71］ 陈志斌，张岩，王诗雨．全链数字化转型与复杂情景中的利益相关者价值均衡：以中国电信“云改数转”战略为例．会计研究，2024（6）：41－54.

［72］ 崔倩如，张小林，李元．我国户外运动用品企业数字化转型的国际经验借鉴、现实困境与推进路径．武汉体育学院学报，2024，58（6）：49－56.

［73］ 樊亚凤，胡左浩，洪瑞阳．互联网公益平台生态圈的价值创造与治理机制：基于S公益平台的个案研究．中国行政管理，2022（2）：51－58.

［74］ 傅锋，陈爽英，文艺．数字平台互补者经验对迭代创新的影响研究．管理学

报，2024，21（1）：86－95.

［75］ 关会娟，许宪春，张美慧，等．中国数字经济产业统计分类问题研究．统计研究，2020，37（12）：3－16.

［76］ 郭海，杨璐妮，黄敏．数字企业负责任创新的驱动路径研究．科研管理，2023，44（10）：1－9.

［77］ 郭润萍，裴育，尹昊博．社会互动视角下数字创业机会客观化机理——基于数字创意新企业的多案例研究．南开管理评论，2024，27（8）：29－39＋85.

［78］ 焦豪．数字平台生态观：数字经济时代的管理理论新视角．中国工业经济，2023（7）：122－141.

［79］ 梁建，黄旭，陈威如，等．数字时代工作设计和组织关系的变化与研究机遇．管理学季刊，2021，6（2）：30－35.

［80］ 李慧慧，邢羿飞．组合演化：政务服务数字化转型中的“技术-组织”互动机制：基于深圳“民意速办”改革的分析．电子政务，2025（3）：89－102.

［81］ 林玉琴，赵杨，刘婉婷，等．数字产品适老化研究综述：需求挖掘、障碍分析与优化设计．信息资源管理学报，2024，14（4）：146－161.

［82］ 刘德文，高维和，闵凉宇．声音特征和文本策略的说服效应研究．管理学报，2022，19（9）：1373－1381＋1408.

［83］ 刘霞，董晓松，姜旭平．数字内容产品消费扩散与模仿的空间模式：基于空间面板模型的计量研究．中国管理科学，2014，22（1）：139－148.

［84］ 卢珊，蔡莉，杨亚倩．数字创业生态系统特性：维度探析与量表开发．研究与发展管理，2024，36（2）：139－153.

［85］ 罗建强，孙嘉懿．智能产品服务系统多主体利益相关者的价值共创机理：基于乐普医疗的探索性案例研究．管理案例研究与评论，2024，17（3）：361－379.

［86］ 罗戎，周庆山．我国数字内容产品消费模式的实证研究．情报理论与实践，2015，38（10）：67－72.

［87］ 罗兴武，孙萌，刘洋，等．数字拟人品：数字技术、拟社会互动与商业模式内容创新的共演．管理世界，2024，40（8）：24－41＋144.

［88］ 吕德胜，王珏，高维和．数字音乐产品与慕“名”而来的目的地旅游经济效应：一项准自然实验．旅游学刊，2022，37（11）：101－115.

［89］ 戚聿东，徐凯歌．技术革命、生产方式变革与企业组织结构调整．管理世界，2024，40（10）：1－15＋35.

［90］ 戚聿东，蔡呈伟．数字化企业的性质：经济学解释．财经问题研究，2019（5）：121－129.

［91］ 钱雨，孙新波，孙浩博，等．数字化时代敏捷组织的构成要素、研究框架及未来展望．研究与发展管理，2021，33（6）：58－74.

［92］ 唐范，侯俊东，周荣．社会化媒体赋能公益主体价值共创：基础、实践与效果. 外国经济与管理，2024，46（8）：120－137.

［93］ 王刊良．数字化产品的经济特征、分类及其定价策略研究．中国软科学，

2002 (6)：59－63.

[94] 王萌，王晨，李向民．数字内容产品特征及其商业模式研究．科技进步与对策，2009，26 (2)：45－48.

[95] 温素彬，李慧，焦然．企业文化、利益相关者认知与财务绩效：多元资本共生的分析视角．中国软科学，2018 (4)：113－122.

[96] 谢康，李晓东，夏正豪，等．用户潜在创造力对数字产品创新的影响：基于动机—机会—能力理论视角．中国工业经济，2024 (6)：136－154.

[97] 熊义杰，谢白雪，郑晓纯．“数字鸿沟”与我国企业文化的系统分析．情报理论与实践，2008 (1)：41－46.

[98] 许晖，周琪，庄伟芬，等．服务重塑：数字化如何弥合服务鸿沟?：基于“互联网＋”医疗健康的探索性案例研究．管理科学学报，2024，27 (7)：34－55.

[99] 杨青峰，任锦鸾．发展负责任的数字经济．中国科学院院刊，2021，36 (7)：823－834.

[100] 易兆强，吴利华．数字产业融合中美比较研究：动力、路径和效果．科学学研究，2024，42 (5)：940－951.

[101] 周明杰，孙新波，张明超．传统实体产品创新设计为数字产品的实现机理案例研究．技术经济，2024，43 (1)：113－128.

[102] 周世菊，赵海荣，张梦桃．数字赋能下文旅产品消费者在场体验影响因素与互动机理：基于意识谱理论的扎根研究．经济问题，2024 (2)：70－76.

[103] 王永贵，张思祺，张二伟，等．基于互动视角的数字营销研究：整合框架与未来展望．财经论丛，2024 (5)：5－16.

[104] 曹虎，王赛，乔林，等．数字时代的营销战略：路径重构与能力升级．管理世界，2017 (3)：89－102.

[105] 冯英健．浅谈网络营销资源挖掘．信息产业报道，2004 (7)：129.

[106] 李莹．社交媒体营销对品牌传播效果的影响及优化策略探究．营销界，2024 (22)：11－13.

[107] 陈魁．信息化背景下社交媒体营销的策略探究．中国管理信息化，2025，28 (3)：100－103.

[108] 黎春艳．电子商务环境下的网络营销策略．中国商界，2025 (3)：154－155.

[109] 冯英健．邮件列表营销 4 大忌．电子商务世界，2007 (Z1)：79.

[110] 焦豪，孙洁，孟涛．数字期权与数字债务：打造数字平台的持续竞争力．清华管理评论，2021 (11)：32－40.

[111] 王苗，曲韵，陈刚．数字化变革与品牌资产概念与模型研究．贵州社会科学，2020 (8)：137－143.

[112] Telang R. Is Search Engine Marketing Effective? A Longitudinal Analysis [J]. Journal of Interactive Marketing，2004，18 (4)：55－68.

[113] Atasoy O，Morewedge C K. Digital Goods Are Valued Less Than Physical Goods. Journal of Consumer Research，2018，44 (6)：1343－1357.

[114] Ciriello R F, Richter A, Schwabe G. Digital innovation. Business and Information Systems Engineering, 2018, 60 (6): 563 - 569.

[115] Hui K, Chau P. Classifying Digital Products. Communications of the ACM, 2002, 45 (6): 73 - 79.

[116] Lyytinen K, Yoo Y, Boland R J. Digital Product Innovation within Four Classes of Innovation Networks. Information Systems Journal, 2016, 26 (1): 47 - 75.

[117] Morewedge C K, Monga A, Palmatier R W, et al. Evolution of Consumption: A Psychological Ownership Framework. Journal of Marketing, 2020, 85 (1): 196 - 218.

[118] Porter M E, Heppelmann J E. How Smart, Connected Products are Transforming Competition. Harvard Business Review, 2014, 92 (11): 64 - 88.

[119] Song P, Zhang C, Zhang P. Online Information Product Design: The Influence of Product Integration on Brand Extension. Decision Support Systems, 2013, 54 (2): 826 - 837.

[120] Wu L, Liu J. Need for Control May Motivate Consumers to Approach Digital Products: A Social Media Advertising Study. Electronic Commerce Research, 2021, 21 (4): 1031 - 1054.

[121] Jobber D, Ellis-Chadwick F. Principles and Practice of Marketing. 7th ed. Maidenhead: McGraw-Hill, 2013.

[122] Chaffey D, Ellis-Chadwick F. Digital Marketing: Strategy, Implementation and Practice. 6th ed. London: Pearson Education Limited, 2016.

[123] Ramaswamy V, Ozcan K. Offerings as Digitalized Interactive Platforms: A Conceptual Framework and Implications. Journal of Marketing, 2018, 82 (4): 19 - 31.

[124] Vitevitch M S, Donoso A J. Phonotactic Probability of Brand Names: I'd Buy That!. Psychological Research, 2012, 76 (6): 693 - 698.

[125] Zhang K, Li S K, Ng S. Sizes are Gendered: The Effect of Size Cues in Brand Names on Brand Stereotyping. Journal of Consumer Research, 2022, 49 (2): 252 - 267.

[126] Cachon G P, Daniels K M, Lobel R. The Role of Surge Pricing on a Service Platform with Self-scheduling Capacity. Manufacturing and Service Operations Management, 2017, 19 (3): 368 - 384.

[127] Forrester. Marketing's New Key Metric: Engagement, Marketers must Measure Involvement, Interaction, Intimacy and Influence. (2007 - 08 - 08). www.forrester.com/report/Marketings-New-Key-Metric-Engagement/RES42124.

[128] Homburg C, Wielgos D M. The Value Relevance of Digital Marketing Capabilities to Firm Performance. Journal of the Academy of Marketing Science, 2022, 50 (4): 666 - 688.

［129］ Peppers D，Rogers M. Enterprise One-to-One：Tools for Building Unbreakable Customer Relationships in the Interactive Age. London：Piatkus，1997.

［130］ Tucker C E. Social Networks，Personalized Advertising，and Privacy Controls. Journal of Marketing Research，2014，51（5）：546－562.

［131］ Xu L，Wei Y M，Zhu Y. Customer Voice on Two-Sided Platforms：The Effect of Surge Pricing on Customer Complaints. Management Science，2024.

图书在版编目（CIP）数据

数字营销 / 董晓松，王静，朱強编著. -- 北京 : 中国人民大学出版社，2025. 5. --（高等学校新文科教材）. -- ISBN 978-7-300-34029-6

Ⅰ. F713. 365. 2

中国国家版本馆 CIP 数据核字第 2025MY9811 号

高等学校新文科教材·数字化管理系列

数字营销

董晓松　王静　朱強　编著

Shuzi Yingxiao

出版发行	中国人民大学出版社		
社　　址	北京中关村大街 31 号	**邮政编码**	100080
电　　话	010－62511242（总编室）		010－62511770（质管部）
	010－82501766（邮购部）		010－62514148（门市部）
	010－62511173（发行公司）		010－62515275（盗版举报）
网　　址	http://www. crup. com. cn		
经　　销	新华书店		
印　　刷	天津中印联印务有限公司		
开　　本	787 mm×1092 mm　1/16	**版　　次**	2025 年 5 月第 1 版
印　　张	18. 75 插页 1	**印　　次**	2025 年 5 月第 1 次印刷
字　　数	426 000	**定　　价**	49. 00 元